新型工业化·新计算·计算机应用与技术类系列

# COMPUTER APPLICATION

# 计算机组成原理

何绯娟　闵亮/主编

王梅　许大炜　牛奕翔　翟雨晨/参编

姚全珠　缪相林/主审

扫一扫书后二维码
观看本书配套资源

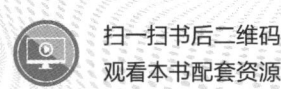

Publishing House of Electronics Industry
北京·BEIJING

## 内 容 简 介

本书基于"理论 - 实践 - 创新"三阶递进，系统阐述计算机组成的基本原理和逻辑设计方法。全书共 8 章，以"整机系统认知 - 核心功能模块 - 外部交互机制"为脉络，按计算机硬件体系由内向外分层剖析。主要内容涵盖计算机系统概论、运算方法和运算部件、存储系统、指令系统、中央处理器、总线系统、计算机外部设备、输入/输出系统等核心知识体系。

本书可作为高等学校计算机专业主干教材，特别适配应用型本科院校教学需求，兼顾计算机类专业课程教学和考研群体的入门与提高。

未经许可，不得以任何方式复制或抄袭本书之部分或全部内容。
版权所有，侵权必究。

图书在版编目（CIP）数据

计算机组成原理 / 何绯娟，闵亮主编 . -- 北京：
电子工业出版社，2025.7. --ISBN 978-7-121-50902-5
Ⅰ．TP301
中国国家版本馆 CIP 数据核字第 2025YA1289 号

责任编辑：孟泓辰
印　　刷：北京天宇星印刷厂
装　　订：北京天宇星印刷厂
出版发行：电子工业出版社
　　　　　北京市海淀区万寿路 173 信箱　邮编：100036
开　　本：787×1092　1/16　印张：18.75　字数：480 千字　彩插：1
版　　次：2025 年 7 月第 1 版
印　　次：2025 年 7 月第 1 次印刷
定　　价：69.00 元

凡所购买电子工业出版社图书有缺损问题，请向购买书店调换。若书店售缺，请与本社发行部联系，联系及邮购电话：（010）88254888，88258888。

质量投诉请发邮件至 zlts@phei.com.cn，盗版侵权举报请发邮件至 dbqq@phei.com.cn。
本书咨询联系方式：menghc@phei.com.cn。

# 前　言

在全球数字化转型与国产化替代战略加速推进的背景下，计算机硬件行业正经历技术迭代与市场格局重构的双重变革：一方面，处理器、存储设备及显卡等核心部件性能持续突破，推动 AI PC、智算服务器等新兴领域爆发式增长；另一方面，软硬件产业国产化进程催生对自主可控硬件技术的迫切需求，使得硬件研发岗位需求激增。

在此背景下，"计算机组成原理"课程紧密对接行业趋势，以冯·诺依曼体系为核心框架，系统讲解存储系统、指令系统、中央处理器、总线系统等关键技术原理，强化学生对国产硬件架构的认知与开发能力，培养具备硬件逻辑设计、系统优化的复合型工程师。

"计算机组成原理"作为计算机类核心课程及考研科目，聚焦计算机系统底层硬件架构与软硬件协同设计原理，在本科培养体系中承担硬件知识枢纽功能。针对其抽象性强、知识密度高的特点，本书以强化硬件工程能力为导向，深化应用型本科教学与考研需求的双向适配，系统构建符合新工科标准的教学解决方案。

该教材有如下特色：

- 能力导向的问题驱动模式：以"硬件工程能力达成"为目标，采用"需求分析 - 原理探究 - 设计验证"三阶问题链，通过虚拟工程场景激发学生主动探究，强化系统设计与调试能力，推动从知识记忆到工程思维的深度转化。
- 认知友好的分层内容架构：针对零基础、跨专业及差异化基础学习者，构建"分层递进 - 精讲多练 - 对比归纳"教学路径；通过层级化知识架构降低认知负荷，循序渐进拆解复杂概念；提供高频易错点解析，专项突破常见难点，增强学习针对性；植入类比学习对象，促进"概念理解 - 技能实操 - 思维系统化"的闭环学习。
- 产教融合的立体化资源体系：融入前沿技术，通过扩展阅读引入 AI 加速器设计、存算一体芯片等新工科议题，计算机硬件 3D 拆解动画、异构计算等多模态视频；课程思政渗透，以国产芯片突围等案例为载体，培养科技创新意识与工匠精神；精准学习支持，设计分层纸质 / 电子题库，重难点精讲微视频及中英文术语索引等，适配"48 学时基础教学 +16 学时拓展"的弹性教学模式。
- 教研一体化的内容沉淀：整合一线教师十余年教学数据，精准定位高频认知盲区，优化内容设计，确保教学痛点有效解决，教学效果显著提升。

全书共 8 章，以"整机系统认知 - 核心功能模块 - 外部交互机制"为脉络，按计算机硬件体系由内向外分层剖析。主要内容包括：第 1 章讲述计算机系统概论，主要介绍计算机的发展与应用、计算机系统及计算机硬件的主要性能指标等；第 2 章讲述运算方法和运算部件；第 3 章讲述存储系统，介绍了多级存储体系；第 4 章讲述指令系统，介绍了寻址方式等；第 5 章讲述中央处理器，包括指令周期、时序与控制及指令流水等；第 6 章讲述总线系统，包括总线的基本概念、连接方式以及总线控制；第 7 章讲述计算机外部设备；第 8 章讲述输入/输出系统，重点介绍了接口和端口，并介绍了五种 I/O 控制方式等。

通过学习本书，读者可以：
- 建立计算机整机系统认知；
- 掌握核心模块工作原理与设计方法；
- 攻克硬件解题高频难点；
- 掌握外部交互技术；
- 高效应对考试与实践需求；
- 获取多元教学资源；
- 支持混合式教学和智慧课程建设，适配各种在线学习平台。

本书以 OBE 理念为核心，构建"知识 - 能力 - 素养"三维教学目标，通过模块化课程设计实现从硬件原理到工程实践的能力进阶。为支撑混合式教学场景和智慧课程建设，配备多元教学资源，读者可登录华信教育资源网下载或扫描封底二维码获取。

- 教学工具：思政 & 知识图谱融合课件、教学大纲和进度计划、各章学习目标、重/难点归纳、扩展阅读资源。
- 训练体系：章节自测、涵盖基础/提高/考研的分层电子题库、重/难点精讲微视频（前两者均含参考答案和易错点解析）。
- 平台适配：提供标准化资源包。根据"线上课程资源建设手册"可快速实现超星、雨课堂、云班课等各种在线学习平台的部署，满足线上线下一体化教学需求。

本书可作为高等学校计算机专业主干教材，特别适配应用型本科院校教学需求，兼顾计算机类专业课程教学和考研群体的入门与提高。

教学中，可根据教学对象和学时等具体情况对书中的内容进行删减和组合，也可以进行适当扩展，参考学时为 48～64 学时。

本书编者均为西安交通大学城市学院教师，第 1、7 章由闵亮编写，第 2、5、8 章由许大炜、何绯娟、翟雨晨编写，第 3、4 章由王梅编写，第 6 章由牛奕翔编写。全书由何绯娟和闵亮统稿。在本书的诞生过程中，我们衷心感谢计算机硬件设计与体系结构领域的先驱们，他们的开拓性理念和卓越奉献为本书奠定了坚实的学术基础。我们特别感谢计算机学院姚全珠院长与缪相林教授，两位先生以其深厚的学术造诣和敏锐的洞察力为本书的编写提出了宝贵建议和悉心指导，为本书的科学性和前沿性保驾护航，谨以此书向他们致以崇高敬意！我们由衷感谢团队成员陈皓然、刘浩涵、张晨曦、卢钰洁、雷欢欢、李玥等，他们以严谨的态度协助书稿审阅，精心设计部分习题与解析，虽然未必是最优解，却为学习者提供了深入思考与探讨的空间。本书的编写参考了近年来出版的众多著作，吸取了许多专家和同仁的宝贵经验，在此向所有默默贡献的学者与从业者致以深深谢意！同时，我们特别感谢电子工业出版社的孟泓辰编辑，她以高度的专业精神与细致的工作推动了本书的顺利出版，为本书的呈现倾注了大量心血，在此向她表示诚挚的感谢！

由于计算机硬件技术发展迅速，作者学识有限，书中难免存在疏漏和不足之处，恳请读者和同行专家批评指正，以便我们后期进行修订补充，不胜感激。如有任何问题，请通过邮件与我们联系：hfj@xjtu.edu.cn。

编 者

2025 年 5 月

# 目　录

## 第 1 章　计算机系统概论 ................. 001

### 1.1　计算机的发展与应用 ....................001
- 1.1.1　计算机的发展简史 ............... 001
- 1.1.2　计算机的主要特点 ............... 004
- 1.1.3　计算机的发展趋势 ............... 005
- 1.1.4　计算机的分类 ....................... 006
- 1.1.5　计算机的应用 ....................... 008
- 1.1.6　我国计算机发展概述 ........... 009

### 1.2　计算机系统 ....................................010
- 1.2.1　计算机硬件系统 ................... 011
- 1.2.2　计算机软件系统 ................... 011
- 1.2.3　计算机系统的层次结构 ....... 012

### 1.3　计算机的基本组成 ........................014
- 1.3.1　冯·诺依曼计算机的特点 ... 014
- 1.3.2　冯·诺依曼计算机的硬件组成 ..... 015
- 1.3.3　计算机的总线结构 ............... 016
- 1.3.4　计算机的语言 ....................... 017
- 1.3.5　计算机的工作步骤 ............... 018

### 1.4　计算机硬件的主要性能指标 ........022
- 1.4.1　机器字长 ............................... 022
- 1.4.2　主频 ....................................... 023
- 1.4.3　主存容量 ............................... 023
- 1.4.4　时钟周期 ............................... 024
- 1.4.5　运算速度 ............................... 024
- 1.4.6　兼容性 ................................... 025

## 第 2 章　运算方法和运算部件 ....... 028

### 2.1　计算机中的进制及其相互转换 ....028
- 2.1.1　计算机中的数据存储单位 ........... 028
- 2.1.2　计算机中的常见进制 ........... 029
- 2.1.3　常见进制的相互转换 ........... 032

### 2.2　计算机中数值型数据的表示方法 ......036
- 2.2.1　无符号数和有符号数 ........... 036
- 2.2.2　原码表示法 ........................... 037
- 2.2.3　补码表示法 ........................... 038
- 2.2.4　反码表示法 ........................... 040
- 2.2.5　移码表示法 ........................... 040

### 2.3　计算机中的数据编码与校验 ........042
- 2.3.1　计算机中的数据编码 ........... 042
- 2.3.2　计算机中的数据校验方式 ... 045

### 2.4　算术运算和逻辑运算基础 ............046
- 2.4.1　移位运算 ............................... 046
- 2.4.2　逻辑运算 ............................... 050

### 2.5　计算机中定点数的表示与运算 ....051
- 2.5.1　定点数的表示方法 ............... 051
- 2.5.2　定点数补码加/减运算和溢出判断 ... 052
- 2.5.3　定点数原码乘法运算 ........... 054
- 2.5.4　定点数补码乘法运算 ........... 057
- 2.5.5　定点数原码除法运算 ........... 062

### 2.6　计算机中浮点数的表示与运算 ................066
- 2.6.1　浮点数的表示方法 ............... 066
- 2.6.2　IEEE 754 标准 ...................... 067
- 2.6.3　浮点数补码加/减运算 ......... 068
- 2.6.4　浮点数的乘/除法运算 ......... 071
- 2.6.5　定点数和浮点数的比较 ....... 071

### 2.7　C 语言中常用的数据类型转换 ....072
- 2.7.1　自动类型转换和强制类型转换 ........ 072
- 2.7.2　有符号数和无符号数的相互转换 ... 072
- 2.7.3　短数据和长数据的相互转换 .......... 073

### 2.8　运算器 ............................................073

2.8.1 加法器 ................................. 073
2.8.2 算术逻辑单元 ..................... 077
2.8.3 定点运算器 ........................ 079
2.8.4 浮点运算器 ........................ 081

## 第 3 章　存储系统 ............................ 087
### 3.1 存储系统的组织 ............................ 087
3.1.1 存储器的分类 ..................... 087
3.1.2 存储系统的层次结构 ........ 089
3.1.3 存储器的性能指标 ............ 091
### 3.2 主存储器 ........................................ 092
3.2.1 数据在存储器中的存放方式 ... 092
3.2.2 随机存取存储器 ................ 096
3.2.3 只读存储器 ........................ 104
3.2.4 主存储器逻辑设计 ............ 105
3.2.5 主存储器与 CPU 的连接 ... 108
### 3.3 高速缓冲存储器 ............................ 112
3.3.1 Cache 的作用 ..................... 112
3.3.2 Cache 的工作原理 ............. 113
3.3.3 Cache 与主存的地址映射 ... 115
3.3.4 替换算法 ............................ 119
3.3.5 Cache 的读和写（更新）... 120
3.3.6 Cache 的改进 ..................... 121
### 3.4 虚拟存储器与辅助存储器 ............ 122
3.4.1 虚拟存储器 ........................ 122
3.4.2 辅助存储器 ........................ 124

## 第 4 章　指令系统 ............................ 128
### 4.1 指令系统概述 ................................ 128
4.1.1 指令与指令系统 ................ 128
4.1.2 指令系统的描述语言 ........ 129
### 4.2 指令格式 ........................................ 131
4.2.1 地址码字段格式 ................ 131
4.2.2 操作码字段格式 ................ 136
### 4.3 指令类型 ........................................ 138
### 4.4 寻址方式 ........................................ 141
4.4.1 指令寻址方式 ..................... 142
4.4.2 操作数寻址方式 ................ 142

### 4.5 RISC 和 CISC ................................. 152
4.5.1 RISC 的产生和发展 .......... 152
4.5.2 RISC 的特点 ....................... 153
4.5.3 CISC 和 RISC 的比较 ........ 153

## 第 5 章　中央处理器 ........................ 157
### 5.1 概述 ................................................ 157
5.1.1 发展概况 ............................ 157
5.1.2 中央处理器的功能 ............ 160
5.1.3 中央处理器的组成 ............ 161
### 5.2 指令周期 ........................................ 164
5.2.1 基本概念 ............................ 164
5.2.2 指令周期及数据通路 ........ 166
### 5.3 时序与控制 .................................... 172
5.3.1 CPU 时序 ............................ 172
5.3.2 控制方式 ............................ 174
5.3.3 时序部件 ............................ 176
### 5.4 操作控制器 .................................... 177
5.4.1 组合逻辑控制器 ................ 177
5.4.2 微程序控制器 .................... 179
### 5.5 指令流水 ........................................ 189
5.5.1 指令流水原理与结构 ........ 189
5.5.2 流水线性能 ........................ 192
5.5.3 流水线性能的影响因素及处理 ... 194
### 5.6 微处理器中的新技术 .................... 196
### 5.7 现代中央处理器 ............................ 199

## 第 6 章　总线系统 ............................ 206
### 6.1 总线的基本概念 ............................ 206
6.1.1 发展概况 ............................ 206
6.1.2 总线的分类 ........................ 207
6.1.3 总线特性 ............................ 207
6.1.4 总线性能指标 .................... 208
6.1.5 总线标准 ............................ 210
### 6.2 总线的连接方式 ............................ 215
6.2.1 总线接口 ............................ 215
6.2.2 连接方式 ............................ 216
6.2.3 内部结构 ............................ 218

| | |
|---|---|
| 6.2.4 信息传输模式 ......................... 219 | 8.2 I/O 接口和 I/O 端口ﾠ............................250 |
| 6.3 总线控制 ........................................... 220 | 　　8.2.1 I/O 接口的功能、类型和 |
| 　　6.3.1 总线判优控制 ......................... 220 | 　　　　　基本结构 ................................. 250 |
| 　　6.3.2 总线通信控制 ......................... 223 | 　　8.2.2 I/O 端口的概念及编址方式 ............. 252 |

## 第 7 章　计算机外部设备 ............... 230

- 7.1 外部设备的分类 ................................. 230
- 7.2 常见输入设备 ..................................... 230
  - 7.2.1 键盘 ........................................... 230
  - 7.2.2 鼠标 ........................................... 232
  - 7.2.3 扫描仪 ....................................... 233
- 7.3 常见输出设备 ..................................... 234
  - 7.3.1 显示器 ....................................... 234
  - 7.3.2 打印机 ....................................... 238
  - 7.3.3 音箱 ........................................... 240
- 7.4 常见外存设备 ..................................... 241
  - 7.4.1 机械硬盘 ................................... 241
  - 7.4.2 固态硬盘 ................................... 242
  - 7.4.3 U（优）盘 ................................ 243
  - 7.4.4 闪速存储器 ............................... 244
- 7.5 外部设备的作用 ................................. 245

## 第 8 章　输入/输出系统 ................... 247

- 8.1 概述 ..................................................... 247
  - 8.1.1 发展概况 ................................... 247
  - 8.1.2 I/O 系统的组成 ......................... 248
  - 8.1.3 I/O 控制方式 ............................. 249
- 8.2 I/O 接口和 I/O 端口 ............................ 250
  - 8.2.1 I/O 接口的功能、类型和基本结构 ................................. 250
  - 8.2.2 I/O 端口的概念及编址方式 ..... 252
- 8.3 程序直接控制方式 ............................. 253
  - 8.3.1 立即程序传送方式 ................... 254
  - 8.3.2 程序查询方式 ........................... 254
- 8.4 程序中断方式 ..................................... 255
  - 8.4.1 中断的特点及应用 ................... 256
  - 8.4.2 关键概念 ................................... 258
  - 8.4.3 中断的分类 ............................... 259
  - 8.4.4 中断屏蔽技术 ........................... 260
  - 8.4.5 中断处理过程 ........................... 264
  - 8.4.6 程序中断设备接口的组成 ....... 268
- 8.5 DMA 方式 ........................................... 270
  - 8.5.1 DMA 方式的特点及比较 ......... 270
  - 8.5.2 DMA 方式的访存控制方式 ..... 272
  - 8.5.3 DMA 控制器的功能和组成 ..... 274
  - 8.5.4 DMA 方式的工作过程 ............. 276
  - 8.5.5 DMA 控制器的连接方式及类型 .... 277
- 8.6 通道控制方式和外围处理机方式 .......... 280
  - 8.6.1 基本概念 ................................... 281
  - 8.6.2 通道的类型 ............................... 284
  - 8.6.3 通道的工作过程 ....................... 287

**参考文献** ................................................. 292

# 第 1 章
# 计算机系统概论

电子数字计算机的诞生是 20 世纪重大的科技成果之一，是人类科学技术发展史上的一个里程碑。与一般的电子设备不同，计算机是由硬件和软件组成的复杂自动化设备。术语"计算机"源自英语中的"Computer"。20 世纪 50 年代初，人们将"Computer"视为一种新型的计算工具。然而，随着计算机技术的迅速发展，其功能已远远超越了数学计算的范围，处理对象扩展到数字、文字、图形、图像、声音等多种形式，应用也涵盖了数据处理、事务处理、过程控制、计算机通信和计算机辅助系统等多个领域。如今，我们重新认识"计算机"的含义，将其理解为由硬件和软件两大部分组成的，能够按照预先存储的程序自动、高速地进行数据的输入、处理、输出和存储的高度自动化的电子设备。

在计算机发展的 70 多年历程中，其在人类科技史上的地位无与伦比。从第一台通用计算机问世算起，计算机已成为人类社会不可或缺的一部分。计算机作为一个整体，由软件和硬件两大部分构成，为了简化设计分析的难度，一般组织成层次结构，以硬件为核心，根据需求设计实现必要的软件虚拟机，以满足不同应用场景的需求。如今，大多数计算机都遵循冯·诺依曼原理，即以二进制为运算基础，采用"存储程序"方式工作，由五大基本部件组成，各部件均服务于信息的表示、存储、加工和运算。对于计算机系统，我们可以用各种度量参数来评估和比较其性能指标。

本章将介绍计算机的发展历程、发展趋势、常见类型、应用场景，以及基本组成和性能指标。

## 1.1 计算机的发展与应用

### 1.1.1 计算机的发展简史

研制电子计算机的想法产生于第二次世界大战期间。当时各国的武器信息技术装备研发竞争激烈，为此美国陆军军械部在马里兰州设立了"弹道研究实验室"，用于研究弹道计算。美国军方要求该实验室每天为陆军炮弹部队提供 6 张射表以便对导弹的研制进行技术鉴定。按当时的计算工具，实验室即使雇用 200 多名计算人员加班加点工作也大约需要两个月的时间才能算完一张射表。为了改变这种不利的状况，第一台电子计算机的初始设想——"高速电子管计算装置的使用"被提出并获得军方资助，之后成立了一个以美国宾夕法尼亚大学莫希利、埃克特为首的研制小组。

1946 年 2 月，第一台通用电子计算机 ENIAC（Electronic Numerical Integrator And

Computer，即"埃尼阿克"）诞生，它由 17468 根电子管、70000 个电阻器、10000 个电容器、1500 个继电器和 6000 多个开关组成，重达 30t，占地约 170m²（长 30.48m，宽 6m，高 2.4m），耗电功率 174kW，耗资近 50 万美元，如图 1-1 所示。

图 1-1　ENIAC 计算机

ENIAC 采用的是十进制，每秒能进行 5000 次加法运算（速度是使用继电器运转的机电式计算机的 1000 倍、手工计算的 20 万倍）。当年的 ENIAC 与现在的计算机相比，还不如一些高级袖珍计算器，但它的诞生为人类开辟了一个崭新的信息时代，使人类社会发生了巨大变化。ENIAC 宣告了一个新时代的开始，打开了人类科学计算的大门。

计算机多年的发展历史表明，计算机硬件的发展受电子元器件的发展影响极大。因此人们习惯以元器件的更新作为计算机技术进步时代划分的主要标志。

### 1. 第一代：电子管计算机

电子管计算机的逻辑元件采用电子管，存储器件为声延迟线或磁鼓，系统结构实现了定点运算，使用机器语言。电子管计算机体积大、速度慢、存储容量小。

【注】电子管，是一种最早期的电信号放大器件，被封闭在玻璃容器（一般为玻璃管）中。早期应用于电视机、收音机、计算机等电子产品中，后来逐渐被半导体材料制作的放大器和集成电路取代，但在一些高保真的音响器材中仍在使用。电子管如图 1-2 所示。

### 2. 第二代：晶体管计算机

晶体管计算机的逻辑元件采用晶体管，内存储器由磁芯构成，磁鼓与磁带作为外存储器。系统结构实现了浮点运算，并提出了变址、中断、I/O 处理等新概念。其开始使用多种高级语言及其编译程序。与第一代电子管计算机相比，第二代晶体管计算机体积小、速度快、功耗低、可靠性高。

【注】晶体管，是一种固体半导体器件（包括二极管、三极管、场效应管、晶闸管等），具有检波、整流、放大、开关、稳压、信号调制等多种功能。晶体管是规范操作计算机、手机和所有其他现代电子电路的基本构建块。晶体管如图 1-3 所示。

### 3. 第三代：集成电路计算机

集成电路计算机的逻辑元件与存储器均由集成电路实现。系统结构采用了微程序控制、高速缓存、虚拟存储器、流水线等技术。随着高级语言的快速发展，操作系统得到进一步发展，有了多用户分时操作系统，计算机的应用领域也在不断拓宽。

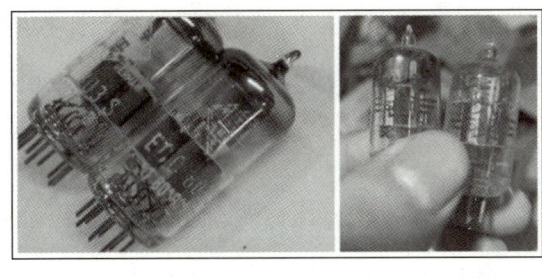
图 1-2　电子管

图 1-3　晶体管

这一时期还有一个重要特点：大型机、巨型机与小型机同时发展。小型机的发展，对计算机的推广使用产生了很大的影响。

【注】**集成电路**，是一种微型电子器件或部件。集成电路是通过先进的制作工艺，将一个电路中所需的晶体管、电容、电阻、电感等元件和互连布线一起封装在一个小块或多个小块半导体晶片（介质基片）上，成为具有所需电路功能的微型结构。因为所有元件在结构上已组成一个整体，所以具有微型化、低功耗、智能化和高可靠性等优点。集成电路如图 1-4 所示。

图 1-4　集成电路

### 4. 第四代：大规模、超大规模集成电路计算机

20 世纪 70 年代开始，微电子学飞速发展创造的大规模集成电路和微处理器给计算机工业注入了新鲜血液，大规模集成电路（Large Scale Integration，LSI）和超大规模集成电路（Very Large Scale Integration，VLSI）成为计算机的主要器件，内存也采用超大规模集成电路。在系统结构上，出现了多处理机系统和并行计算机。软硬件有了更多的结合，开发出了用于并行处理的多处理机系统专用语言和编译器。同时，还出现了用于并行处理或分布计算的软件工具和环境。

这一时期的另一个重要特点是计算机网络的发展与广泛应用，使社会进入了网络时代。

### 5. 第五代计算机

一直以来，计算机以元器件的更新换代作为划时代标志。多年来，人们不断努力与探索，以寻找速度更快、功能更强的全新的元器件，如神经元、生物芯片、分子电子器件、超导计算机、量子计算机等。计算机基本结构也试图突破冯·诺依曼体系结构，使其更具智能化。

目前，这方面的研究工作已取得了一些重要成果，相信在不久的将来，真正的新一代计算机一定会出现。

### 1.1.2 计算机的主要特点

#### 1. 运算速度快

电子计算机具有神奇的运算速度，其速度已达到每秒几十亿次乃至上百亿次。例如，为了将圆周率 π 的近似值计算到 707 位，一位数学家曾为此花费十几年的时间，而如果用现代的计算机来计算，瞬间就能算到小数点后 200 万位。单字长定点指令平均执行速度（Million Instructions Per Second，MIPS）即计算机每秒可执行的百万条指令数，是衡量计算机 CPU（中央处理器，Central Processing Unit）运算速度的一个重要指标。

#### 2. 计算精度高

精度高是计算机的又一显著特点。在计算机内部，数据采用二进制编码表示，二进制编码位数越多表示数的精度就越高。目前，计算机的计算精度已经能达到几十位有效数字。从理论上来说，随着计算机技术的不断发展，计算精度可以提高到任意精度。

#### 3. 记忆能力强

在计算机中有容量很大的存储装置，它不仅可以长久地存储大量的文字、图形、图像、声音等信息资料，还可以存储指挥计算机工作的程序。

#### 4. 具有逻辑判断能力

因为采用了二进制，计算机能够进行各种基本的逻辑判断，并且根据判断的结果自动决定下一步该做什么。有了这种能力，计算机才能完成各种复杂的计算任务，进行各种过程控制和完成各类数据处理任务。这种逻辑判断能力是计算机处理逻辑推理问题的前提，也是计算机能实现信息处理高度智能化的重要因素。

#### 5. 自动完成各种操作

计算机是由内部程序控制和操作的，只要将事先编制好的应用程序输入计算机，计算机就能自动按照程序规定的步骤完成预定的处理任务。

#### 6. 可靠性高

计算机由各种电子元器件和线路接口等组成，其耐用性一般都是以"万小时"为单位，因此计算机具有很高的可靠性，可以不知疲惫地以正常状态连续地工作下去。

#### 7. 通用性高

自 ENIAC 出现之后，电子计算机适用性越来越广，其具有非常快的运算速度，可自带或外接存储设备和通用的外部设备。在各种系统软件及应用软件的配合下，已经广泛应用于人类社会的科研、生产、经济、生活、学习、娱乐等领域，成为现代人类社会不可缺少的工具。

### 1.1.3 计算机的发展趋势

随着计算机的不断发展，计算机正向着巨型化、微型化、智能化、多媒体化和网络化等方向发展。

#### 1. 巨型化

巨型化是指为了适应尖端科学技术的需要而发展出高运算速度、大存储量和强大功能的巨型机。人们对计算机的依赖性越来越强，特别是在军事、科研和教育方面，对计算机的存储空间和运行速度等要求越来越高。研制巨型机是为了适应天文、气象、地质、核反应堆等尖端科学的需要，使其能够记忆大量知识信息以及模拟人脑思维能力。

巨型机的研制水平、生产能力及应用程度已成为衡量一个国家经济实力和科技水平的重要标志。

#### 2. 微型化

微型化就是进一步提高集成度，利用高性能的超大规模集成电路，研制出质量更可靠、性能更优良、价格更低廉、整机更小巧的微型机。随着微型处理器的出现和应用，计算机体积缩小了，成本降低了。另外，软件行业的飞速发展提高了计算机内部操作系统的便捷度，计算机外部设备也趋于完善。

#### 3. 智能化

智能化是指让计算机具有模拟人的感觉、行为、思维过程的机理，使计算机具备逻辑推理、学习等能力。计算机智能化是未来发展的必然趋势。现代计算机具有强大的功能和运行速度，但与人脑相比，其智能化和逻辑能力仍有待提高。人类不断在探索如何让计算机能够更好地反映人类思维，使计算机能够具有人类的逻辑思维判断能力，可以通过思考与人类沟通交流，抛弃以往依靠编码程序来运行计算机的方法，直接对计算机发出指令。

总体来说，计算机发展的大趋势是速度越来越快，价格越来越低，体积越来越小。

#### 4. 多媒体化

早期计算机处理的信息主要是字符和数字。但是，人们更习惯使用图形、文字、声音、图像等多种形式的多媒体信息来进行交流。多媒体技术可以集图形、图像、音频、视频、文字于一体，使信息处理的对象和内容更加接近人类的真实世界。

#### 5. 网络化

网络化是指通过网络应用模式实现更大范围内的信息资源"共享"。网络化应用可以充分利用计算机的宝贵资源，扩大计算机的使用范围，为用户提供方便、及时、可靠、广泛、灵活的信息服务。

互联网将世界各地的计算机连接在一起，计算机网络化彻底改变了人类世界，人们通过互联网进行沟通、交流、教育资源共享、信息查阅共享等，无线网络的出现，更极大地提高了人们使用网络的便捷性，未来计算机将会进一步向网络化方向发展。

## 1.1.4 计算机的分类

### 1. 按规模分类

按照计算机的规模或运算速度、输入/输出能力、存储容量等因素划分，通常将计算机分为巨型机、大型机、小型机和微型机等。

#### 1）巨型机（Supercomputer）

巨型机又称为"超级计算机"（简称"超算"）或"超级电脑"，其运算速度快，存储容量大，结构复杂，价格昂贵，主要用于尖端科学研究领域等。

【注】每个国家超级计算机的能力最为直观的体现是"超算 TOP 500 榜单"，该榜单于 1993 年开始发布，由国际组织"TOP 500"编制，每隔半年更新一次。

目前，中国在超级计算机方面位列国际先进水平。中国是第一个以发展中国家的身份制造了超级计算机的国家。1983 年，中国研制出了第一台超级计算机天河一号（又称为银河一号），使中国成为世界上继美国、日本之后第三个能独立设计和研制超级计算机的国家。

2011 年，中国拥有世界最快的 500 台超级计算机中的 74 台。

2013 年，中国天河二号（又称为银河二号）大型超级计算机以峰值计算速度每秒 5.49 亿亿次及持续计算速度每秒 33.86 千万亿次的优异性能位居第四十一届世界大型超级计算机 TOP 500 榜首。

2016 年，TOP 500 组织发布的一期"超算 TOP 500 榜单"中，神威·太湖之光超级计算机和天河二号超级计算机位居前两位。神威·太湖之光的实测计算速度比天河二号提高了三倍，是当时美国最快的超级计算机速度的 5 倍，也是世界上第一台运算速度达到 10 亿亿次量级的超级计算机。而比性能更加重要的是，神威·太湖之光全部使用自主研制的芯片制造而成，实现了我国超级计算机核心技术的自主可控。

2019 年 6 月，国际超算大会（ISC）发布了第 53 届全球"超算 TOP 500 榜单"，这份榜单中，中国以 219 台上榜数继续位列第一位，美国以 116 台排在第二位。除了中国和美国在超算数量上排名第一和第二，其他拥有超算比较多的国家还有日本（29 台，排名第三）、法国（19 台，排名第四）、英国（18 台，排名第五）和德国（14 台，排名第六）。

在总运算能力上，美国超算的平均运算能力依旧强于中国。从总算力占比上看，美国超算占比为 37.1%，中国超算占比为 32.3%，随着近年来中国国力的快速增强，中国上榜超算数量在快速增长，中美超算性能差距也在一步步缩小。中国超级计算机如图 1-5 所示。

图 1-5 中国超级计算机

2）大型机（Mainframe）

大型机也称为"大型计算机"，包括通常所说的大型机和中型机，规模次于巨型机，其有比较完善的指令系统和丰富的外部设备，主要用于计算机网络和大型计算中心。

3）小型机（Minicomputer）

小型机与大型机相比成本较低，维护也较容易。小型机用途广泛，既可用于科学计算和数据处理，也可用于生产过程自动控制和数据采集及分析处理等。

4）微型机（Microcomputer/Personal Computer）

微型机又称为"微型电脑"或"个人电脑"，简称 PC（Personal Computer。为区别于程序计数器 Program Counter，本书后续仅出现 PC 时，指程序计数器）。微型机由微处理器、半导体存储器和输入/输出接口等芯片组成，与小型机相比，其体积更小、价格更低、灵活性更好，可靠性更高、使用更加方便。随着计算机技术的不断进步，计算机性能也越来越强，目前许多微型机的性能已超过以前的大中型机。

### 2. 按工作模式分类

按照工作模式分类，可将计算机分为服务器和工作站两类。

1）服务器

服务器是一种可供网络用户共享的高性能计算机。服务器一般具有大容量的存储设备和丰富的外部设备，在其上运行网络操作系统，要求具有较高的运行速度，因此，很多服务器都配置了多 CPU，服务器上的资源可供网络用户共享。

2）工作站

工作站是普通计算机，它的独到之处就是易于联网，配有大容量主存、大屏幕显示器，特别适合办公自动化。

### 3. 按用途分类

按照用途分类，可将计算机分为通用型计算机和专用型计算机。

1）通用型计算机

通用型计算机是一种可执行广泛范围计算任务的计算机，其设计目的是处理多种不同类型的任务和应用程序。通用型计算机具有较高的灵活性和通用性，可以根据需要运行各种软件应用程序，如操作系统、办公软件、游戏、多媒体应用等。个人电脑、笔记本电脑、平板电脑、智能手机等都是通用型计算机，它们通过运行各种不同的应用程序，为用户提供多功能服务。

2）专用型计算机

专用型计算机是针对特定任务或应用领域而设计的计算机系统，其功能和结构都针对特定的应用需求进行了优化。专用型计算机通常具有更高的性能和效率，因为它们专注于执行特定类型的任务，可以通过硬件和软件的优化来实现更高的性能。嵌入式系统、工业控制系统、网络路由器、数字信号处理器（Digital Signal Processor，DSP）、超级计算机等都属于专用型计算机的范畴。例如，超级计算机专注于高性能科学计算和数据处理，而工业控制系统专门用于控制生产线上的机器和设备。

### 1.1.5　计算机的应用

计算机的应用领域已渗透到社会的各行各业，正在改变着传统的工作、学习和生活方式，推动着社会的发展。计算机的主要应用领域有以下几个方面。

#### 1. 科学计算（或数值计算）

科学计算是指应用计算机处理科学研究和工程技术中所遇到的数学计算。在现代科学技术工作中，科学计算问题是大量且复杂的。利用计算机的高速计算、大存储容量和连续运算的能力，可以实现人工无法解决的各种科学计算问题，如地震预测、气象预报、航天技术等。

#### 2. 数据处理（或信息处理）

数据处理是指对各种数据进行收集、存储、整理、分类、统计、加工、利用、传播等一系列活动的统称。据统计，80%以上的计算机主要用于数据处理，这类工作量大且涉及面广，决定了计算机应用的主导方向。

例如，电子数据处理（Electronic Data Processing，EDP）以文件系统为手段，实现一个部门内的单项管理；管理信息系统（Management Information System，MIS）以数据库技术为工具，实现一个部门的全面管理，以提高工作效率；决策支持系统（Decision Support System，DSS）以数据库、模型库和方法库为基础，帮助管理决策者提高决策水平，改善运营策略的正确性与有效性等。目前，数据处理已广泛地应用于办公自动化、企事业计算机辅助管理与决策、情报检索、图书管理、电影电视动画设计、会计电算化等行业。信息正在形成独立的产业，多媒体技术使展现在人们面前的信息不仅是数字和文字，也有声情并茂的声音和图像信息。

#### 3. 辅助技术

计算机辅助技术主要包括CAD、CAM、CAI和CAE。

1）计算机辅助设计（Computer Aided Design，CAD）

计算机辅助设计是利用计算机系统辅助设计人员进行工程或产品设计，以实现最佳设计效果的一种技术。它已广泛地应用于飞机、汽车、机械、电子、建筑和轻工业等领域。

2）计算机辅助制造（Computer Aided Manufacturing，CAM）

计算机辅助制造是利用计算机系统进行生产设备的管理、控制和操作的过程。将CAD和CAM技术集成，实现设计生产自动化，这种系统被称为计算机集成制造系统（CIMS）。它的实现将真正做到无人化工厂（或车间）。

3）计算机辅助教学（Computer Aided Instruction，CAI）

计算机辅助教学是在计算机辅助下进行的各种教学活动，以对话方式与学生讨论教学内容、安排教学进程、进行教学训练的方法与技术。CAI为学生提供了一个良好的个性化学习环境。其综合应用多媒体、超文本、人工智能和知识库等计算机技术，克服了传统教学方式上单一、片面的缺点。它的使用能有效地缩短学习时间、提高教学质量和教学效率，实现最优化的教学目标。

4）计算机辅助工程（Computer Aided Engineering，CAE）

计算机辅助工程是用计算机辅助求解复杂工程和产品结构强度、刚度、屈曲稳定性、动力响应、热传导、三维多体接触、弹塑性等力学性能的分析计算以及结构性能的优化设计等问题的一种近似数值分析方法。从广义上说，计算机辅助工程包括工程和制造业信息化的所有方面。传统的 CAE 主要指用计算机对工程和产品进行性能与安全可靠性分析，对其未来的工作状态和运行行为进行模拟，及早发现设计缺陷，并证实未来工程、产品功能和性能的可用性和可靠性。

## 4. 过程控制（实时控制）

过程控制是利用计算机及时采集检测数据，按最优值迅速地对控制对象进行自动调节或自动控制。采用计算机进行过程控制，不仅可以大大提高控制的自动化水平，而且可以提高控制的及时性和准确性，从而改善劳动条件、提高产品质量及合格率。因此，计算机过程控制已在机械、冶金、石油、化工、纺织、水电、航天等领域得到了广泛应用。

## 5. 人工智能（智能模拟）

人工智能（Artificial Intelligence，AI）是利用计算机模拟人类的智能活动，如感知、判断、理解、学习、问题求解和图像识别等。人工智能主要表现在机器人、专家系统和模式识别三个方面。如今，人工智能的研究已取得不少成果，有些已开始走向实用阶段。例如，能模拟高水平医学专家进行疾病诊疗的专家系统、具有一定思维能力的智能机器人等。

## 6. 网络应用

计算机技术与现代通信技术的结合构成了计算机网络。计算机网络的建立，不仅解决了一个单位、一个地区、一个国家计算机与计算机之间的通信，各种软、硬件资源的共享，也大大促进了文字、图像、视频和声音等各类数据的传输与处理。

## 7. 多媒体技术

随着计算机技术的发展与成熟，人们有能力将文本、音频、视频、图形、图像和动画等媒体综合起来，构成一种全新的概念，即多媒体（Multimedia）。多媒体技术就是通过计算机对语言文字、数据、音频、视频等各种信息进行存储和管理，使用户能够通过多种感官与计算机进行实时信息交流的技术。多媒体技术所展示、承载的内容实际上都是计算机技术的产物。

## 8. 嵌入式系统

嵌入式系统是以应用为中心，以现代计算机技术为基础，能够根据用户需求（功能、可靠性、成本、体积、功耗、环境等）灵活裁剪软硬件模块的专用计算机系统。嵌入式系统广泛存在于如数码相机、高档电动玩具、智能家用电器等设备中。

## 1.1.6 我国计算机发展概述

人类文明的发展史与计算工具的发展息息相关，中国作为历史悠久的文明古国，有着极其璀璨的历史及文化，早在上千年前就在数学、医药、建筑、天文、经济、社会等领域创造了一项项伟大的成就，这些都离不开大量数据的计算。

算盘（Abacus）是中国传统的计算工具，是由早在春秋时期便已普遍使用的算筹逐渐演变而来的。算盘是一种十分便捷且有效的计算工具，具有轻便、快速、易学等特点，可进行多种复杂运算，甚至可以实现开多次方。算盘曾是世界上广为使用的计算工具，直到现在，在亚洲和中东的部分地区仍在使用算盘。算盘是现代计算机的前身，是古代中国计算技术的符号。

电子计算机作为人类文明史上的一项重要发明，对于一个国家各方面的发展都起到了举足轻重的作用。早在1956年，我国政府制定的《1956—1967年科学技术发展远景规划》（简称"十二年科技规划"）中，就把电子计算机列为科学技术发展的重点之一，并在1957年筹建了中国第一个计算技术研究所。如今，更是在《国家信息化发展战略纲要》中明确了将包括计算机在内的信息技术上升到国家战略的重要地位，充分表现出了我国几代领导人的高瞻远瞩。

中国的计算机（主要指电子计算机）事业起步于20世纪50年代中期，与国外同期的先进计算机水平相比，起步晚了约10年，在计算机的发展过程中，中国经历了各种困难，走过了一段不平凡的历程。直到现在，西方一些国家还在对我国进行技术封锁和制裁。但是经过我国几代科研人员，如华罗庚、胡世华、闵乃大、王传英、吴几康、夏培肃、徐献瑜、张效祥等老一辈科学家，以及更多科研工作者们的默默奋斗，中国计算机的研制水平已经达到国际前沿水平。

中国自主研发的计算机为国防和科研事业都做出了重要贡献，并且推动了计算机产业的发展。截至目前，中国既研制出了世界上计算速度最快的高性能计算机，也成为国际上最大的微型机生产基地和主要市场。与此同时，中国计算机事业的发展呈现出多元化的发展趋势，与国外发达国家基本同步地形成了一系列新的学科，这些学科也获得了快速的发展，很多领域在技术研发或产业化上，达到甚至超越了同期国外水平。

纵观中国计算机的研制历程，从103机、109机、150机、银河、曙光，再到天河、神威·太湖之光等，都是科研人员通过艰苦卓绝的努力奋斗，自强不息，一步一个脚印走出来的，只有掌握了核心科技和自主知识产权，才能保证我国计算机事业的长远发展。

## 1.2　计算机系统

一个完整的计算机系统由硬件系统和软件系统两大部分组成。计算机硬件相当于计算机的躯体，计算机软件相当于计算机的灵魂，二者相互依存，分工合作，缺一不可。**计算机系统**的基本组成如图1-6所示。

在计算机技术的发展过程中，软件随硬件技术的发展而发展；同时，软件的不断发展与完善，又促进了硬件的发展，二者的发展密切交织。从原理上讲，具备了最基本的硬件之后，某些硬件的功能可以由软件实现（称为**软化**）；反之，某些软件的功能也可以由硬件实现（称为**固化**）。

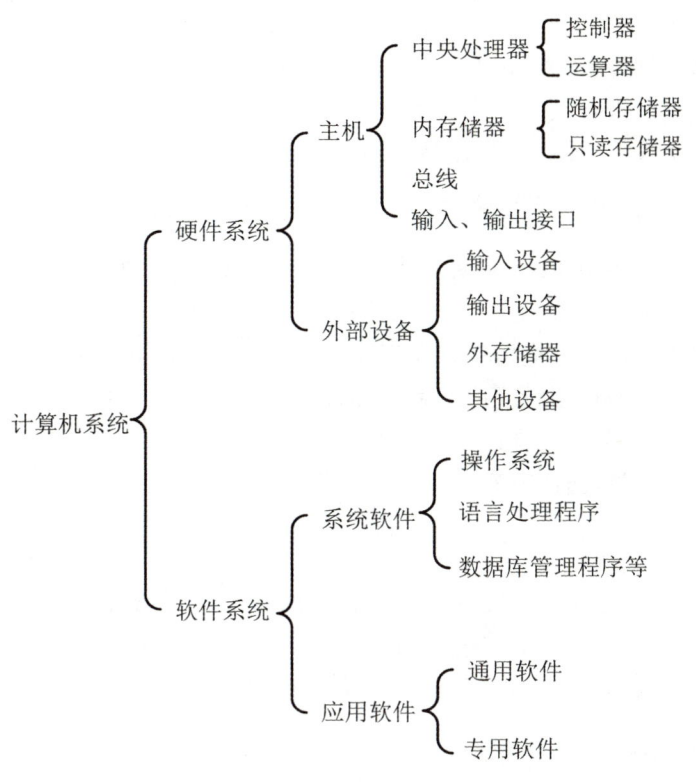

图 1-6　计算机系统的基本组成

## 1.2.1　计算机硬件系统

计算机**硬件**（Hardware）由一系列看得见、摸得着的电子元器件及有关设备按照一定逻辑关系连接而成，是计算机系统的物质基础。计算机硬件系统包括计算机的主机和外部设备。

### 1. 主机

主机中包含了中央处理器、内存储器等电路部件，是一个能够独立工作的系统。

【注】计算机组成原理中的主机概念和人们日常生活中所说的主机概念有所不同。日常生活中所说的主机，指的是用于放置主板及其他主要部件的控制箱体，其与前者最大的区别在于比前者多包含了外部存储器（硬盘）。

### 2. 外部设备

外部设备是除了主机以外的任何设备，是附属的或辅助的与计算机连接起来的设备。外部设备主要包括计算机系统中的输入设备、输出设备和外存储器。外部设备能扩充计算机系统，对数据和信息起着传输、存储的作用，是计算机系统中的重要组成部分。

## 1.2.2　计算机软件系统

计算机**软件**（Software）由系统软件和应用软件组成。计算机软件指挥、控制计算机硬件系统，使之按照预定的程序运行。计算机软件系统是指计算机运行的各种程序、数据及相关的文档资料。系统软件作为人机交互接口，管理软硬件资源；应用软件则针对现实中某些具体问题或功能需求而被开发与使用。虽然各自的用途不同，但二者的共同点是都存储在计算机存储器中，以某种格式编码书写的程序或数据。

### 1. 系统软件

系统软件是指控制和协调计算机及外部设备，支持应用软件开发和运行的系统，是无须用户干预的各种程序的集合，主要功能是调度、监控和维护计算机系统；负责管理计算机系统中各种独立的硬件，使它们可以协调工作。系统软件使得计算机使用者和其他软件将计算机当作一个整体，而不需要顾及底层每个硬件具体是如何工作的。

系统软件又可分为操作系统、语言处理程序、数据库管理程序等。其中，操作系统负责管理和控制计算机的软硬件资源，是核心的系统软件。

### 2. 应用软件

应用软件是指为特定领域开发并为特定目的服务的一类软件。应用软件是直接面向用户需求的，它们可以直接帮助用户提高工作质量和效率，甚至可以帮助用户解决某些难题。应用软件可以细分为很多种类，如工具软件、游戏软件、管理软件等。

## 1.2.3 计算机系统的层次结构

硬件与软件协同工作，才能使计算机正常运行并发挥作用。因此，对计算机的认识不能只关注硬件部分，还应考虑计算机软件部分。

从计算机不同使用者（操作者、程序员、硬件工程师）的角度看到的计算机系统具有完全不同的属性。为了更好地表达和分析这些属性，一般情况下将计算机划分为若干层次，用层次结构的观点来分析和表达计算机。本节以虚拟机的概念来划分和介绍计算机的层次结构，每个层次本质上是针对特定观察者（或者说不同使用者）的机器视图。

### 1. 虚拟机的概念

**虚拟机**（Virtual Machine，**VM**）是指通过软件模拟具有完整硬件系统功能的、运行在一个完全隔离环境中的完整计算机系统。在实体计算机中能够完成的工作在虚拟机中都能够实现。

作为通过执行编制好的程序中的指令来解决问题的机器，计算机真正能够直接识别的程序必须由机器语言（即由二进制代码 0 和 1 表示指令和数据的语言）编制。使用机器语言来编制程序，要求程序员必须对计算机的硬件和指令系统十分熟悉。编写成功有效程序的难度很大，操作过程也比较容易出错。一般情况下，将执行机器语言程序的实际计算机称为物理机（即图 1-7 中的 $M_0$）。

与物理机相对应的虚拟机是一台抽象计算机，它是通过在物理机上配置相应的软件来实现的一台逻辑计算机。与实际计算机一样，虚拟机也具有一套指令集，并可以使用不同的存储区域。例如，一台机器上配置了 C 语言和其他高级语言的编译器或解释器，此时，这台机器对于 C 语言用户来说就是以 C 语言为机器语言的虚拟机,对于其他高级语言用户来说就是以相应高级语言为机器语言的虚拟机。

【注】虚拟机技术是虚拟化技术的一种,就是将事物从一种形式转变成另一种形式。最常用的虚拟化技术有操作系统中内存的虚拟化,实际运行时用户需要的内存空间可能远远大于物理机器的内存大小,利用内存的虚拟化技术,用户可以将一部分硬盘虚拟化为内存,而这对用户是透明的。

### 2. 虚拟机的层次结构

如果从计算机语言的角度来划分**计算机系统的层次结构**,那么虚拟机可分为应用语言虚拟机、高级语言虚拟机、汇编语言虚拟机、操作系统虚拟机、传统机器和微程序机器六层,如图 1-7 所示。

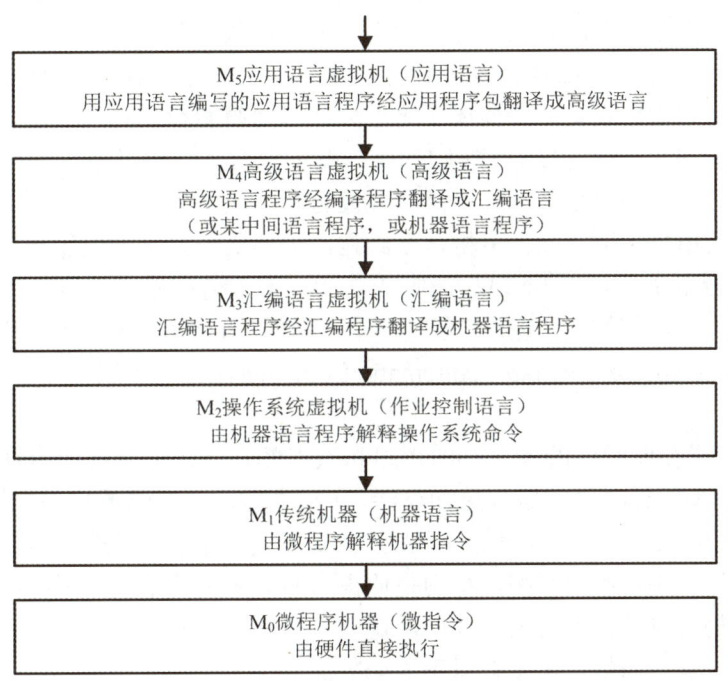

图 1-7 计算机系统的层次结构

一旦机器(虚拟机或实际中的计算机)确定下来,它所识别的语言也就随之确定;反之,若一种语言形式化之后,支撑该语言的机器即可确定。这有助于正确理解各种语言的实质和实现途径,从计算机系统的层次结构图中可清晰地看到机器与语言的对应关系。

虚拟机概念的引入推动了计算机体系结构的发展。由于各层次的虚拟机可方便地识别相应的计算机语言,从而摆脱了这些语言必须在同一台机器上实现的情况,为日后的多处理器系统、分布式处理系统、并行计算机系统等计算机体系结构的出现奠定了基础。

从计算机系统的多层次结构来看,可以将硬件研究的主要对象归结为传统机器 $M_1$ 和微程序机器 $M_0$;而软件研究的主要对象则是操作系统虚拟机 $M_2$ 以上的各级虚拟机。

## 1.3 计算机的基本组成

### 1.3.1 冯·诺依曼计算机的特点

冯·诺依曼（John von Neumann，1903 年 12 月 28 日—1957 年 2 月 8 日，见图 1-8），出生于匈牙利布达佩斯，匈牙利犹太裔美籍数学家、计算机科学家、物理学家和化学家，是 20 世纪最重要的科学家之一。冯·诺依曼是罗兰大学数学博士，美国国家科学院院士，普林斯顿高等研究院教授，早期从事算子理论、共振论、量子理论、集合论等方面的研究，后期转向研究自动机理论研究，是现代计算机、博弈论、核武器和生化武器等领域内的科学全才之一，他在发明电子计算机的过程中起到关键性作用，被后人誉为"现代计算机之父"。

图 1-8 冯·诺依曼

冯·诺依曼计算机体系结构明确了计算机硬件由五大部件组成，即运算器、控制器、存储器、输入设备和输出设备，并描述了这五大部件的职能和相互关系，为计算机的设计树立了一座里程碑。自第一台电子计算机 ENIAC 诞生至今，计算机系统的技术已经得到了非常大的发展，但计算机硬件系统的基本结构并没有发生太大的变化，当前绝大多数计算机的设计与制造都还采用冯·诺依曼计算机体系结构，仍然属于冯·诺依曼计算机。

世界上第一台电子计算机 ENIAC 研制成功后，冯·诺依曼对其设计提出了改进建议，1945 年 3 月，他在共同讨论的基础上起草了一个全新的"存储程序通用电子计算机方案"——EDVAC（Electronic Discrete Variable Automatic Computer，即"埃迪瓦克"），并在 1949 年研制成功。

EDVAC 采用了存储程序的概念，即程序和数据都存储在计算机的内存中，而不是通过硬连线来实现。这使得计算机的编程更加灵活，可以通过改变存储的程序来执行不同的任务。此外，EDVAC 还引入了二进制数表示和寻址方式，以及指令集和流水线等重要概念，这对后来计算机的设计有决定性的影响，特别是他提出的计算机的结构，采用存储程序以及二进制编码等，至今仍为电子计算机设计者所遵循。

**冯·诺依曼计算机**的特点主要有以下 6 个方面。

（1）计算机由运算器、控制器、存储器、输入设备和输出设备五大部件组成。

（2）指令和数据以二进制数表示。

（3）指令和数据以同等地位存放于存储器中，并可按地址寻访。

（4）指令由操作码和地址码组成，操作码用来表示操作的性质，地址码用来表示操作数所在存储器的位置。

（5）指令在存储器内按顺序存放。通常，指令是按顺序执行的，在特定情况下，可根据运算结果或设定的条件改变执行顺序。

（6）机器以运算器为中心（原始的、典型的冯·诺依曼计算机以运算器为中心，现代冯·诺依曼计算机已转化为以存储器为中心），输入/输出（Input/Output，I/O）设备与存储器之间的数据传输通过运算器完成。

冯·诺依曼计算机思想的核心内容是"*存储程序*"的工作方式（第 2～5 条表明），即只要事先编写好程序（包含指令和数据）并将其存入主存储器中，计算机在运行程序时就能自动且连续地从存储器中依次取出并执行指令，全程无须人工干预，直到程序执行结束为止。这是计算机可以高速自动运行的基础。

### 1.3.2 冯·诺依曼计算机的硬件组成

计算机硬件系统包括计算机的主机和外部设备，按照冯·诺依曼体系结构，具体可划分为五大功能部件，即运算器、控制器、存储器、输入设备和输出设备。这五大部件相互配合，协同工作。计算机硬件的基本工作原理如图1-9所示。

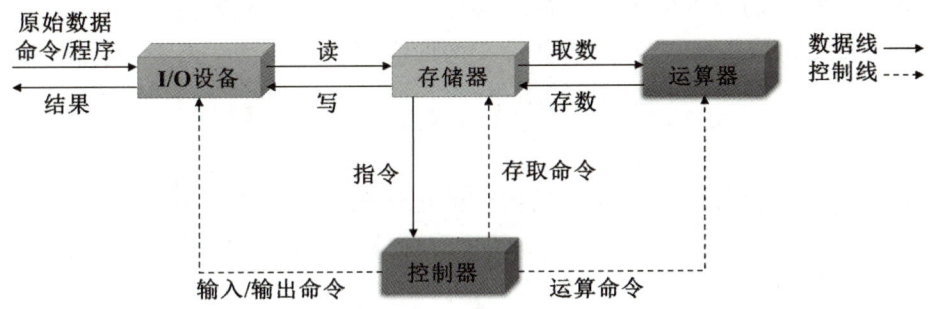

图1-9　计算机硬件的基本工作原理

其工作原理简述为：首先由输入设备接收外界信息（程序和数据），控制器发出指令将数据送入（内）存储器，然后向存储器发出取指令命令。在取指令命令下，程序指令被逐条送入控制器。控制器对指令进行译码，并根据指令的操作要求，向存储器和运算器发出存取命令和运算命令，经过运算器计算并把计算结果存在存储器内。最后在控制器发出的取数和输出命令的作用下，输出设备输出计算结果。

#### 1. 运算器

运算器是计算机中处理数据的功能部件。对数据的处理主要包括算术运算和对逻辑数据的逻辑操作。因此，实现对数据的算术与逻辑运算是运算器的核心功能。

运算器最少包括3个寄存器（现代计算机内部往往设有通用寄存器组）和1个算术逻辑单元（Arithmetic Logic Unit，ALU）。其中，ACC（Accumulator）为累加器，MQ（Multiplier-Quotient Register）为乘商寄存器，X为操作数寄存器。这3个寄存器在完成不同运算时，所存放的操作数类别也各不相同。各寄存器存放不同类别操作数的情况如表1-1所示。

表1-1　各寄存器存放不同类别操作数的情况

| 寄存器 | 运算 | | | |
| --- | --- | --- | --- | --- |
| | 加法 | 减法 | 乘法 | 除法 |
| ACC | 被加数及和 | 被减数及差 | 乘积高位 | 被除数及余数 |
| MQ | | | 乘数及乘积低位 | 商 |
| X | 加数 | 减数 | 被乘数 | 除数 |

计算机运行时，运算器的操作和操作种类由控制器决定；运算器处理的数据来自存储器；处理后的结果数据通常被送回存储器，或暂时寄存在运算器中。运算器与控制器共同组成了 CPU 的核心部分。

2. 控制器

控制器作为计算机的神经中枢，主要负责对程序规定的控制信息进行分析、实施和协调，使计算机各部件能够有条不紊地进行 I/O 操作或内存访问。**控制单元**（Control Unit，CU）是控制器中的主要组成部分，用来解释存储器中的指令，并发出各种操作命令来执行指令。**程序计数器**（Program Counter，PC）用来存放下一条欲执行指令的地址。由它指示指令在存储器中的存放位置，因而也称为**指令计数器**（Instruction Counter，IC）或**指令指针**（Instruction Pointer，IP），本书后文均使用第一种叫法。**指令寄存器**（Instruction Register，IR）用来保存当前正在执行的指令。

3. 存储器

存储器是用来存储程序和各种数据信息的记忆部件。存储器可分为主存储器（Main Memory，MM，简称 M、内存或主存）和辅助存储器（简称外存或辅存）两大类。可以和 CPU 直接交换信息的是内存。内存主要包括 RAM（Random Access Memory，随机存取存储器）和 ROM（Read Only Memory，只读存储器）两类。

相对而言，内存容量小、速度快、价格高；外存容量大、速度慢、价格低。

4. 输入设备（Input Device）

输入设备是人或外部设备与计算机进行交互的一种装置，用于把原始数据和处理这些数据的程序输入计算机中。计算机能够接收各种各样的数据，既可以是数值型数据，也可以是非数值型数据。例如，图形、图像、声音等，都可以通过不同类型的输入设备输入计算机中，进行存储、处理和输出。

输入设备是计算机与用户或其他设备通信的桥梁，常见的输入设备有键盘、鼠标、摄像头、扫描仪、光笔、手写输入板、游戏杆、语音输入装置等。

5. 输出设备（Output Device）

输出设备是将处理结果返回给外部世界的设备的总称。输出设备用于实现计算机数据的输出显示、打印，声音的播放，控制外部设备操作等，也用于把各种计算结果（数据或信息）以数字、字符、图像、声音等形式表现出来。

输出设备是计算机硬件系统的终端设备，常见的输出设备有显示器、打印机、绘图仪、影像输出系统、语音输出系统、磁记录设备等。

### 1.3.3 计算机的总线结构

在计算机系统中，各个部件之间传输信息的公共通路叫作总线（Bus），微型机是以总线结构来连接各个功能部件的。总线是一种内部结构，它是 CPU、内存、I/O 设备传递信息的公用通道，主机的各个部件通过总线相连接，外部设备通过相应的接口电路再与总线相连接，从而形成计算机硬件系统。

总线是由导线组成的传输线束。按照计算机传输的信息种类，计算机的总线可以划分为数据总线、地址总线和控制总线，分别用来传输数据、数据地址和控制信号。

单总线结构计算机原理图如图 1-10 所示。

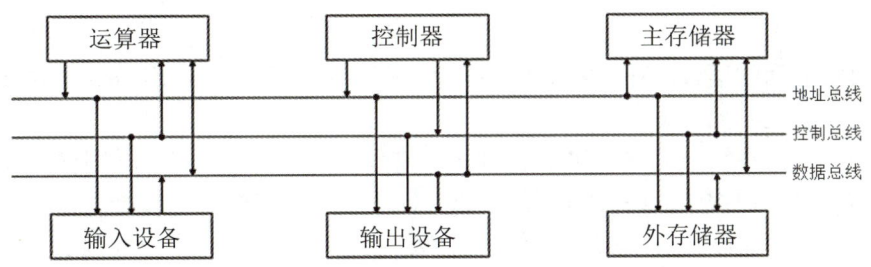

图 1-10　单总线结构计算机原理图

总线的两大基本特征是分时和共享。分时是指同一时间总线只能提供给一个部件传输信息，系统中的多个部件是不能同时传输信息的。共享是指多个部件连接在同一组总线上。使用总线时，机器速度相对要慢一些，为了提高数据传输速度，可在计算机内设置多组总线。

### 1.3.4　计算机的语言

计算机的语言（Computer Language）是指用于人与计算机之间进行通信的语言，是人与计算机之间传递信息的媒介。为了使电子计算机进行各种工作，就需要有一套用以编写计算机程序的数字、字符和语法规则，由这些数字、字符和语法规则组成的计算机各种指令（或各种语句），就是计算机能接受的语言。计算机语言的种类非常多，总的来说可以分成机器语言、汇编语言和高级语言三大类。

#### 1. 机器语言

电子计算机所使用的是由"0"和"1"组成的二进制数，二进制是计算机语言的基础。机器语言是一种用二进制代码"0"和"1"来代表指令和数据的最原始的程序设计语言，却是机器唯一能够识别的程序设计语言。

可以想象，写出一串串由"0"和"1"组成的指令序列交由计算机执行，非常烦琐和耗时，且容易出错，因此人们一般不用机器语言直接编程。

#### 2. 汇编语言（Assembly Language）

汇编语言是任何一种用于电子计算机、微处理器、微控制器或其他可编程器件的低级语言，因其用一些特殊符号表示指令，亦被称为**符号语言**。在汇编语言中，用助记符代替机器指令中的操作码，用地址符号或标号代替指令或操作数的地址。例如，若要计算机执行 23 和 15 两个数相加，用汇编语言描述的程序如下：

```
MOV AX, 17H        ;把 23 的十六进制表示 17H 送入 AX 寄存器
ADD AX, 0FH        ;把 15 的十六进制表示 0FH 与 AX 寄存器中的内容相加
HLT
```

在不同的设备中，汇编语言对应着不同的机器语言指令集，通过汇编过程转换成机器指令。特定的汇编语言和特定的机器语言指令集是一一对应的，不同平台之间不可直接移植。

计算机不能直接识别用汇编语言编写的程序，因此，用汇编语言编写的源程序在执行前必须先编译成机器语言所表示的目标程序。

### 3. 高级语言（High-level Programming Language）

高级语言是一种独立于机器、面向过程或对象的语言。高级语言是参照数学语言而设计的近似于日常会话的语言。利用高级语言编程，人们可以不去了解计算机内部的逻辑结构，而将精力集中在问题研究、算法和过程描述上。由于高级语言对过程的描述接近于人类习惯，因而易学易懂，使用高级语言编程比用汇编语言编程的效率要高很多。但同样，高级语言编写的程序也需经过翻译程序或解释程序翻译成目标程序，计算机才能运行。

高级语言并非特指某一种具体的语言，而是包括很多编程语言，如流行的 Java、C、C++、C#、Python 等，这些语言的语法、命令格式都各不相同。

## 1.3.5　计算机的工作步骤

为了使计算机按照预定要求工作，首先要编制相应的程序。程序是一个特定的指令序列，它告诉计算机要做哪些事情，按照什么步骤去做。指令是一组二进制信息代码，用来表示计算机所能完成的基本操作。

### 1. 程序

程序是为求解某个特定问题而设计的指令序列，是用来解决某一特定问题的有序指令集合。程序中的每条指令规定机器完成一组基本操作。如果把计算机完成一次任务的过程比作乐队的一次演奏，那么控制器就是一位指挥，计算机的其他功能部件就是各种乐器与演员，而程序就是乐谱。计算机的工作过程就是执行程序的过程，或者说，是控制器根据程序的规定对计算机实施控制的过程。例如，对于

$$a+|b|=\begin{cases}a+b, & b\geqslant 0\\ a-b, & b<0\end{cases}$$

计算机的解题步骤如下。

步骤 1：取 $a$。

步骤 2：取 $b$。

步骤 3：判断。若 $b \geqslant 0$，执行步骤 4；若 $b < 0$，执行步骤 6。

步骤 4：执行 $a+b$。

步骤 5：转步骤 7。

步骤 6：执行 $a-b$。

步骤 7：结束。

计算机的工作过程可归结为取指令→分析指令→执行指令→再取下一条指令→……，直到程序结束的反复循环过程。通常把其中的一次循环称为计算机的一个指令周期。总之，可把程序对计算机的控制归结为每个指令周期中指令对计算机的控制。

### 2. 指令

程序是由指令组成的。指令是计算机所能识别的一组二进制的代码串，是让机器完成某种操作的命令，典型的指令通常包含**操作码**（Operation Code，OP）和**地址码**（Address

Code，AD）两部分。指令要求计算机在一个规定的时间段（指令周期）内，完成一组特定的操作。操作码用来指出执行什么操作（如加、传输），地址码用来指出操作数存储在什么地方。

### 3. 指令的执行

指令规定的内容是通过控制器执行的，或者说控制器是按照一条指令的内容来指挥操作的。

*1）控制器的功能*

（1）定序功能：保证按程序规定的顺序执行指令。

（2）定时功能：计算机处理信息是通过信息在计算机的逻辑电路中的流通完成的。为保证计算机工作的准确性，控制器要为计算机中的各部件提供统一节拍，使各条指令及组成每条指令的各基本操作（通常称为微操作）都严格地按规定的时间有条不紊地自动执行。

（3）操作控制功能：控制器应能按照指令规定的内容，在相应的节拍向有关部件发出操作控制信号。

*2）控制器的组成*

上述功能在控制器中分别由指令部件、时序部件和操作控制部件来完成。控制器的工作原理如图 1-11 所示。

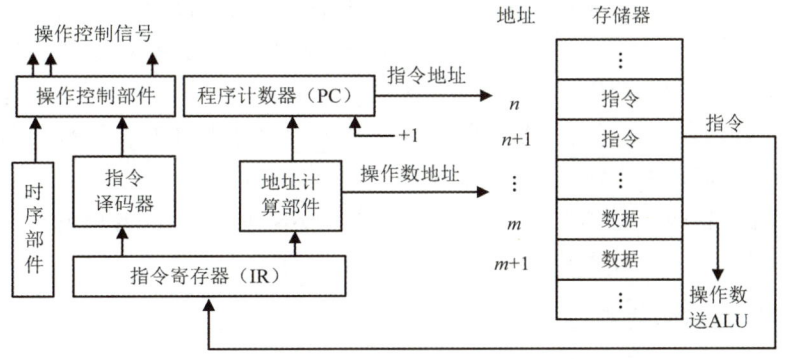

图 1-11　控制器的工作原理图

（1）指令部件：其主要功能是取指令和分析指令。它由程序计数器（PC）、指令寄存器（IR）、**指令译码器**（Instruction Decoder，ID）和地址计算部件组成。

（2）时序部件：也叫节拍发生器，它能为各部件提供一个时间基准。理论上，时钟频率（如 600MHz、1GHz、3.6GHz 等）越高，计算机的工作速度就越快。

（3）操作控制部件：其功能是根据指令译码器规定的内容，在规定的节拍内向有关部件发出操作控制信号。

*3）指令的执行过程*

通常，计算机执行一条指令的步骤如下。

（1）把程序计数器（PC）中的指令地址送至存储器，从该地址取出指令送至指令寄存器（IR）。

（2）地址计算部件根据 IR 中的地址码形成操作数地址送至存储器，从该地址取出数据送到运算器中的 ALU。

（3）将 IR 中的操作码（OP）送至指令译码器进行译码。

（4）在操作控制部件发出的操作控制信号的控制下，计算机各有关部件执行 OP 规定的操作。

（5）PC 加 1（"1"为泛指），形成下一条指令的地址。如遇到转移指令，则根据对状态标志寄存器测试的结果，决定是否将转移指令中指出的指令地址送至 PC。

### 4. 计算机的解题过程

使用计算机解题大致要经过程序设计→输入程序→执行程序等步骤。现以计算 a+b-c 为例来说明这一过程。

设 a、b、c 为已知的三个数，分别存放在主存储器（主存）的 05～07 号单元中，运算结果将存放在主存的 08 号单元中。若采用单累加器结构的运算器，要完成上述计算至少需要 5 条指令，这 5 条指令依次存放在主存的 00～04 号单元中。参加运算的数也必须存放在主存指定的单元中。主存中的部分存储单元如图 1-12 所示。

计算机的控制器对控制指令逐条、依次执行，最终得到正确的结果。具体步骤如下。

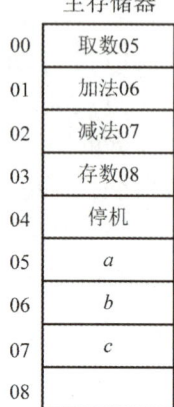

图 1-12　部分存储单元

（1）执行取数指令，从主存的 05 号单元取出数 a，送入累加器中。

（2）执行加法指令，将累加器中的内容 a 与从主存的 06 号单元取出的数 b 一起送到 ALU 中相加，a+b 的结果保留在累加器中。

（3）执行减法指令，将累加器中的 a+b 之和与从主存的 07 号单元取出的数 c 一起送到 ALU 中相减，a+b-c 的结果保留在累加器中。

（4）执行存数指令，把累加器中 a+b-c 的结果存至主存的 08 号单元。

（5）执行停机指令，计算机停止工作。

### 5. 细化的计算机组成框图

在计算机的工作过程中，细化的计算机组成框图如图 1-13 所示。

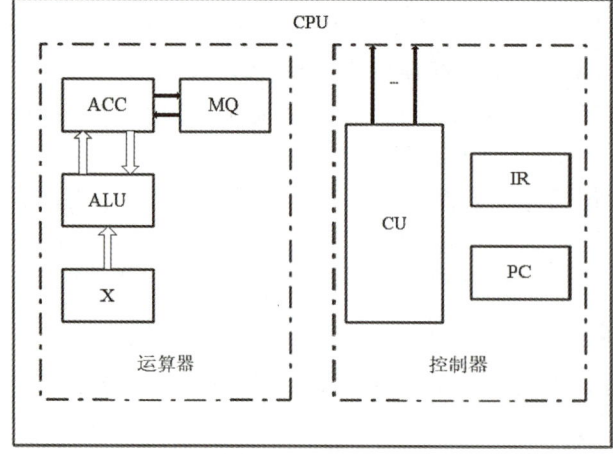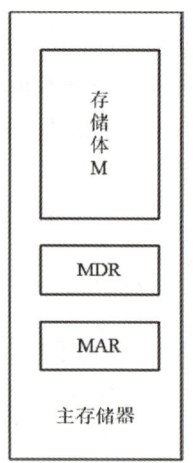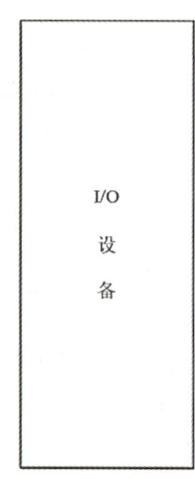

图 1-13　细化的计算机组成框图

1）主存储器

主存储器包括存储体 M、各种逻辑部件及控制电路等。**存储体**（即所有存储单元构成一个存储阵列，因而也称为**存储阵列**、**存储矩阵**）由许多存储单元（主存中具有相同地址的位构成一个存储单元，也称为一个编址单位）组成，每个存储单元又包含若干个**存储元件**（或称为**存储基元**、**存储元**、**位元**），每个存储元件能寄存一位二进制代码"0"或"1"。可见，一个存储单元可存储一串二进制代码，称这串二进制代码为一个**存储字**，这串二进制代码的位数称为**存储字长**。存储字长可以是 8 位、16 位或 32 位等。一个存储字可代表一个二进制数，也可代表一串字符，如存储字为 0011011001111101，既可表示为由十六进制字符组成的 367DH，又可代表 16 位的二进制数，此值对应的十进制数为 13949，还可代表两个 ASCII 码："6" 和 "}"（参见 ASCII 编码表）。一个存储字又可代表一条指令。

如果把一个存储体看作一幢大楼，那么一个存储单元可看作大楼中的一个房间，一个存储元可看作一个房间中的一张床位，床位有人相当于 "1"，无人相当于 "0"。床位数相当于存储字长。显然，每个房间都需要有一个房间编号，同样可以赋予每个存储单元一个编号，称为存储单元的地址号。

主存的工作方式就是按存储单元的地址号来实现对存储字各位的存（写入）、取（读出）。这种存取方式称为按地址存取方式，即按地址访问存储器（简称访存）。存储器的这种工作性质对计算机的组成和操作是十分有利的。例如，人们只要事先将编好的程序按顺序存入主存各单元，当运行程序时，先给出该程序在主存中的首地址，然后采用程序计数器加 1 的方法，自动形成下一条指令所在存储单元的地址，机器便可自动完成整个程序的运行。又如，由于数据和指令都存放在存储体的不同存储单元中，当需要反复使用某个数据或某条指令时，只要指出其相应的单元地址号即可，而不必占用更多的存储单元重复存放同一个数据或同一条指令，大大提高了存储空间的利用率。此外，由于指令和数据都由存储单元地址号来反映，因此，取一条指令和取一个数据的操作完全可视为是相同的，这样就可使用一套控制线路来完成两种截然不同的操作。

为了能实现按地址访问的方式，主存中还必须配置两个寄存器，即 MAR 和 MDR。

**MAR**（Memory Address Register）是**存储器地址寄存器**，用来存放欲访问的存储单元的地址，其位数对应存储单元的个数（如 MAR 为 10 位，则有 $2^{10}$=1024 个存储单元，记为 1K）。

**MDR**（Memory Data Register）是**存储器数据寄存器**，用来存放从存储体某单元取出的代码或者准备往某存储单元存入的代码，其位数与存储字长相等。当然，要想完整地完成一个取操作或存操作，CPU 还得给主存加以各种控制信号，如读命令、写命令和地址译码驱动信号等。随着硬件技术的发展，现代计算机已将 MAR 和 MDR 通过大规模集成电路集成在 CPU 芯片中。

早期计算机的存储字长一般和机器的指令字长与数据字长相等，故访问一次主存便可取一条指令或一个数据。随着计算机应用范围的不断扩大，解题精度的不断提高，往往要求指令字长是可变的，数据字长也是可变的。为了适应指令和数据字长的可变性，具体长度不由存储字长来确定，而由字节的个数来表示。1 个字节（Byte）被定义为由 8 位（bit）二进制代码组成。例如，4 个字节数据就是 32 位二进制代码；2 个字节构成的指令字长是 16 位二进制代码。此时，存储字长、指令字长、数据字长三者可以各不相同，但它们都必须是字节的整数倍。

### 2）运算器

不同机器的运算器结构是不同的。图 1-13 所示的运算器可将运算结果从 ACC 送至存储器中的 MDR；而存储器的操作数也可从 MDR 送至运算器中的 ACC、MQ 或 X。有的机器用 MDR 取代 X 寄存器。

### 3）控制器

计算机的基本操作可归纳为取指令、分析指令和执行指令三个阶段，所有的控制信息都来源于控制器。具体而言，它首先要命令存储器读出一条指令，称为取指过程（也称为**取指阶段**）；接着，它要对这条指令进行分析，指出该指令要完成什么样的操作，并按寻址特征指明操作数的地址，称为分析过程（也称为**分析阶段**）；最后，根据操作数所在的地址以及指令的操作码完成某种操作，称为执行过程（也称为**执行阶段**）。

控制器由程序计数器（PC）、指令寄存器（IR）以及控制单元（CU）组成。PC 用来存放当前欲执行指令的地址，它与主存的 MAR 之间有一条直接通路，且具有自动加 1 的功能，即可自动形成下一条指令的地址。IR 用来存放当前的指令，IR 的内容来自主存的 MDR。将 IR 中的操作码"OP(IR)"送至 CU，记作 OP(IR) → CU，用来分析指令；将其地址码"Ad(IR)"作为操作数的地址送至存储器的 MAR，记作 Ad(IR) → MAR。CU 用来分析当前指令所需完成的操作，并发出各种微操作命令序列，用以控制所有被控对象。

### 4）I/O 设备

I/O 子系统包括各种 I/O 设备及其相应的接口。每一种 I/O 设备都由 I/O 接口与主机联系，它接收 CU 发出的各种控制命令，并完成相应的操作。例如，键盘（输入设备）由键盘接口电路与主机联系；打印机（输出设备）由打印机接口电路与主机联系。

## 1.4 计算机硬件的主要性能指标

一台计算机性能的优劣是根据多项技术指标综合确定的。其中既包含硬件的各种性能指标，又包括软件的各种功能指标。本节主要讨论硬件的主要性能指标。

### 1.4.1 机器字长

**机器字长**是指 CPU 一次能处理数据的位数，通常与 CPU 中的寄存器位数有关。字长越长，数据的表示范围越大，精度也越高。机器字长对硬件的造价也有较大的影响，它将直接影响加法器（或 ALU）、数据总线以及存储字长的位数，所以机器字长的确定不能单从精度和数的表示范围来考虑。

机器字长也会影响机器的运算速度。倘若 CPU 字长较短，又要运算位数较多的数据，那么需要多次运算才能完成，势必会影响机器的运算速度。

为了更灵活地表达和处理信息，通常机器字长都是字节的 1、2、4、8……倍，如微型机的机器字长有 8 位、16 位、32 位、64 位等。

【注】我们平时所说的 32 位（或 64 位）计算机中的 32 位（或 64 位）通常是指计算机体系结构中的一个概念，它涉及 CPU 的处理能力和操作系统对内存的寻址能力。主要体现在以下四个方面。

### 1. CPU 的处理能力

32 位指的是 CPU 在处理指令或数据时，能够一次性处理的最大位数即 32 位二进制数据。这通常意味着 CPU 的运算单元 [ 如算术逻辑单元（ALU）] 能够同时处理 4 个字节（每个字节由 8 位二进制数组成）的数据。

### 2. 内存寻址能力

32 位 CPU 的内存寻址空间通常限制在 $2^{32}$ 字节（即 4GB）左右，而 64 位 CPU 则能够在更大范围的内存中寻址，理论上可以达到 $2^{64}$ 字节。

### 3. 操作系统兼容性

32 位操作系统通常只能安装在 32 位 CPU 上，而 64 位操作系统既可以安装在 32 位 CPU 上，也可以安装在 64 位 CPU 上。

### 4. 软件兼容性

大部分软件都是在 32 位架构环境下开发的，64 位操作系统能够兼容 32 位的软件，但 32 位的软件不能向上兼容 64 位操作系统。

## 1.4.2 主频

CPU 的主频，即 CPU 内核工作的时钟频率（CPU Clock Speed），是指计算机的 CPU 在单位时间内发出的脉冲数目，其和时钟周期互为倒数。随着计算机的快速发展，主频的单位由过去的 MHz 发展到了现在的 GHz。

与处理器主频密切相关的有两个概念：外频与倍频。其关系为：主频 = 外频 × 倍频。

外频是 CPU 的基准频率，单位是 MHz。外频是 CPU 与主板之间同步运行的速度，而且绝大部分计算机系统中外频也是内存与主板之间同步运行的速度。在这种方式下，可以理解为 CPU 的外频直接与内存相连通，实现两者间的同步运行状态；倍频即主频与外频之比的倍数，通常情况下，倍频是以 0.5 的倍率增长的。

【注】早期的 CPU 并没有"倍频"这个概念，那时主频和系统总线的速度是一样的。随着计算机技术的快速发展，CPU 速度越来越快，内存、硬盘等配件逐渐跟不上 CPU 的速度了，而倍频的出现解决了这个问题，它可使内存等部件仍然工作在相对较低的系统总线频率下，而 CPU 的主频可以通过倍频来无限提升（理论上）。

主频和实际的运算速度之间存在一定的关系，但这并不是一个简单的线性关系。在实际情况下，CPU 的运算速度还依赖 CPU 的流水线、总线等各方面的性能指标。也就是说，主频仅仅是 CPU 性能表现的一个方面，不能代表 CPU 的整体性能。

## 1.4.3 主存容量

一个主存储器所能存储的全部信息量称为主存容量，即主存容量是指主存中存放二进制代码的总位数。通常，计算机的主存容量越大，存放的信息就越多，处理问题的能力就越强。以字节数来表示存储容量时，这样的计算机称为字节编址的计算机。也有一些计算机是以字为单位编址的，它们用存储单元个数乘以字长来表示存储容量。即：

$$存储容量 = 存储单元个数 \times 存储字长$$

主存容量的基本单位是 B（字节），在表示存储器容量大小时，还经常用到 KB（千字节）、MB（兆字节）、GB（吉字节）、TB（太字节）、PB（拍字节，或皮、帕）等单位。例如，1024B 称为 1KB，1024KB 称为 1MB，1024MB 称为 1GB，以此类推。

存储器常用存储容量单位如表 1-2 所示。

表 1-2 存储器常用存储容量单位

| 单位 | 通常意义 | 实际意义 |
| --- | --- | --- |
| KB（Kilo Byte，千字节） | $10^3$B | $2^{10}$B=1024B |
| MB（Mega Byte，兆字节） | $10^6$B | $2^{20}$B=1024KB |
| GB（Giga Byte，吉字节） | $10^9$B | $2^{30}$B=1024MB |
| TB（Tera Byte，太字节） | $10^{12}$B | $2^{40}$B=1024GB |
| PB（Peta Byte，拍字节） | $10^{15}$B | $2^{50}$B=1024TB |
| EB（Exa Byte，艾字节） | $10^{18}$B | $2^{60}$B=1024PB |
| ZB（Zetta Byte，泽字节） | $10^{21}$B | $2^{70}$B=1024EB |
| YB（Yotta Byte，尧字节） | $10^{24}$B | $2^{80}$B=1024ZB |

### 1.4.4 时钟周期

**时钟周期**也称为振荡周期，定义为时钟频率的倒数，即主频的倒数称为时钟周期。时钟周期是计算机中最基本的、最小的时间单位。在一个时钟周期内，CPU 仅完成一个最基本的动作。时钟周期是由 CPU 时钟定义的定长时间间隔，是 CPU 工作的<u>最小时间单位</u>，也称为节拍脉冲或 T 周期。

### 1.4.5 运算速度

计算机的运算速度是一项综合指标，它与许多因素有关，如计算机的主频、执行什么样的操作、主存本身的速度（主存速度快，取指、取数就快）等。一台计算机的运算速度有不同的衡量方法，常见的方法有以下几种。

#### 1. 平均运算速度

该方法是指根据不同类型指令在计算过程中出现的频繁程度，乘以不同的系数，求出统计平均值。例如，**吉普森法**（Gibson）用于计算每条指令的出现频率和它们在全部操作中所占的百分比。其计算公式为

$$T_M = \sum_{i=1}^{n} f_i t_i$$

式中，$T_M$ 为机器运行速度；$f_i$ 为第 $i$ 种指令出现的频率；$t_i$ 为第 $i$ 种指令的执行时间。其中，

$f_i$ 有两种计算方式：按程序清单上不同类型指令的出现频率进行计算时，称为指令的静态使用频率；将程序运行起来，按不同指令类型的实际运行进行计算时，称为指令的动态使用频率。相对来说，动态使用频率比静态使用频率更加准确。

### 2. CPI（Cycles Per Instruction，平均指令周期数）

CPI 表示每条计算机指令执行所需的时钟周期，有时简称为平均指令周期数。

### 3. MIPS（Million Instruction Per Second，每秒百万条指令）

MIPS 表示每秒执行多少百万条指令。

对于一个给定的程序，MIPS 定义为 $\text{MIPS} = \dfrac{\text{指令条数}}{\text{执行时间} \times 10^6}$，这里所说的指令一般是指类似加、减运算这类的短指令。

【注】当主频 $f$ 的单位是 MHz 时，结果需乘以 $10^6$；当主频的单位是 GHz 时，结果需乘以 $10^9$。

### 4. FLOPS（Floating Point Operations Per Second，每秒浮点运算次数）

FLOPS 主要分为 MFLOPS 和 GFLOPS。

（1）MFLOPS（Million Floating Point Operations Per Second，每秒百万次浮点运算次数）表示每秒执行多少百万次浮点运算。

对于一个给定的程序，MFLOPS 定义为 $\text{MFLOPS} = \dfrac{\text{浮点运算次数}}{\text{执行时间} \times 10^6}$，MFLOPS 适用于衡量向量机的性能。

【注】浮点运算即实数运算，是高精度的运算方式，主要运用在科学计算和多媒体技术中。

（2）GFLOPS（Giga Floating Point Operations Per Second，每秒千兆浮点运算次数）表示每秒执行多少千兆次浮点运算。

对于一个给定的程序，GFLOPS 定义为 $\text{GFLOPS} = \dfrac{\text{浮点运算次数}}{\text{执行时间} \times 10^9}$。

## 1.4.6 兼容性

兼容性（Compatibility）是指硬件之间、软件之间或者软硬件组合系统之间相互协调工作的程度。例如，一台设备或一个程序在功能上能否容纳或代替以前的版本或型号，或两个计算机系统之间是否具有通用性。这个性能指标往往与系列机联系在一起。

系列机的软件兼容分为向上兼容、向下兼容、向前兼容和向后兼容。向上（下）兼容是指按某档次机器编制的程序，不加修改就能运行在比它更高（低）档的机器上，系列机内的软件一般是可以做到向上兼容的，向下兼容则不一定。向前（后）兼容是按某个时期投入市场的某种型号机器编制的程序，不加修改就能运行在它之前（后）投放市场的机器上，系列机的软件一般情况下必须保证向后兼容，对向前兼容不做要求。向后兼容是软件兼容的基本保证，也是系列机的根本特征。

【注】系列机是指基本指令系统相同、基本体系结构相同的一系列不同型号的计算机。

除了机器字长、主频、主存容量、时钟周期、运算速度和兼容性等常用指标，在不同情况下，计算机还有可靠性（Reliability）、扩展性（Expandability）、可用性（Availability）、可维护性（Serviceability）、完整性（Integrality）、安全性（Security）、吞吐量（Throughput）等不同的性能指标。

## 思考与讨论

1. 请思考不同类型的存储器（如 RAM、ROM）和寄存器（如通用寄存器、特殊目的寄存器）在计算机系统中的功能和层次结构。整理并归纳存储体、存储字长、存储字、存储单元和存储元的基本概念和联系。

2. 结合冯·诺依曼计算机的特点和性质，思考其在结构上为何要由原始的以运算器为中心转向以存储器为中心。

3. 讨论各种计算机语言的特性，掌握高级语言向机器语言的转化过程。

## 习题 1

**一、填空题**

1. 存储器分为（　　）存储器和（　　）存储器。能和 CPU 直接进行数据交换的是（　　）存储器。

2. 操作系统是一种（　　），用于（　　），是（　　）接口。

3. 冯·诺依曼结构将计算机硬件分为（　　）、（　　）、（　　）、（　　）和（　　）五大部件。

4. 存储器的存储容量一般以（　　）为单位，若一台微型机的内存容量是 128MB，应是（　　）个该单位。

5. 计算机的运算精度主要由计算机的（　　）决定，其越（　　），计算机的运算精度越高。

6. 冯·诺依曼计算机的基本特点是（　　）。

7. 计算机软件一般可分为（　　）和（　　）两类。

8. 某单位使用的人事管理系统属于计算机在（　　）方向上的应用。

9. 汇编语言是一种面向（　　）的语言，其对（　　）依赖性强，用汇编语言编写的程序执行速度比高级语言（　　）。

10. 计算机软件系统可分为（　　）和（　　）。其中，汇编程序属于（　　），文字处理程序属于（　　）。

**二、判断题**

1. 一个完整的计算机系统是由硬件系统和软件系统两部分组成的。（　　）

2. 计算机硬件系统主机中的存储器包括内存和硬盘。（　　）

3. 计算机软件系统中的系统软件就是各类操作系统。（　　）

4. ENIAC 是世界上第一台存储程序的电子计算机。（　　）

5. 计算机硬件由一系列看得见、摸得着的电子元器件及有关设备按照一定逻辑关系连接而成，是计算机系统的物质基础。（　　）

6．计算机硬件可以直接识别的语言是汇编语言。（　　）

7．计算机软件由系统软件和应用软件组成，计算机软件指挥、控制计算机硬件系统，使之按照预定的程序运行。（　　）

8．日常生活中使用的个人台式商用机属于巨型机。（　　）

9．电子计算机中使用二进制的基本原因是其易于物理实现。（　　）

10．计算机存储器中存放的是程序。（　　）

### 三、问答题

1．简述冯·诺依曼计算机的主要特点，并说明其核心思想是什么。

2．按照冯·诺依曼原理，现代计算机应具备哪些功能？

3．什么叫硬件？什么叫软件？两者之间的关系是什么？

4．简述计算机的发展趋势。

5．控制器由哪些部件组成？简要说明各部件的功能。

6．什么是主频？什么是时钟周期？主频与时钟周期的关系是什么？

7．什么是指令？什么是程序？

8．机器语言、汇编语言、高级语言有何区别？

9．解释英文缩写的含义：CPU、PC、IR、CU、ALU、ACC、MQ、X、MAR、MDR、I/O、MIPS、CPI、FLOPS。

# 第 2 章
# 运算方法和运算部件

运算器是计算机系统中进行信息加工与处理的核心部件，掌握其工作机制对于深入理解计算机组成与系统结构至关重要。计算机的应用范围十分广泛，无论应用于何种场景，其内部处理的信息形式都是统一的，即由 0 和 1 的不同组合构成的各类编码。本章将重点探讨计算机如何对这些编码进行处理与加工。

本章分为 8 节。2.1 节把人类生活中常见的十进制与计算机使用的二进制、八进制和十六进制联系起来，介绍 4 种进制之间的相互转换；2.2 节专注于探讨计算机中数值数据的表示方法，包括原码、反码、补码和移码的编码形式及相互转换；2.3 节简要介绍计算机中的数据编码与校验方式；2.4 节介绍算术运算和逻辑运算基础；2.5 节和 2.6 节从模拟机器视角介绍定点数和浮点数的表示方法与计算规则、溢出判断方法；2.7 节介绍 C 语言中常用数据类型转换；2.8 节遵循"加法器→算术逻辑单元（ALU）→运算器"的构建逻辑，系统介绍全加器、进位链以及 ALU 的构造原理和设计思路，可以使读者了解运算器芯片的设计流程。

## 2.1 计算机中的进制及其相互转换

本节主要介绍计算机中的数据存储单位和常见的十进制、二进制、八进制、十六进制表示方法及相互转换。

### 2.1.1 计算机中的数据存储单位

计算机中的数据存储单位通常有三种：位、字节和字。

1. 位（bit）

位（也称为**比特**）是计算机中数据的**最小存储单位**，简写为小写字母"b"。bit 的含义就是二进制数中的一个数位，二进制数中的一个数位就叫作 1bit，该数位的值可以为"0"或"1"。

2. 字节（Byte）

字节是计算机中数据的**基本存储单元**（即一个存储单元所包含的二进制位数通常是字节的整数倍），简写为大写字母"B"。字节（Byte）和位（bit）的换算关系是 1Byte=8bit。例如，英文字符通常是一个字节，即 1B；中文字符通常是两个字节，即 2B。

3. 字（word）

计算机进行数据处理时，一次存取、加工和传输的数据长度称为**字**。一个字通常由一个或多个（一般是字节的整数倍）字节构成。例如，在 32 位计算机中，1 字 =32 位 =4 字节；

而在 64 位计算机中，1 字 =64 位 =8 字节。计算机的字长决定了其 CPU 一次操作处理实际位数的多少。由此可见，计算机的字长越长，其性能越优越。

## 2.1.2 计算机中的常见进制

进制也就是进位计数制（也称为位值计数制），是人为定义的带进位的计数方法，可以用有限的数字符号代表无限多的数值。

任意进制数——$R$ 进制数的**基数**为 $R$，包含 $R$ 个**数码**，运算时逢 $R$ 进一。一个 $R$ 进制数 $A$ 由 $n$ 位整数和 $m$ 位小数组成，其形式为：

$$A = A_{n-1} \cdots A_1 A_0 . A_{-1} A_{-2} \cdots A_{-m}$$

$A$ 中的任意一个数码实际表示的十进制值，为该数码所对应的十进制值乘以其所在位置的权值，也称为**位权**。位权 = 基数的位数次幂，记作 $R^i$，以小数点为界，小数点前面自右向左，$i=0,1,2,\cdots,n-1$；小数点后面自左向右，$i=-1,-2,-3,\cdots,-m$，如图 2-1 所示。

| 数码 | $A_{n-1}$ | … | $A_1$ | $A_0$ | . | $A_{-1}$ | $A_{-2}$ | … | $A_{-m}$ |
|---|---|---|---|---|---|---|---|---|---|
| 位权 | $R^{n-1}$ | … | $R^1$ | $R^0$ | | $R^{-1}$ | $R^{-2}$ | … | $R^{-m}$ |

图 2-1　一个 $R$ 进制数 $A$ 的数码和位权

将 $A$ 中各数码实际表示的十进制值相加，则得到该 $R$ 进制数实际表示的十进制值，即任意一个 $R$ 进制数转换成十进制数，均为各个数位上的数码与其对应权值的乘积之和，称为**按权展开式**。

$$A = A_{n-1} \times R^{n-1} + \cdots + A_1 \times R^1 + A_0 \times R^0 + A_{-1} \times R^{-1} + A_{-2} \times R^{-2} + \cdots + A_{-m} \times R^{-m}$$

下面将介绍计算机中常见的几种进制表示形式。

### 1. 十进制（Decimal）

基于人体特点等因素，人类天然选择了十进制。十进制的基数为 10，十个数码为数字 0～9，运算规则为逢十进一，英文缩写为"D"，通常情况下省略。例如 $(123.05)_{10}$，该十进制数由 5 个数码构成，各数码隐含的位权如图 2-2 所示，其十位上的数码"2"既表示了该位对应十进制的"2"，又隐含了所在位置的位权 $10^1$，二者相乘，得出该数码实际表示的值为十进制的"20"。

| 数码 | 1 | 2 | 3 | . | 0 | 5 |
|---|---|---|---|---|---|---|
| 位权 | $10^2$ | $10^1$ | $10^0$ | | $10^{-1}$ | $10^{-2}$ |

图 2-2　一个十进制数示例

按权展开式为：

$$(123.05)_{10} = 1 \times 10^2 + 2 \times 10^1 + 3 \times 10^0 + 0 \times 10^{-1} + 5 \times 10^{-2}$$

综上所述，任意一个十（$R$）进制数码不仅与其本身的数值有关，还与该数码在十（$R$）进制数中的实际位置有关。该观点也适用于任意（$R$）进制。

### 2. 二进制（Binary）

通常情况下，计算机的运算是基于二进制数进行的。在计算机中广泛采用二进制有其深厚的历史和技术原因，主要体现在以下方面。

（1）二进制可简化硬件实现：二进制数只有"1"和"0"两种状态，电压的高和低、电容的充电和放电、脉冲的有和无、晶体管的导通和截止、逻辑命题里的"真"和"假"等，都可以对应这两种状态，使得二进制与电路工作原理高度兼容，从而简化了计算机硬件的实现。

（2）二进制可降低出错概率：由于二进制数的每一位只有两种可能的状态，因此二进制系统传输和处理数据时的出错概率相比多进制数系统要小得多。例如，在电路中设定一个5V的电压，以2.5V为阈值，2.5～5V表示"1"，0～2.5V表示"0"，可有效减少误判的可能性。

（3）二进制有利于快速转换：二进制在与其他进制相互转换、模数转换时具有许多优势。例如，二进制与八进制、十六进制的转换可以通过简单的按位合并或拆分来完成，这比转换成十进制更快、更直接；并且，二进制也使模拟电路转换为数字电路变得更简单，因为它可直接对应电压高低或开关状态。

（4）二进制方便存储和处理信息：在冯·诺依曼体系结构中，指令和数据都以二进制的形式表示和存储；二进制的运算规则比十进制更简单，对 $R$ 进制的算术求和、求积规则各有 $R(R+1)/2$ 种。如果采用十进制，就有55种求和与求积的运算规则，而二进制仅各有3种；并且二进制还适用于各种非数值信息的数字化编码，这使得信息的处理和存储更便捷。

二进制的基数为2，两个数码为数字0和1，运算规则为逢二进一，英文缩写为"B"。例如 $(111.01)_2$，该二进制数由5个数码构成，各数码隐含的位权如图2-3所示，小数点左边的第二个数码"1"既表示了该位对应十进制的"1"，又隐含了所在位置的位权 $2^1$，二者相乘，得出该数码实际表示的值为十进制的"2"。

| 数码 | 1 | 1 | 1 | . | 0 | 1 |
|---|---|---|---|---|---|---|
| 位权 | $2^2$ | $2^1$ | $2^0$ | | $2^{-1}$ | $2^{-2}$ |

图 2-3　一个二进制数示例

按权展开式为：

$$(111.01)_2 = 1\times 2^2 + 1\times 2^1 + 1\times 2^0 + 0\times 2^{-1} + 1\times 2^{-2} = 4+2+1+0.25 = (7.25)_{10}$$

【注】$2^{-1} = \dfrac{1}{2}$，$2^{-2} = \dfrac{1}{4}$，以此类推。

二进制具有和十进制相似的移位性质和奇偶性质。

（1）移位性质：二进制与十进制的移位原理相同，但规则略有不同。二进制数左移一位，其值扩大一倍，右移一位则缩小一半，即二进制数左移一位相当于乘以2，右移一位相当于除以2（十进制数按10倍或1/10变化）。

（2）奇偶性质：判别二进制数的奇偶的方法和十进制数相同，都是根据其个位的取值进行判断，但比十进制数更方便。二进制数个位为"1"是奇数，为"0"是偶数。十进制数个位为"0、2、4、6、8"是偶数，其他为奇数。

### 3. 八进制（Octal）

八进制的基数为8，八个数码为数字0～7，运算规则为逢八进一，英文缩写为"O"。

例如 (176.14)$_8$，该八进制数由 5 个数码构成，各数码隐含的位权如图 2-4 所示，小数点左边的第二个数码"7"既表示了该位对应十进制的"7"，又隐含了所在位置的位权 $8^1$，二者相乘，得出该数码实际表示的值为十进制的"56"。

| 数码 | 1 | 7 | 6 | . | 1 | 4 |
|---|---|---|---|---|---|---|
| 位权 | $8^2$ | $8^1$ | $8^0$ | | $8^{-1}$ | $8^{-2}$ |

图 2-4　一个八进制数示例

按权展开式为：

$(176.14)_8 = 1\times 8^2 + 7\times 8^1 + 6\times 8^0 + 1\times 8^{-1} + 4\times 8^{-2} = 64 + 56 + 6 + 0.125 + 0.0625 = (126.1875)_{10}$

【注】 $8^{-1} = \dfrac{1}{8}$，$8^{-2} = \dfrac{1}{64}$，以此类推。

### 4. 十六进制（Hexadecimal）

十六进制的基数为 16，十六个数码为数字 0～9 和字母 A～F（对应十进制数的 10～15），运算规则为逢十六进一，英文缩写为"H"。例如 (AD3.18)$_{16}$，该十六进制数由 5 个数码构成，各数码隐含的位权如图 2-5 所示，小数点左边的第二个数码"D"既表示了该位对应十进制的"13"，又隐含了所在位置的位权 $16^1$，二者相乘，得出该数码实际表示的值为十进制的"208"。

| 数码 | A | D | 3 | . | 1 | 8 |
|---|---|---|---|---|---|---|
| 位权 | $16^2$ | $16^1$ | $16^0$ | | $16^{-1}$ | $16^{-2}$ |

图 2-5　一个十六进制数示例

按权展开式为：

$$(AD3.18)_{16} = 10\times 16^2 + 13\times 16^1 + 3\times 16^0 + 1\times 16^{-1} + 8\times 16^{-2}$$
$$= 2560 + 208 + 3 + 0.0625 + 0.03125 = (2771.09375)_{10}$$

【注】十六进制数码 A～F 在转换过程中，要以这些数码对应的十进制数 10～15 参与运算。$16^{-1} = \dfrac{1}{16}$，$16^{-2} = \dfrac{1}{256}$，以此类推。

十进制与二、八、十六进制之间的对应关系如表 2-1 所示。

表 2-1　十进制与二、八、十六进制之间的对应关系

| 进制 | 对应关系 | | | | | | | | | | | | | | | |
|---|---|---|---|---|---|---|---|---|---|---|---|---|---|---|---|---|
| 十进制 | 0 | 1 | 2 | 3 | 4 | 5 | 6 | 7 | 8 | 9 | 10 | 11 | 12 | 13 | 14 | 15 |
| 二进制 | 0 | 1 | 10 | 11 | 100 | 101 | 110 | 111 | 1000 | 1001 | 1010 | 1011 | 1100 | 1101 | 1110 | 1111 |
| 八进制 | 0 | 1 | 2 | 3 | 4 | 5 | 6 | 7 | 10 | 11 | 12 | 13 | 14 | 15 | 16 | 17 |
| 十六进制 | 0 | 1 | 2 | 3 | 4 | 5 | 6 | 7 | 8 | 9 | A | B | C | D | E | F |

【注】通过表 2-1 可看出，1 位八进制数可以表示成 3 位二进制数，1 位十六进制数可以表示成 4 位二进制数，互相转换非常便捷。人们将较长的二进制数写成每 4 位间隔一个空格的形式，既能避免书写出错和方便核查位数，又利于快速转换成十进制数和十六进制数。

## 2.1.3 常见进制的相互转换

本节主要介绍一些常见的进制转换方法,这些方法易于人们理解和掌握,也比较快捷。根据源进制和目标进制的不同,分成三类进行阐述。

### 1. 二、八、十六进制数转换为十进制数

$R$ 进制数转换为十进制数的规律是相同的,最简便的就是**按权展开求和法**,即只需将被转换的 $R$ 进制数的各数码按位权展开成幂级数后求和即可,可直接使用 2.1.2 节中介绍的按权展开式。

【例 2.1】将二进制数 $(1101.1011)_2$ 转换为十进制数。

解:$(1101.1011)_2 = 1\times 2^3 + 1\times 2^2 + 0\times 2^1 + 1\times 2^0 + 1\times 2^{-1} + 0\times 2^{-2} + 1\times 2^{-3} + 1\times 2^{-4}$
$= 8 + 4 + 1 + 0.5 + 0.125 + 0.0625 = (13.6875)_{10}$

【例 2.2】将八进制数 $(455.54)_8$ 转换为十进制数。

解:$(455.54)_8 = 4\times 8^2 + 5\times 8^1 + 5\times 8^0 + 5\times 8^{-1} + 4\times 8^{-2}$
$= 256 + 40 + 5 + 0.625 + 0.0625 = (301.6875)_{10}$

【例 2.3】将十六进制数 12D.AH 转换为十进制数。

解:$(12D.A)_{16} = 1\times 16^2 + 2\times 16^1 + 13\times 16^0 + 10\times 16^{-1}$
$= 256 + 32 + 13 + 0.625 = (301.625)_{10}$

### 2. 十进制数转换为二、八、十六进制数

十进制数转换为二、八、十六进制数通常采用**辗转除乘法**(也称为重复除乘法),即按基数 $R$ 进行转换的方法。转换时,需将整数和小数分别转换,整数部分采用除基(倒)取余数的方式,小数部分采用乘基(顺)取整的方式,最后将这两部分结果用小数点连接起来。

1)辗转除乘法

【例 2.4】将十进制数 123.6875 转换为二进制数。

解:根据转换规则,将整数部分和小数部分分开处理。

整数部分:除以二进制的基数 2,倒取余数。

| 重复除以2 | 得商 | 取余数 | 排序 |
| --- | --- | --- | --- |
| 123÷2 | 61 | 1 | 最低位 |
| 61÷2 | 30 | 1 | |
| 30÷2 | 15 | 0 | |
| 15÷2 | 7 | 1 | |
| 7÷2 | 3 | 1 | |
| 3÷2 | 1 | 1 | |
| 1÷2 | 0 | 1 | 最高位 |

整数部分转换后得 $(1111011)_2$。

小数部分:乘以二进制的基数 2,顺取整。

| 重复乘以 2 | 乘积 | 乘积小数部分 | 乘积整数部分 | 排序 |
|---|---|---|---|---|
| 0.6875×2 | 1.3750 | 0.3750 | 1 | 最高位 |
| 0.3750×2 | 0.7500 | 0.7500 | 0 |  |
| 0.7500×2 | 1.5000 | 0.5000 | 1 |  |
| 0.5000×2 | 1.0000 | 0.0000 | 1 | 最低位 |

小数部分转换后得 $(0.1011)_2$。最后用小数点将整数部分和小数部分连接起来，得 $(123.6875)_{10}=(1111011.1011)_2$。

**【注】** 十进制数转二、八、十六进制数的过程中，整数部分做除法时，总是将上一步的商当作下一步的被除数，将余数按运算所得的倒序排列即得到目标进制数。小数部分做乘法时，总是将上一步乘积的小数部分当作下一步的被乘数，而将乘积的整数部分按运算所得的正序排列即得到目标进制数；最后用小数点连接整数部分和小数部分，就得到转换后的二、八、十六进制数。

**【例 2.5】** 将十进制数 25.55 转换为八进制数（保留小数点后 3 位）。

解：整数部分：除以八进制的基数 8，倒取余数。

| 重复除以 8 | 得商 | 取余数 | 排序 |
|---|---|---|---|
| 25÷8 | 3 | 1 | 最低位 |
| 3÷8 | 0 | 3 | 最高位 |

整数部分转换后得 $(31)_8$。

小数部分：乘以八进制的基数 8，顺取整。

| 重复乘以 8 | 乘积 | 乘积小数部分 | 乘积整数部分 | 排序 |
|---|---|---|---|---|
| 0.55×8 | 4.4 | 0.4 | 4 | 最高位 |
| 0.4×8 | 3.2 | 0.2 | 3 |  |
| 0.2×8 | 1.6 | 0.6 | 1 | 最低位 |

小数部分转换后得 $(0.431)_8$。将整数部分和小数部分连接起来，得 $(25.55)_{10} \approx (31.431)_8$。

**【例 2.6】** 将十进制数 31.5 转换为十六进制数。

解：整数部分：除以十六进制的基数 16，倒取余数。

| 重复除以 16 | 得商 | 取余数 | 排序 |
|---|---|---|---|
| 31÷16 | 1 | 15 → F | 最低位 |
| 1÷16 | 0 | 1 | 最高位 |

十六进制整数部分转换中，所得余数凡是大于十进制数 9 的数码要转换成对应的十六进制数码 A～F，因此整数部分转换成十六进制数为 $(1F)_{16}$。

小数部分：乘以十六进制的基数 16，顺取整。

| 重复乘以 16 | 乘积 | 乘积小数部分 | 乘积整数部分 | 排序 |
|---|---|---|---|---|
| 0.5×16 | 8.0 | 0.0 | 8 | / |

小数部分第一次乘积取整后已为 0，转换后得 $(0.8)_{16}$。将整数部分和小数部分连接起来，

得 $(31.5)_{10}=(1F.8)_{16}$

【例 2.7】将十进制数 0.6 分别转换为二、八、十六进制数（保留小数点后 3 位）。

解：转换为二进制数：

| 重复乘以 2 | 乘积 | 乘积小数部分 | 乘积整数部分 | 排序 |
|---|---|---|---|---|
| 0.6×2 | 1.2 | 0.2 | 1 | 最高位 |
| 0.2×2 | 0.4 | 0.4 | 0 | |
| 0.4×2 | 0.8 | 0.8 | 0 | 最低位 |

因此，$(0.6)_{10} \approx (0.100)_2$。

转换为八进制数：

| 重复乘以 8 | 乘积 | 乘积小数部分 | 乘积整数部分 | 排序 |
|---|---|---|---|---|
| 0.6×8 | 4.8 | 0.8 | 4 | 最高位 |
| 0.8×8 | 6.4 | 0.4 | 6 | |
| 0.4×8 | 3.2 | 0.2 | 3 | 最低位 |

因此，$(0.6)_{10} \approx (0.463)_8$。

转换为十六进制数：

| 重复乘以 16 | 乘积 | 乘积小数部分 | 乘积整数部分 | 排序 |
|---|---|---|---|---|
| 0.6×16 | 9.6 | 0.6 | 9 | 最高位 |
| 0.6×16 | 9.6 | 0.6 | 9 | |
| 0.6×16 | 9.6 | 0.6 | 9 | 最低位 |

因此，$(0.6)_{10} \approx (0.999)_{16}$。

【注】由例 2.7 可知，任何十进制整数都能精确地转换成 $R$ 进制数；某些十进制小数不能精确地转换成 $R$ 进制数。

2）减权定位法

**减权定位法**常用于将十进制数转换为二进制数，也称为**试减法**。具体步骤是，将十进制数依次与其自身所包含的二进制数的最高位权值进行比较，若够减，则对应数位的二进制取值为 1，减去该权值后继续向下比较，若不够减，则对应位为 0；重复操作直至差为 0。

【例 2.8】将十进制数 5148 转换成二进制数。

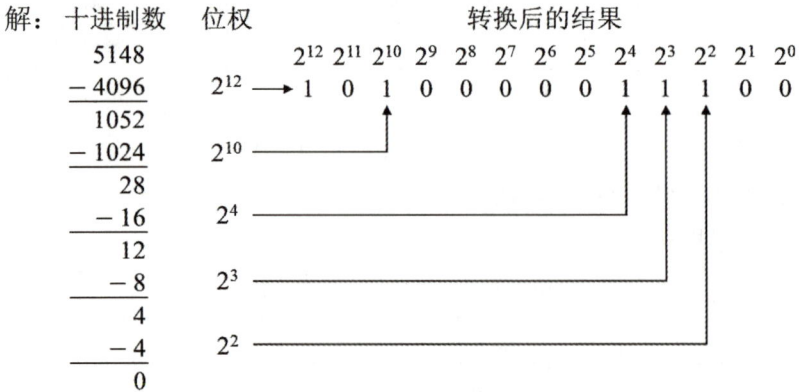

【注】对于十进制整数，若包含的最高位权值为 $2^i$，则转换后的二进制数的位数为 $i+1$，便于快速判别结果的位数是否正确。对于某些十进制整数，还未比较到权值为 $2^0$ 的位置，其差已经为 0 时，将剩余的数位全部补 0 即可得结果。

例如，十进制数 72，包含 $2^6$ 和 $2^3$，这两个数位为 1，而 $2^5$、$2^4$、$2^2$、$2^1$ 和 $2^0$ 均为 0；按数位整理好顺序，得二进制数 1001000。

### 3. 二、八、十六进制之间的相互转换

1）按位合并法

**按位合并法**适用于二进制转换成八进制或十六进制。根据 2.1.2 节中表 2-1 所示的对应关系，1 位八进制数可用 3 位二进制数来表示，1 位十六进制数可用 4 位二进制数来表示。因此，由二进制转换为八（十六）进制时，先以小数点为中心，小数点前面自右向左，小数点后面自左向右，分别向两端每 3 位（4 位）划分为一组，不足 3 位（4 位）时分别在两端执行"补 0"操作，补足 3 位（4 位），再就分组后的情况写出各组对应的八（十六）进制数码即可。

【例 2.9】将二进制数 $(1100011100101.1011)_2$ 转换成八进制数和十六进制数。

解：$(1100011100101.1011)_2$=<u>0</u>01 100 011 100 101.101 <u>100</u>=$(14345.54)_8$
　　　$(1100011100101.1011)_2$=<u>000</u>1 1000 1110 0101.1011=$(18E5.B)_{16}$

【注】上式中蓝色 0 为不足 3 位（4 位）时，分别在两端执行"补 0"操作。由该例可知，八进制与十六进制的相互转换，可借助二进制为桥梁。

2）按位拆分法

**按位拆分法**适用于八进制或十六进制转换成二进制。根据 2.1.2 节中表 2-1 所示的对应关系，只需将八（十六）进制数的每一位数码拆分成 3 位（4 位）二进制数码即可，如果有要求，还可对结果的两端执行"去 0"操作。

【例 2.10】将八进制数 $(5372.764)_8$ 转换成二进制数。

解：$(5372.764)_8$=$(101\ 011\ 111\ 010.111\ 110\ 100)_2$，"去 0"后，
　　　$(5372.764)_8$=$(101\ 011\ 111\ 010.111\ 110\ 1)_2$

【例 2.11】将十六进制数 $(3FD.08)_{16}$ 转换成二进制数。

解：$(3FD.08)_{16}$=$(0011\ 1111\ 1101.0000\ 1000)_2$，"去 0"后，
　　　$(3FD.08)_{16}$=$(11\ 1111\ 1101.0000\ 1)_2$

表 2-2 为常见进制的相互转换方法归纳。

表 2-2　常见进制的相互转换方法归纳

| 源进制 | 目标进制 | | | |
| --- | --- | --- | --- | --- |
| | 二进制 | 八进制 | 十进制 | 十六进制 |
| 二进制 | / | 按位合并法：3 位并 1 位，不足补 0 | 按权展开求和法 | 按位合并法：4 位并 1 位，不足补 0 |
| 八进制 | 按位拆分法：1 位拆 3 位 | / | 按权展开求和法 | 先转换成二进制，再转换成十六进制 |

续表

| 源进制 | 目标进制 | | | |
|---|---|---|---|---|
| | 二进制 | 八进制 | 十进制 | 十六进制 |
| 十进制 | ① 辗转除乘法：整数除以 2 倒取余数，小数乘以 2 顺取整<br>② 减权定位法<br>③ 先转换成十六进制或八进制，再按位拆分 | 辗转除乘法：整数除以 8 倒取余数，小数乘以 8 顺取整 | / | 辗转除乘法：整数除以 16 倒取余数，小数乘以 16 顺取整（大于或等于 10 的余数或整数，要转换成对应的十六进制数码） |
| 十六进制 | 按位拆分法：1 位拆 4 位 | 先转换成二进制，再转换成八进制 | 按权展开求和法 | / |

## 2.2 计算机中数值型数据的表示方法

本节主要介绍参与运算的多种数据类型，包括无符号数、有符号数，以及这些数据类型在计算机中的处理方式，帮助读者加深理解计算机在处理数据信息时的具体流程，加强对计算机硬件结构和整体工作机理的认知。

### 2.2.1 无符号数和有符号数

#### 1. 无符号数

硬件能力是决定计算机性能上限的关键因素之一。在 CPU 执行数据处理时，它需将数据从寄存器中调取到 CPU 内部进行操作。但寄存器向 CPU 传输数据的位数是受寄存器本身硬件结构所限制的，这限制了每次传输的数据量，我们称之为机器字长。

无符号数是指不带正负符号的数。它无须使用额外的寄存器位数来标识符号位，使得寄存器的所有位都可用于表示数字本身。例如，在一个 16 位的机器字长系统里，无符号数能够表示的数值范围为 0 ~ 65535。

#### 2. 有符号数

有符号数是指将正负符号数字化表示数。在日常生活中，用"+""-"符号区分数据正负，但计算机无法直接理解该符号，需将符号位数字化编码后输入。为便于人们理解，书写时用","及"."分隔整数与小数。鉴于正、负本质上为两种不同状态，因此，在计算机中通常用"0"表示正数，"1"表示负数（有的反之，如移码），如此实现符号数字化，并按习惯将符号位放在数值位的最前面，形成有符号数。

将符号"数字化"并表示成可向计算机输入的二进制形式的数值，称为**机器数**。对于维持人类阅读习惯、未进行符号"数字化"处理的数值，则称为**真值**。

下面通过以下 4 组示例，来理解真值和机器数（假设在机器中采用原码）的表示。

真值为负小数 $(-0.1101)_2$：在机器中表示为 $(1.1101)_2$；

真值为正小数 (0.1001)$_2$：在机器中表示为 (0.1001)$_2$；
真值为负整数 (-1101)$_2$：在机器中表示为 (1,1101)$_2$；
真值为正整数 (1001)$_2$：在机器中表示为 (0,1001)$_2$。

在将真值转换成机器数的过程中，必须考虑如何安排机器数的符号位和数值位，采用何种表示法，是否受到机器字长的限制，并明确它们在计算机内部运算时需要遵循的规则。这一过程紧密关联到机器数的编码方法，包括原码、补码、反码和移码四种不同的编码体系。

## 2.2.2 原码表示法

在机器数的表示方法中，原码是最简单、直接的一种形式。原码符号位为"0"时表示正数，为"1"时表示负数，数值位即真值的绝对值。因而，可将其简记为：**原码**是带数字化符号的绝对值表示。

原码整数定义：

$$[x]_{原} = \begin{cases} 0,x & , 0 \leqslant x < 2^n \\ 2^n - x, & -2^n < x \leqslant 0 \end{cases}$$

式中，$x$ 为真值；$n$ 为数值位的位数。

原码小数定义：

$$[x]_{原} = \begin{cases} 0.x & , 0 \leqslant x < 1 \\ 1 - x, & -1 < x \leqslant 0 \end{cases}$$

式中，$x$ 为真值；$n$ 为数值位的位数。

**【例 2.12】** 当 $x = \pm 0$ 时，求 $[x]_{原}$。

解：$[+0.0000]_{原} = 0.0000$

$[-0.0000]_{原} = 1-(0.0000) = 1.0000$

由此可见，在原码中，"0"有两种表示形式，$[+0]_{原} \neq [-0]_{原}$。

原码表示法的主要优势在于其简洁性和易于将真值转换成机器数。然而，在计算机中进行运算时，原码表示法的处理方式较为烦琐。例如，执行加法运算时，若两个操作数的符号相同，则运算实质就是做加法，结果的符号位也很明确；但若为一正一负的两数相加，则运算实质就是做减法，运算中需先比较两数的绝对值大小，进而用绝对值大的数减去绝对值小的数，结果的符号位要根据绝对值大的数的符号位来确定。原码加法运算过程如图 2-6 所示。

| 要求 | 数 1 | 数 2 | 实际操作 | 结果的符号 |
|---|---|---|---|---|
| 加法 | 正 | 正 | 加 | 正 |
| 加法 | 正 | 负 | 减 | 可正可负 |
| 加法 | 负 | 正 | 减 | 可正可负 |
| 加法 | 负 | 负 | 加 | 负 |

图 2-6 原码加法运算过程

如果仅从硬件角度出发，上述运算还要向计算机中引入减法器来进行减法运算，增加了整个硬件体系的复杂度。为了解决这个问题，人们引入了补码表示法。

### 2.2.3 补码表示法

#### 1. 补码的由来

数百年前，数学理论研究者就发现，在执行十进制减法时，可以通过将被减数加上减数的全 9 补码（即用减数位数相同的全 9 数字减去减数之差），再将结果中的最高进位加回结果个位得到最终结果，这种方法称为取减数 9 的补码，即求减数的十进制反码，通常也称为"计算 9 的个数"。以计算 167-52 为例，首先计算 999-52 的差为 947，这表示在 9 的补码运算法中，167-52 可以转换为 167+947=1‖114，"‖"分隔了由百位向千位的最高进位"1"，将该进位加回 114 的个位，就得到正确答案 167-52=115。将其推广到二进制系统中，就能简化计算机中的算法处理。

补码的概念也可以通过想象某自行车有三位数的里程表来理解。设该里程表的显示范围为 0～999km，并且里程数会随着自行车前进而增加，若自行车逆行则减少。假设当前里程表显示 999，如何分辨自行车是前进了 999km，还是逆行了 1km？为了解决这一问题，一种简便的做法是把表的数值范围分成两半：使用 001～500 表示前进的距离，而使用 501～999 表示逆行的距离。尽管这种方法缩小了可计量的距离，但它确保在里程表的度量范围内，每个数值都具有唯一的含义。

在补码体系中，**补数**（或称为互补数）的概念至关重要。简言之，补数是指存在两个数，将两数相加正好能使和的位数增加一位。例如，$(1)_{10}$ 和 $(9)_{10}$，相加结果为 10，体现了位数的增加；类似地，001 加上 999 的结果为 1000，也使位数加一。

以时钟为例，假设当前时钟指示 6 点，欲使它指示 3 点，既可按顺时针将分针转 9 圈，也可按逆时针将分针转 3 圈，顺、逆时针旋转后的表示结果是一致的。假设顺时针方向转动为正，逆时针方向转动为负，则有：

$$\begin{array}{rr} 6 & 6 \\ -3 & +9 \\ \hline 3 & 15 \end{array}$$

由于时钟界面仅能展示 12 小时一圈的时间，这个"12"在时钟显示中自动省略，即 15-12=3，故 15 点和 3 点在时钟上的显示效果相同，因此 -3 等价于 +9 的调节结果。在数学术语中，12 被称为模数，写作 mod 12，而 +9 被视为在 mod 12 条件下 -3 的补数；换言之，mod 12 条件下，-3 和 +9 互为补数。记作：

$$-3 \equiv +9 \quad (\bmod\ 12)$$

同理有：

$$-4 \equiv +8 \quad (\bmod\ 12)$$
$$-5 \equiv +7 \quad (\bmod\ 12)$$

可见，只要确定了"模"，就可找到一个与负数等价的正数（该正数即为负数的补数）来代替此负数，从而在硬件上仅需加法器，就能用加法实现减法运算。

对 mod 12 而言，12 会自动丢失，所以 16 等价于 4，即 $4 \equiv 16\ (\bmod\ 12)$。进一步分析发现，3 点、15 点、27 点……在时钟上都是 3 点，即：

$$3 \equiv 15 \equiv 27 \quad (\text{mod } 12)$$
$$3 \equiv 3+12 \equiv 3+24 \quad (\text{mod } 12)$$

由此可得出以下结论：
- 一个负数可用它的正补数来代替，而这个正补数可以用模加上负数本身求得。
- 一个正数和一个负数互为补数时，它们的绝对值之和即为<u>模数</u>。
- 正数的补数即该正数本身。

将"补数"概念迁移到计算机中，便出现了补码这种机器数。

### 2. 补码的定义

补码整数定义：

$$[x]_{\text{补}} = \begin{cases} 0, x & , 0 \leqslant x < 2^n \\ 2^{n+1} + x, & -2^n \leqslant x < 0 \end{cases} (\text{mod } 2^{n+1})$$

式中，$x$ 为真值；$n$ 为数值位的位数。

【例 2.13】当 $x = \pm 1001$ 时，求 $[x]_{\text{补}}$。

解：当 $x = +1001$ 时，$[x]_{\text{补}} = 0,1001$；又由于 $[x]_{\text{原}} = 0,1001$，故正数的原码 = 补码。

当 $x = -1001$ 时，$[x]_{\text{补}} = 1,0111$。

补码小数定义：

$$[x]_{\text{补}} = \begin{cases} 0.x & , 0 \leqslant x < 1 \\ 2 + x, & -1 \leqslant x < 0 \end{cases} (\text{mod } 2)$$

式中，$x$ 为真值；$n$ 为数值位的位数。

【例 2.14】当 $x = \pm 0.1001$ 时，求 $[x]_{\text{补}}$。

解：当 $x = +0.1001$ 时，$[x]_{\text{补}} = 0.1001$；

当 $x = -0.1001$ 时，$[x]_{\text{补}} = 1.0111$。

【例 2.15】当 $x = 0$ 时，求 $[x]_{\text{补}}$。

解：$[+0.0000]_{\text{补}} = 0.0000$

$[-0.0000]_{\text{补}} = 2+(-0.0000) = 10.0000 - 0.0000 = 0.0000$

显然，$[+0]_{\text{补}} = [-0]_{\text{补}} = 0.0000$，即补码的 "0" 只有一种形式。

虽然借助定义能求出真值的对应补码，但终究不方便。对于将负数真值转换为补码，可以采用一种更简便的转换方法。

【例 2.16】当 $x = -1010$ 时，求 $[x]_{\text{补}}$。

解：
$$\begin{aligned}
[x]_{\text{补}} &= 2^{4+1} - 1010 & &= 11111 + 1 - 1010 \\
&= 100000 & &= 11111 \quad + 1 \\
&\underline{\phantom{==}- 1010} & &\underline{\phantom{==}- 1010} \\
&= 1,0110 & &\phantom{==}\boxed{10101} \quad + 1 \\
& & &= 1,0110
\end{aligned}$$

$[x]_{\text{原}} = \boxed{1,1010}$ ——反码→

观察上例，当符号为负时，补码可以由原码除符号位外，按位取反，末位加 "1" 得到。

另一种补码快捷转换方法是找到数值位的最后一个"1",将其连同右边的"0"照抄,左边的各数值位按位取反,符号位不变。接例 2.16,用下画线标识了需取反的数值位:

[x]原=1.1010                [x]补=1,0110
又如,[x]原=1.100010           [x]补=1,011110

### 2.2.4 反码表示法

对于一个二进制数,正数的反码就是其本身(正数反码 = 原码),负数的反码是对其数值位按位取反(0 变 1,1 变 0)。

反码整数定义:

$$[x]_{反} = \begin{cases} 0,x & , 0 \leq x < 2^n \\ (2^{n+1}-1)+x & , -2^n < x \leq 0 \ (\mathrm{mod}\ (2^{n+1}-1)) \end{cases}$$

式中,$x$ 为真值;$n$ 为数值位的位数。

反码小数定义:

$$[x]_{反} = \begin{cases} 0.x & , 0 \leq x < 1 \\ (2-2^{-n})+x & , -1 < x \leq 0 \ (\mathrm{mod}\ (2-2^{-n})) \end{cases}$$

式中,$x$ 为真值;$n$ 为数值位的位数。

【例 2.17】已知 $x_1$=0,1011,$x_2$=1,1011,$x_3$=0,分别求反码。

解:当 $x_1$=0,1011 时,$[x_1]_{反}$=0,1011;

当 $x_2$=1,1011 时,$[x_2]_{反}$=1,0100;

当 $x_3$=0 时,$[+0.0000]_{反}$=0.0000,$[-0.0000]_{反}$=(10.0000-0.0001)-0.0000=1.1111。

可见 $[+0.0000] \neq [-0.0000]$,反码中"0"有两种表示形式。

使用反码主要是为了简化二进制数的减法操作。在计算机中将减法操作转换成加法操作,可以使硬件设计更为简洁。例如,计算 $A-B$,可以转换为 $A+(-B)$ 来进行计算,而 $-B$ 就可以用 $B$ 的反码来表示。但是,反码存在一个明显的缺点,就是 0 有两种不同的表示形式:+0 和 -0,这在计算机运算中可能会导致一些问题。因此,在现代计算机中,负数一般采用补码表示。

### 2.2.5 移码表示法

当真值用补码表示时,由于符号位和数值部分一起编码,与习惯上的表示法不同,因此人们很难从补码的形式上直接判断其真值的大小,例如:

$x_1$=31= +11111                [$x_1$]补=011111
$x_2$=-31=-11111                [$x_2$]补=100001

若采用十进制,很容易辨识出 $x_1 > x_2$,但如果以人们习惯的思维方式去理解补码,就容易误认为 $x_2 > x_1$。显然,在使用补码表示法时,这种误解是常见的。研究表明,给每个真值加上 $2^n$($n$ 表示整数的位数),情况会有所改变。以之前的例子作为说明:

将 $x_1$=+11111 加上 $2^5$ 可得        11111+100000=111111
将 $x_2$=-11111 加上 $2^5$ 可得        -11111+100000=000001

这样，从 6 位代码本身就能看出真值大小。并且，由于有

$$[+11111]_{补}=011111$$
$$[-11111]_{补}=100001$$

因此，移码等于符号位取反的补码，即移码的符号位为"1"时表示正数，为"0"时表示负数。用移码表示浮点数的阶码，能方便地判断浮点数的阶码大小。

移码整数定义：

$$[x]_{移} = 2^n + x, \quad -2^n \leqslant x < 2^n$$

式中，$x$ 为真值；$n$ 为数值位的位数。

【例 2.18】当 $x=\pm 10100$ 时，求 $[x]_{移}$。

解：当 $x=10100$ 时，$[x]_{移}=2^5+10100=1,10100$；

当 $x=-10100$ 时，$[x]_{移}=2^5-10100=0,01100$。

为真值加上 $2^n$，就是在数轴上正向平移 $2^n$ 个单元。移码在数轴上的表示如图 2-7 所示。

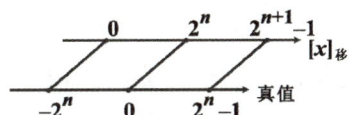

图 2-7　移码在数轴上的表示

移码的特点如下。
- 移码的 0 也有唯一的表示形式。
- 移码全 0 时，对应真值的最小值 $-2^n$。
- 移码全 1 时，对应真值的最大值 $2^n-1$。

【例 2.19】当 $x=0$ 时，求 $[x]_{移}$；当 $n=5$ 时（$n$ 为整数的位数），求移码所对应的真值。

解：当 $x=0$ 时，$[+0]_{移}=2^5+0=1,00000$；$[-0]_{移}=2^5-0=1,00000$。

显然，$[+0]_{移}=[-0]_{移}=1,00000$，即移码的"0"也有唯一的表示形式。

当 $n=5$ 时，

最小的真值为 $-2^5=-100000$，$[-100000]_{移}=2^5+(-100000)=000000$；

最大的真值为 $2^5-1=+11111$，$[+11111]_{移}=2^5+11111=111111$。

综上所述，引入机器数，如原码、补码、反码和移码，主要是为了有符号数在机器中的正确表示和计算。四种机器数的特点归纳如下。

- 原码、反码和补码既有整数定义，又有小数定义。最高位均为符号位，为方便人们识别，书写时，符号位和数值位使用"."（对于小数）或者","（对于整数）隔开。
- 当真值为正时，原码 = 反码 = 补码，即符号位为"0"，数值位为真值的绝对值。
- 当真值为负时，原码、反码和补码的表示形式不同，但是符号位均为"1"，数值部分原码是真值数值位的绝对值，补码是对原码数值位"求反加一"，反码是对原码数值位"按位取反"。
- 移码仅有整数定义，并且符号位为"1"表示正数，符号位为"0"表示负数。

真值和四种机器数的相互转换如图 2-8 所示。

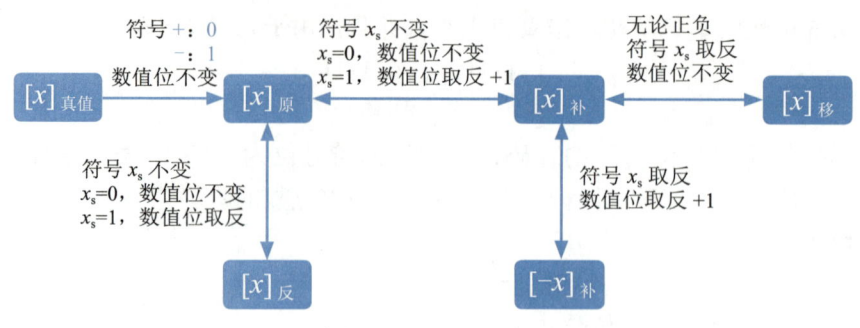

图 2-8　真值和四种机器数的相互转换

## 2.3　计算机中的数据编码与校验

### 2.3.1　计算机中的数据编码

在前面的学习中，我们已经掌握了一个重要的知识点，那就是计算机内的所有信息都以二进制编码的形式被存储和处理。但是，我们也要认识到人类和机器在使用信号系统时存在根本的区别。在硬件结构基本保持不变的情况下，如何将这两种截然不同的信号系统融合到一个统一框架中，这是计算机科学领域面临的挑战之一。

为此，本节将介绍四种有助于人机协作的不同编码系统，即 BCD 码、ASCII、GBK 编码和 Unicode。

#### 1. BCD 码（Binary-Coded Decimal）

BCD 码是一种为了简化人类和计算机之间信息交换的编码。我们日常使用的是十进制，而计算机内部处理信息时使用二进制。因此，为了人机之间的信息交流更加顺畅，就需要一种能够轻松实现十进制与二进制相互转换的编码，这就是 BCD 码诞生的初衷。

BCD 码又称为二-十进制码，它用 4 位二进制代码表示 1 位十进制中的 0~9 这十个数码。这种编码方式通过 4 个位元来储存 1 位十进制数码，使二进制和十进制之间的转换变得快速而直接。

BCD 码分为有权码和无权码。

有权码也称为偏移码，其每一位都有固定的权值，如 8421 码（常用的 BCD 码）、2421 码、5211 码等。这些都是有权值的 BCD 码，每一位代表的权值都是固定的。

无权码也称为余三码，其每一位都没有固定的权值。这种码的特点是数值加 1 后，原码的每一位都加 1，如果某一位是 9，加 1 后变为 0，不产生进位。

8421 码又称为 NBCD（Natural Binary Coded Decimal）码。由于 8421 码每位的权值与二进制数完全相同，而 4 位二进制代码共有 16 种组合，因此 1010~1111 这 6 种代码是无效的。例如，逐个对 $(1000)_2 (0100)_2 (0010)_2 (0001)_2$ 进行分析就能发现，每组中的 4 位二进制数从高位向低位（从左向右）依次排列，其权值分别是 8、4、2、1。因此，人们习惯在书写时将二进制数码每 4 位作为一组，既清晰直观，又有助于快速转换。

在主存中，一个压缩型的十进制数串占用连续的多个字节，每位数字仅占半个字节，其值常用 8421 码表示。符号位也占用半个字节，并存放在最低数值位之后，通常用 CH（即二进制的 1100）表示正号，DH（即二进制的 1101）表示负号。在这种表示中，规定数值的个数加符号位之和必须为偶数；当和为奇数时，应在最高数值位之前补 0H（即第一个字节的高半字节为二进制的 0000）。例如：

当为偶数时：
+427 表示为两个字节（42H，7CH）　　　　0100 0010 0111 1100
-427 表示为两个字节（42H，7DH）　　　　0100 0010 0111 1101
当为奇数时，在第一个字节的高 4 位补"0"，即：
+42 表示为两个字节（04H，2CH）　　　　0000 0100 0010 1100
-42 表示为两个字节（04H，2DH）　　　　0000 0100 0010 1101

## 2. ASCII（American Standard Code for Information Interchange，美国信息交换标准代码）

ASCII 是美国信息交换标准委员会制定的 7 位二进制码，共有 128 种字符，其中包括 32 个通用控制字符、10 个十进制数码、52 个英文大写与小写字母、34 个专用符号（如 $、%、+、= 等）。除了 32 个控制字符不能打印，其余 96 个字符全部可以打印。

ASCII 由 $b_6 b_5 b_4 b_3 b_2 b_1 b_0$ 这 7 个二进制位组成，书写上可用两位十六进制数表示，如"A"可用 41H 表示，"7"可用 37H 表示。为了提高信息传输的可靠性，通常增加一位用作校验位，这样一个 ASCII 就可用 8 位二进制编码表示。

用 ASCII 可方便地表示十进制数串。十进制数串在计算机内主要有两种表示形式：压缩型和非压缩型。

压缩型即前面介绍的用 8421 码表示的十进制数串。非压缩型的十进制数每个字符占一个字节，又根据符号位的不同位置，其分为前分隔式和后嵌入式两种。

前分隔式的符号位占一个字节，并且放在数字位之前，用 2B（即字符"+"的 ASCII 值）表示正号，用 2D（即字符"-"的 ASCII 值）表示负号。每个十进制位均用其对应的 ASCII 值表示，例如：

+427 表示为 2B 34 32 37
-427 表示为 2D 34 32 37

后嵌入式的符号位不占一个字节，而是将符号嵌入最低一位数字中，其规则是：如果是负数，就将最低位十进制数的 ASCII 值加上 40H；如果是正数则不变。例如：

+427 表示为 34 32 37
-427 表示为 34 32 77

可见最低一个字节既表示数值，又表示符号。

采用非压缩型表示的十进制数进行算术运算很不方便，因为每个字节占 8 位，只有其低 4 位的值才表示数值，高 4 位的值在算术运算时无数值意义，这种表示主要用于非数值计算的有关领域中。

## 3. 汉字内码扩展规范（GBK）编码

计算机在诞生初期及其后的许多年里，主要在美国和一些西方发达国家中得到了广泛应用。那时，ASCII 足以满足这些地区的用户需求。然而，随着中国开始大规模采用计算机技术，为了在计算机中正确显示中文字符，人们迫切需要开发出一种新的编码规则。这种规则需要能够将汉字转换成计算机能够理解的数字化表示。

我国计算机专家基于 ASCII 进行扩展，开发了一套新的编码规则。这套编码规则保持了原有 ASCII 中 127 号及以下字符的含义不变，即这些字符仍然表示相同的英文字符及控制字符；取消 127 号之后的奇异符号（即 EASCII），将两个连续的、数值大于 127 的字节合并成为一个单元，共同表示一个汉字或其他符号。这里，第一个字节（也称为高字节）的范围是从 0xA1 到 0xF7，而第二个字节（低字节）的范围是从 0xA1 到 0xFE。通过设计，可以组合出 7000 多个简体汉字。这套编码还包含了数学符号、罗马字母、希腊字母和日文片假名等字符。同时，还为 ASCII 中原有的数字、标点符号、英文字母等提供了两个字节长度的"全角"字符，而原来 127 号以下的那些就叫"半角"字符。这个编码规则就是 GB 2312。

GB 2312 或 GB 2312—80 是中国国家标准简体中文字符集，全称为《信息交换用汉字编码字符集 基本集》，又称为 GB0，由中国国家标准总局发布，1981 年 5 月 1 日实施。GB 2312 编码通行于中国，新加坡等地也采用此编码。中国所有的中文系统和国际化软件都支持 GB 2312。GB 2312 的出现，基本满足了汉字的计算机处理需求，它所收录的汉字已经覆盖我国 99.75% 的使用频率。对于人名、古汉语等方面出现的罕用字，GB 2312 不能处理，这导致了后来 GBK 编码及 GB 18030 汉字字符集的出现。

由于 GB 2312—80 只收录 6763 个汉字，有不少汉字，如部分在 GB 2312—80 推出以后才简化的汉字（如"啰"）、部分人名用字（如"镕"）、中国台湾及中国香港使用的繁体字、日语及朝鲜语汉字等，并未收录在内。于是微软利用 GB 2312—80 未使用的编码空间，收录 GB 13000.1—93 全部字符制定了 GBK 编码。根据微软资料，GBK 编码是对 GB 2312—80 的扩展，也就是 CP936 字码表（Code Page 936）的扩展（之前 CP936 和 GB 2312—80 一模一样），最早实现于 Windows 95 简体中文版。虽然 GBK 收录了 GB 13000.1—93 的全部字符，但编码方式并不相同。GBK 编码自身并非国家标准，只是曾由国家技术监督局标准化司、电子工业部科技与质量监督司公布为"技术规范指导性文件"。原始 GB 13000 一直未被业界采用，后续国家标准 GB 18030 技术上兼容 GBK 编码而非 GB 13000。

GB 18030 全称为国家标准 GB 18030—2005《信息技术 中文编码字符集》，是中国现时最新的内码字集，是 GB 18030—2000《信息技术 信息交换用汉字编码字符集 基本集的扩充》的修订版。它与 GB 2312—80 完全兼容，与 GBK 编码基本兼容，支持 GB 13000 及 Unicode 编码的全部统一汉字，共收录汉字 70244 个。

4. Unicode

正如此前所述，世界上存在多种编码，一个二进制序列可能被解释为不同的符号。因此，要想打开一个文本文件，就必须知道它的编码方式，否则，用错误的编码方式解读就会出现乱码。设想一下，若存在一种编码系统，能覆盖全世界所有的符号，并为每个符号分配唯一的编码，就像连接不同编码系统的桥梁，那么乱码问题将得以解决。基于上述需求发展而来的编码就是统一码（Unicode，也叫万国码、单一码），其功能恰如其名，为所有符号提供了一个统一的编码标准。

目前，计算机领域最为广泛采用的 Unicode 实现形式是 UTF-8，也就是我们日常使用的编码格式之一。UTF-8 是一种变长编码，能够使用 1～4 个字节表示一个符号，依据符号的不同动态调整字节长度。

UTF-8 的编码规则如下。

- 对于单字节的符号：字节的首位设置为 0，其后 7 位为该符号的 Unicode。因此对于英语字母，UTF-8 和 ASCII 是相同的。
- 对于 $n$ 字节的符号（$n>1$）：符号的第一个字节的前 $n$ 位都设置为 1，第 $n+1$ 位设置为 0，其余字节的前两位一律设置为 10。未被特别提及的其他所有二进制位，则用于存储该符号的 Unicode。这样的设计允许 UTF-8 动态地调整编码长度，以适应不同的字符需求。

### 2.3.2　计算机中的数据校验方式

信息的正确性对计算机工作具有举足轻重的意义，但在信息的存储和传递过程中可能由于某种干扰而出现错误。因此在信息传递过程中，人们通常希望能进行某种检验来判断是否发生了错误，甚至能找到发生错误的位置并纠正错误，这就是校验码产生的原因。

#### 1. 奇偶校验（Parity Check）

为了校验编码的正确性，在被传输的 $n$ 位代码上增加一位检验位，并使配置后的 $n+1$ 位代码中"1"的个数为奇数，则称为**奇校验**（Odd Parity）；若配置后"1"的个数为偶数，则称为**偶校验**（Even Parity）。例如，在十进制数的 8421 码的前面加上一位校验位，组成 5 位代码，若 5 位二进制代码配置结果中，"1"的个数为奇数，就称为奇校验码；若配置结果中"1"的个数为偶数，就称为偶校验码。

奇偶校验通常用于 I/O 设备。例如，键盘输入时使用 ASCII，再配一位校验位，组成 8 位的奇偶校验码，正好占一个字节。在传输过程中如果出现一位错，便能检测出来，但由于不知道出错位的位置，故无法纠错。此外，一旦传输过程中出现两位错，奇偶性不变，也无法判断是否出错。

#### 2. 循环冗余校验（Cyclic Redundancy Check，CRC）

CRC 的目的是保证数据的完整性，其方法是在发送数据的后面再增加多余的若干位数据，接收方使用同样的 CRC 计算方法，检查接收到的数据 CRC 是否为 0。

- 如果为 0，则表示数据是完整的，接收方可以继续正常处理这个数据。
- 如果不为 0，则表示数据不完整/出错，接收方需要处理这个数据（一般是丢弃/重发）。

#### 3. 海明码（Hamming Code）

奇偶校验的作用在于检测数据传输过程中是否出错，但它并不能指出错误发生的具体位置。针对这一限制，引入了一种不仅能够检测是否出错，还能纠正单个错误位的校验码——海明码。海明码也称为**纠错码**，由美国数学家理查德·卫斯里·海明（Richard Wesley Hamming，1915—1998）于 1950 年提出。

海明码实质上是一种多重奇偶校验码，它通过增加额外的校验位，并按照特定的算法进行编码，使得数据传输更加可靠，能够在发现一位错误时，精确地定位并纠正该错误。

编码的纠错、检错能力与编码的最小距离有关。**码距**是指任意两组合法代码之间的二进制位的最少差异数。

在一个长度为 $m$ 的数据中人为增加 $k$ 个冗余位，构成一个 $n=m+k$ 位的数码，然后用 $k$ 个监督关系式产生的 $k$ 个校正因子来检测和纠正错误。为了能够纠正一位的错误，数据长度和冗余位的数目必须满足 $2^k \geqslant m+k+1$，海明码的编码效率为：$R = \dfrac{m}{m+k}$。

海明码利用监督公式对数据进行交叉校验，利用监督公式的特性可以直接定位出错数据的位置。因为二进制数据中数据的取值只有两种状态（即 0 和 1），因此只要知道出错的位置，修改就变得非常容易，只要对出错位置的数据取反就可以达到纠正的目的。

## 2.4　算术运算和逻辑运算基础

### 2.4.1　移位运算

在日常生活中，我们经常会进行移位运算。例如，20m=2000cm，将长度单位从 m 转换为 cm 时，相当于将数字 20 的小数点向右移动两位，并在小数点前的两个空位中补两个 0；逆向转换则相当于将 2000 的小数点向左移动两位，并去除小数点后的两个 0。因此，在十进制数的移位运算中，小数点左移 $n$ 位相当于该数除以 $10^n$；右移 $n$ 位相当于该数乘以 $10^n$。

在计算机中，由于小数点的位置是事先约定的（隐含），移位运算只能是数据本身相对于小数点的位置发生移动。对二进制表示的机器数进行相对于小数点左移（等价于小数点右移）或右移（等价于小数点左移）$n$ 位的移位运算时，其实质就是该数乘以或除以 $2^n$（$n=1,2,\cdots$）。

移位运算在计算机中具有很大的实用价值，它允许计算机在没有专用乘/除法电路的情况下，仅靠移位和加/减运算来完成乘/除法运算。

在计算机系统中，由于机器字长是固定的，当机器数左移 $n$ 位或右移 $n$ 位时，必然会使得其低位或高位出现空位。此时，对于空位应该补 0 还是补 1，取决于操作数是无符号数还是有符号数。无符号数的移位被称为逻辑移位，有符号数的移位被称为算术移位。除此之外，还有循环移位。

#### 1. 逻辑移位

对于无符号数而言，由于它不存在正负概念，因此对其进行的移位操作是逻辑移位。逻辑移位的规则是：逻辑左移时，高位移丢，低位补 0；逻辑右移时，低位移丢，高位补 0。图 2-9 示意了逻辑左移的情况。

（a）逻辑左移之前　　　　　　　　　　（b）逻辑左移之后

图 2-9　逻辑左移

## 2. 循环移位

循环移位是指存在闭合移位环路。循环移位特别适合将低字节数据与高字节数据互换。

根据是否带进位标志位（CF），循环移位又分为不带进位的循环移位（也称为小循环，即在被移位数据最高位和最低位之间有移位通路）和带进位的循环移位（也称为大循环，即把进位标志位也加入循环移位）。

### 1）不带进位的循环移位

对于不带进位的循环移位，其移位规则是：循环左移时，最高位数据移到最低位，其余各位依次左移；循环右移时，最低位数据移到最高位，其余各位依次右移。图 2-10 示意了不带进位的循环左移的情况。

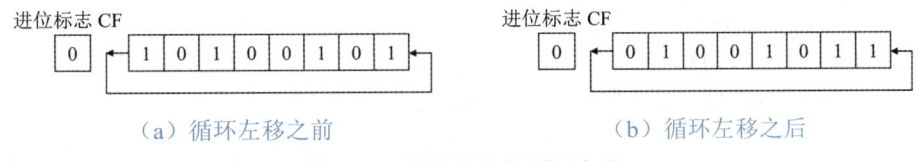

（a）循环左移之前　　　　　　　　（b）循环左移之后

图 2-10　不带进位的循环左移

### 2）带进位的循环移位

对于带进位的循环移位，其移位规则是：当进行循环左移时，最高位数据被移到进位标志位，同时其余数据位依次左移，最后将进位标志位的数据移到最低位；当进行循环右移时，最低位数据会被移到进位标志位，同时其余数据位依次右移，最后将进位标志位的数据移到最高位。图 2-11 示意了带进位的循环左移的情况。

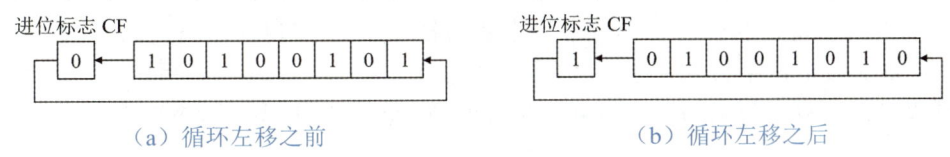

（a）循环左移之前　　　　　　　　（b）循环左移之后

图 2-11　带进位的循环左移

【注】对于小循环，可将数据首尾衔接想象成时钟表盘状的闭合环路，循环左移即逆时针旋转移位，循环右移即顺时针旋转移位。对于大循环，则是将进位标志位也加入该表盘状的闭合环路，进行逆/顺时针旋转移位。

## 3. 算术移位

在先前的学习中，我们已经了解原码、反码、补码三种码制的转换规则。对于正数，有以下关系：

$$[x]_原=[x]_反=[x]_补$$

因此，对于正数移位后出现的空位均补 0。对于负数，由于其转换原反补码后的形式不同，对其空位的填补规则也不同。

表 2-3 列出了不同码制的机器数，分别对应正数或负数移位后的填补规则。同时必须注意，无论是正数还是负数，在移位后其符号位均保持不变。

表 2-3 算术移位填补规则

| 真值 | 码制 | 填补代码 |
|---|---|---|
| 正数 | 原码、反码、补码 | 0 |
| 负数 | 原码 | 0 |
| 负数 | 补码 | 左移（右）补 0 |
| 负数 | 补码 | 右移（左）补 1 |
| 负数 | 反码 | 1 |

根据算术移位填补规则，得到以下结论。

（1）机器数为正时，无论采用何种码制，也不管是左移还是右移，均在空位上补 0。

（2）由于负数原码的数值位与真值相同，为不改变真值大小，在移位操作中只需保证符号位不变，空位补 0 即可。

（3）根据负数反码的转换规则，除符号位外，负数反码的数值位与原码的数值位正好相反，因此，移位后所填的代码也要与原码所填相反，空位补 1。

（4）分析任意负数补码的数值位可发现，当由低位向高位找到第一个"1"时，第一个"1"左边的各位均与对应的负数反码相同，而"1"右边的各位（包括该"1"在内）均与对应的负数原码相同。因此，在进行负数补码左移时，由于空位出现在最右边的低位，此时应当与负数原码相同，即在空位补 0；右移时，由于空位出现在左边除最高符号位之外的次高位，则对应填补代码应与负数反码相同，即在空位上补 1。

【注】根据上述结论，可将算术移位规则进一步凝练、简化成三个要点：① 进行单符号位的算术移位时，符号位不变，仅数值位参与移位，数值位填补代码均为对应真值"0"的机器数代码；② 补码无论正负，算术右移的填补代码可视为符号位向最高数值位的复制；③ 进行双符号位的算术移位时，高符号位不参与移位，低符号位参与移位。

【例 2.20】设机器字长为 8 位（含 1 个符号位），已知 $A=[\pm 26]_D$，写出当 $A$ 分别为原码、反码、补码时，左移一位和两位、右移一位和两位后的表现形式和对应真值，并分析结果的正确性。

解：

（1）当 $A$ 的符号为正时，即：

$$A=[+26]_D=[+11010]_B$$

根据原反补的转换规则，$[A]_原=[A]_反=[A]_补=0,0011010$。

移位结果如表 2-4 所示。

表 2-4 +26 算术移位运算

| 移位操作 | 机器数 | 对应真值 |
|---|---|---|
| 移位前 | 0,0011010 | +26 |
| 左移一位 | 0,0110100 | +52 |
| 左移两位 | 0,1101000 | +104 |
| 右移一位 | 0,0001101 | +13 |
| 右移两位 | 0,0000110 | +6 |

由表 2-4 可知，当对 +A 左移一位时，其真值上的变化是 $A\times2^1=26\times2=52$，左移两位同理，$A\times2^2=26\times4=104$。对于右移一位，$A\times2^{-1}=26\div2=13$；但是，笔算右移两位应为 $A\times2^{-2}=26\div4=6.5$，机器运算结果却是 6，这是由于受机器字长限制，在右移两位的过程中，末位的"1"被舍弃，此时舍弃的"1"就是真值 1，导致影响最终精度。

基于上述示例可见，对于正数，三种机器数移位后，符号位均不变，左移时最高位丢真值 1 会导致结果出错，右移时最低位丢真值 1 会影响精度。

（2）当 A 的符号为负时，即：

$$A=[-26]_D=[-11010]_B$$

由于符号为负，按照机器数转换规则，其原码、反码、补码是不相同的，因此需分别对其进行讨论。移位结果如表 2-5 所示。

表 2-5  −26 算术移位运算

| 移位操作 | 原码 | 反码 | 原码、反码对应真值 | 补码 | 补码对应真值 |
| --- | --- | --- | --- | --- | --- |
| 移位前 | 1,0011010 | 1,1100101 | −26 | 1,1100110 | −26 |
| 左移一位 | 1,0110100 | 1,1001011 | −52 | 1,1001100 | −52 |
| 左移两位 | 1,1101000 | 1,0010111 | −104 | 1,0011000 | −104 |
| 右移一位 | 1,0001101 | 1,1110010 | −13 | 1,1110011 | −13 |
| 右移两位 | 1,0000110 | 1,1111001 | −6 | 1,1111001 | −7 |

结合 −26 算术移位运算结果来看，对于负数，三种机器数算术移位后，符号位均不变。对于负数原码，左移时高位丢 1，结果出错，右移时低位丢 1，影响精度；对于负数反码，左移时高位丢 0，结果出错，右移时低位丢 0，影响精度；对于负数的补码，左移时高位丢 0，结果出错，右移时低位丢 1，影响精度。

【注】此处的"0"和"1"是指对应码制下的机器数。

【例 2.21】设机器字长为 8 位（含 2 个符号位），已知 DAH 为补码，进行算术左移一位和算术右移一位的结果是多少（仍用十六进制数表示）？

解：先将 DAH 写成含 2 个符号位的二进制数，即 11,011010。

根据双符号位算术移位运算中低符号位要参与移位的规则，且负数补码算术左移补 0、右移补 1 的规则，可得：

11,011010 左移一位得 10,110100=B4H（高位移丢，低位补 0）；

11,011010 右移一位得 11,101101=EDH（低位移丢，高位补 1）。

算术移位的硬件框图如图 2-12 所示。其中，图 2-12（a）为真值为正的三种机器数的移位操作；图 2-12（b）为负数原码的移位操作；图 2-12（c）为负数补码的移位操作；图 2-12（d）为负数反码的移位操作。该图底部列出了左移、右移丢机器数 0 和 1 之后的结果。

根据算术移位硬件框图可得出以下结论：当 R=2，要移丢的机器数等于或包含真值 1 时，左移丢 1 出错，右移丢 1 影响精度（【注】此处的"1"均指真值 1。正数的机器数 1= 真值 1；负数的机器数情况不同，负数原码 1= 真值 1，负数反码 0= 真值 1，负数补码左移丢 0= 真值 1，负数补码右移丢 1= 真值 1）。并且，对真值为正、负数补码、负数反码进行算术右移时，填补位可视为符号位自我复制；而对于负数原码等，则必须保持符号位不变，数据位进行移位运算。

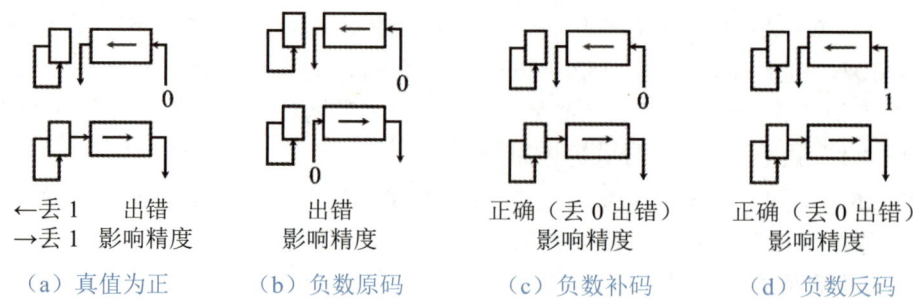

　　　←丢1　　出错　　　　出错　　　　正确（丢0出错）　　正确（丢0出错）
　　　→丢1　影响精度　　影响精度　　　影响精度　　　　　影响精度

　　　（a）真值为正　　（b）负数原码　　（c）负数补码　　（d）负数反码

图 2-12　实现算术移位的硬件框图

### 2.4.2　逻辑运算

对于逻辑变量的运算，常用的基本逻辑运算有逻辑"与"、逻辑"或"、逻辑"非"和逻辑"异或"。具体实现相应运算时，可以直接使用相应的逻辑门电路来完成。这些逻辑门电路是计算机硬件的基础，是设计、制造计算机的基础元器件。

#### 1. 逻辑"与"运算

逻辑"与"运算通常称为"逻辑乘法"，用符号"∧"或"·"表示，可用逻辑与门电路实现。对于二进制数而言，逻辑"与"的运算规则为：

$$0 \wedge 0=0,\ 0 \wedge 1=0,\ 1 \wedge 0=0,\ 1 \wedge 1=1。$$

可简便记忆为：全1出1。

#### 2. 逻辑"或"运算

逻辑"或"运算通常称为"逻辑加法"，用符号"∨"或"+"表示，可用逻辑或门电路实现。

对于二进制数而言，逻辑"或"的运算规则为：

$$0 \vee 0=0,\ 0 \vee 1=1,\ 1 \vee 0=1,\ 1 \vee 1=1。$$

可简便记忆为：见1出1。

#### 3. 逻辑"非"运算

逻辑"非"运算通常称为"求反"运算，在逻辑变量上加一短线表示该变量的"非"，如 $A=0$，则 $\overline{A}=1$。求反操作可用反向器（非门）实现。

对于二进制数而言，逻辑"非"的运算规则为：

$$\overline{1}=0,\ \overline{0}=1。$$

#### 4. 逻辑"异或"运算

逻辑"异或"运算就是通常所说的"不带进位的加法"运算，即"半加"，用符号"⊕"表示，可用异或门电路实现。

对于二进制数而言，逻辑"异或"的运算规则为：

$$0 \oplus 0=0,\ 0 \oplus 1=1,\ 1 \oplus 0=1,\ 1 \oplus 1=0。$$

可简便记忆为：相异出 1。

表 2-6 列出了上述 4 个基本逻辑门电路的国际图形符号和限定符号（GB/T 4728.12—1996）、国外流行图形符号和曾用图形符号。

表 2-6　4 个基本逻辑门电路图形符号

| 名称 | GB/T 4728.12—1996 | | 国外流行图形符号 | 曾用图形符号 |
| --- | --- | --- | --- | --- |
| | 限定符号 | 国标图形符号 | | |
| 与门 | & | | | |
| 或门 | ≥1 | | | |
| 非门 | 逻辑非入和出 | | | |
| 异或门 | =1 | | | |

【注】表 2-6 的第 2 列列出了限定符号，限定符号有总限定符号、输入/输出限定符号、内部连接符号、方框内符号、非逻辑连接符号和信息流指示符号等。总限定符号用于表征逻辑单元的总逻辑功能；输入/输出限定符号标注在方框内输入端或输出端，用于说明输入或输出的功能消息等。

## 2.5　计算机中定点数的表示与运算

在计算机中，小数点不需要专门的元件来表示，而是用约定的方式隐含标出。定点数是指小数点位置固定的数，本节主要介绍定点数的表示方法与运算方法。

### 2.5.1　定点数的表示方法

定点数的表示通常可分为以下三种情况。

（1）纯整数：例如 100，小数点实际隐含在最低位的后面，通常忽略不写。

（2）纯小数：例如 0.123，小数点固定在最高位的后面。

（3）整数 + 小数：例如 1.24 和 10.34，小数点固定在某个指定的位置。

就前两种情况而言，整数的小数点总是在最低位的后面，纯小数的小数点总是固定在最高位的后面。这两种情况的转换原理是相同的，直接按照十进制转换成二进制的方式进行整数或小数的转换即可。若机器数采用原码表示，则小数定点机中数的表示范围为 $-(1-2^{-n})$ ～ $(1-2^{-n})$，整数定点机中数的表示范围为 $-(2^n-1)$ ～ $(2^n-1)$。

对于第三种情况，使用定点表示时需要约定小数点的位置，才能在计算机中进行表示，即将其乘以一个比例系数（即比例因子），以防止溢出。

## 2.5.2 定点数补码加/减运算和溢出判断

### 1. 加/减运算

补码加法的基本公式为：
- 整数加法：$[A]_{补}+[B]_{补}=[A+B]_{补}$（mod $2^{n+1}$）
- 小数加法：$[A]_{补}+[B]_{补}=[A+B]_{补}$（mod 2）

结合以上公式，任意两个操作数使用补码进行加法运算时，符号位可以连同数值位一并处理。只要结果不超出机器表示范围，按 $2^{n+1}$ 取模（对于整数）或按 2 取模（对于小数），即可得到加法运算结果。

对于减法，由于 $A-B=A+(-B)$，因此 $[A-B]_{补}=[A+(-B)]_{补}$。

由补码的加法公式进行推导，可得：
- 整数减法：$[A-B]_{补}=[A]_{补}+[-B]_{补}$（mod $2^{n+1}$）
- 小数减法：$[A-B]_{补}=[A]_{补}+[-B]_{补}$（mod 2）

由于现代计算机在运算过程中采用补码运算，当求 $A-B$ 时，只需先求出 $[-B]_{补}$（称其为"求补"后的减数，即**机器负数**），然后按照补码加法规则运算即可。对于 $[-B]_{补}$ 的计算，是将 $[B]_{补}$ 连同符号位在内，按位取反，末位加"1"。

【例 2.22】设机器字长为 8 位，$A=15$，$B=24$，求 $[A+B]_{补}$ 和 $[A-B]_{补}$。

解：先按机器字长要求做如下准备工作：

$A=15=+0001111$         $[A]_{补}=00001111$
$B=24=+0011000$         $[B]_{补}=00011000$          $[-B]_{补}=11101000$

准备工作完成，再对其进行计算：

$[A+B]_{补}=00001111+00011000=00100111$

$[A-B]_{补}=[A]_{补}+[-B]_{补}=00001111+11101000=11110111$

### 2. 溢出判断

所谓溢出，其实就是运算结果超出了机器表示范围。在计算机中，符号位可分为单符号位和双符号位两种，溢出判断基于这两种符号位进行。

#### 1）使用单符号位判断溢出

对于加法而言，只有当正数加正数或者负数加负数时才有可能发生溢出，而两个符号不同的机器数相加不会发生溢出。

对于减法而言，只有当正数减负数或者负数减正数时才有可能发生溢出，而两个符号相同的机器数相减不会发生溢出。

下面以机器字长 4 位（含 1 个符号位）的运算为例，说明机器如何判断溢出。

机器字长为 4 位的补码所对应的真值表示范围为 $-8 \sim +7$，运算结果一旦超出该表示范围即为溢出。表 2-7 列出了 4 种溢出情况。

表 2-7 补码定点运算溢出判断举例

| 真值 | | 补码运算 |
|---|---|---|
| $A = 5$<br>$+B = 4$<br>$\overline{A+B = 9 > 7}$ | 溢出 | $[A]_{补} = 0,101$<br>$+[B]_{补} = 0,100$<br>$\overline{[A+B]_{补} = 1,001}$ |
| $A = -5$<br>$+B = -4$<br>$\overline{A+B = -9 < -8}$ | 溢出 | $[A]_{补} = 1,011$<br>$+[B]_{补} = 1,100$<br>$\overline{[A+B]_{补} = 10,111}$ |
| $A = 5$<br>$-B = -4$<br>$\overline{A-B = 9 > 7}$ | 溢出 | $[A]_{补} = 0,101$<br>$+[-B]_{补} = 0,100$<br>$\overline{[A-B]_{补} = 1,001}$ |
| $A = -5$<br>$-B = +4$<br>$\overline{A-B = -9 < -8}$ | 溢出 | $[A]_{补} = 1,011$<br>$+[-B]_{补} = 1,100$<br>$\overline{[A-B]_{补} = 10,111}$ |

基于计算机设计的简约性和成本效率考虑，减法运算通常并不是通过单独的减法硬件来实现的，而是通过加法器来完成的。具体方法是将减法运算转换为加法运算，即用被减数加上减数的补码。在加/减运算过程中，如果参与运算的两个数（减法中为被减数和减数的补码）符号相同，但运算结果的符号与原操作数的符号不同，则认为发生了溢出。

在计算机中采用单符号位判断溢出时，为了节省时间，减少计算机系统的设计复杂度，一般只需要对符号位产生的进位与最高有效位进行异或即可。

结合 2.4.2 节所述的异或运算，对符号位产生的进位与最高有效位进行异或操作，当异或结果为"1"时，说明运算发生溢出；反之，异或结果为"0"时，则没有发生溢出。

溢出类型还可细分为正溢和负溢。判定方法如下。

已知两个操作数符号位 $a$、$b$ 以及运算结果的符号位 $c$:

- 当出现 $a=b=0$（两数同为正），但是 $c=1$（结果为负）时，产生正溢；
- 当出现 $a=b=1$（两数同为负），但是 $c=0$（结果为正）时，产生负溢。

2）使用双符号位判断溢出

对于双符号位而言，它的补码是以"4"为模的变形补码，其定义如下：

$$[x]_{补'} = \begin{cases} x, & 0 \leq x < 1 \\ 4+x, & -1 \leq x < 0 \end{cases} \pmod{4}$$

使用变形补码进行加/减运算时，双符号位也和数值位一起参与运算，并且将高符号位产生的进位自动丢掉，就能得到结果，即：

$$[x]_{补'} + [y]_{补'} = [x+y]_{补'} \pmod{4}$$

变形补码进行溢出判断的原则是：当双符号位不同时，表示发生溢出；双符号位相同时，表示未溢出。无论是否溢出，对于双符号位表示的机器数而言，其真正的符号始终可由最高符号位来表示。双符号位的 4 种状态与表示含义如表 2-8 所示。

表 2-8 双符号位的 4 种状态与表示含义

| 双符号位的状态 | 表示含义 |
|---|---|
| 00 | 正数 |
| 11 | 负数 |
| 01 | 正溢 |
| 10 | 负溢 |

上述溢出判断方法不仅适用于定点数的整数和小数，也适用于浮点数溢出判断。二者所不同的是：定点数的溢出判断是对数值本身进行判断，而浮点数的溢出判断是对阶码是否溢出进行判断。若浮点数的阶码采用双符号位表示，溢出判断原则与定点数双符号位完全相同。

下面对溢出状态进一步细分。

运算结果大于最大正数时称为<u>正上溢</u>，小于绝对值最大负数时称为<u>负上溢</u>，正上溢和负上溢统称为<u>上溢（Overflow）</u>。数据一旦产生上溢，计算机必须中断运算操作，进行溢出处理。

当运算结果在 0 至最小正数之间时称为<u>正下溢</u>，在 0 至绝对值最小负数之间时称为<u>负下溢</u>，正下溢和负下溢统称为<u>下溢（Underflow）</u>。数据下溢时，浮点数值趋于零，计算机仅将其当作机器零处理。

在此特别说明，当采用双符号位表示时，该数在机器中的存储只需要使用一个符号位即可，因为在数据不溢出的情况下，双符号位的值应当是相同的。但是，在进行运算操作时，由于需要考虑进位导致的溢出问题，加法器是存在两个符号输入位的，那么此时应当将存储器中存放的 1 个符号位同时输入加法器的两个符号输入端。

### 2.5.3 定点数原码乘法运算

在计算机中，乘法是一种很重要的运算。为了让机器能够执行乘法，主要有以下两种策略。

（1）通过硬件实现，构建专门的乘法器模块。这种方法的优点非常明显，由于乘法运算借助专用硬件完成，能有效提升计算速度。缺点也显而易见，增加了系统的整体复杂度，将增加的部件集成到系统中也是一个难题。

（2）采用软件实现，虽然这可能会降低系统的运行效率，但它大幅降低了系统的复杂度，使得计算机系统的构建过程变得更加容易，也拥有更好的拓展性。

因此，掌握机器乘法运算方法不仅有助于乘法器的制作，也同样有助于乘法在计算机系统中的软件实现。下面从笔算乘法分析入手，讨论如何在计算机中进行乘法运算。

#### 1. 笔算乘法分析

设 $A=0.1101$，$B=0.1011$，求 $A \times B$。

一般情况下，人们笔算时习惯列竖式。在竖式计算过程中，我们通过心算判断乘积的符号。本例中，心算后乘积符号为正。其数值位的运算过程如下：

$$
\begin{array}{r}
0.1101 \\
\times\ 0.1011 \\
\hline
1101 \\
1101\phantom{0} \\
0000\phantom{00} \\
1101\phantom{000} \\
\hline
0.10001111
\end{array}
$$

$\cdots\cdots\cdots A \times 2^0 \quad A$ 不移位
$\cdots\cdots\cdots A \times 2^1 \quad A$ 左移 1 位
$\cdots\cdots\cdots 0 \times 2^2 \quad 0$ 左移 2 位
$\cdots\cdots\cdots A \times 2^3 \quad A$ 左移 3 位

可得结果 $A×B$=+0.10001111。

该例笔算乘法的运算结果包含着被乘数 $A$ 的多次左移,以及 4 个位积的相加运算。

从理论角度出发,计算机应该能直接套用笔算乘法的运算过程。但是,如果从工程实现角度出发,生搬硬套会带来极大麻烦。首先,计算 4 个位积分别存储,并依次相加,对于机器而言难以实现;其次,乘积的位数变长了一倍,这将增加硬件成本。因此,要结合工程实际对笔算乘法加以改进。

### 2. 笔算乘法的改进

$$\begin{aligned}
A \cdot B &= A \cdot 0.1011 \\
&= 0.1A + 0.00A + 0.001A + 0.0001A \\
&= 0.1A + 0.00A + 0.001(A + 0.1A) \\
&= 0.1A + 0.01[0A + 0.1(A + 0.1A)] \\
&= 0.1\{A + 0.1[0A + 0.1(A + 0.1A)]\} \\
&= 2^{-1}\{A + 2^{-1}[0A + 2^{-1}(A + 2^{-1}A)]\} \\
&= 2^{-1}\{A + 2^{-1}[0A + 2^{-1}(A + 2^{-1}(A + 0))]\}
\end{aligned}$$

在 2.4.1 节中了解到,二进制的移位运算等价于乘以 $2^n$,$n$ 的取值以小数为界,左正右负。由上式可见,对于笔算乘法的改进,可以将其分解为加法和移位,再在计算机中实现乘法运算就简单多了。表 2-9 列出了使用改进后的方法进行乘法运算的具体步骤。

表 2-9 笔算乘法的改进

| 部分积 | 乘数 | 说明 |
| --- | --- | --- |
| 0.0000<br>+ 0.1101 | 101$\underline{1}$ | 调整为初始状态,部分积 $z_0$ 为 0;乘数的末位(即下画线标识的数码)为本轮乘数,乘数为 1,加被乘数 |
| 0.1101<br>0.0110<br>+ 0.1101 | 1\|10$\underline{1}$ | 部分积右移一位(部分积低位移入乘商寄存器的高位,即"\|"号前的数码)得到 $z_1$;乘数同时右移一位,上轮使用过的乘数末位自然丢弃;本轮乘数为 1,加被乘数 |
| 1.0011<br>0.1001<br>+ 0.0000 | 11\|1$\underline{0}$ | 部分积右移一位得到 $z_2$;乘数同时右移一位;本轮乘数为 0,加 0 |
| 0.1001<br>0.0100<br>+ 0.1101 | 111\|$\underline{1}$ | 部分积右移一位得到 $z_3$;乘数同时右移一位;本轮乘数为 1,加被乘数 |
| 1.0001<br>0.1000 | 111<br>1111 | 部分积右移一位得到 $z_4$;由于乘数已经完全移除,结束运算 |

对于表 2-9 所示的乘法运算过程,可以将其归纳如下。

(1)在计算机中,乘法运算可以被分解为加法运算和移位运算。两个 $n$ 位数相乘,共需进行 $n$ 次加法和 $n$ 次移位。

(2)由乘数的末位值确定被乘数是否与原部分积相加,然后右移一位,形成新的部分积;同时,乘数也右移一位,由次低位作为新的乘数末位,空出的乘数最高位用来存放原部分积右移过来的最低位。

（3）当每次进行加法运算时，被乘数仅与原部分积的高位相加。

对计算机而言，这种运算规则是容易实现的。硬件实现时，只要使用一个寄存器（如1.3.2节"1. 运算器"中的各寄存器）存放被乘数，一个寄存器存放乘积的高位，另一个寄存器存放乘数和乘积的低位，再配置加法器及相应的电路，便能组成一个乘法器。并且，由于这种运算方式的特性，加法只在部分积的高位进行，即加法器只需处理少量运算，不但节省了器材，还缩短了运算时间。

对照表1-1所示运算器中各寄存器存放不同类别操作数的情况，假设被乘数隐含在ACC中，乘数存放在MQ中，这两个寄存器均带有移位功能。乘法运算开始时，被乘数先被送至X寄存器，并对ACC清零；加法在ACC中进行，根据MQ的末位（即乘数末位）是否为"1"决定加X寄存器的内容（即被乘数）还是加0；每累加1次，ACC和MQ均右移1次；乘积高位保存在ACC中，乘积低位逐次移至乘数所在的MQ寄存器的高位，MQ被移去的低位是上一步运算中使用完毕的乘数末位。

### 3. 定点数原码一位乘法

原码一位乘的特点在于符号位和数值位是分开进行计算的，乘积的符号位由两个操作数的符号位"异或"后所得，而乘积的数值位则是取两数的绝对值相乘所得。

以小数为例：

$$[x]_原 = x_0.x_1x_2\cdots x_n$$

$$[y]_原 = y_0.y_1y_2\cdots y_n$$

则

$$[x]_原 \cdot [y]_原 = x_0 \oplus y_0 (0.[x_1x_2\cdots x_n])(0.[y_1y_2\cdots y_n])$$

式中，$x_0$和$y_0$是符号位；$0.[x_1x_2\cdots x_n]$指$x$的绝对值，记作$x^*$；$0.[y_1y_2\cdots y_n]$指$y$的绝对值，记作$y^*$。

**原码一位乘**的运算规则如下。

（1）乘积的符号位是两个操作数的符号位异或运算结果。

（2）乘积的数值部分是取两数的绝对值相乘得出，其通式为

$$\begin{aligned}
x^* \cdot y^* &= x^*(0.[y_1y_2\cdots y_n]) \\
&= x^*(y_12^{-1} + y_22^{-2} + \cdots + y_n2^{-n}) \\
&= 2^{-1}(y_1x^* + 2^{-1}(y_2x^* + 2^{-1}(\cdots + 2^{-1}(y_{n-1}x^* + 2^{-1}(y_nx^* + \underbrace{0}_{z_0}))\cdots)))
\end{aligned}$$

$$\underbrace{\phantom{xxxxxxxxxxxxxxxxxxxxxxxxxxxx}}_{z_1}$$

$$\underbrace{\phantom{xxxxxxxxxxxxxxxxxxxxxxxxxxxxxxxxxxxxxx}}_{z_2}$$

$$\underbrace{\phantom{xxxxxxxxxxxxxxxxxxxxxxxxxxxxxxxxxxxxxxxxxxxxxxxxxx}}_{z_{n-1}}$$

$$\underbrace{\phantom{xxxxxxxxxxxxxxxxxxxxxxxxxxxxxxxxxxxxxxxxxxxxxxxxxxxxxxxx}}_{z_n}$$

基于以上通式，我们以$z_n$表示第$n$次部分积，对上式进行化简，可以写成如下递推公式：

$$z_0 = 0$$
$$z_1 = 2^{-1}(y_n \cdot x^* + z_0)$$
$$z_2 = 2^{-1}(y_{n-1} \cdot x^* + z_1)$$

$$\cdots$$
$$z_i = 2^{-1}(y_{n-i+1} \cdot x^* + z_{i-1})$$
$$\cdots$$
$$z_n = 2^{-1}(y_1 \cdot x^* + z_{n-1})$$

**【例 2.23】** 已知 $x=-0.1110$，$y=-0.1101$，求 $[x \cdot y]_原$。

解：由于 $x=-0.1110$，则 $[x]_原 = 1.1110$，$x^*=0.1110$（即 $x$ 的绝对值），$x_0=1$；
同理可得，$[y]_原 =1.1101$，$y^*=0.1101$（即 $y$ 的绝对值），$y_0=1$。
依照原码一位乘的运算规则，$[x \cdot y]_原$ 的数值部分计算如表 2-10 所示。

表 2-10 原码一位乘数值部分计算

| 操作 | 部分积 | 乘数 | 说明 |
| --- | --- | --- | --- |
| $+x^*$ | 0.0000<br>+ 0.1110 | 110<u>1</u> | 调整为初始状态，部分积 $z_0$ 为 0；乘数的末位（即下画线标识的数码）为本轮乘数，乘数为 1，因此加 $x^*$ |
| 右移一位<br>+0 | 0.1110<br>0.0111<br>+ 0.0000 | 0\|11<u>0</u> | 部分积右移一位（部分积低位移入乘商寄存器的高位，即"\|"号前的数码）得到 $z_1$；乘数同时右移一位，上轮使用过的乘数末位自然丢弃；本轮乘数为 0，因此加 0 |
| 右移一位<br>$+x^*$ | 0.0111<br>0.0011<br>+ 0.1110 | 10\|1<u>1</u> | 部分积右移一位得到 $z_2$；乘数同时右移一位；本轮乘数为 1，因此加 $x^*$ |
| 右移一位<br>$+x^*$ | 1.0001<br>0.1000<br>+ 0.1110 | 110\|<u>1</u> | 部分积右移一位得到 $z_3$；乘数同时右移一位；本轮乘数为 1，因此加 $x^*$ |
| 右移一位<br>得结果 | 1.0110<br>0.1011 | 110<br>0110 | 部分积右移一位得到 $z_4$；由于乘数已经完全移除，结束运算 |

经过以上运算后，$x^* \cdot y^* = 0.10110110$。

乘积符号位由 $x$、$y$ 的符号位异或得到，即 $x_0 \oplus y_0 = 1 \oplus 1 = 0$。

故 $[x \cdot y]_原 = 0.10110110$。

值得注意的是，这里部分积取 $n+1$ 位，以便存放乘法过程中绝对值大于或等于 1 的值。此外，由于乘积的数值部分是两数绝对值相乘的结果，故原码一位乘中的右移操作均为逻辑右移。

### 2.5.4 定点数补码乘法运算

#### 1. 补码一位乘——校正法

补码一位乘的运算是在被乘数和乘数均为补码的情况下进行的。

设被乘数 $[x]_补 = x_0.x_1x_2\cdots x_n$，乘数 $[y]_补 = y_0.y_1y_2\cdots y_n$。

对于校正法而言，它需要考虑到乘数的正负问题。

1）当被乘数 $x$ 的符号任意，乘数 $y$ 的符号为正时（无须校正）

$$[x]_补 = x_0.x_1x_2\cdots x_n = 2 + x = 2^{n+1} + x \pmod{2}$$

$$[y]_{补} = y_0.y_1y_2\cdots y_n = y$$

因此，$[x]_{补} \cdot [y]_{补} = [x]_{补} \cdot y = (2^{n+1} + x) \cdot y + xy$。

由于 $y = 0.y_1y_2\cdots y_n = \sum_{i=1}^{n} \cdot y_i 2^{-i}$，则 $2^{n+1} \cdot y = 2\sum_{i=1}^{n} \cdot y_i 2^{n-i}$，且 $\sum_{i=1}^{n} \cdot y_i 2^{n-i}$ 是一个大于或等于 1 的正整数，根据模运算的性质，有 $2^{n+1} \cdot y = 2 \pmod 2$，故

$$[x]_{补} \cdot [y]_{补} = 2^{n+1} \cdot y + xy = 2 + xy = [x \cdot y]_{补} \pmod 2$$

即 $[x \cdot y]_{补} = [x]_{补} \cdot [y]_{补} = [x]_{补} \cdot y$。

对照原码一位乘可发现，当乘数的符号为正时，不管被乘数的符号是什么，都能按照原码一位乘的运算方式进行运算。

$$[z_0]_{补} = 0$$
$$[z_1]_{补} = 2^{-1}(y_n \cdot [x]_{补} + [z_0]_{补})$$
$$[z_2]_{补} = 2^{-1}(y_{n-1} \cdot [x]_{补} + [z_1]_{补})$$
$$\cdots$$
$$[z_i]_{补} = 2^{-1}(y_{n-i+1} \cdot [x]_{补} + [z_{i-1}]_{补})$$
$$\cdots$$
$$[x \cdot y]_{补} = [z_n]_{补} = 2^{-1}(y_1 \cdot [x]_{补} + [z_{n-1}]_{补})$$

注意，这里的加和（算术）移位均按照补码规则运算。

2）当被乘数 $x$ 的符号任意，乘数 $y$ 的符号为负时（需要校正）

$$[x]_{补} = x_0.x_1x_2\cdots x_n$$
$$[y]_{补} = 1.y_1y_2\cdots y_n = 2 + y \pmod 2$$
$$y = [y]_{补} - 2 = 1.y_1y_2\cdots y_n - 2 = 0.y_1y_2\cdots y_n - 1$$
$$x \cdot y = x(0.y_1y_2\cdots y_n - 1)$$
$$= x(0.y_1y_2\cdots y_n) - x$$

因此，$[x \cdot y]_{补} = [x(0.y_1y_2\cdots y_n)]_{补} + [-x]_{补}$。

由此可得，当乘数为负时，要把乘数的补码 $[y]_{补}$ 去掉符号位，当成一个正数与 $[x]_{补}$ 相乘，只需在最后一步加上 $[-x]_{补}$ 进行校正，因此该方法被称为**校正法**。校正法的递推公式如下：

$$[z_0]_{补} = 0$$
$$[z_1]_{补} = 2^{-1}(y_n \cdot [x]_{补} + [z_0]_{补})$$
$$[z_2]_{补} = 2^{-1}(y_{n-1} \cdot [x]_{补} + [z_1]_{补})$$
$$\cdots$$
$$[z_i]_{补} = 2^{-1}(y_{n-i+1} \cdot [x]_{补} + [z_{i-1}]_{补})$$
$$\cdots$$
$$[z_n]_{补} = 2^{-1}(y_1 \cdot [x]_{补} + [z_{n-1}]_{补})$$
$$[x \cdot y]_{补} = [z_n]_{补} + [-x]_{补}$$

通过对比补码一位乘中乘数为正递推公式和校正法递推公式，不难看出，两者具有很高的相似性，只是校正法递推公式比乘数为正递推公式在最后多一条 $[x \cdot y]_{补} = [z_n]_{补} + [-x]_{补}$，即在运

算的结尾要加上校正项$[-x]_\text{补}$。

**【例 2.24】** 已知$[x]_\text{补}=1.0101$，$[y]_\text{补}=0.1101$，求$[x \cdot y]_\text{补}$。

**解**：因为乘数$y>0$，所以按原码一位乘的算法运算，只是在相加和移位时按补码规则进行，如上述校正法递推公式所示。考虑到运算时可能出现绝对值大于1的情况（但此刻并不是溢出），故部分积和被乘数取双符号位。

**【例 2.24】** 运算过程如表 2-11 所示。

表 2-11 【例 2.24】校正法运算过程

| 操作 | 部分积 | 乘数 | 说明 |
|---|---|---|---|
| $+[x]_\text{补}$ | 00.0000<br>+ 11.0101 | 110<u>1</u> | 初始化。部分积$z_0$置0；乘数末位（即下画线标识的数码）为本轮乘数。乘数末位为1，加$[x]_\text{补}$ |
| 右移一位<br>+0 | 11.0101<br>11.1010<br>+ 00.0000 | 1\|11<u>0</u> | 部分积右移一位（部分积低位移入乘商寄存器的高位，即"\|"号前的数码），得到$z_1$；乘数同时右移一位，上轮使用完的乘数末位自然丢弃；新的乘数末位为0，加0 |
| 右移一位<br>$+x^*$ | 11.1010<br>11.1101<br>+ 11.0101 | 01\|1<u>1</u> | 部分积和乘数右移一位，乘数末位为1，加$[x]_\text{补}$ |
| 右移一位<br>$+x^*$ | 11.0010<br>11.1001<br>+ 11.0101 | 001\|<u>1</u> | 部分积和乘数右移一位，乘数末位为1，加$[x]_\text{补}$ |
| 右移一位<br>得结果 | 10.1110<br>11.0111 | 0001 | 部分积和乘数右移一位得结果。乘数已完全移除，运算结束 |

因此，$[x \cdot y]_\text{补}=1.01110001$。倘若$y$的符号位为负，只需先按列表计算，最后加上校正项$[-x]_\text{补}$即可。另外，本题所求为$[x \cdot y]_\text{补}$，若求$x \cdot y$还需将结果由补码转换成真值。由于结果为负数补码，需按规则转换，$x \cdot y = -0.10001111$。

**【例 2.25】** 已知$x=0.1011$，$y=-0.0101$，请采用校正法求$x \cdot y$。

**解**：根据规则，部分积和被乘数取双符号位，乘数取单符号位，并且乘数$y<0$，最后一步要加校正项$[-x]_\text{补}$。因此，运算准备如下：

$$[x]_\text{补}=00.1011 \qquad [y]_\text{补}=1.1011 \qquad [-x]_\text{补}=11.0101$$

**【例 2.25】** 运算过程如表 2-12 所示。

表 2-12 【例 2.25】运算过程

| 操作 | 部分积 | 乘数 | 说明 |
|---|---|---|---|
| $+[x]_\text{补}$ | 00.0000<br>+ 00.1011 | 101<u>1</u> | 初始化。部分积$z_0$置0；乘数末位（即下画线标识的数码）为本轮乘数。乘数末位为1，加$[x]_\text{补}$ |
| 右移一位<br>$+[x]_\text{补}$ | 00.1011<br>00.0101<br>+ 00.1011 | 1\|10<u>1</u> | 部分积右移一位（部分积低位移入乘商寄存器的高位，即"\|"号前的数码），得到$z_1$；乘数同时右移一位，上轮使用完的乘数末位自然丢弃；新的乘数末位为1，加$[x]_\text{补}$ |
| 右移一位<br>+0 | 01.0000<br>00.1000<br>+ 00.0000 | 01\|1<u>0</u> | 部分积和乘数右移一位，乘数末位为0，加0 |

续表

| 操作 | 部分积 | 乘数 | 说明 |
|---|---|---|---|
| 右移一位<br>$+[x]_{补}$ | 00.1000<br>00.0100<br>+ 00.1011 | 001\|1 | 部分积和乘数右移一位,乘数末位为1,加$[x]_{补}$ |
| 右移一位<br>$+[-x]_{补}$ | 00.1111<br>00.0111<br>+ 11.0101 | 1001 | 部分积和乘数右移一位;<br>由于乘数$y<0$,加$[-x]_{补}$校正 |
| 得结果 | 11.1100 | 1001 | 此步不移位,得结果 |

因此,$[x \cdot y]_{补} = 1.11001001$。根据题目要求,还要转换真值,由于结果为负数补码,需按规则转换,$x \cdot y = -0.00110111$。

对上述过程进行分析可以发现,乘积的符号是在运算过程中自然形成的,不需要进行额外的判断,这是补码乘法与原码乘法的重要区别。

在校正法的运算过程中,该运算方式与乘数的符号位密切相关。当乘数的符号位为负时,如果被乘数为正,可利用乘法交换律,互换被乘数与乘数的位置来保证乘数为正,从而无须校正,运算中需$n$次加法和$n$次右移;但当被乘数和乘数均为负数时,则必须进行校正,运算中需$n+1$次加法和$n$次右移。在计算机的控制线路设计中,实现这类不规则运算相对复杂。

为了规避符号对运算规则的影响,更为了使用统一的规则进行补码乘法运算,安德鲁·唐纳德·布斯(Andrew Donald Booth)于1950年设计并实现了Booth法。

### 2. 补码一位乘——Booth法

Booth法也称为**布斯法、比较法**,是一种更适合硬件实现的补码乘法,主要通过比较乘数末位和附加位,采用加法和移位来计算。它的运算规则可由校正法推导得出。

设$[x]_{补} = x_0.x_1x_2 \cdots x_n$,$[y]_{补} = y_0.y_1y_2 \cdots y_n$,按照校正法的运算规则,其基本算法可以使用一个统一公式来进行表示:

$$[x \cdot y]_{补} = [x]_{补}(0.y_1y_2 \cdots y_n) - [x]_{补} \cdot y_0$$

此处的$y_0$表示乘数的符号位,当$y_0=0$时,表示乘数为正,此时无须校正,即:

$$[x \cdot y]_{补} = [x]_{补}(0.y_1y_2 \cdots y_n)$$

当$y_0=1$时,表示乘数为负,此时需要进行校正,即:

$$[x \cdot y]_{补} = [x]_{补}(0.y_1y_2 \cdots y_n) - [x]_{补}$$

在mod 2的前提下,$[-x]_{补} = -[x]_{补}$成立,因此两式表达的算法与校正法的结论完全相同。此时,我们可以将上面的公式进行如下改写:

$$\begin{aligned}[x \cdot y]_{补} &= [x]_{补}(y_1 2^{-1} + y_2 2^{-2} + \cdots + y_n 2^{-n}) - [x]_{补} \cdot y_0 \\ &= [x]_{补}(-y_0 + y_1 2^{-1} + y_2 2^{-2} + \cdots + y_n 2^{-n}) \\ &= [x]_{补}[-y_0 + (y_1 - y_1 2^{-1}) + (y_2 2^{-1} - y_2 2^{-2}) + \cdots + (y_n 2^{-(n-1)} - y_n 2^{-n})] \\ &= [x]_{补}[(y_1 - y_0) + (y_2 - y_1)2^{-1} + \cdots + (y_n - y_{n-1})2^{-(n-1)} + (0 - y_n)2^{-n}] \\ &= [x]_{补}[(y_1 - y_0) + (y_2 - y_1)2^{-1} + \cdots + (y_{n+1} - y_n)2^{-n}]\end{aligned}$$

其中，$y_{n+1}=0$。

由此，就能得到比较法的递推公式：

$$[z_0]_{补} = 0$$
$$[z_1]_{补} = 2^{-1}\{[z_0]_{补} + (y_{n+1} - y_n)[x]_{补}\}$$
$$[z_2]_{补} = 2^{-1}\{[z_1]_{补} + (y_n - y_{n-1})[x]_{补}\}$$
$$\cdots$$
$$[z_i]_{补} = 2^{-1}\{[z_{i-1}]_{补} + (y_{n-i+2} - y_{n-i+1})[x]_{补}\}$$
$$\cdots$$
$$[z_n]_{补} = 2^{-1}\{[z_{n-1}]_{补} + (y_2 - y_1)[x]_{补}\}$$
$$[x \cdot y]_{补} = [z_{n+1}]_{补} = [z_n]_{补} + (y_1 - y_0)[x]_{补}$$

由此可见，开始时 $y_{n+1}=0$，部分积初值 $[z_0]_{补}$ 为 0。对于 $[z_i]_{补}(i=1, 2, \cdots, n)$，乘法就是，由乘数末两位决定原部分积加 $[x]_{补}$ 或加 $[-x]_{补}$ 或加 0，加完再右移一位得到新的部分积，重复 $n$ 步；第 $n+1$ 步由 $(y_1-y_0)$ 决定原部分积加 $[x]_{补}$ 或加 $[-x]_{补}$ 或加 0，但此步不移位，即得 $[x \cdot y]_{补}$。

为简单起见，把乘数末两位（乘数末位 $y_n$ 以及附加位 $y_{n+1}$）的比较与操作对应，根据其值执行的操作如表 2-13 所示。当运算进行到最后一步时，乘积不再右移。这种统一运算规则计算机很容易实现。

表 2-13 $y_n$ 和 $y_{n+1}$（乘数末位和附加位）的比较

| $y_n$（乘数末位） | $y_{n+1}$（附加位） | $y_{n+1}-y_n$ | 操作 |
| --- | --- | --- | --- |
| 0 | 0 | 0 | 部分积右移一位 |
| 0 | 1 | 1 | 部分积加上 $[x]_{补}$，再右移一位 |
| 1 | 0 | -1 | 部分积加上 $[-x]_{补}$，再右移一位 |
| 1 | 1 | 0 | 部分积右移一位 |

综上所述，补码一位乘的比较法（Booth 法）的运算规则总结如下。

（1）符号位参与运算，参与运算的数均以补码表示。

（2）被乘数一般取双符号位参与运算，部分积同样取双符号位，数值位初值设定为 0，但需特别注意，乘数必须取单符号位。

（3）乘数的末位需要增设一个附加位 $y_{n+1}$，初值为 0。

（4）根据 $(y_n, y_{n+1})$ 的取值来确定操作。

（5）移位按照补码（算术）右移规则进行操作。

（6）根据上述算法进行 $n+1$ 步操作，但是第 $n+1$ 步不移位（即共进行 $n+1$ 次加法和 $n$ 次右移）；比较法由于需要根据 $y_n$ 和 $y_{n+1}$ 的比较结果执行相应操作而得名。

【例 2.26】已知 $x=-0.0101$，$y=0.1011$，请采用比较法求 $x \cdot y$。

解：本题是将【例 2.25】中的两数互换，便于对比不同算法的运算过程之间的差异，并验证所求结果是否相同。题中 $x$、$y$ 均为真值，仍需先将其转换为补码形式；根据规则，部分积和被乘数取双符号位，乘数取单符号位。运算准备如下：

$[x]_{补}=11.1011$ $\quad\quad$ $[-x]_{补}=00.0101$ $\quad\quad$ $[y]_{补}=0.1011$

比较法求解过程如表 2-14 所示。

表 2-14 比较法求解过程

| 操作 | 部分积 | 乘数和附加位（下画线为 $y_n$ 和 $y_{n+1}$） | 说明 |
|---|---|---|---|
| $+[-x]_{补}$ | 00.0000<br>+ 00.0101 | 01011<u>0</u> | 部分积和乘数低位附加位 $y_{n+1}$ 初始化为 0。赋 $y$ 的初值。乘数末两位（下画线）为 10，加 $[-x]_{补}$ |
| 右移一位<br>+0 | 00.0101<br>00.0010<br>+ 00.0000 | 1\|010<u>11</u> | 右移部分积和乘数，部分积低位移入乘商寄存器（"\|"隔开），乘数和附加位自然舍弃最低位。乘数末两位为 11，加 0 占位 |
| 右移一位<br>$+[x]_{补}$ | 00.0010<br>00.0001<br>+ 11.1011 | 01\|01<u>01</u> | 右移部分积和乘数。乘数末两位为 01，加 $[x]_{补}$ |
| 右移一位<br>$+[-x]_{补}$ | 11.1100<br>11.1110<br>+ 00.0101 | 001\|0<u>10</u> | 右移部分积和乘数。乘数末两位为 10，加 $[-x]_{补}$ |
| 右移一位<br>$+[x]_{补}$ | 00.0011<br>00.0001<br>+ 11.1011 | 1001\|<u>01</u> | 右移部分积和乘数。乘数末两位为 01，加 $[x]_{补}$ |
| 结果相连 | 11.1100 | 1001 | 将部分积高位和低位连起来即为 $[x \cdot y]_{补}$ |

因此，$[x \cdot y]_{补} = 1.11001001$。根据题目要求，还要转换真值，由于结果为负数补码，需按规则转换，$x \cdot y = -0.00110111$。综上所述，比较法以统一的运算规则完成了补码乘法运算。

### 3. 定点数乘法运算归纳

如表 2-15 所示为定点数乘法运算归纳。

表 2-15 定点数乘法运算归纳

| 乘法类型 | 符号位 | | | 累加次数 | 移位 | | | 特点 |
|---|---|---|---|---|---|---|---|---|
| | 参与运算 | 部分积 | 乘数 | | 方向 | 次数 | 每次位数 | |
| 原码一位乘 | 否；单独异或 | 1 或 2 位 | 0 位 | $n$ | 原码逻辑右移 | $n$ | 1 位 | 绝对值运算 |
| 补码校正法 | 乘数符号位不参与运算；自然形成 | 2 位 | 0 位 | $n$ 或 $n+1$ | 补码算术右移 | $n$ | 1 位 | 乘数为负时，需加 $[-x]_{补}$ 校正 |
| 补码比较法（Booth 法） | 是；自然形成 | 2 位 | 1 位 | $n+1$ | 补码算术右移 | $n$ | 1 位 | 增设附加位 $y_{n+1}$ |

【注】$n$ 为数值部分的位数；基本硬件配置中，原码一位乘和补码校正法的 ACC、X、MQ 均为 $n+1$ 位的寄存器，补码比较法的均为 $n+2$ 位。

## 2.5.5 定点数原码除法运算

为了理解机器除法运算在计算机中的实现方式，我们仍从笔算除法的运算过程出发，分析实现机器除法应具备的要素。本节主要介绍定点数原码除法的运算规则和原理。

按照数的表示方法不同，计算机中的除法运算同样分为无符号位除法和有符号位除法。通过类比乘法运算的实现方法，除法运算的常规算法是将 $n$ 位除转换为多次"加和移位"的操作，通常情况下，这些操作都是由硬件来完成的。

### 1. 笔算除法分析

以二进制小数的笔算除法为例，设 $x$=-0.1011，$y$=0.1101，求 $\dfrac{x}{y}$。

在笔算除法中，商的符号心算而得：负正得负。其数值部分的运算如下面的竖式所示。

$$
\begin{array}{r}
0.1101\phantom{00000} \\
0.1101\overline{\smash{)}0.10110\phantom{000}} \\
\underline{0.01101\phantom{000}} \quad 2^{-1}\cdot y \\
0.010010\phantom{00} \\
\underline{0.001101\phantom{00}} \quad 2^{-2}\cdot y \\
0.00010100 \\
\underline{0.00001101} \quad 2^{-4}\cdot y \\
0.00000111 \\
\end{array}
$$

由上述过程得，$\dfrac{x}{y}$ 的商 =-0.1101，余数 =0.00000111。

运算特点可归纳如下。

（1）每次上商都通过心算比较余数（被除数）和除数的大小，确定商是 1 还是 0。

（2）每做一次减法，总是保持余数不动，低位补 0，再减去右移后的除数。

（3）上商的位置不固定。

（4）商符单独处理。

如果将上述规则完全照搬到计算机内，实现起来有一定困难，主要问题如下。

（1）机器不能"心算"上商，必须通过比较余数（被除数）和除数绝对值的大小来确定商值，即$|x|-|y|$，若差为正（够减）上商 1，差为负（不够减）上商 0。

（2）如果按照每次减法总是保持余数不动，低位补 0，再减去右移后的除数这一规则，则要求加法器的位数必须为除数的两倍。仔细分析发现，右移除数可以用左移余数的方法代替，其运算结果是一样的，但对硬件线路结构更有利。不过此刻得到的余数不是真正的余数，只有将它乘上 $2^{-n}$ 才是真正的余数。

（3）笔算求商时是从高位向低位逐位求的，然而，要求计算机把每位商直接写到寄存器的不同位置也是不可取的。计算机可将每位商直接写到寄存器的最低位，并把原来的部分商左移一位，这样更有利于硬件实现。

综上所述，要在计算机中实现定点数原码除法运算，就要解决如何判断余数（被除数）大小的问题。对于这个问题，可以使用以下两种方法。

（1）设置一个比较电路，专门使用该电路来比较它们的大小，即用余数（被除数）减去除数。若够减，就执行一次减法运算并上商 1，余数左移一位；若不够减就上商 0，余数左移一位。该方法的缺点较明显，增加了硬件电路，代价较高。

（2）直接做减法试探。无论是否够减，都让余数（被除数）减去除数，倘若所得的余数符号位为 0（正数），则表明够减，上商 1；若余数的符号位为 1（负数），则表明不够减，上商 0，同时由于已经做了减法，需要将减掉的除数再加到余数上，恢复余数为原来的正值之后，再将其左移一位，继续进行下一步操作。该方法被称为"恢复余数法"。

### 2. 恢复余数法

恢复余数法的原理是：两个数以原码的形式表示，取两数的绝对值相除，商的符号由两数符号的异或值决定。恢复余数法的运算规则如下。

（1）初始化时，ACC（存放被除数和余数的寄存器）的值是被除数原码的数值位，MQ（存放商值的寄存器）初始化为 0。

（2）第一次执行加 $[-y]_{补}$ 的运算，如果结果符号不一致，则发生溢出。

（3）通过结果的符号来判断是否够减，如果余数为正，表明够减，上商 1；如果余数为负，说明不够减，上商 0；由于已经进行了减法运算，为了保证数值不变，需要将除数加上 $|y|_{原}$ 来恢复余数。

（4）ACC 和 MQ 一起左移一位，MQ 末位补 0。

（5）当 MQ 中的商全部求出，且移位次数和除数数值位一致时，运算结束。

（6）商的符号由被除数和除数符号的异或结果得出，余数符号与被除数符号一致。

（7）由于每次求商时余数都左移一位，所以最后所得的余数应当右移 $n$ 位（对 $n$ 位数相除而言），即乘以 $2^n$。

（8）若最后一次上商 0，想得到正确的余数，要在最后一次加上 $|y|_{原}$ 来恢复余数。

【例 2.27】已知 $x = -0.1011$，$y = -0.1101$，求 $[x/y]_{原}$。

解：由 $x = -0.1011$，$y = -0.1101$，得：$[x]_{原} = 1.1011$；$x^* = 0.1011$；$[y]_{原} = 1.1101$；$y^* = 0.1101$；$[-y^*]_{补} = 1.0011$。表 2-16 列出了本例商值的求解过程。

表 2-16 恢复余数法求解过程

| 余数（被除数） | 商 | 说明 |
| --- | --- | --- |
| 0.1011<br>+ 1.0011 | 0.0000 | $+[-y^*]_{补}$（减除数） |
| 1.1110<br>+ 0.1101 | 0 | 余数为负，上商 0<br>恢复余数 $+[y^*]_{补}$ |
| 0.1011<br>1.0110<br>+ 1.0011 | 0 | 被恢复的被除数<br>← 1 位<br>$+[-y^*]_{补}$（减除数） |
| 0.1001<br>1.0010<br>+ 1.0011 | 01<br>01 | 余数为正，上商 1<br>← 1 位<br>$+[-y^*]_{补}$（减除数） |
| 0.0101<br>0.1010<br>+ 1.0011 | 011<br>011 | 余数为正，上商 1<br>← 1 位<br>$+[-y^*]_{补}$（减除数） |
| 1.1101<br>+ 0.1101 | 0110 | 余数为负，上商 0<br>恢复余数 $+[y^*]_{补}$ |
| 0.1010<br>1.0100<br>+ 1.0011 | 0110 | 被恢复的余数<br>← 1 位<br>$+[-y^*]_{补}$（减除数） |
| 0.0111 | 01101 | 余数为正，上商 1 |

故商值为 0.1101，商的符号位为 $x_0 \oplus y_0 = 1 \oplus 1 = 0$，即 $[x/y]_{原} = 0.1101$。

由此例可见，共左移（逻辑左移）4 次，上商 5 次，第一次上商在商的整数位上，这对小数除法而言，可用它作溢出判断，即该位为 1 时，表示此除法溢出，不能进行，应由程序进行处理；当该位为 0 时，说明除法合法，可以进行。

对于计算机而言,恢复余数法不是一种好方法。原因很简单,当某次减除数的差值为负时,需要多加一次$|y|_原$恢复余数的操作,操作不规则,降低了执行速度,使得控制线路复杂。因此在计算机中很少采用这种方法,而是普遍采用不恢复余数法,又称为加/减交替法。

### 3. 加/减交替法

加/减交替法是对恢复余数法的一种修正。当某次求得的差值(余数$R_i$)为负时,不恢复它,而是继续求下一位商,但是会用加上除数来取代减去除数的操作。

加/减交替法的规则如下。

(1)初始化时 ACC 的值为被除数原码的数值位,MQ 初始化为 0。

(2)第一次加$[-|y|]_原$运算,如果结果符号不一致则发生溢出。

(3)通过结果的符号来判断是否够减,如果余数为正,说明够减,上商 1,求下一位商的方法是 ACC、MQ 一起左移一位再减去除数(即加上$[-|y|]_补$);如果余数为负,则上商 0,求下一位商的方法是 ACC、MQ 寄存器一起左移一位再加上除数。

(4)当 MQ 中的商完全求出,移位次数和除数的数值位一致时,运算结束。

(5)商的符号位由被除数和除数的符号异或得出,余数的符号和被除数的符号保持一致。

(6)倘若最后一次上商 0,为了保证余数的正确,需要在最后一次加上除数以恢复余数。

(7)因为每次求商时余数都左移一位,因此,最后所得的余数应当右移 $n$ 位(对 $n$ 位数相除而言),即乘以 $2^n$。

【例 2.28】已知 $x = -0.1011$,$y = 0.1101$,求 $[x/y]_原$。

解:由 $x = -0.1011$,$y = 0.1101$,得:$[x]_原 = 1.1011$;$x^* = 0.1011$;$[y]_原 = 0.1101$;$y^* = 0.1101$;$[-y^*]_补 = 1.0011$。

表 2-17 列出了本例商值的求解过程。

表 2-17 加/减交替法求解过程

| 被除数(余数) | 商 | 说明 |
| --- | --- | --- |
| 0.1011<br>+1.0011 | 0.0000 | $+[-y^*]_补$(减除数) |
| 1.1110<br>1.1100<br>+0.1101 | 0<br>0 | 余数为负,上商 0<br>←1 位<br>$+[y^*]_补$(加除数) |
| 0.1001<br>1.0010<br>+1.0011 | 01<br>01 | 余数为正,上商 1<br>←1 位<br>$+[-y^*]_补$(减除数) |
| 0.0101<br>0.1010<br>+1.0011 | 011<br>011 | 余数为正,上商 1<br>←1 位<br>$+[-y^*]_补$(减除数) |
| 1.1101<br>1.1010<br>+0.1101 | 0110<br>0110 | 余数为负,上商 0<br>←1 位<br>$+[y^*]_补$(加除数) |
| 0.0111 | 01101 | 余数为正,上商 1 |

商的符号位为 $x_0 \oplus y_0 = 1 \oplus 0 = 1$，即 $[x/y]_原 = 1.1101$。

分析此例可知，$n$ 位小数的除法共上商 $n+1$ 次（第一次用来判断是否溢出），左移（逻辑左移）$n$ 次，可用移位次数判断除法是否结束。倘若比例因子选择恰当，除法结果不溢出，则第一次商肯定是 0。如果省去这位商，只需上商 $n$ 次即可，此时除法运算一开始应将被除数左移一位减去除数，然后再根据余数上商。需要说明一点，表 2-17 中的操作数也可采用双符号位，此时移位操作可按算术左移处理，最高符号位是真正的符号，次高符号位在移位时可被第一数值位占用。

## 2.6 计算机中浮点数的表示与运算

本节首先介绍浮点数的表示方法，再引入 IEEE 754 标准，然后着重阐述浮点数的加/减运算的详细步骤，最后简要介绍浮点数的乘/除运算。

### 2.6.1 浮点数的表示方法

当定点数的概念被引入之后，人们发现定点数表示小数时，存在数值表示范围、精度有限的缺点，随之提出浮点数的概念，以满足实际使用需求。区别于定点数中约定小数点位置固定不变的情况，浮点数的"浮点"是指其小数点的位置是飘浮不定的。

如何理解这个浮动的小数点？我们可以采用科学记数法帮助理解。

【例 2.29】将十进制的 25.125 分别表示成十进制和二进制的科学记数法形式。

解：$25.125 = 2.5125 \times 10^1 = 251.25 \times 10^{-1} = \cdots\cdots$

将 25.125 转换成二进制为 $(11001.001)_2$，有：

$(25.125)_{10} = (11001.001)_2 = (1.1001001 \times 2^4)_2 = (1100100.1 \times 2^{-2})_2 = \cdots\cdots$

由此，浮点数真值 $X$ 的表示形式可写成通式：

$$X = R^E \cdot S$$

式中，$S$ 为尾数；$E$ 为阶码；$R$ 为基数（尾数的基值，计算机中 $R$ 取 2、8、10、16 等，都是隐含的）。浮点数的一般格式如图 2-13 所示。

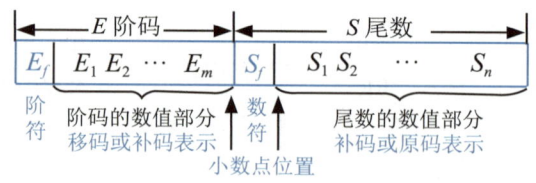

图 2-13 浮点数的一般格式

图 2-13 中，$S_f$ 代表浮点数真正的符号；$n$ 反映浮点数的精度；$m$ 反映浮点数的表示范围；$E_f$ 和 $m$ 共同表示小数点的实际位置。

以通式 $X = R^E \cdot S$ 和图 2-13 为例，设浮点数阶码的数值部分为 $m$ 位，尾数的数值部分为 $n$ 位，当浮点数为非规格化数时，其在数轴上的表示范围如图 2-14 所示。

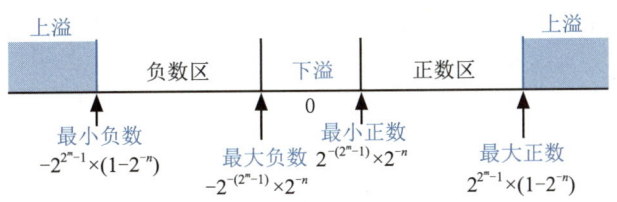

图 2-14 非规格化浮点数在数轴上的表示范围

由于计算机中机器字长的位数是有限的,阶码和尾数所占位数具有此消彼长的特点。当机器字长不变的情况下,有以下规律。

(1)阶码位数多,尾数位数少,则浮点数的表示范围较大,但精度相对较低。

(2)阶码位数少,尾数位数多,则浮点数的表示范围较小,但精度相对较高。

因此,一旦浮点数的位数确定后,合理分配阶码和尾数的位数,直接影响浮点数的表示范围和精度。

### 2.6.2 IEEE 754 标准

早期,各计算机厂商使用自定义的一套浮点数规则,导致同一个程序在不同厂商的计算机中做浮点数运算时,必须先转换成此厂商规定的浮点数格式才能计算,从而加重了计算成本。

因此,业界迫切需要统一的浮点数标准。1985 年,IEEE 组织(Institute of Electrical and Electronics Engineers)提出了 **IEEE 754 标准**,统一定义了浮点数的表示形式。IEEE 754 标准中常用的浮点数格式如表 2-18 所示。

表 2-18 IEEE 754 标准中常用的浮点数格式

| 类型 | 数符 $S$ | 阶码 $E$ | 尾数数值 $M$ | 总位数 | 十六进制偏置值 | 十进制偏置值 |
| --- | --- | --- | --- | --- | --- | --- |
| 短浮点数 | 1 | 8 | 23 | 32 | 7FH | 127 |
| 长浮点数 | 1 | 11 | 52 | 64 | 3FFH | 1023 |
| 临时浮点数 | 1 | 15 | 64 | 80 | 3FFFH | 16383 |

其中,短浮点数又称为**单精度浮点数**、**短实数**,长浮点数又称为**双精度浮点数**、**长实数**,临时浮点数又称为**扩展精度浮点数**、**临时实数**。

以短浮点数为例:最高位为数符位;其后是 8 位阶码,用移码表示;阶码的**偏置值**为 $(111\ 1111)_2$,基数为 2;其后 23 位是原码表示的尾数数值位。

值得注意的是,浮点数格式中表示的尾数应为纯小数,而对于规格化的二进制浮点数,数值的最高位总是"1",即有效位呈"1.ff…ff"形式,为了使尾数多表示一位有效数值,将最高位的"1"隐藏,称为**隐藏位**。在实际表示中,短浮点数和长浮点数采用隐藏位,而临时浮点数不采用隐藏位。

因此,在 IEEE 754 标准中,规格化的短浮点数的真值 $X_1$ 的表示形式为:

$$X_1=(-1)^s \cdot 1.M \cdot 2^{E-127}$$

规格化的长浮点数的真值 $X_2$ 的表示形式为:

$$X_2=(-1)^s \cdot 1.M \cdot 2^{E-1023}$$

式中，$S$ 为符号位，为 0 或 1；$1.M$ 即带隐藏位的尾数；$E-127$ 为阶码减去短浮点数偏置值；$E-1023$ 为阶码减去长浮点数偏置值。

### 2.6.3 浮点数补码加/减运算

以人类模拟计算机进行浮点数加/减运算的视角，计算前进行运算准备；计算中需要经历 5 个关键步骤，即对阶、尾数加/减、规格化、舍入、溢出判断；计算后需要将运算结果转换为真值。下面以浮点数补码的加/减运算为例，对运算步骤进行详细阐述。

#### 1. 准备处理工作

将参与运算的两个浮点数写成机器表示形式，满足机器字长要求。

#### 2. 对阶

比较两个浮点数阶码的大小，使两数的小数点对齐，本着"小阶向大阶看齐"的原则。

假设有 $A$ 和 $B$ 两个浮点数，对阶操作就是用 $A$ 的阶码减去 $B$ 的阶码求得阶差（通常求阶差时采用补码运算，便于将减法变加法），根据运算结果保留大的阶码。此时，阶码小的浮点数就要根据阶差进行右移，尾数数值位每右移 1 位，阶码 +1。由于右移有可能导致尾数精度发生变化，为减少精度误差，可用附加线路（书写时可框起来或括起来）保留右移过程中丢掉的一位或几位的高位，以供舍入步骤中做舍入操作时使用。

【注】尾数右移时，对原码形式的尾数，符号位不参加移位，尾数最高有效位补 0；对补码形式的尾数，符号位保持不变并参加右移。

#### 3. 尾数加/减

将对阶后的两尾数按定点数加/减运算规则求和（差）。

#### 4. 规格化

所谓规格化操作，是指通过调整一个非规格化浮点数的尾数和阶码的大小，使非零的浮点数在尾数的最高数位上保证是一个有效值，即规格化的目的是使尾数部分的绝对值尽可能以最大值的形式出现。

左规：当尾数运算结果不是规格化数时，即运算结果的尾数的最高数位不是有效位，出现 $\pm 0.0\cdots 0X\cdots X$（$X$ 为 0 或 1）的形式时，需要进行左规，将它转变为规格化数。

基数不同，浮点数的规格化形式也不同。当浮点数尾数的基数为 2 时，原码规格化数的尾数最高位一定是 1；当基数为 4 时，原码规格化数的尾数最高两位不全为 0；以此类推。

设尾数 $M$ 的数值部分有 $n$ 位，规格化数的范围为 $1/2 \leqslant |[M]_原| \leqslant 1-2^{-n}$。

当 $M$ 为正时，$1/2 \leqslant |[M]_补| \leqslant 1-2^{-n}$；当 $M$ 为负时，$1/2 \leqslant |[M]_补| \leqslant 1$。

具体对不同的机器数而言：

- 原码规格化数，其最高数值位为 1。以双符号位为例，具体表现为 $00.1X\cdots X$ 或 $11.1X\cdots X$ 的形式（$X$ 为 0 或 1）。
- 补码规格化数，其符号位与最高数值位相异。以双符号位为例，具体表现为 $00.1X\cdots X$ 或 $11.0X\cdots X$ 的形式（$X$ 为 0 或 1）。

左规时,如果基数为 2,尾数每左移 1 位,阶码减 1;基数为 4,尾数每左移 2 位,阶码减 1;基数为 $2^n$,尾数每左移 $n$ 位,阶码减 1。左规可能要进行多次。

右规:当运算结果的尾数的有效位进到小数点前面时,即出现 $01.X\cdots X$ 或 $10.X\cdots X$($X$ 为 0 或 1)时,需要进行右规。

右规时,如果基数为 2,尾数连同符号位每右移 1 位,阶码加 1;基数为 4,尾数连同符号位每右移 2 位,阶码加 1;基数为 $2^n$,尾数连同符号位每右移 $n$ 位,阶码加 1。需要右规时,通常只需进行一次。

【注】对浮点数进行规格化操作,阶码值的变化可简便记忆为"左减右加"。

5. 舍入

尾数右移后,应对移掉的最高位(还有对阶过程中保留的附加位)进行舍入,为保证精度,常用 0 舍 1 入法或恒置 1 法。

0 舍 1 入法:类似十进制中的四舍五入法。当移掉的最高位为 1 时,在尾数末位加 1,但有可能导致加 1 后的尾数再次溢出,则要再进行一次右规。

恒置 1 法:尾数右移时,无论原本尾数低位的值是何值,把结果的最低位强制置成 1。

6. 溢出判断

浮点数表示法使得计算机拥有了很大的数值表示范围,但它终究受到机器字长位数限制,和定点数运算一样,溢出中断在浮点运算中也会发生。与此同时,浮点本身的特性导致溢出分为两种情况,一种是由于计算的数字太大,超出表示范围而产生的上溢(Overflow),另一种是由于某些小数太小,不能表示而产生的下溢(Underflow)。

区别于定点数的溢出判断是对数值本身进行判断,浮点数的溢出判断是对阶码是否溢出进行判断。在规格化和舍入时都可能发生溢出,若采用双符号位运算,可通过阶码的双符号位状态进行溢出判定。

- "00""11"表示正常,加/减运算正常结束。
- "01"表示上溢。浮点数此时真正溢出,机器停止运算,做中断处理。
- "10"表示下溢。浮点数的真值趋于 0,机器不做溢出处理,而是按机器零处理。

更多与溢出判断相关的介绍与定点数类似,请参见 2.5.2 节。

7. 将结果转换成真值

由于通常采用补码运算,当结果的阶符和尾符均为 0 时,正数补码 = 原码,转换成真值比较直观;当结果的阶符和尾符有一个为 1 时,需要按负数补码转换为真值的规则进行转换,即数值位按位取反,末位加 1。

【例 2.30】设 $x=0.1101\times 2^{01}$,$y=-0.1010\times 2^{11}$,并假设阶码共 4 位,尾数共 6 位,均含双符号位,求 $x+y$。

解:首先写出 $x$,$y$ 在计算机中的补码表示。

$[x]_{\text{补}}$=00,01;00.1101    $[y]_{\text{补}}$=00,11;11.0110

(1)对阶:
- 求阶差 $[\Delta E]_{\text{补}}=[E_x]_{\text{补}}-[E_y]_{\text{补}}$

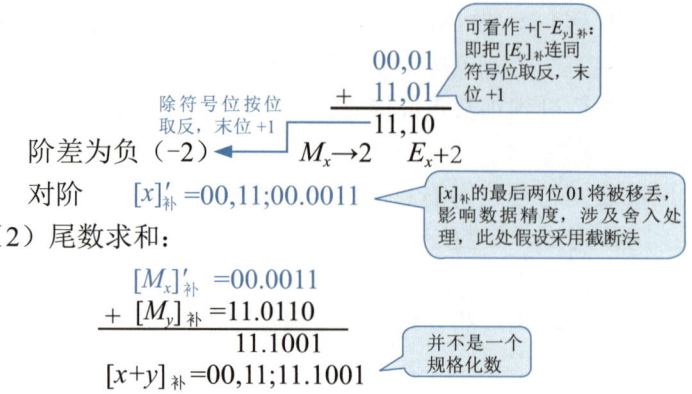

对阶  $[x]'_{补}=00,11;00.0011$

（2）尾数求和：

$$[M_x]'_{补}=00.0011$$
$$+[M_y]_{补}=11.0110$$
$$\phantom{+[M_y]_{补}=}11.1001$$

$[x+y]_{补}=00,11;11.1001$  并不是一个规格化数

（3）规格化：

需左规，尾数左移 1 位，阶码减 1。左规后：

$$[x+y]_{补}=00,10;11.0010$$

（4）舍入：

因对阶过程中已采用截断法，未保留附加位，此处不涉及舍入。

（5）溢出判断：

结果的阶码双符号位为 00，未溢出。

因此，将结果转换为真值（注意尾符为负，需按位取反，末位加 1）：

$$x+y=(-0.1110)\times 2^{10}$$

【例 2.31】设 $x=-0.101000\times 2^{-101}$，$y=0.111011\times 2^{-100}$，并假设阶符取 2 位，阶码的数值部分取 3 位，尾符取 2 位，尾数的数值部分取 6 位，求 $x-y$。

解：由 $x=2^{-101}\times(-0.101000)$，$y=2^{-100}\times(+0.111011)$

得  $[x]_{补}=11,011;11.011000$，$[y]_{补}=11,100;00.111011$

（1）对阶：

$[\Delta E]_{补}=[E_x]_{补}-[E_y]_{补}=11,011+00,100=11,111$

即 $\Delta E=-1$，则 $x$ 的尾数向右移一位，阶码相应加 1，即 $[x]'_{补}=11,100;11.101100$。

（2）求和：

$$[M_x]'_{补}-[M_y]_{补}=[M_x]'_{补}+[-M_y]_{补}$$
$$=11.101100+11.000101$$
$$=10.110001$$

即 $[x-y]_{补}=11,100;10.110001$。

尾符出现"10"，需右规。

（3）规格化：

右规后得 $[x-y]_{补}=11,101;11.011000\boxed{1}$

（4）舍入处理：

采用 0 舍 1 入法，其尾数右规时末位丢 1，则有

$$11.011000$$
$$+\phantom{11.01100}1$$
$$11.011001$$

即 $[x-y]_{补}=11,101;11.011001$。

(5)溢出判断：

结果的阶码双符号位为 11，未溢出。

因此，将结果转换为真值（注意阶符和尾符均为负，需将数值位换位取反，末位加 1）：
$$x - y = 11,011; 11.100111$$

即 $x - y = (-0.100111) \times 2^{-011}$。

### 2.6.4 浮点数的乘/除法运算

浮点数的乘/除法比较复杂，下面简单讲解其运算过程。

两浮点数相乘，其乘积的阶码为相乘两数阶码之和，其尾数应为相乘两数的尾数之积。两浮点数相除，商的阶码为被除数的阶码减去除数的阶码所得的差，尾数为被除数的尾数除以除数的尾数所得的商。参加运算的两个数都为规格化浮点数。乘/除运算都可能出现结果不满足规格化要求的问题，因此也必须进行规格化、舍入和判断溢出等操作。规格化时也要修改阶码，这里就不详细说明了。

### 2.6.5 定点数和浮点数的比较

在计算机中，定点数和浮点数都是用来表示数值型数据的形式，但它们各有优缺点。

定点数表示形式约定计算机中所有数据的小数点位置固定，包括定点小数和定点整数，小数点的位置固定在数据的最高位前（或符号位后）的数据表示称为定点小数，而将小数点固定在最低数位后的数据表示称为定点整数。这种表示法比较简单，要求的处理硬件也较少，但它的数值范围有限。具体来说，定点数的小数点位置的选取会影响其精度和表示范围，小数点靠左，精度就高，但能表示的范围就小；小数点靠右，精度就低，但能表示的范围就大。

浮点数则是一种更复杂的数值表示形式，它的小数点位置并不固定，而由指数来决定，因此它表示的数值范围更大，但对处理硬件的要求也更高。浮点数平衡了精度和表示范围的问题。

定点数和浮点数可从以下方面进行比较。

（1）当浮点机和定点机具有相同位数时，浮点数的表示范围比定点数要大得多。

（2）当浮点数为规格化数时，其相对精度远比定点数高。

（3）浮点数运算要分阶码部分和尾数部分，而且运算结果要规格化，故浮点运算步骤比定点运算步骤多，运算速度比定点运算低，运算线路比定点运算复杂。

（4）在溢出判断上，浮点数是对规格化数的阶码进行判断，而定点数是对数值本身进行判断。例如，小数定点机中的数，其绝对值必须小于 1，否则"溢出"，此时要求机器停止运算，进行处理。为了防止溢出，上机前必须选择比例因子，这个工作比较烦琐，给编程带来不便。而浮点数的表示范围远比定点数大，仅当"上溢"时机器才停止运算，故一般不必考虑比例因子的选择。

总之，浮点数在表示范围、精度、溢出判断和编程方面（不考虑比例因子）均优于定点数，但在运算规则、运算速度及硬件成本方面又不如定点数。因此，究竟选用哪一种，应根据应用综合考虑。例如，对于需要高精度但数值范围较小的计算，可优先选择定点数；而对于需要表示大范围数值的计算,则可优先选择浮点数。一般来说,通用的大型机多采用浮点数,或同时采用定点数;小型机、微型机及某些专用机、控制机则多采用定点数。当需要做浮点运算时,可通过软件实现,也可通过外加浮点扩展硬件(如协处理器)来实现。

## 2.7 C 语言中常用的数据类型转换

### 2.7.1 自动类型转换和强制类型转换

在 C 语言中,**自动类型转换**遵循以下规则。

(1)char 型数据和 short 型数据在算术表达式中,一律转换成 int 型数据后,再参与运算。

(2)float 型数据在运算时一律转换为双精度(double)型,以提高运算精度(同属实型)。

(3)注意有符号数与无符号数之间的运算中出现的转换。

图 2-15 示意了自动类型转换规则和不同类型的数据长度。

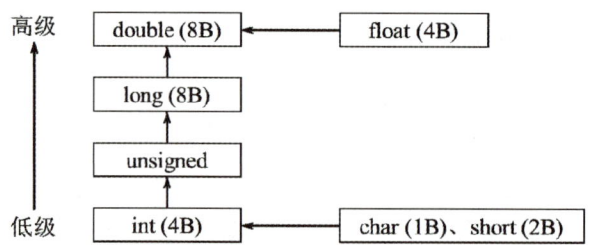

图 2-15 自动类型转换规则和不同类型的数据长度

当我们逆着上述自动类型转换规则进行数据转换时,就会用到**强制类型转换**。强制类型转换是通过类型转换运算来实现的。其一般形式为:(类型说明符)(表达式),其功能是把表达式的运算结果强制转换成类型说明符所表示的类型。

### 2.7.2 有符号数和无符号数的相互转换

当需要将有符号数转换成无符号数时,直接将符号位看作数值位即可。

当需要将无符号数转换成有符号数时,直接将最高数值位看作符号位即可。

【例 2.32】有如下 C 语言程序段:short si =-32767;unsigned short usi = si;执行上述两条语句后,usi 的值为多少?

解:$32767=32768-1=2^{15}-1=0111\ 1111\ 1111\ 1111$;

因为数据是负数,所以原码格式是 1111 1111 1111 1111;

接着转换成补码格式是 si=1000 0000 0000 0001;

再将 si 赋给无符号数 usi,直接将最高位的符号位看作数值位,得到 32768+1=32769。

【注】在 C 语言中,如果无符号数的值超过了有符号数的最大值,转换的结果可能并不符合预期。在实际编程中,将无符号数转换到有符号数时要特别小心,避免数字溢出问题。

### 2.7.3 短数据和长数据的相互转换

当需要将短数据转换为长数据时，直接使用符号位进行填充。具体来说，无符号数使用 0 填充；有符号数中，正数使用 0 填充，负数使用 1 填充。

当需要将长数据转换为短数据时，直接截取低位。如将 long 型转换为 int 型时，直接取 long 型的低 32 位即可。

为了方便运算，可多记忆一些常用二进制和十进制的对应关系，一般题型中的数值计算多与表 2-19 所示的对应关系相关。

表 2-19 常用二进制和十进制的对应关系

| 十进制 | 1024 | 2048 | 4096 | 8192 | 16384 | 32768 | 65536 |
|---|---|---|---|---|---|---|---|
| 二进制 | $2^{10}$ | $2^{11}$ | $2^{12}$ | $2^{13}$ | $2^{14}$ | $2^{15}$ | $2^{16}$ |

【例 2.33】有如下 C 语言程序段：short si =-8196；int $i$ = si；执行上述两条语句后，$i$ 的十六进制机器数表示为多少？

解：8196=8192+4=$2^{13}$+4=0010 0000 0000 0100；

因为数据是负数，所以原码格式是 1010 0000 0000 0100；

接着转换成补码格式是 si=1101 1111 1111 1100=DFFCH；

再将 DFFCH 转换成 int 型，属于短变长，使用 1 进行填充，得到 FFFF DFFCH。

【例 2.34】有如下 C 语言程序段：int $i$ = 65535；short si = short($i$)；int $j$= si；假定上述程序段在某 32 位机器上执行，sizeof(int)=4，则变量 $i$、si 和 $j$ 的十进制值分别是多少？

解：65535=65536-1=$2^{16}$-1=0000 0000 0000 0000 1111 1111 1111 1111；

由于是正数，所以原码格式是 0000 0000 0000 0000 1111 1111 1111 1111；

接着将 int 型转换成 short 型，直接截取低位，得到 si=1111 1111 1111 1111；

再将 si 赋给 $j$，属于短变长，得到 $j$=1111 1111 1111 1111 1111 1111 1111 1111；

最后转换成十进制 $i$=65535；si=-1；$j$=-1。

## 2.8 运算器

在计算机系统中，运算器是负责加工处理数据的关键组件。算术逻辑单元（ALU）作为运算器的核心，其重要组成之一是加法器。因此，本节从加法器的介绍入手，逐步展开快速进位链的设计，再阐述算术逻辑单元的设计，以及运算器的组织结构。

### 2.8.1 加法器

#### 1. 加法单元的设计

加法单元是实现加法运算的逻辑电路，是算术逻辑运算单元的基本逻辑电路，有半加器和全加器之分。若两个二进制数相加，只考虑本位相加，不考虑低位送来的进位，则这种相加称为半加，能够实现半加功能的逻辑电路称为半加器。若两个 1 位二进制数相加，除了考虑本位相加，还要考虑低位送来的进位，则这种相加被称为全加，能够实现全加功能的逻辑电路称为**全加器**。

全加器有 3 个输入变量，分别是参加运算的操作数 $A_i$、$B_i$ 以及低位送来的进位信号 $C_{i-1}$；2 个输出变量，本位和 $S_i$ 以及向高位的进位信号 $C_i$。1 位全加器的逻辑表达式如下：

$$\begin{cases} S_i = A_i \oplus B_i \oplus C_{i-1} \\ C_i = A_i B_i + (A_i \oplus B_i)C_{i-1} \end{cases}$$

由逻辑门所构成的全加器如图 2-16 所示。现在广泛采用的全加器的逻辑电路是由两个半加器构成，这种结构较简单，且有利于进位的快速传递，如图 2-17 所示。

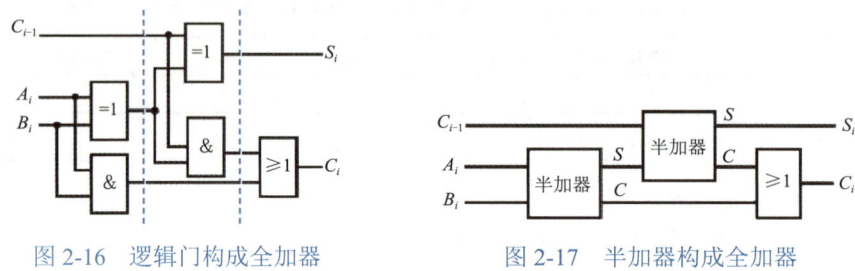

图 2-16　逻辑门构成全加器　　　　　图 2-17　半加器构成全加器

### 2．进位链的设计

1 位全加器只能完成 1 位数据的求和，如果要完成 $n$ 位数的相加，则需要通过组合 $n$ 个全加器构成 $n$ 位加法器来实现。依据对进位信号的不同处理，可将加法器分为串行加法器和并行加法器。一般来说，进位信号的产生和传递是从低位向高位进行的，其逻辑结构形态如同链条，所以将进位传递逻辑称为**进位链**。

#### 1）进位信号

由前面对全加器的分析可知，第 $i$ 位的进位信号为 $C_i = A_i B_i + (A_i \oplus B_i)C_{i-1}$，该逻辑式是构成串行进位和并行进位两种结构的基本逻辑表达式，可变形为 $C_i = A_i B_i + (\overline{A} \oplus \overline{B})C_{i-1}$ 和 $C_i = A_i B_i + (A_i + B_i)C_{i-1}$。

令 $G_i = A_i B_i$，$P_i = A_i \oplus B_i$（或 $P_i = A_i + B_i$），则第 $i$ 位的进位信号可用通式 $C_i = G_i + P_i C_{i-1}$ 表示。式中，$G_i$ 为**进位产生函数**（也称为本地进位或绝对进位），该分量不受进位传递的影响，表明若两个输入量都为 1，则必定产生进位；$P_i$ 为**进位传递函数**（也称为进位传递条件）；$P_i C_{i-1}$ 称为传递进位或条件进位，表明当进位传递条件有效（$P_i$=1）时，低位传来的进位信号可以通过第 $i$ 位向更高的位进行传递，即当 $C_{i-1}$=1 时，只要 $A_i$ 和 $B_i$ 中有一个为 1 就必然产生进位。

#### 2）串行进位加法器

串行进位加法器也称为**行波进位加法器**。$n$ 位串行进位加法器由 $n$ 位全加器级联构成，低位全加器的进位输出连接到相邻的高位全加器的进位输入，各个全加器的进位由低位向高位逐级串行传递，并形成一个进位链。4 位串行进位加法器的原理图如图 2-18 所示。

串行进位加法器具有电路简单的特点。但由于每一位相加的和都与本地进位输入有关，最高位只有在其他各低位全部相加并产生进位信号之后才能产生最终运算结果，所以运算速度较慢，且位数越多运算速度越慢。如采用与非逻辑电路可方便地实现进位传递，如图2-19所示。

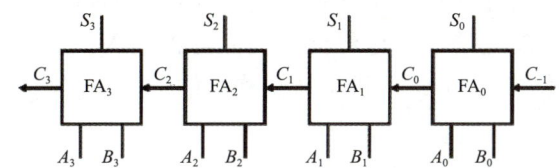

图 2-18　4 位串行进位加法器的原理图

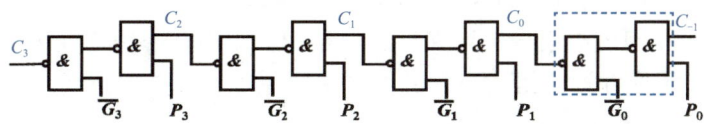

图 2-19　串行进位加法器的进位链

若设与非门的级延迟时间为 $t_y$，当 $G_i$、$P_i$ 形成后，共需 $8t_y$ 便可产生最高位的进位信号。实际上每增加一位全加器（图 2-19 中的虚线框圈示），进位时间就会增加 $2t_y$。$n$ 位全加器的最长进位时间为 $2nt_y$。

3）并行进位加法器

并行进位加法器可以根据输入信号同时形成各位向高位的进位信号，而不必逐级传递进位信号，解决了串行进位加法器速度慢的问题，又被称为**先行进位加法器**、**超前进位加法器**。以 4 位二进制数 $A_3A_2A_1A_0$ 和 $B_3B_2B_1B_0$ 相加为例，各位相加时产生的进位信号表达式如下：

$C_0=G_0+P_0C_{-1}$

$C_1=G_1+P_1C_0=G_1+P_1(G_0+P_0C_{-1})=G_1+P_1G_0+P_1P_0C_{-1}$

$C_2=G_2+P_2C_1=G_2+P_2(G_1+P_1G_0+P_1P_0C_{-1})=G_2+P_2G_1+P_2P_1G_0+P_2P_1P_0C_{-1}$

$C_3=G_3+P_3C_2=G_3+P_3(G_2+P_2G_1+P_2P_1G_0+P_2P_1P_0C_{-1})$

$\quad =G_3+P_3G_2+P_3P_2G_1+P_3P_2P_1G_0+P_3P_2P_1P_0C_{-1}$

由以上式子可以看出，采用代入法，将每个进位逻辑式中所包含的前一级进位信号消去后，各个全加器的进位信号只与最低位的进位信号有关，所以当输入两个加数及最低位的进位信号 $C_{-1}$ 时，可同时并行产生进位信号 $C_0 \sim C_3$，而不必像串行进位加法器那样需逐级传递进位信号。按式得到与其对应的逻辑图，如图 2-20 所示。

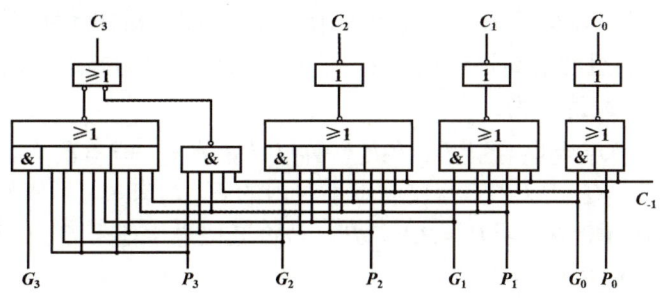

图 2-20　4 位为一组并行进位链

设与或非门的级延迟时间为 $1.5t_y$，如与非门的级延迟时间仍为 $1t_y$，则 $G_i$、$P_i$ 形成后，只需 $2.5t_y$ 就可产生全部进位信号。

在实际实现时，若采用纯并行进位结构，当参加运算的数据位数增多时，进位形成逻辑中的输入变量的数量也随之增加，这将会受到元器件输入系数的限制。因而，在数据位数较多的情况下，常采用分级、分组的进位链结构，如组内并行、组间串行或者组内并行、组间并行等。

#### 4）分级、分组进位加法器

（1）组内并行、组间串行的进位链。

组内并行、组间串行的进位链又称为<u>单重分组跳跃进位</u>。其结构是在数据位数较多的情况下，4 位为一个小组，小组内采用并行进位结构，小组与小组之间采用串行进位结构。

以 $n=16$ 为例，组内并行、组间串行进位加法器原理如图 2-21 所示。

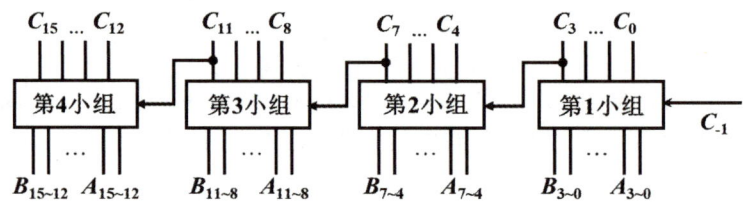

图 2-21　组内并行、组间串行进位加法器

通过图 2-21 不难理解，在 $G_i$、$P_i$ 形成后，经 $2.5t_y$ 可产生 $C_0 \sim C_3$ 四个进位信号，经 $10t_y$ 就可产生全部进位信号，而 $n=16$ 的串行进位链的全部进位时间为 $2nt_y=32t_y$，可见该方案进位时间仅为串行进位链的三分之一。

采用组内并行、组间串行的进位方式，虽然每个小组内部是并行的，但高位小组的各进位信号的产生仍然依赖低位小组的最高进位信号的传递，所以存在一定的等待时间。随着 $n$ 的增大，其优势便很快减弱，即全加器位数较多时，组间进位信号的串行传递会带来较大的时间延迟。例如，当 $n=64$ 时，按 4 位分组，共为 16 组，组间有 16 位串行进位，在 $G_i$、$P_i$ 形成后，还需经 $40t_y$ 才能产生全部进位信号，显然进位时间太长。若将组间串行改为组间并行，则可以进一步提高运算速度，这就是组内、组间均为并行进位的方案。

（2）组内并行、组间并行的进位链。

组内并行、组间并行的进位链又称为<u>双重分组跳跃进位</u>。仍以 $n=16$ 为例，其结构是将进位链划分为两级：（小）组内的并行进位为第一级，用 $C_{15} \sim C_0$ 来表示；（小）组间的并行进位为第二级，用 $C_3$、$C_7$、$C_{11}$、$C_{15}$ 来表示。各小组之间的进位信号是各组所产生的最高进位信号，如第一小组的最高进位信号 $C_3$ 作为第二小组的初始进位信号被送入第二小组的最低进位信号端，其表达式为：

$$C_3=G_3+P_3G_2+P_3P_2G_1+P_3P_2P_1G_0+P_3P_2P_1P_0C_{-1}=G_1^*+P_1^*C_{-1}$$

式中，$G_1^*=G_3+P_3G_2+P_3P_2G_1+P_3P_2P_1G_0$，仅与本小组内的 $G_i$、$P_i$ 有关，不依赖外来进位信号 $C_{-1}$，故称 $G_1^*$ 为第一小组的本地进位；$P_1^*=P_3P_2P_1P_0$，是将低位进位信号 $C_{-1}$ 传到高位小组的条件，故称 $P_1^*$ 为第一小组的进位传递条件。

以此类推，可得到 4 个小组的组间进位信号逻辑表达式：

$$C_3 = G_1^* + P_1^* C_{-1}$$
$$C_7 = G_2^* + P_2^* C_3 = G_2 + P_2(G_1 + P_1 C_{-1}) = G_2 + P_2 G_1 + P_2 P_1 C_{-1}$$
$$C_{11} = G_3^* + P_3^* C_7 = G_3 + P_3(G_2 + P_2 G_1 + P_2 P_1 C_{-1}) = G_3 + P_3 G_2 + P_3 P_2 G_1 + P_3 P_2 P_1 C_{-1}$$
$$C_{15} = G_4^* + P_4^* C_{11} = G_4 + P_4(G_3 + P_3 G_2 + P_3 P_2 G_1 + P_3 P_2 P_1 C_{-1})$$
$$= G_4^* + P_4^* G_3 + P_4 P_3 G_2 + P_4 P_3 P_2 G_1 + P_4 P_3 P_2 P_1 C_{-1}$$

由上式可知，各组间的进位信号可以同时产生，且能作为初始进位信号送至各组的最低进位输入端，因此各小组可以同时产生组内的进位信号，从而大幅提高运算速度。

组内并行、组间并行进位加法器原理如图 2-22 所示。

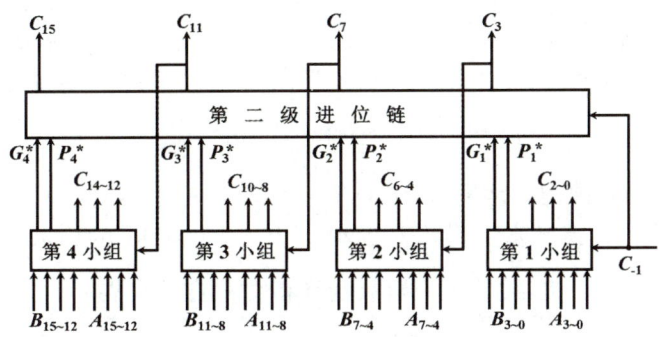

图 2-22 组内并行、组间并行进位加法器

需要说明的是，在这种结构中，$C_3$、$C_7$、$C_{11}$ 和 $C_{15}$ 均由组间进位线路产生，所以组内并行进位线路就不再产生这些进位。

若 $n=32$，也可仿照以上方式将全加器分成几个大组，每个大组又包含若干个小组，小组内的进位信号同时形成，大组内所包含的各小组的最高位进位信号同时形成，大组与大组间采用串行进位。

### 2.8.2 算术逻辑单元

#### 1. ALU 的组成

算术逻辑单元（Arithmetic Logic Unit，ALU）是一种组合逻辑电路，使用集成电路技术，将若干个全加器、并行进位链及输入控制等各部分集成在一块芯片上，用于执行各种算术运算（如加、减）和逻辑运算（如与、或、异或等）。在实际应用中，ALU 的输入端 $A_i$ 和 $B_i$ 必须与锁存器相连，以确保运算过程中锁存器的内容保持不变。根据控制信号 $K_i$ 的不同取值，ALU 可以执行不同的算术运算或逻辑运算，其输出 $F_i$ 也必须送至寄存器中保存，以便后续使用。图 2-23 所示为 ALU 框图。

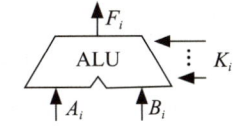

图 2-23 ALU 框图

本节以 SN74181 芯片（一种 4 位 ALU 芯片，每块芯片上有一个 4 位全加器、4 位并行进位链及 4 个输入选择控制门）为例进行介绍。

#### 2. SN74181 的组成及功能

SN74181 有两种工作方式：正逻辑和负逻辑。$A_3 \sim A_0$ 和 $B_3 \sim B_0$ 是两个操作数输入端，$F_3 \sim F_0$ 为结果输出端，$C_n$ 表示最低位的外来进位输入信号，$C_{n+4}$ 是向高位的进位输出信号，$G$、

$P$ 分别为小组进位产生函数和小组进位传递函数,供先行进位使用。$M$ 用于控制类型,即区别是算术运算还是逻辑运算,结合工作方式选择信号 $S_3 \sim S_0$ 的不同取值可实现不同的运算。SN74181 芯片外特性分别如图 2-24 (a) 和图 2-24 (b) 所示。

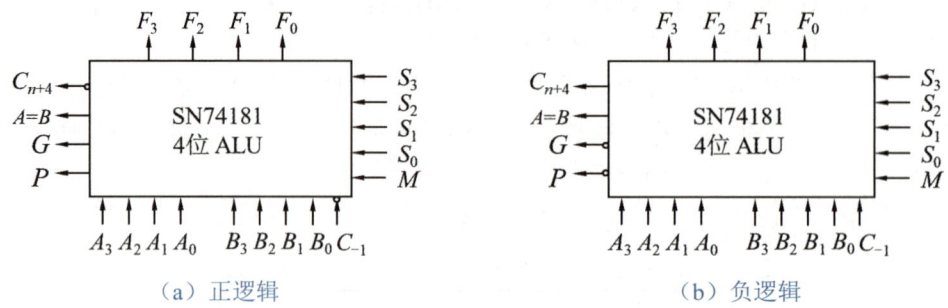

(a) 正逻辑　　　　　　　　　　(b) 负逻辑

图 2-24　SN74181 芯片外特性

SN74181 可完成 16 种逻辑运算和 16 种算术运算,由于这种芯片可以产生多种输出逻辑函数,因而也称为**通用函数发生器**。表 2-20 列出了 SN74181 的算术/逻辑运算功能。

表 2-20　SN74181 的算术/逻辑运算功能表

| 工作方式选择信号 $S_3S_2S_1S_0$ | 负逻辑输入或输出 | | 正逻辑输入或输出 | |
|---|---|---|---|---|
| | 逻辑运算 $M=1$ | 算术运算 $M=0$,$C_{-1}=0$ | 逻辑运算 $M=1$ | 算术运算 $M=0$,$C_{-1}=1$ |
| 0000 | $\overline{A}$ | $A$ 减 1 | $\overline{A}$ | $A$ |
| 0001 | $\overline{AB}$ | $AB$ 减 1 | $\overline{A+B}$ | $A+B$ |
| 0010 | $\overline{A}+B$ | $A\overline{B}$ 减 1 | $\overline{A}B$ | $A+\overline{B}$ |
| 0011 | 逻辑 1 | 减 1 | 逻辑 0 | 减 1 |
| 0100 | $\overline{A+B}$ | $A$ 加 $(A+\overline{B})$ | $\overline{A}B$ | $A$ 加 $A\overline{B}$ |
| 0101 | $\overline{B}$ | $AB$ 加 $(A+\overline{B})$ | $\overline{B}$ | $(A+B)$ 加 $A\overline{B}$ |
| 0110 | $\overline{A \oplus B}$ | $A$ 减 $B$ 减 1 | $A \oplus B$ | $A$ 减 $B$ 减 1 |
| 0111 | $A+\overline{B}$ | $A+\overline{B}$ | $A\overline{B}$ | $A\overline{B}$ 减 1 |
| 1000 | $\overline{A}B$ | $A$ 加 $(A+B)$ | $\overline{A}+B$ | $A$ 加 $AB$ |
| 1001 | $A \oplus B$ | $A$ 加 $B$ | $\overline{A \oplus B}$ | $A$ 加 $B$ |
| 1010 | $B$ | $A\overline{B}$ 加 $(A+B)$ | $B$ | $(A+\overline{B})$ 加 $AB$ |
| 1011 | $A+B$ | $A+B$ | $AB$ | $AB$ 减 1 |
| 1100 | 逻辑 0 | $A$ 加 $A$* | 逻辑 1 | $A$ 加 $A$* |
| 1101 | $A\overline{B}$ | $AB$ 加 $A$ | $A+\overline{B}$ | $(A+B)$ 加 $A$ |
| 1110 | $AB$ | $A\overline{B}$ 加 $A$ | $A+B$ | $(A+\overline{B})$ 加 $A$ |
| 1111 | $A$ | $A$ | $A$ | $A$ 减 1 |

【注】表中的"加"指"算术加",运算时要考虑进位,而符号"+"指"逻辑加"。1= 高电平,0= 低电平。* 表示每一位均移到下一个更高位,即 $A$*=$2A$。

由表2-20可知,在正逻辑条件下,当$M=1$,$S_3S_2S_1S_0$=0110时,SN74181做逻辑运算"$A \oplus B$";当$M=0$,$S_3S_2S_1S_0$=0110,且$C_{-1}=1$时,SN74181做"$A$减$B$减1"的算术运算。若想完成$A$减$B$运算,可使$C_{-1}=0$。SN74181的算术运算采用补码实现,其中减数的反码由内部电路形成,而末位加"1"则通过$C_{-1}=0$来体现。

### 3. 用SN74181构成多位ALU

由于SN74181是4位片结构,每片SN74181可以作为一个4位的小组,因此很容易将其连接成各种位数的ALU,组间可以采用串行进位或并行进位。采用组间并行进位时,要使用并行进位链处理芯片,如SN74182,该芯片是一个产生并行进位信号的部件,与SN74181配套使用。例如,用4片SN74181和1片SN74182构造16位组间并行的ALU部件,如图2-25所示。

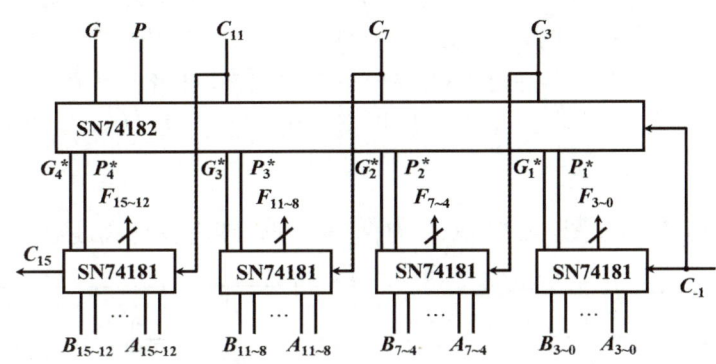

图2-25　16位组间并行的ALU部件

采用组间并行进位时,SN74181输出的小组进位产生函数$G_i^*$与小组进位传递函数$P_i^*$作为SN74182的输入,SN74182的作用是作为第二级并行进位链,它并行输出3个组间进位信号$C_3$、$C_7$、$C_{11}$,还产生向高一级进位链提供的辅助函数,即大组的本地进位$G$和大组的进位传递条件$P$,可用于构成位数更长的多级并行进位结构。

### 2.8.3 定点运算器

定点运算器中主要包括ALU、阵列乘/除器、寄存器、多路开关、三态缓冲器及数据总线等逻辑部件,它的设计主要围绕ALU和寄存器与数据总线之间如何传输操作数及运算结果而进行。在决定设计方案时,需要考虑数据传输的方便性和操作速度,此外,还要考虑在硅片上制作总线的工艺。

基本的运算部件由三部分构成:输入逻辑、ALU和输出逻辑。其中,ALU是运算部件的核心,完成具体的运算操作,其核心是加法器;输入逻辑从各种寄存器中或CPU内部数据线上选择两个操作数,将它们送入ALU中进行运算,该逻辑可以是选择器或暂存器;输出逻辑将运算结果送往接收部件,运算结果可以直接传输,或是经过移位后再传输,因而输出逻辑中设有移位器,可实现数据的左移、右移或字节交换。

定点运算器大体可以分为三种不同的结构形式:单总线结构的运算器、双总线结构的运算器和三总线结构的运算器。

1. 单总线结构的运算器

单总线结构的运算器如图 2-26 所示，由于只控制一条单向总线，所以控制电路比较简单。由结构图可知，所有部件都接到同一总线上，数据可以在任意两个寄存器之间，或者任意一个寄存器和 ALU 之间进行传输。如果具有阵列乘法器或除法器，则它们所处的位置应与 ALU 相当。

在这种结构的运算器中，同一时间内只能有一个操作数被送入单总线，因而，要把两个操作数输入 ALU，就需要有 A、B 两个缓冲寄存器分两次传输。在执行加法操作时，第一个操作数先被放入缓冲寄存器 A 中，再把第二个操作数放入缓冲寄存器 B 中，只有两个操作数同时出现在 ALU 的两个输入端时，才会开始执行加法运算，运算后的结果再通过单总线送至目的寄存器，所以该结构的操作速度较慢。虽然在这种结构中输入数据和操作结果需要三次串行的选通操作，但它并不会对每种指令都增加很多执行时间。只有在对 CPU 寄存器中的两个操作数进行操作时，单总线结构的运算器才会造成一定的时间损失。

单总线结构的运算器的优点在于只需要一条控制线路，电路结构简单，操作简单；但是，由于操作数和结果的传输共用一条总线，所以需要缓冲寄存器，有一定的延迟。

2. 双总线结构的运算器

双总线结构的运算器如图 2-27 所示，有两条总线，或者说总线是双向的。

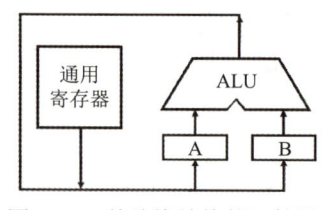
图 2-26　单总线结构的运算器

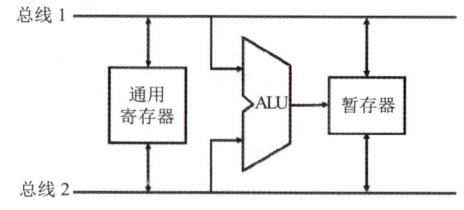
图 2-27　双总线结构的运算器

在这种结构中，两个操作数可以同时被两条总线送到 ALU 的输入端进行运算，只需一次操作控制即可。运算结束后，将结果存入暂存器中。由于两条总线都被输入操作数占据，ALU 的输出结果不能直接送至总线，因而必须在 ALU 的输出端设置暂存器，将暂存器中的运算结果通过两条总线中的一条送至目的寄存器中。

该结构中的操作分如下两步完成。

（1）在 ALU 的两个输入端输入操作数，得到运算结果并将其送入暂存器中。

（2）把结果送至目的寄存器。如果在两条总线和 ALU 的输入端之间各加一个输入缓冲寄存器，将两个要参加运算的操作数先放至这两个缓冲寄存器，ALU 运算后的结果就可以直接被送至总线 1 或总线 2，而无须在输出端加暂存器。

双总线结构的运算器的优点：由于两组特殊寄存器的存在，可以分别与两条总线进行数据交换，所以使得数据的传输更为灵活。缺点：由于操作数占据了两条总线，为了能使运算结果直接输出到总线上，需要添加暂存逻辑，这会增加成本。

3. 三总线结构的运算器

三总线结构的运算器如图 2-28 所示。在三总线结构中，要送至 ALU 两个输入端的操作数分别由总线 1 和总线 2 提供，ALU 的输出则与总线 3 相连。在同一时刻，两个参加运算的操作数和运算结果，可被同时（运算结束时）放置在这 3 条不同的总线上，因此运算速度快。

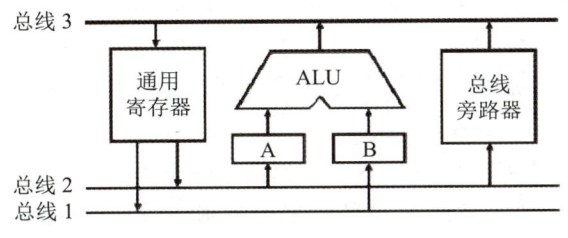

图 2-28　三总线结构的运算器

由于 ALU 本身有时间延迟，打入输出结果的选通脉冲必须考虑到该延迟。另外，如果一个不需要修改的操作数（不需要 ALU 操作）要直接从总线 2 传输到总线 3，可以通过控制总线旁路器直接将数据传出；反之，如果该操作数在传输时需要修改，就要被送至 ALU。三总线结构的运算器运算速度快，成本也是这三种结构中最高的。

### 2.8.4　浮点运算器

根据计算机进行浮点运算的频繁程度以及对运算速度的要求，可以通过软件实现、设置浮点运算部件或使用一套运算器等方法来实现浮点运算。下面给出浮点运算器的一般结构。

根据浮点运算的规则，浮点运算包括阶码运算和尾数运算两部分，所以浮点运算器可由阶码运算器和尾数运算器两个定点运算部件来实现。其中，阶码运算器是一个定点整数运算器，结构相对简单；尾数运算器是一个定点小数运算器，结构相对复杂。

浮点运算器的一般结构如图 2-29 所示。

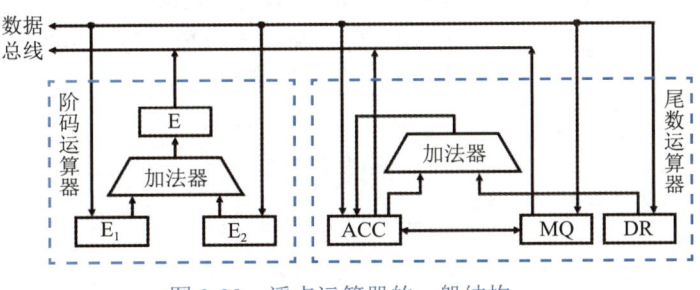

图 2-29　浮点运算器的一般结构

阶码运算器主要用于执行阶码的相加、相减及比较操作，包含暂存两个操作数阶码的寄存器 $E_1$ 和 $E_2$（与并行加法器相连，方便计算），以及存放运算结果阶码的逻辑部件：计数器 E，E 中还包括判断逻辑。浮点运算中的阶码比较可通过将两个寄存器的值相减来实现，并将相减的结果放入 E 中，根据 E 中所存放的阶差来控制有关尾数的右移，完成对阶。也就是说，浮点数在尾数相加或相减之前要进行对阶，需要将阶码小的浮点数的尾数进行移位，这是由 E 来控制的，E 的值每减 1（注意 E 的值为阶差，而非相应尾数的阶码），相应的尾数右移 1 位，直至减到"0"。当尾数移位结束时，就可按常规的定点运算方法对尾数进行处理，最终运算结果的阶码值仍存放在计数器 E 中。

尾数运算器实质为一个通用的定点运算器，能够执行加、减、乘、除四种基本算术运算。该部件包含三个用于存放操作数的单字长寄存器：累加器（ACC）、乘商寄存器（MQ）、数据寄存器（DR）。ACC 和 MQ 可组合成具有左右移位功能的双字长寄存器 ACC||MQ（"||" 在此处表示连接）。并行加法器用于加工处理数据，操作数先存放在 ACC 和 DR 中，运算后将结果回送至 ACC。MQ 在乘法运算时存放乘数，在除法运算时存放商数，因此被称为乘商寄存器。DR 用于存放被乘数或除数，而结果（乘积或商与余数）则存放在 ACC||MQ 中。

在 Intel Pentium CPU 中，浮点运算部件采用流水线设计，将浮点运算器包含在芯片内。指令执行过程分为 8 段流水线。前 4 段为指令预取（DF）、指令译码（D1）、地址生成（D2）、取操作数（EX），在 U、V 流水线中完成；后 4 段为执行 1（X1）、执行 2（X2）、结果写回寄存器堆（WF）、错误报告（ER），在浮点运算器中完成。一般情况下，由 V 流水线完成一条浮点操作指令。浮点部件内有浮点专用的加法器、乘法器和除法器，有 8 个 80 位寄存器组成的寄存器堆，内部的数据总线为 80 位宽。因此，浮点部件可支持 IEEE 754 标准的单精度和双精度格式的浮点数。另外，还使用一种被称为临时实数的 80 位浮点数。对于浮点的取数、加法、乘法等操作，采用了新的算法并用硬件来实现，其执行速度是 80486 处理器的 10 倍以上。

## 思考与讨论

数在计算机中的表示和运算方法与我们日常生活中的表示和运算方法有很大不同，因此这增加了理解的难度。在研究生招生考试中，我们还需将本章内容与 C 语言的表示、运算、溢出判断、隐式类型转换、强制类型转换等联系起来并牢固掌握。

1. 请思考用二进制表示数据的益处有哪些。
2. 在计算机字长足够的情况下能否精确地表示每个真值？原因是什么？
3. 在字长相同的情况下，试结合实际例子说明浮点数、定点数的表示范围和精度有何区别。

## 习题 2

**一、进制转换**

1. 二进制转十进制。

    （1）$(1110)_2 = ($　　$)_{10}$　　　　（2）$(1010)_2 = ($　　$)_{10}$

    （3）$(101111)_2 = ($　　$)_{10}$　　　（4）$(11100010)_2 = ($　　$)_{10}$

    （5）$(1011010)_2 = ($　　$)_{10}$　　　（6）$(101011.101)_2 = ($　　$)_{10}$

2. 十进制转二进制。

    （1）$(92)_{10} = ($　　$)_2$　　　　（2）$(128)_{10} = ($　　$)_2$

    （3）$(136)_{10} = ($　　$)_2$　　　　（4）$(246)_{10} = ($　　$)_2$

3. 十进制转八、十六进制。

    （1）$(135)_{10} = ($　　$)_8 = ($　　$)_{16}$　　（2）$(254)_{10} = ($　　$)_8 = ($　　$)_{16}$

（3）$(936)_{10}$ =(　　　)$_8$ =(　　　)$_{16}$　　　　（4）$(268)_{10}$ =(　　　)$_8$ =(　　　)$_{16}$

4．二进制转八进制。

（1）$(100\ 111\ 010\ 111)_2$ =(　　　)$_8$　　　　（2）$(111\ 001\ 110\ 011\ 101)_2$ =(　　　)$_8$

（3）$(1\ 001\ 110\ 010\ 001\ 110)_2$ =(　　　)$_8$　　　（4）$(11\ 011\ 011\ 110\ 111)_2$ =(　　　)$_8$

5．八进制转二进制。

（1）$(7630)_8$ =(　　　)$_2$　　　　　　　　（2）$(212)_8$ =(　　　)$_2$

（3）$(177777)_8$ =(　　　)$_2$　　　　　　　（4）$(3467)_8$ =(　　　)$_2$

6．二进制转十六进制。

（1）$(101\ 1011)_2$ =(　　　)$_{16}$　　　　　　（2）$(111\ 0111)_2$ =(　　　)$_{16}$

（3）$(100\ 0010)_2$ =(　　　)$_{16}$　　　　　　（4）$(1101\ 1111)_2$ =(　　　)$_{16}$

7．十进制转二、八、十六进制。

（1）$(125)_{10}$ =(　　　)$_2$ =(　　　)$_8$ =(　　　)$_{16}$

（2）$(34)_{10}$ =(　　　)$_2$ =(　　　)$_8$ =(　　　)$_{16}$

8．十六进制转二、八进制。

（1）$(A5.4E)_{16}$ =(　　　)$_2$ =(　　　)$_8$

（2）$(C3.81)_{16}$ =(　　　)$_2$ =(　　　)$_8$

## 二、真值与机器数

1．设真值 $x$ 的范围为 $-2^4 \leqslant x < 2^4$，请写出下列真值的原码、反码、补码。

| 真值 | 原码 | 反码 | 补码 |
| --- | --- | --- | --- |
| +1010 | | | |
| +1111 | | | |
| +0000 | | | |
| -1010 | | | |
| -1111 | | | |
| -1000 | | | |

2．设真值 $x$ 的范围为 $-2^7 \leqslant x < 2^7$，请写出下列真值的原码、反码、补码。

| 真值 | 原码 | 反码 | 补码 |
| --- | --- | --- | --- |
| +65 | | | |
| +115 | | | |
| +127 | | | |
| -65 | | | |
| -115 | | | |
| -127 | | | |

3．机器数与真值的相互转换。

（1）已知 $[x]_原$ = 10110，则 $[x]_反$ =(　　　)，真值 =(　　　)。

（2）已知 $[x]_反$ = 10110，则 $[x]_补$ =(　　　)，真值 =(　　　)。

（3）已知 $[x]_补$ = 10110，则 $[x]_原$ =(　　　)，真值 =(　　　)。

（4）已知 $[x]_原 = 11011$，则 $[x]_反 =$（    ），真值 =（    ）。
（5）已知 $[x]_反 = 11011$，则 $[x]_原 =$（    ），真值 =（    ）。
（6）已知 $[x]_补 = 11011$，则 $[x]_原 =$（    ），真值 =（    ）。
（7）已知 $[x]_反 = 01111$，则 $[x]_原 =$（    ），真值 =（    ）。
（8）已知 $[x]_补 = 01101110$，则真值 =（    ）。
（9）已知 $[x]_补 = 01011001$，则真值 =（    ）。
（10）已知 $[x]_补 = 10001101$，则 $[x]_原 =$（    ），真值 =（    ）。
（11）已知 $[x]_补 = 11111001$，则 $[x]_原 =$（    ），真值 =（    ）。
（12）设机器字长8位，含1个符号位，已知真值 = -128，则 $[x]_补 =$（    ），$[x]_原 =$（    ）。
（13）设机器字长8位，含1个符号位，已知真值 = 31，则 $[x]_补 =$（    ）。
（14）设机器字长8位，含1个符号位，已知真值 = -31，则 $[x]_补 =$（    ），$[x]_原 =$（    ）。

### 三、移位运算

1. 把 0010 1010 逻辑左移一位得（    ），逻辑右移一位得（    ），循环左移一位得（    ），循环右移一位得（    ）。

2. 设机器字长8位，含1个符号位，已知 $[x]_补$，求 $[2x]_补$、$[4x]_补$、$[1/2x]_补$、$[1/4x]_补$ 和 $[-x]_补$。

| 转换后 | 原数 | | | |
|---|---|---|---|---|
| | $[x]_补$ | $[y]_补$ | $[a]_补$ | $[b]_补$ |
| | 0010 1010 | 1010 1010 | 0001 0110 | 1001 0110 |
| $[2x]_补$ | | | | |
| $[4x]_补$ | | | | |
| $[1/2x]_补$ | | | | |
| $[1/4x]_补$ | | | | |
| $[-x]_补$ | | | | |

### 四、定点数与浮点数运算

1. 定点数加/减法。已知 $X$ 和 $Y$ 的二进制值，求 $X+Y$ 和 $X-Y$，并判断是否发生了溢出。
（1）$X = 0.10111$；$Y = 0.11011$
（2）$X = 0.11011$；$Y = -0.01011$
（3）$X = -0.11011$；$Y = -0.10101$
（4）$X = -0.11001$；$Y = 0.10111$
（5）$X = 110101$；$Y = 011011$

2. 定点数乘法。已知 $X$ 和 $Y$ 的二进制值，请分别用校正法和比较法求 $X×Y$ 的值。
（1）$X = 0.1011$；$Y = 0.0101$
（2）$X = -0.1101$；$Y = -0.1101$
（3）$X = -0.1101$；$Y = 0.1011$
（4）$X = 0,011$；$Y = 0,101$
（5）$X = 0,11011$；$Y = 0,01101$

3. 定点数除法。已知 $X$ 和 $Y$ 的二进制值，求 $X/Y$ 的值。请用恢复余数法计算（1）、（2）小题；用加/减交替法计算（3）、（4）小题。

(1) $X = 0.1011$；$Y = 0.1101$

(2) $X = -0.1001$；$Y = -0.1011$

(3) $X = 0.1001$；$Y = -0.1011$

(4) $X = -0.101011$；$Y = 0.1101$

4．浮点数运算。已知各组浮点数，求 $X+Y$、$X-Y$、$X\times Y$ 和 $X/Y$ 的值。

(1) $X = 2^{010} \times 0.101100$；$Y = 2^{001} \times 0.110110$

(2) $X = 2^{-011} \times 0.100101$；$Y = 2^{-010} \times (-0.011110)$

(3) $X = 2^{-101} \times (-0.010110)$；$Y = 2^{-100} \times 0.010110$

(4) $X = 2^{001} \times (-0.001101)$；$Y = 2^{-011} \times 0.010101$

## 五、填空题

1．某整数定点机，字长8位（含1个符号位），当机器数分别采用原码、补码、反码及无符号数时，其对应的真值范围用十进制表示分别为（　　）、（　　）、（　　）和（　　）。

2．在采用单符号位的整数定点机中，若某寄存器的内容为1000 0000，当它分别表示为原码、补码、反码和无符号数时，其对应的真值用十进制表示分别为（　　）、（　　）、（　　）和（　　）。

3．在采用单符号位的小数定点机中，若某寄存器的内容为1000 0000，当它分别表示为原码、补码和反码时，其对应的真值用十进制表示分别为（　　）、（　　）和（　　）。

4．在浮点加/减运算中，对阶时需（　　）阶向（　　）阶看齐，即小阶的尾数向（　　）移位，每移一次，阶码（　　），直到两数的阶码相等为止。

5．进位的逻辑表达式中有（　　）和（　　）两部分，影响速度的是（　　）。

6．ALU属于（　　）电路，因此在运算过程中，其输入数据必须（　　），欲获得运算结果，必须在ALU的输出端设置（　　）。

7．在原码、补码、反码和移码四种机器数中，0仅有一种表示形式的是（　　）码和（　　）码。

8．当机器字长确定后，补码比原码和反码能多表示一个（　　）数。

9．IEEE 754标准常用的浮点数有三种：（　　）实数、（　　）实数和（　　）实数。阶码用移码表示，阶码的真值都被加上一个（　　）；尾数部分通常都是规格化表示，即非0的有效位最高位总是1；对（　　）实数和（　　）实数，整数位的1省略，称为隐藏位，对于（　　）实数不采用隐藏位方案。

## 六、判断题

1．比较法共做 $n$ 次移位，最多做 $n+1$ 次加法。（　　）

2．原码一位乘的特点是乘积的符号和数值部分（绝对值）的运算分开进行。（　　）

3．当真值为正数，原码、反码、补码三种机器数算术左移时，最高数位丢1，影响精度。（　　）

4．浮点数由阶码和尾数两部分组成。阶码是整数，可正可负，阶符和阶码的位数合起来反映浮点数的表示范围及小数点的实际位置；尾数是小数，可正可负，其位数反映了浮点数的精度；尾数的符号代表浮点数的正负。（　　）

5．计算机中的机器数有原码、补码、反码和移码四种。它们有如下特点：当真值为正时，原码＝反码＝补码；当真值为负时，反码＝原码仅数值位按位取反，补码＝反码末位+1。无论真值为正还是为负，移码＝符号位取反的补码。（　　）

6．当真值为负数，补码算术左移时，最高数位丢1，结果出错。（　　）

## 七、问答题

1．请将 16 位补码 0x8FA0 和 0x6F31 扩展为 32 位，结果仍写成十六进制形式。

2．请简述逻辑移位、循环移位、算术移位的概念及填补规则。

3．设机器字长 16 位，含 1 个符号位，对于整数，当其分别代表无符号数、原码、反码和补码时，请分别写出其对应的十进制数真值范围及机器数形式（用十六进制表示）。

| 机器数 | 十进制数真值范围 | 机器数形式 |
| --- | --- | --- |
| 无符号数 |  |  |
| 原码 |  |  |
| 反码 |  |  |
| 补码 |  |  |

4．某机器字长 32 位，采用定点表示，尾数为 31 位，数符 1 位。利用定点原码整数表示和小数表示时，求最大正数及最小负数。

5．影响加/减运算速度的关键问题是什么？什么是进位链和先行进位？有哪些方式可以实现先行进位？

6．设浮点数字长 16 位，其中阶码 4 位（含 1 位阶符），尾数 12 位（含 1 位数符），请将 $(51/128)_{10}$ 转换成二进制规格化浮点数及机器数（阶移尾补，基值为 2）。

7．设浮点数字长 16 位，其中阶码 4 位（含 1 位阶符），尾数 12 位（含 1 位数符），请将 $(-43/128)_{10}$ 转换成二进制规格化浮点数及机器数（阶移尾补，基值为 2）。

8．什么是规格化？何谓左规、右规？其具体操作是什么？原码规格化数的表示与补码规格化数的表示有什么不同？

9．什么是舍入处理？请说明舍入处理的一般方法。

10．简述判断补码定点溢出的方法。

# 第 3 章
# 存储系统

与早期的以运算器为中心的计算机不同，现代计算机已形成了以存储器为中心的体系结构。存储器是计算机系统中的记忆设备，用来存放数据和程序。而存储系统则是由若干个容量、速度和价格各不相同的存储器按照一定的层次结构组织构成的系统。设计一个容量大、速度快、成本低的存储系统是计算机发展的重要课题之一。

本章主要介绍存储器的组成和基本工作原理，以及利用半导体存储芯片构建主存储器的一般原则和基本方法，此外，还介绍了提高存储系统性能的重要部件——高速缓冲存储器和虚拟存储器的基本原理。

## 3.1 存储系统的组织

存储器的主要功能是存储程序和各种数据，并在计算机运行过程中高速、自动地完成程序或数据的存取。存储器是具有"记忆"功能的设备，它采用具有两种稳定状态的物理元器件来存储信息，这些元器件称为记忆元器件。在计算机中采用二进制来表示数据，记忆元器件的两种稳定状态则分别对应为二进制数码的"0"和"1"。日常使用的十进制数必须转换成等值的二进制数才能存入存储器。计算机中处理的各种字符，如英文字母、运算符号等，也要转换成二进制数才能存储和操作。

### 3.1.1 存储器的分类

由于信息载体和电子元器件的不断发展，存储器的功能和结构都发生了很大变化，先后出现了多种类型的存储器，具体可从不同角度进行分类。

#### 1. 按存储介质分类

1）磁存储器

磁存储器都以磁性材料作为存储介质，利用两种不同的剩磁状态表示数据 0 和 1。磁存储器主要包括磁芯、磁盘、磁带存储器等。目前广泛使用的磁盘、磁带中都包含机械装置，因而其体积大、存取速度慢，但磁存储器单位容量成本最低。

2）半导体存储器

用半导体器件组成的存储器称为半导体存储器。半导体存储器目前有两种：一种是双极型存储器，主要包括晶体管-晶体管逻辑（TTL）型和射极耦合逻辑电路（ECL）型；另一种是金属氧化物半导体存储器，简称 MOS 存储器，又可分为静态 MOS 存储器（SRAM）和动态 MOS 存储器（DRAM）。半导体存储器体积小，存储速度快，但单位容量成本相对较高。

3）光存储器

光存储器利用介质的光学特性读出数据，如 CD-ROM、DVD-ROM 均以刻痕的形式将数据存储在盘面上，用激光束照射盘面，靠盘面的不同反射率来读出信息。而磁光盘则利用激光加热辅助磁化的方式写入数据，根据反射光偏振方向的不同来读出信息。光存储器便于携带，成本低廉，适用于电子出版物的发行。

### 2. 按存取方式分类

1）随机存取存储器（Random Access Memory，RAM）

**随机存取存储器**可以按照地址随机读写数据存储单元，且存储器访问时间与存储单元的位置无关。早期的磁芯存储器和当前大量使用的半导体存储器都是随机存取存储器。

2）顺序存储器（Sequential Access Memory，SAM）

**顺序存储器**是指存储单元中的内容只能按地址顺序来存取，也就是说，存储器访问时间与存储单元的位置有关。磁带存储器就是顺序存储器，它的存取周期较长。

3）只读存储器（Read Only Memory，ROM）

**只读存储器**可以看作 RAM 的一种特殊形式，其特点是存储器的内容只能随机读出而不能写入。这类存储器常用来存放那些不需要改变的信息。由于信息一旦写入存储器就固定不变了，即使断电，写入的内容也不会丢失，所以又称为**固定存储器**。ROM 除了存放某些系统程序（如 BIOS 程序），还用来存放专用的子程序，或用作函数发生器、字符发生器及微程序控制器中的控制存储器。

4）直接存取存储器（Direct Access Memory，DAM）

**直接存取存储器**既不像 RAM 那样能随机地访问任意存储单元，也不像 SAM 那样完全按顺序存取，它介于两者之间。当要存取所需的信息时，第一步直接指向整个存储器中的某个小区域（如磁盘上的磁道）；第二步在小区域内顺序检索或等待，直至找到目的地后再进行读/写操作。这种存储器的存储器访问时间与信息所在的物理位置有关，但比 SAM 的存储器访问时间要短。机械磁盘就属于这类存储器。

由于 SAM 和 DAM 的存储器访问时间都与存储体的物理位置有关，所以又可以把它们统称为**串行访问存储器**。

### 3. 按信息的可保存性分类

断电后信息立即消失的存储器称为非永久性存储器。断电后仍能保存信息的存储器称为永久性存储器。磁性材料做成的存储器是永久性存储器，随机读/写存储器（RAM）是非永久性存储器。

### 4. 按在计算机系统中的作用分类

1）寄存器存储器

寄存器存储器是由多个寄存器组成的存储器，如 CPU 内部的通用寄存器组，一般由几个或几十个寄存器组成，其字长一般与计算机字长相同，主要用来存放地址、数据及运算的中间结果，存取速度与 CPU 匹配，容量很小。

2）高速缓冲存储器

**高速缓冲存储器**简称**缓存**（Cache），是隐藏在寄存器和主存之间的一个高速小容量存储器，用于存放 CPU 即将或经常要使用的指令和数据。它一般由静态 RAM 构成，用于缓冲 CPU 与主存之间的读写速度差异，提高存储系统的访问速度。

3）主存储器

主存储器简称主存，是计算机系统中主要的存储器，用于存放计算机运行期间的大量数据和指令。CPU 通过主存地址直接或随机地读写主存储器。主存储器一般由 MOS 半导体存储器组成。

4）外存储器

计算机主机外部的存储器称为外存储器，简称外存、辅助存储器或辅存。外存容量很大，但存取速度相对较低。目前广泛使用的外存储器包括磁盘、磁带、光盘、U 盘、移动硬盘等。外存用来存放当前暂不参与运行的程序和数据，以及一些需要永久性保存的数据信息。

综上所述，存储器分类如图 3-1 所示。

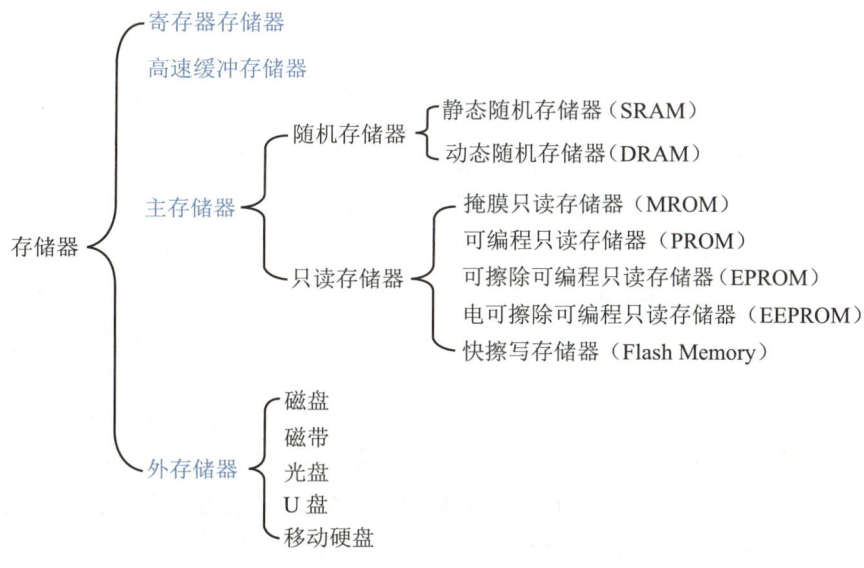

图 3-1　存储器分类

## 3.1.2　存储系统的层次结构

存储器有三个重要指标：速度、容量和单位容量成本，但是在一个存储器中要求同时兼顾容量大、速度快、成本低三方面是困难的。为了解决这些矛盾，目前在计算机系统中，通常采用多级存储器体系结构，即使用寄存器、缓存、主存储器和外存储器（辅存）组合构成。该结构中，CPU 能直接访问的存储器称为内存储器，包括缓存和主存；CPU 不能直接访问的存储器称为外存储器，外存储器的信息必须调入内存储器后才能被 CPU 处理。

典型的**存储系统层次化结构**如图 3-2 所示。这是一个典型的金字塔结构，由上到下依次为处理器、寄存器、缓存、主存、辅存，存储容量越来越大，单位容量成本越来越低；但是越往下离 CPU 越远，访问速度越慢，图 3-2 中左侧箭头大致指示了不同层级存储设备的访问速度和容量。

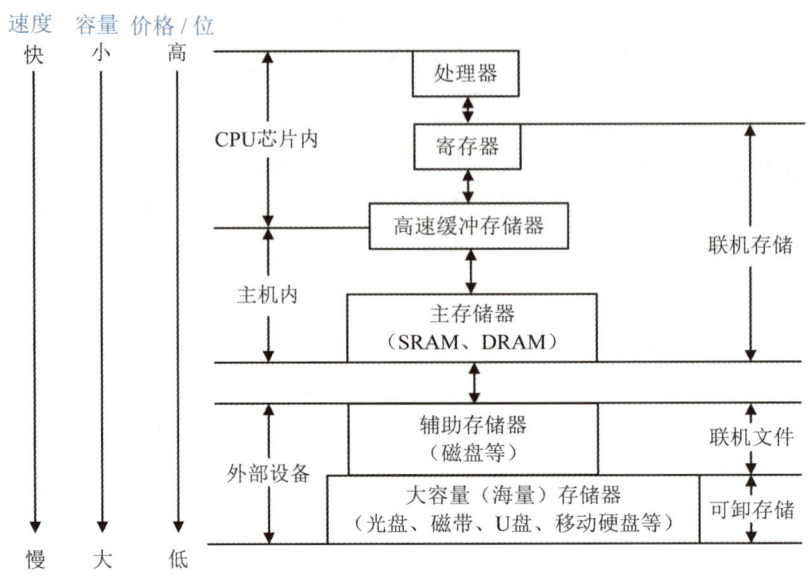

图 3-2　存储系统的层次化结构

寄存器位于 CPU 内部，直接在 CPU 内部参与运算。主存储器主要用来存放参与运行的程序和数据，但主存储器与 CPU 的速度差异较大，所以在 CPU 和主存储器之间设置了缓存，用于存放主存储器数据中的活跃副本。由于程序访问存在局部性，通过设置如图 3-3 所示的**缓存 - 主存层次**和**主存 - 辅存层次**，使得上层存储器作为下层存储器的缓冲，将最经常使用数据的副本调度到上层，CPU 只需要访问上层

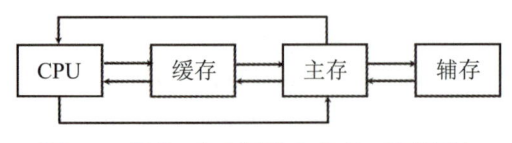

图 3-3　缓存 - 主存层次和主存 - 辅存层次

快速的小容量存储器即可获得大部分数据。这样，就实现了存储速度接近于最上层（缓存），容量及成本接近于最下层（辅存）。现代大多数计算机同时采用这两种存储层次，构成"缓存 - 主存 - 辅存"三级存储系统，这种多层次结构已成为现代计算机的典型存储结构。这种方式有效提高了系统访问速度，极大地缓解了 CPU 与主存、主存与辅存的性能差异，另外使用大容量辅存也大幅缓解了主存容量不足的问题。基于这种层次结构，就构成了一个满足应用需求的存储速度快、存储容量大、存储成本低的理想存储系统。

【注】**程序访问的局部性原理**是指程序在执行时呈现出局部性规律，即在一段时间内，整个程序的执行仅限于程序中的某一部分。相应地，执行所访问的存储空间也局限于某个内存区域。

局部性原理又表现为时间局部性和空间局部性。

**时间局部性**是指程序中的某条指令一旦执行，则不久之后，该指令可能再次被执行；

如果某数据被访问,则不久之后该数据可能再次被访问。

**空间局部性**是指一旦程序访问了某个存储单元,则不久之后,其附近的存储单元也将被访问。

### 3.1.3 存储器的性能指标

存储器的常见性能指标有存储容量、存取速度(含存储器访问时间、存取周期)、存储器带宽等。

#### 1. 存储容量

存储器可以存储二进制信息的总量称为存储容量。常用的容量单位与访问地址有关。存储容量可以采用位或字节来表示。

(1)位表示法。以存储器中的存储单元总数与存储字位数的乘积表示。例如1K×8位表示该芯片有1K个存储单元(1K=1024),每个存储单元有8个存储元,也就是说,存储单元长度为8个二进制位。那么,该芯片的存储容量为1K×8bit=8192bit。

(2)字节表示法。以存储器中的字节总数表示。一个存储单元由8个二进制位组成,称为一个字节,即1B。例如256B表示该芯片有256个存储单元。

#### 2. 存取速度

(1)**存储器访问时间**:又称为存取时间,指启动一次存储器操作(读或写)到该操作完成所经历的时间。注意,读时间和写时间可能不同,DRAM读慢写快,闪存读快写慢。

(2)**存取周期**:指连续启动两次存储器操作之间的最短时间间隔。对主存而言,存取周期除包括存储器访问时间外,还包括存储器状态的稳定、恢复时间,所以存取周期略大于存储器访问时间。

#### 3. 存储器带宽

存储器带宽可理解为单位时间内存储器所能传输的数据量,常用单位包括位/秒(bps或b/s)或字节/秒(Bps或B/s);带宽是衡量数据传输速率的重要指标,与存储器访问时间的长短和一次传输的数据量有关;一般而言,存储器访问时间越短,数据位宽越大,存储器带宽越高。

存储器带宽 = 传输(访问)的数据量/所用时间。设每个存取周期可访问的数据量为 $n$(单位为位或字节),则计算存储器带宽的公式为:

$$n/T = n \times (1/T) = n \times f$$

式中,$T$ 为周期,单位为 s;$f$ 为频率,单位为 Hz;周期与频率互为倒数。

【例 3.1】某存储系统的存取周期为 500ns,每个存取周期可访问 16 位,则它的带宽是多少?

解:存储器带宽 $=16\text{bit}\times(1/500\text{ns})=16\text{bit}\times[1/(500\times10^{-9})]=32\times10^{6}=32\text{Mb/s}$。

【例 3.2】若存储器的数据总线宽度为 32 位,存取周期为 200ns,并约定结果的单位为 B/s,则存储器的带宽是多少?

解:存储器带宽 $=32\text{bit}\times(1/200\text{ns})=32\text{bit}\times5\text{MHz}=160\text{Mb/s}=20\text{MB/s}$。

【注】常用转换关系如下。

①周期越大，频率越小，反之亦然。

1ms=0.001s=$10^{-3}$s=1kHz

1μs=0.000001s=$10^{-6}$s=1MHz

1ns=0.000000001s=$10^{-9}$s=1GHz

②位（bit）转字节（Byte）需除以8，反之则乘以8。

## 3.2 主存储器

现代计算机的主存储器多由半导体集成电路构成，驱动器、译码器和读写电路均制作在存储芯片中，而存储器地址寄存器（MAR）和存储器数据寄存器（MDR）制作在 CPU 芯片内。存储芯片和 CPU 芯片可通过总线连接，如图 3-4 所示。

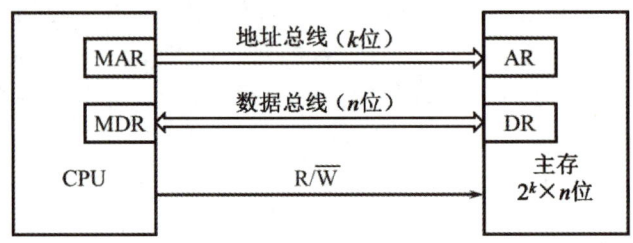

图 3-4 主存与 CPU 的连接图

当要从主存读出某一信息字时，首先由 CPU 将该字的地址送到 MAR，经地址总线送至主存，然后 CPU 向主存发出读命令。主存接到读命令后，得知需将 MAR 所指向的地址单元内容读出，便完成读操作，将该单元的内容读至数据总线上，至于该信息由 MDR 送至什么地方，这已不是主存的任务，而是由 CPU 决定的。若要向主存存入一个信息字，首先 CPU 将该字所在主存单元的地址经 MAR 送到地址总线，并将信息字送入 MDR，然后向主存发出写命令，主存接到写命令后，便将数据总线上的信息写入对应地址总线指出的主存单元中。

### 3.2.1 数据在存储器中的存放方式

为了区分存储器中的大量存储单元，必须将它们逐一进行编号。存储单元的编号称为存储单元地址，简称地址（Address）。地址是存储单元的唯一标识，它们是一一对应的。应当指出的是，这种对应关系只是标明存储单元的物理位置或序号，并不代表存储单元中所存放的内容。当 CPU 给定一个地址时，内存就会根据地址读出或写入该单元内容。

#### 1. 按字编址和按字节编址

在现代计算机中，一个存储单元通常由若干个字节组成，为满足数据处理的需要，对存储单元编排地址时，可按字编址，也可按字节编址。

1）按字编址

按字编址是指以字（Word）为单位来寻址内存，每个地址单元保存一个字的数据。字通常由多个字节组成，具有固定的位数（如16、32、64位等）和对齐要求。优点是适合处理对齐的数据访问，提高数据传输效率；方便处理固定长度的数据类型，减少数据对齐的问题和额外的存储空间；地址计算相对简单，只需考虑字的偏移量。缺点是处理非对齐的数据访问时，需要额外的处理开销，还会导致存储空间的浪费。

2）按字节编址

**按字节编址**是指以字节（Byte）为单位来寻址内存，每个地址单元保存一个字节（即8位）的数据。优点是可灵活处理单个字节的数据或非对齐数据，适用于各种数据类型；可更有效地利用内存空间，避免数据对齐带来的浪费。缺点是对于大于一个字节的数据类型，可能需多次访存来获取完整数据，降低了数据传输效率；地址计算相对复杂，需要考虑字节的偏移量和对齐问题。

现代计算机大多使用字节编址法，字节单元具有地址 0x00, 0x01, 0x02……。若机器的字长为32位，那么连续的字被分配到地址 0x00, 0x04, 0x08……中，其中每个字包含4个字节，如图3-5所示。

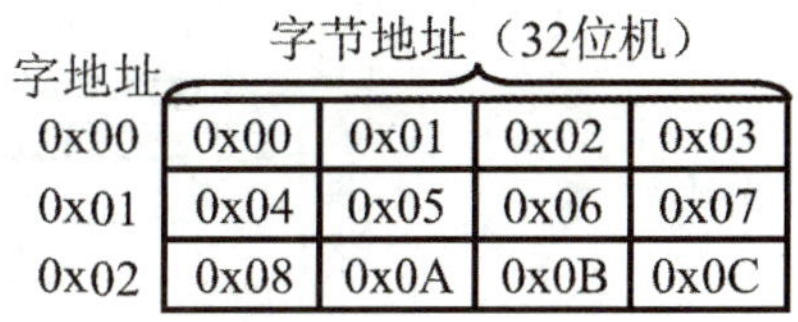

| 字地址 | 字节地址（32位机） | | | |
|---|---|---|---|---|
| 0x00 | 0x00 | 0x01 | 0x02 | 0x03 |
| 0x01 | 0x04 | 0x05 | 0x06 | 0x07 |
| 0x02 | 0x08 | 0x0A | 0x0B | 0x0C |

图 3-5　32位机按字节编址

下面通过一些示例来了解两种编址方式的特点。

例如，一个容量为16MB（$2^{24}$B）的主存储器，按字节编址的地址范围通常为 $0 \sim 2^{24}-1$，即有 $2^{24}$（16M）个可寻址单元，通常称寻址范围是16M。假设字长为32位并按字编址，即每4个字节有唯一的地址，按字编址的地址范围则为 $0 \sim 2^{22}-1$（16MB/4B），即有 $2^{22}$（4M）个可寻址单元，通常称寻址范围是4M。

两种编址方式除了地址范围和寻址范围有所区别，在访问方式上也有所不同。

假设有两个内存地址空间如图3-6所示。图3-6（a）按字编址，每个内存单元被视为一个字（4个字节）。访问地址 0x00 时，将读取整个字为 A1B1C1D1；访问地址 0x01 时，将读取整个字为 A2B2C2D2。图3-6（b）按字节编址，每个内存单元被视为一个字节。访问地址 0x00 时，将读取单个字节为 A1；访问地址 0x01 时，将读取单个字节为 B1。

| 字地址 | 字内容 | | | |
|---|---|---|---|---|
| 0x00 | A1 | B1 | C1 | D1 |
| 0x01 | A2 | B2 | C2 | D2 |
| 0x02 | A3 | B3 | C3 | D3 |

（a）按字编址

| 字节地址 | 字节内容 | | | |
|---|---|---|---|---|
| 0x00 | A1 | B1 | C1 | D1 |
| 0x04 | A2 | B2 | C2 | D2 |
| 0x08 | A3 | B3 | C3 | D3 |

（b）按字节编址

图 3-6　两个内存地址空间示例

通过示例可看出，按字编址和按字节编址在内存地址空间的划分和访问方式上均有不同，对于不同的应用场景和数据结构，选择合适的编址方式可以更有效地管理和操作内存数据。

**2. 大端存储和小端存储**

当一个字被写入内存时，各字节的存放顺序有大端存储和小端存储两种格式。

1）大端存储（Big-Endian）

**大端存储**又称为大字节序、高字节序、大端编址、大尾方式。即数据的高位字节（Most

Significant Byte，MSB）存储在内存的低地址单元中，而低位字节（Least Significant Byte，LSB）存储在高地址单元中。如果数据未标明高、低位，则数据的首字节（最左边字节）存储在内存的起始位置。

2）小端存储（Little-Endian）

**小端存储**又称为小字节序、低字节序、小端编址、小尾方式。即数据的低位字节（LSB）存储在内存的低地址单元中，而高位字节（MSB）存储在高地址单元中。如果数据未标明高、低位，则数据的末字节（最右边字节）存储在内存的起始位置。

例如，假设机器字长为32位，将32位数据A0B1C2D3H写入字节地址以0x00开始的内存中，大端存储如图3-7（a）所示，小端存储如图3-7（b）所示。

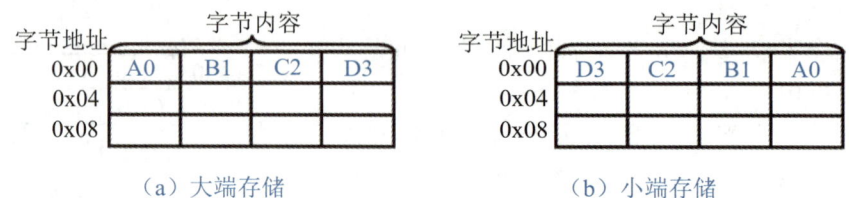

（a）大端存储　　　　　　　　　　　（b）小端存储

图3-7　32位机的大端/小端存储方式示例

在大端存储和小端存储中，数据存储的顺序不同，导致同一个数据在内存中的表示方式不同。在处理跨平台数据交换时，需要考虑存储端序的问题，以确保数据的正确解析和传输。不同的处理器架构和操作系统可能采用不同的存储方式，因此了解存储端序的概念对于编程和系统设计非常重要。例如，Intel公司的Pentium处理器采用小端存储，IBM、Apple和Motorola三家公司联合开发的PowerPC处理器采用大端存储。

### 3. 边界对准存储

边界对准是指数据在内存中存储时按照其数据类型所需的自然边界进行对齐的过程。不同的数据类型在内存中需要不同的字节对齐方式，通常以其数据类型的大小为基准。例如，一个4字节整数通常要求以4字节的倍数地址开始存储，以确保数据类型的访问和操作效率。

设某机的存储字长64位，机器字长32位，下面通过实例来理解字节（8位）、半字（16位）、字（32位）、双字（64位）如何在机器内存储。

1）从任意位置开始存储

如图3-8所示，若从任意位置开始存储，除了字节，半字、字和双字都要判断数据的长度，以及该数据是否需要跨字节进行存取。这种存储方式的优点是不浪费存储资源；缺点是除了访问一个字节，访问其他任何类型的数据，都可能要花费两个存取周期的时间，还可能需要调整高低字节的位置，读写控制比较复杂。

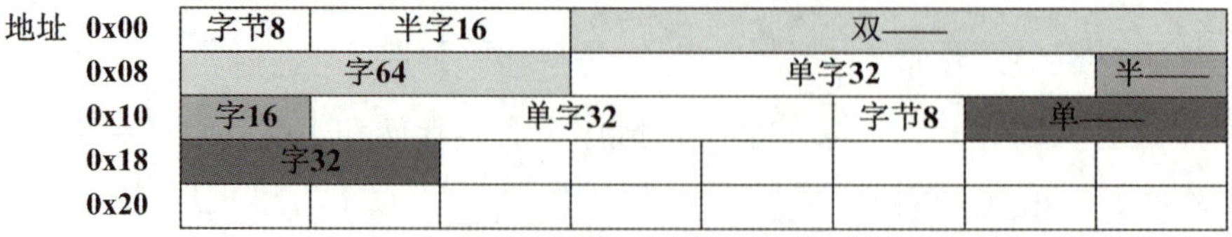

图3-8　从任意位置开始存储

2）从一个存储字的起始位置开始存储

如图3-9所示，从一个存储字的起始位置开始存储的优点在于无论访问何种类型的数据，在一个周期内均可完成，读写控制简单；缺点是浪费了宝贵的存储资源。

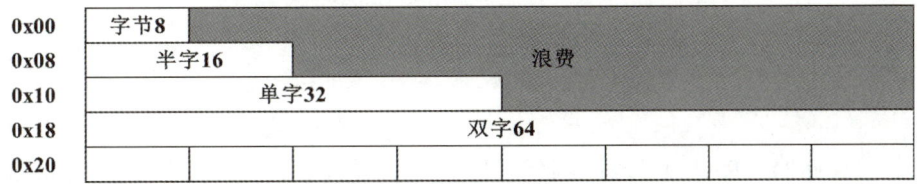

图3-9　从一个存储字的起始位置开始存储

3）从地址的整数倍位置开始存储——边界对准存储

边界对准存储是前面两种方式的折中。为了便于硬件实现，通常要求多字节的数据在存储器中的存储方式能满足"边界对准"的要求，即存储的起始地址是数据长度的整数倍。例如，对于一个整型数据类型，如果其大小为4字节（32位），那么在存储时通常会按照4字节的整数倍进行边界对齐。

本例中，半字地址是2的整数倍，字地址是4的整数倍，双字地址是8的整数倍，以此类推。当所存数据不能满足此要求时，可填充一个至多个空白字节。如图3-10所示，保存完1字节后，接下来送入内存的是双字，0x00地址所剩的存储空间不满足8的整数倍要求，因而被标识为"浪费"，将这个双字从0x08开始存储；再接下来送入内存的是半字……数据按照对齐要求存储时，可以减少内存访问的次数，提高数据访问速度。

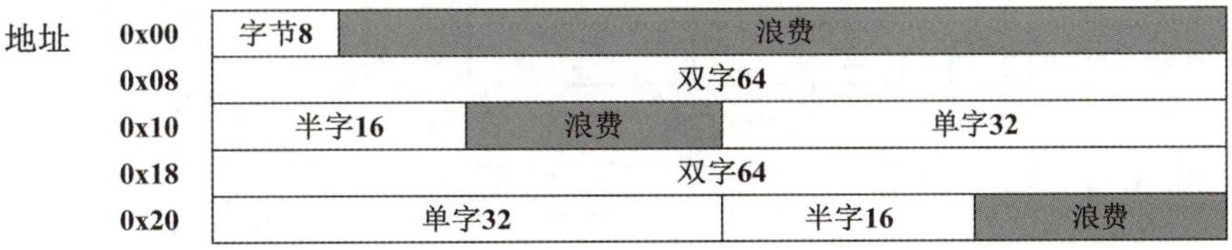

图3-10　边界对准存储

边界对准存储具有以下三个优点。
- 访问效率高：边界对准可以提高数据访问的效率，特别是对于一些处理器架构来说，按照边界对准存储可以减少内存访问时间，提高系统性能。
- 可以硬件优化：许多处理器和编译器都支持对齐内存访问，可以通过硬件优化来加速对齐数据类型的访问。
- 跨平台兼容性高：在一些跨平台开发环境中，边界对准可以确保数据在不同系统上的一致性和可移植性。

假设有一个结构体"struct Student"包含两个成员变量：一个整型"int"和一个字符数组"char[10]"，在内存中对齐存储如图3-11所示。

如果"struct Student"按照成员变量的自然边界对齐存储，可以提高访问效率和内存利用率，确保数据在内存中的正确布局。因此，边界对准在编程中是一个重要的概念，需要注意数据类型的对齐方式以优化程序性能。

```
struct Student {
    int id;              // 4字节整数，按4字节对齐
    char name[10];       // 10字节字符数组，按1字节对齐
};
```

图 3-11　两个成员变量在内存中的对齐存储示例

### 3.2.2　随机存取存储器

随机存取存储器（RAM）按其存储信息的原理不同，可分为静态 RAM（Static Random Access Memory，SRAM）和动态 RAM（Dynamic Random Access Memory，DRAM）两大类。

#### 1. 静态 RAM

1）静态 RAM 的工作原理

静态 RAM 是用触发器工作原理存储信息，因此即使信息被读出，它仍保持其原状态，不需要再生。但电源掉电时，原存储信息丢失，故它属于易失性半导体存储器。

2）静态 RAM 的组成

一个静态 RAM 由存储体、I/O 电路、地址译码器和控制电路等组成，如图 3-12 所示。

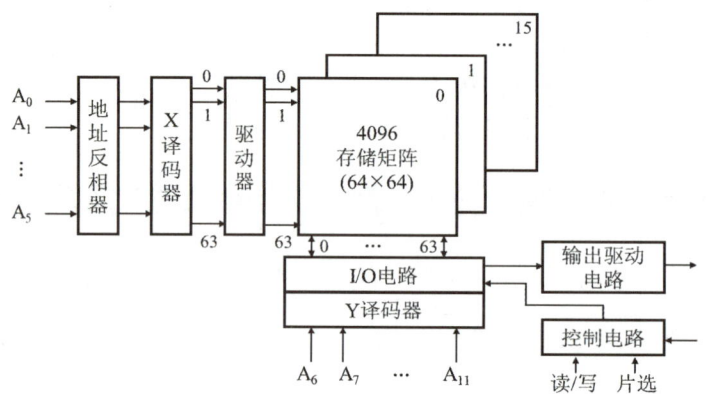

图 3-12　静态 RAM 结构示例

（1）存储体。存储体是存储单元的集合。在较大容量的存储器中，往往把各个字的同一位组织在一个集成片中。例如，4096×1 位是指 4096 个字的同一位。由这样的 16 个芯片则可组成 4096×16 位的存储器。同一位的这些字通常排成矩阵的形式，如 64×64=4096，由 X 选择线和 Y 选择线的交叉来选择所需要的存储单元。

（2）地址译码器。地址译码器的输入信息来自 CPU 的地址寄存器。地址寄存器用来存放所要访问（写入或读出）的存储单元的地址。CPU 要选择某一存储单元，就在地址总线 $A_0 \sim A_{11}$ 上输出此单元的地址信号给地址译码器。地址译码器把用二进制代码表示的地址转换成输出端的高电位，用来驱动相应的 I/O 电路，以便选择所要访问的存储单元。

地址译码器有两种方式：一种是单译码方式，也称为字结构、线选法，适用于小容量存储器；另一种是双译码方式，也称为 X-Y 结构、重合法，适用于大容量存储器。

单译码方式中，地址译码器只有一个，其输出叫作字选线，而字选线选择某个字（某

存储单元）的所有位。例如，地址输入线 $n=4$，经地址译码器译码，可译出 $2^4=16$ 个状态，分别对应 16 个字地址。

为了节省驱动器，存储器中通常采用双译码结构，由此可以减少选择线的数目。在这种译码方式中，地址译码器分成 X 向和 Y 向两个译码器。若每一向有 $n/2$ 个输入端（$n$ 为地址输入量的二进制位数），它可以译出 $2^{n/2}$ 个输出状态，那么两个译码器交叉译码的结果，共可译出 $2^{n/2} \times 2^{n/2}=2^n$ 个输出状态，但此时译码输出线却只有 $2 \times 2^{n/2}$ 根。例如，若 $n=10$，双译码输出状态为 $2^{10}=1024$ 个，而译码输出线只有 $2 \times 2^5=64$ 根。可以思考一下，如果采用单译码结构呢？译码输出线是几根？

采用双译码结构的 4096×1 位的存储矩阵如图 3-13 所示。4096 个字排成 64×64 的矩阵，它需要 12 根地址线 $A_0 \sim A_{11}$，其中 $A_0 \sim A_5$ 输入 X 译码器，它输出 64 条选择线，分别选择 0～63 行；$A_6 \sim A_{11}$ 输入 Y 译码器，它也输出 64 条选择线，分别选择 0～63 列，控制各列的位线控制门。例如，输入地址为二进制的 0000 0000 0000，X 方向由 $A_0 \sim A_5$ 输入，译码选中了第 0 行，则 $X_0$ 为高电平，因而其控制的 64 个存储元分别与各自的位线相连，但能否与 I/O 线接通，还要受各列位线控制门的控制。当 $A_6 \sim A_{11}$ 全为 0 时，$Y_0$ 为高电平，从而选中第 0 列，第 0 列的位线控制门打开。故最后译码的结果选中了图 3-13 中存储矩阵左上角的（0,0）这个存储单元。

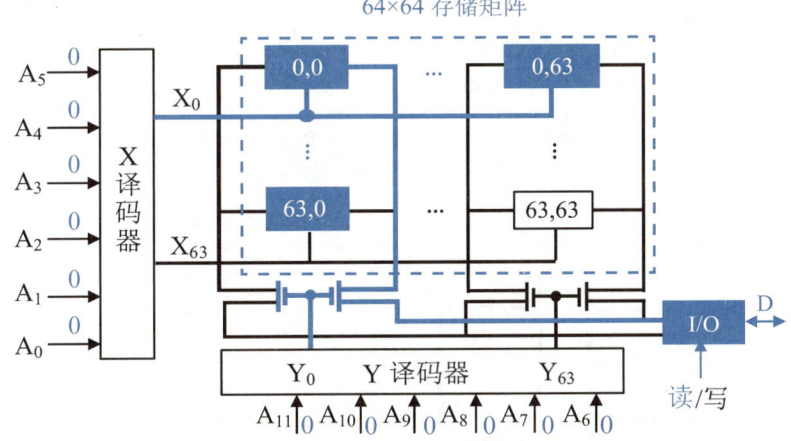

图 3-13 采用双译码结构的 4096×1 位的存储矩阵

（3）驱动器。由于在双译码结构中，一条 X 方向选择线要控制挂在其上的所有存储元电路，如 4096×1 位中要控制 64 个电路，故其所带的电容负载很大。为此，需要在译码器输出后加驱动器，由驱动器驱动挂在各条 X 方向选择线上的所有存储元电路。

（4）I/O 电路。I/O 电路处于数据总线和被选用的单元之间，用以控制被选中的单元的读出或写入，并具有放大信号的作用。

（5）片选与读/写控制电路。每一个芯片的存储容量是有限的，所以需要一定数量的芯片按一定的方式进行连接后才能组成一个完整的存储器。在地址选择时，首先要选片，通常用地址译码器的输出和一些控制信号（如读/写命令）来形成片选信号。只有当片选信号有效时，才能选中某一片，此片所连的地址线才有效，这样才能对这一片上的存储元进行读操作和写操作。至于是读还是写，取决于 CPU 所给的命令是读命令还是写命令。

（6）输出驱动电路。为了扩展存储器的容量，常需要将几个芯片的数据线并联使用；另外，存储器的读出数据或写入数据都放在双向的数据总线上。

【例 3.3】某一 SRAM 芯片，其容量为 1024×8 位，除电源和接地端外，该芯片的引脚数最少是多少根？

解：由题知芯片容量为 $1024B=2^{10}B$，且以字节为单位存取，即地址线为 10 根。8 位说明数据线为 8 根，加上片选线 1 根，再加上读/写控制线 1 根（采用 1 根时 $\overline{WE}$ 高电平读，低电平写；采用 2 根时读控制通常为 $\overline{OE}$ 或 $\overline{RD}$，写控制为 $\overline{WE}$。由于题目问的是最少，此处采用 1 根），则芯片的引脚数最少为：10+8+1+1=20 根。

3）静态 RAM 芯片举例

Intel 2114 的基本单元电路由 6 个 MOS 管组成，一个容量为 1K×4 位的 Intel 2114 外特性如图 3-14 所示。其中，$A_0 \sim A_9$ 为地址输入端；$D_0 \sim D_3$ 为数据输入/输出端；$\overline{CS}$ 为片选信号（低电平有效）；$\overline{WE}$ 为写允许信号（低电平为写，高电平为读）；$V_{CC}$ 为电源端；GND 为接地端。

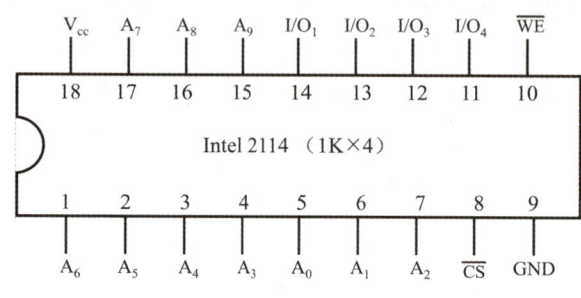

图 3-14 Intel 2114 外特性示意图

Intel 2114 是一个 1K×4 位的 SRAM 芯片，所以芯片共有 1024 个存储单元电路，排成 64×16 的存储矩阵。因为是 1K 字，故地址线共有 10 根。其中 6 根（$A_3 \sim A_8$）用于行译码，产生 64 根行选择线；4 根（$A_0$、$A_1$、$A_2$、$A_9$）用于列译码，产生 16 根列选择线。如图 3-15 所示为 Intel 2114 逻辑结构框图。

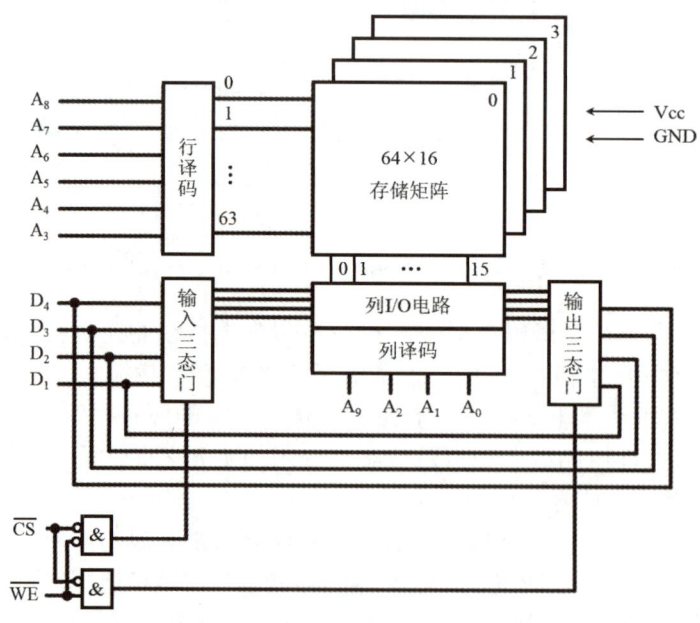

图 3-15 Intel 2114 逻辑结构框图

6 位地址 $A_3 \sim A_8$ 经行译码，选择 64 根行选择线之一，该行选择线经过 4 个位平面，同时选中 4 个位平面的一行。4 位地址 $A_0 \sim A_2$、$A_9$ 经列译码,使 16 根列选择线之一有效,每根列选择线同时控制 4 个位平面的各一对位线 $\overline{W}$ 和 W,选出 4 个位平面的一列。例如,图 3-15 中地址码为 $(001)_{16}$,则 4 个位平面都是 $X_1$ 与 $Y_1$ 有效,各有一位物理存储单元被选中,组成一个编址单元内并行的 4 位。

当片选 $\overline{CS}=0$ 且 $\overline{WE}=0$ 时,数据输入三态门打开,列 I/O 电路对被选中的 1 列 ×4 位进行写入,4 位数据输入分别控制 4 个位平面上该列位线的状态。

当片选 $\overline{CS}=0$ 且 $\overline{WE}=1$ 时,数据输入三态门关闭,而数据输出三态门打开,列 I/O 电路将被选中的 1 列 ×4 位读出信号送往数据线。

为了芯片能够正常工作,必须按照所要求的时序关系提供地址信号、数据信号、控制信号。在进行读操作时,首先在芯片地址输入端加载有效地址并保持不变,地址译码器对地址进行译码后选中相应单元。然后 CPU 向芯片发出片选信号和读命令($\overline{CS}=0$,$\overline{WE}=1$),经过一段时间,从芯片数据输出端 $D_1 \sim D_4$ 输出有效数据。当读出数据送达目的地(如 CPU 内某寄存器)后,可撤销片选信号和读命令,当前读周期结束后可以改变地址,开始下一个读/写周期。Intel 2114 读周期时序图如图 3-16(a)所示。

在进行写操作时,加载有效数据后,首先向芯片数据输入端 $D_1 \sim D_4$ 输入待写数据,然后向芯片发出片选信号和写命令($\overline{CS}=0$,$\overline{WE}=0$),经过一段时间后,有效数据被写入芯片的某个地址单元。如图 3-16(b)所示为 Intel 2114 写周期时序图。

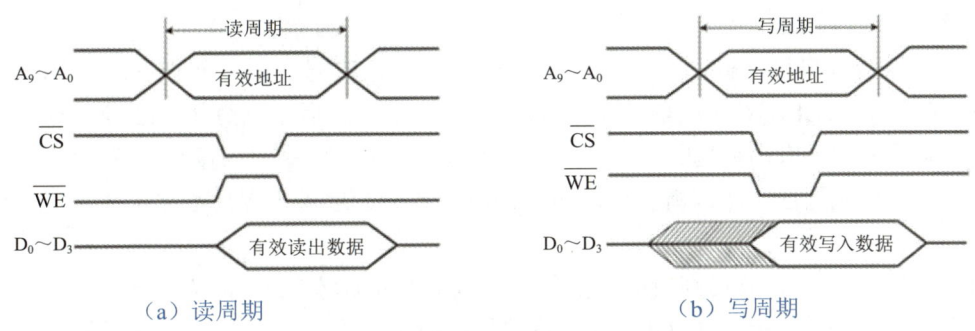

图 3-16 Intel 2114 读/写周期时序图

不同存储芯片的工作时序可能稍有不同,但都应保证数据能够正确、稳定地读出和写入。

### 2. 动态 RAM

#### 1)动态 RAM 的工作原理

动态 RAM 的存储元依靠**电容**上的电荷实现信息的存储,由于漏电等原因,电容上的电荷将在约 2ms 内损失殆尽(有些 DRAM 芯片可以实现每隔 8 ~ 16ms 刷新一次,本书以 2ms 为例,这个时间称为**刷新周期**,也叫作**再生周期**),为了保证存储信息不丢失,必须在这个时间段内对存储体中每一位存储元进行电荷补充,该过程称为刷新。

#### 2)动态 RAM 的刷新方式

动态 RAM 的刷新通常以**行**为单位进行。常见的刷新方式有集中式刷新、分散式刷新和异步式刷新三种。假设某 DRAM 芯片由 32×32 的存储矩阵构成,存取周期为 0.5μs,下面按照不同的刷新方式对其进行刷新。

（1）集中式刷新。

**集中式刷新**是在 2ms 内集中安排一段连续的时间专门进行刷新操作，刷新过程中，CPU 及其他设备无法对存储器进行读/写操作。在连续刷新过程中 CPU 无法访问存储器，这时的存储器好像"死"了一样，称这段时间为"死时间"，又称为访存"死区"。存在"死时间"是集中式刷新方式的主要弊端。

如图 3-17 所示，刷新间隔为 2ms，存取周期为 0.5μs，因此 2ms 内共 4000 个存取周期（用 0～3999 表示）。存储器有 32 行，刷新 32 行的时间是 32×0.5μs=16μs，这期间 CPU 不能访问存储器，称为"死时间"，"死时间率"为 32/4000×100%=0.8%（等价于 16μs/2ms×100%=16/2000×100%=0.8%）。

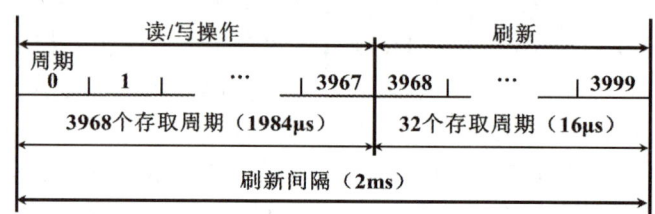

图 3-17　集中式刷新

（2）分散式刷新。

**分散式刷新**是将每次刷新操作分散地安排在各个存取周期内，即把存取周期分为两部分，前半部分用于 CPU 对存储器的正常读/写访问和维持，后半部分用于刷新。该方式相当于将存储器原来的存取周期延长了一倍，尽管降低了系统效率，但消除了"死时间"。由于每个存取周期都会执行一次刷新操作，实际刷新次数会远远大于保持数据不丢失所需要的刷新次数。

如图 3-18 所示，分散式刷新的特点使得存取周期由原本的 0.5μs 延长至 1μs，整个系统速度降低了；并且每 32μs 就把 DRAM 芯片整体刷新了一次，理论上 2ms 内可刷新 62.5 次，很明显这是一种过度的刷新。

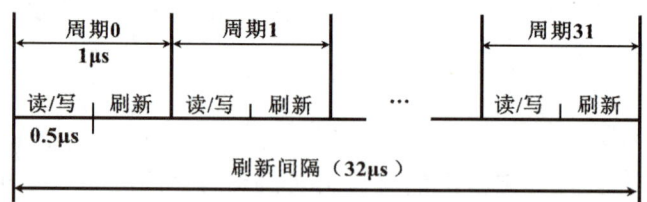

图 3-18　分散式刷新

（3）异步式刷新。

**异步式刷新**是把刷新操作平均分配到整个最大刷新间隔时间内进行。它集前两种刷新方式的优点于一身。

如图 3-19 所示，刷新周期是 2ms，存储器有 32 行，就可以用 2ms/32=2000μs/32=62.5μs，即每 62.5μs 内刷新一行就可以确保 2ms 内把 DRAM 芯片刷新一次，刷新次数不多也不少，充分发挥了存储器的性能。在刷新某行时，CPU 可以访问没有被刷新的行，从而使每行的死亡时间降到 0.5μs。如果将刷新安排在 CPU 对指令的译码阶段，则不会出现集中式刷新那种访存"死区"，还克服了分散式刷新使存取周期加长、降低系统速度的缺点。

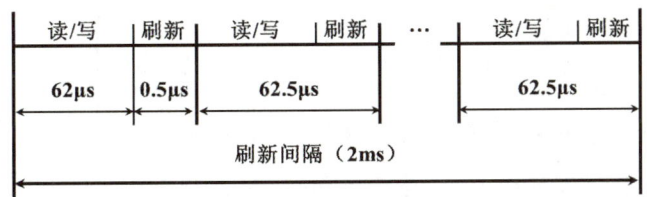

图 3-19　异步式刷新

【例 3.4】有 2K×8 位的 DRAM 芯片，片内有 16384（即 16K）个存储元，排成 128×128 的存储矩阵，存取周期为 500ns。试问：运用三种刷新方式，每种刷新周期的时间分配应如何安排？

解：（1）集中式刷新时间分配示意图如图 3-20 所示。

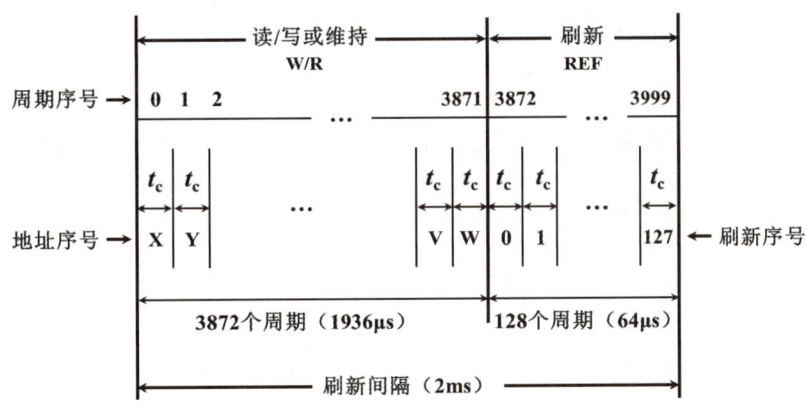

图 3-20　集中式刷新时间分配示意图

存取周期 $t_C$ 为 500ns=0.5μs，每刷新一行用一个存取周期，共刷新 128 行，即 128 个存取周期。2ms/500ns=2000000/500=4000 个周期，其中 128 个周期用于刷新，剩余的 4000-128=3872 个周期用于读写或维持操作。

"死区"为 0.5μs×128=64μs。

"死时间率"为 128/4000×100%=3.2%（等价于 64μs/2ms×100%=3.2%）。

（2）分散式刷新时间分配示意图如图 3-21 所示。存取周期 $t_C$ 分为两段，前半段 $t_M$ 用于读/写（W/R）和维持，后半段 $t_R$ 用于刷新（REF），因此存取周期延长为 1μs。即每 1μs 刷新一行，128μs 就把 DRAM 芯片刷新了一次，2ms/128μs=2000μs/128μs=15.625 次，超出了原定刷新次数的十余倍。

（3）异步式刷新时间分配示意图如图 3-22 所示。将分散式刷新与集中式刷新相结合，即按芯片行数决定所需的刷新周期数，并分散安排在 2ms 最大刷新周期中，理论上，2ms/128 行 = 每隔 15.625μs 刷新一行。根据存取周期为 0.5μs 的限制，实际刷新间隔最大取 15μs。

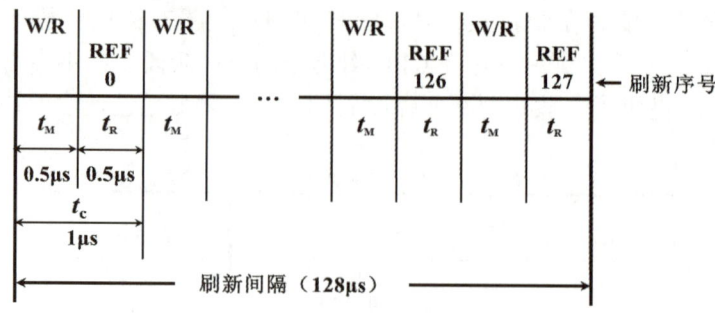

图 3-21　分散式刷新时间分配示意图

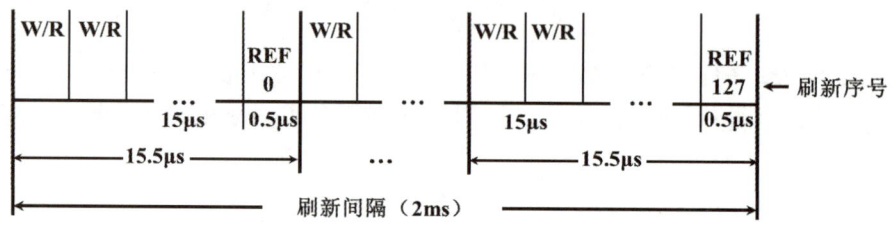

图 3-22　异步式刷新时间分配示意图

3）动态 RAM 芯片举例

Intel 2164 是一款容量为 64K×1 位的 DRAM 芯片，其外特性示意图如图 3-23 所示。Intel 2164 共有 16 个引脚，其中 $A_0 \sim A_7$ 为地址线。因为片内有 64K 个存储单元需要寻址，但由于芯片引脚数量有限，需要采用**分时复用技术**提供 16 位地址，即将 16 位地址分为行地址和列地址分别提供。引脚 $D_{in}$ 和 $D_{out}$ 分别实现数据的输入与输出。

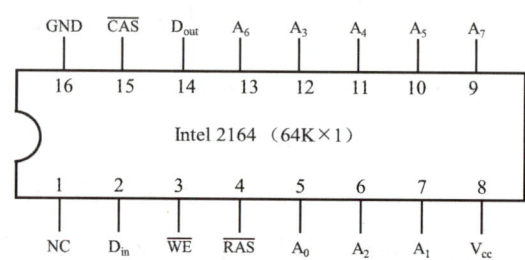

图 3-23　Intel 2164 外特性示意图

$\overline{RAS}$ 和 $\overline{CAS}$ 分别为行选择线和列选择线，由于地址分为行地址和列地址分别传送，所以片选信号也分为行选有效和列选有效。当 $\overline{RAS}$ 为低电平有效时，从 $A_0 \sim A_7$ 输入行地址，送至芯片内的行地址锁存器暂存；当 $\overline{CAS}$ 为低电平有效时，从 $A_0 \sim A_7$ 输入列地址，送至芯片内列地址锁存器暂存，两次输入获得 16 位地址经译码后选中相应单元。$\overline{WE}$ 为读写控制端，控制被选中单元进行读/写操作，当 $\overline{WE}$ 为低电平时做写操作，为高电平时做读操作。NC 端在 Intel 2164 的早期版本中未使用，在其新版本中作为自动刷新端，将行选择线 $\overline{RAS}$ 连接到该引脚即可实现片内自动刷新。

Intel 2164 内部结构如图 3-24 所示，其有 64K 个存储单元，呈 4 个 128×128 的矩阵排列，每个存储单元只有 1 位。在 Intel 2164 的存储体内，用 7 位行地址经译码选中 128 行其中之一，再用 7 位列地址经译码选中 128 列其中之一。行/列地址共同选中了 4 个 128×128 矩阵中的相应单元，再用 2 位地址选中 4 位数据中的一位，实现 Intel 2164 一位数据位的读/写操作。

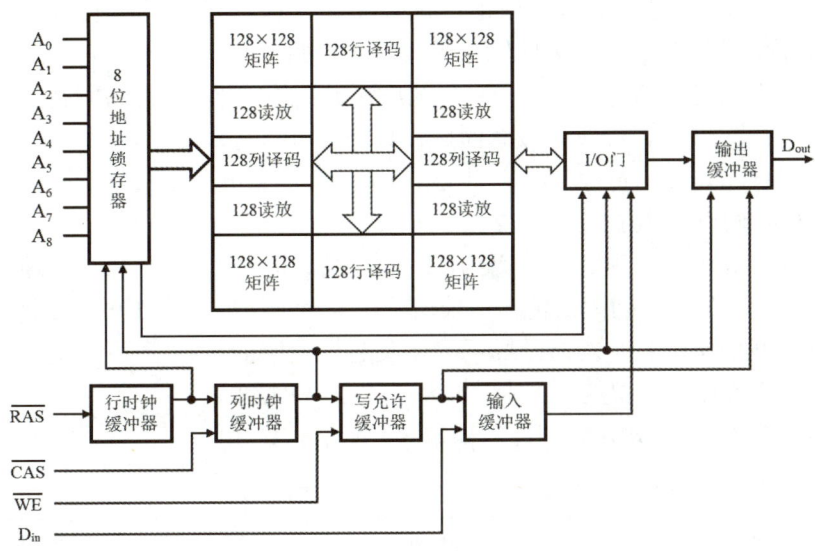

图 3-24　Intel 2164 内部结构

由于 Intel 2164 地址采用了分时复用技术，因此在其读/写过程中要分时发送行选择信号和列选择信号。Intel 2164 读/写操作时序图如图 3-25 所示。两次发送行地址之间的时间间隔为一个读周期或写周期。

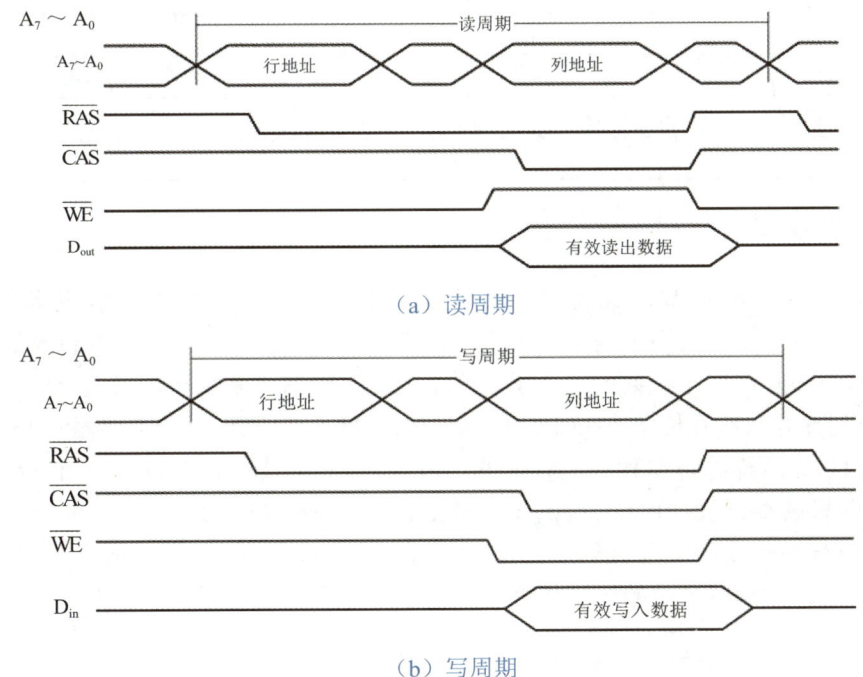

图 3-25　Intel 2164 读/写操作时序图

在读周期中，首先，$A_7 \sim A_0$ 收到来自 CPU 的行地址，发送行选择信号（$\overline{RAS}=0$），将行地址送入行地址锁存器。待锁存稳定后，撤销行地址。为提高读出速度，可在发送列选择信号之前先发送读命令（$\overline{WE}=1$）。然后，$A_7 \sim A_0$ 接收 8 位列地址，再发送列选择信号（$\overline{CAS}=0$），将列地址送入列地址锁存器。待锁存稳定后，撤销列地址，经过一段时间，从数据输出端 $D_{out}$ 获得有效输出数据。在写周期中，同样是先发送并锁存行地址（$\overline{RAS}=0$），然后发送写命令（$\overline{WE}=0$），之后在数据输入端 $D_{in}$ 准备好待写入数据，发送列地址并锁存（$\overline{CAS}=0$），经过一段时间后，数据被可靠写入芯片。

【例 3.5】某一 DRAM 芯片，其容量为 1024×8 位，除电源和接地端外，该芯片的引脚数最少是多少根（假设读/写控制线为 2 根）？

解：由题知可寻址范围为 $2^{10}$，需要 10 根地址线。但 DRAM 芯片采用地址复用技术，通过行选择和列选择分行、列两次传输地址信号，故地址线减半为 5 根，数据线仍用 8 根，加上 1 根行选择线 $\overline{RAS}$ 和 1 根列选择线 $\overline{CAS}$ 以及题目给定的 2 根读/写控制线（片选线用行选择线代替），则芯片的引脚数最少为：5+8+1+1+2=17 根。

综上所述，SRAM 和 DRAM 的比较如表 3-1 所示。

表 3-1 SRAM 和 DRAM 的比较

| 对比项目 | SRAM | DRAM |
| --- | --- | --- |
| 存储原理 | 触发器 | 电容 |
| 破坏性读出 | 否 | 是 |
| 是否需要刷新 | 否 | 是 |
| 送行/列地址 | 同时送 | 分两次送 |
| 运行速度 | 快 | 慢 |
| 集成度 | 低 | 高 |
| 功耗 | 大 | 小 |
| 单位价格 | 高 | 低 |
| 用途 | 缓存 | 主存 |

### 3.2.3 只读存储器

只读存储器（ROM）的结构比随机存取存储器（RAM）简单，集成度高、造价低、功耗更小、可靠性高，掉电后数据不丢失，读出无破坏性。基于这些特点，只读存储器通常用于存放一些无须修改的固化程序或数据。由于生产工艺及需求的不断发展，只读存储器也可分为很多种类，包括掩膜只读存储器（Masked ROM，MROM）、可编程只读存储器（Programmable ROM，PROM）、可擦除可编程只读存储器（Erasable Programmable ROM，EPROM）、电可擦除可编程只读存储器（Electrically Erasable Programmable ROM，EEPROM）以及快擦写存储器（Flash Memory）等。正是由于出现了像 EEPROM 及 Flash Memory 这样的可擦可写的存储器产品，才使得当前的计算机系统及消费电子产品在使用、系统升级、维护等方面更加灵活、便利。

#### 1. 掩膜只读存储器（MROM）

MROM 利用掩膜制造工艺，按照编制好的编码布局控制行列式排列的 MOS 管是否与行线、列线相连，相连处定义为 1（或 0），未相连处定义为 0（或 1），实现相关数据的存储。

### 2. 可编程只读存储器（PROM）

PROM 可由用户根据自己的需求来"烧写"ROM 中的内容，常见的熔丝 PROM 就是将相应位置上的熔丝熔断或保留来表示所存储的"0"或者"1"。出厂时 PROM 芯片中的熔丝是全部接通的，需用专门的烧写器和烧写程序将用户需要写入的程序或数据烧入 PROM。显然，经过烧写后，相应位置上的熔丝已经熔断且无法恢复，所以 PROM 的写入是一次性的。

### 3. 可擦除可编程只读存储器（EPROM）

EPROM 能多次改变 ROM 中所存的内容。EPROM 封装上方有一个石英玻璃窗口，当用紫外线照射这个窗口时，所有电路中的浮空晶栅上的电荷会形成光电流泄漏掉，使电路恢复起始状态，从而把原先写入的信息擦去。经过照射后的 EPROM，还可以进行再写，写入后仍作为只读存储器使用。EPROM 芯片如图 3-26 所示。

图 3-26　EPROM 芯片

### 4. 电可擦除可编程只读存储器（EEPROM）

EEPROM（常写为 $E^2PROM$）的存储元是一个具有两个栅极的 MOS 管，基本结构与 EPROM 类似，最大的不同是 EEPROM 可进行上千次的重写，数据可存储 20 年以上。电可擦除、按字擦除等功能的实现，使得其使用更加灵活、便利，使用领域更加广泛，但它的擦除和重写仍需在专门的编程器（写入器）中进行。

### 5. 快擦写存储器（Flash Memory）

Flash Memory 是在 EPROM、EEPROM 的基础上发展而来的，沿用了 EPROM 的浮栅 - 电子注入的写入方法，同时又具备 EEPROM 的电可擦除的特性。Flash Memory 具有高密度、快擦除（按块擦除）、电可擦除、系统编程、非易失等特点，它既有 ROM 的特点，又兼具 RAM 读取速度快的优点，因而也称为闪速存储器（简称闪存）。

20 世纪 90 年代，Intel 公司发明的 Flash Memory 是一种高密度、非易失性的读 / 写半导体存储器。它突破了传统的存储器体系，改变了现有存储器的特性，作为一种全新的存储器技术，是存储技术领域划时代的进步。当前的计算机系统、消费电子、嵌入式系统等领域正在大量使用 Flash Memory。例如，Flash Memory 的出现使得各类电子产品的固件升级成为可能，由 Flash Memory 作为存储载体的固态硬盘正在逐渐取代硬磁盘的地位。

## 3.2.4　主存储器逻辑设计

由于一块存储芯片的容量是有限的，因此主存储器一般是由一定数量的存储芯片组合构成的。要组成一个主存储器，首先要考虑如何选择芯片，以及如何把许多芯片连接起来，然后通过地址线、数据线和控制线三部分将整个主存储器与 CPU 连接起来。

存储芯片的选择通常要考虑存取速度、存储容量、电源电压、功耗及成本等多方面的因素。就设计一个主存储器所需存储芯片的数量而言，可由以下公式求得：

芯片总数 = 设计要求的存储容量 / 所选存储芯片的存储容量

存储容量的扩展包括字长位数扩展、字存储容量扩展和字位同时扩展。

### 1. 字长位数扩展（位扩展）

当给定存储芯片字长位数较短，不能满足设计所要求的字长时，需要用多片给定的芯片扩展字长的位数。在位扩展过程中，三组信号线中地址总线和控制总线是公用的，而扩展之后存储器的数据总线分别来自各个存储芯片，所需存储芯片数量等于设计要求的存储容量与所选芯片存储容量的比值。

例如，用 64K×1 位的 SRAM 芯片组成 64K×8 位的存储器，所需芯片总数按公式计算得：64K×8/64K×1=(64K/64K)×(8/1)=1 组×8 片=8 片。即需要 8 片 64K×1 位的芯片，连接成 1 组，每片各提供 CPU 所需的 8 位数据中的 1 位数据。进行位扩展的过程如图 3-27 所示。

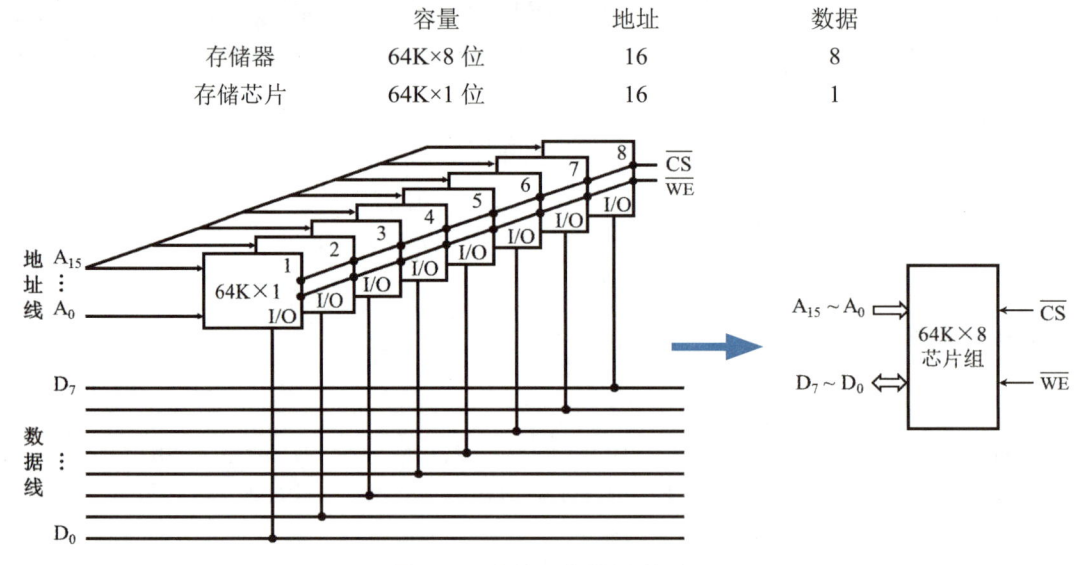

图 3-27　存储器位扩展举例

### 2. 字存储容量扩展（字扩展）

当给定的存储芯片的存储单元数（字数）不能满足设计的容量需求时，需使用多片存储芯片实现字数的扩展，称为字扩展。字扩展过程中，多片存储芯片的数据线和读/写控制线共用，低位地址用于给定芯片的片内寻址，高位地址用于片选，实现片选时通常还要借助译码器等电路。所需存储芯片数量仍为设计要求的存储容量与所选芯片存储容量的比值。

例如，用 16K×8 位的存储芯片组成 64K×8 位的存储器，所需芯片总数按公式计算得：64K×8/16K×8=(64K/16K)×(8/8)=4 组×1 片=4 片。即需要 4 片 16K×8 位的芯片，分成 4 组。这些芯片不能同时工作，只能根据 CPU 给定的地址分时提供 CPU 所需的 8 位数据。进行字扩展的过程如图 3-28 所示。

64K 个单元需 16 位地址 $A_{15} \sim A_0$，其中低 14 位地址 $A_{13} \sim A_0$ 用于存储芯片的片内寻址，高 2 位地址 $A_{15}$ 和 $A_{14}$ 用于形成片选信号，这 2 位地址可组合表示 4 种状态，正好用于 4 组（每组 1 片）芯片选择。假设存储器从 0 开始连续编址，则各组芯片的地址分配如表 3-2 所示。

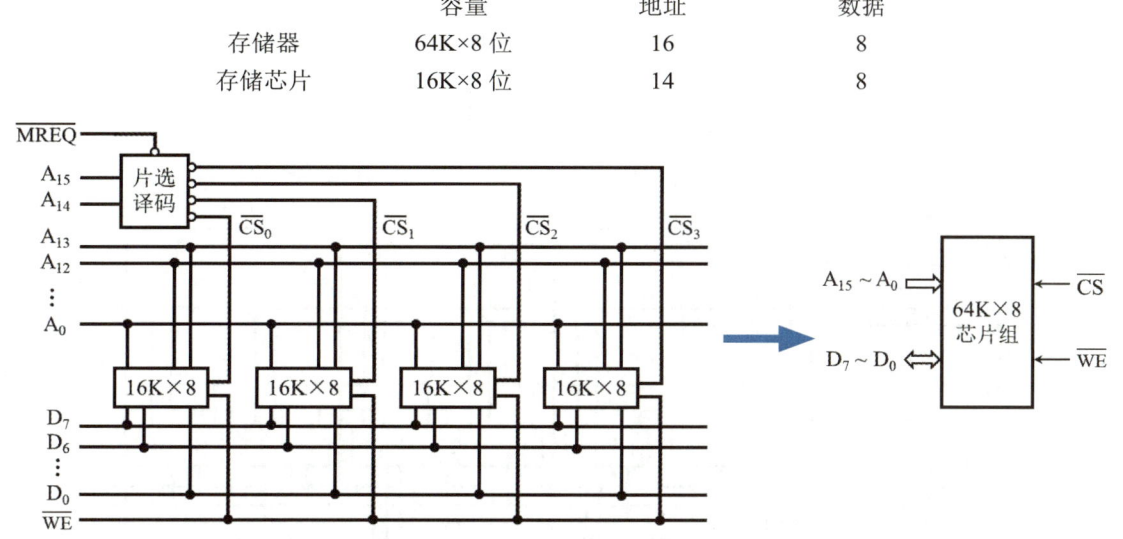

图 3-28 存储器字扩展举例

表 3-2 64K×8 位存储器的地址分配

| 内容 | 芯片组 | 芯片 | 片选 $A_{15}A_{14}$ 片内地址 $A_{13}$~$A_0$ | 十六进制表示 |
|---|---|---|---|---|
| 第一组地址范围 | 0 组 | 16K×8 位 | 00 00 0000 0000 0000<br>00 11 1111 1111 1111 | 0000H<br>3FFFH |
| 第二组地址范围 | 1 组 | 16K×8 位 | 01 00 0000 0000 0000<br>01 11 1111 1111 1111 | 4000H<br>7FFFH |
| 第三组地址范围 | 2 组 | 16K×8 位 | 10 00 0000 0000 0000<br>10 11 1111 1111 1111 | 8000H<br>BFFFH |
| 第四组地址范围 | 3 组 | 16K×8 位 | 11 00 0000 0000 0000<br>11 11 1111 1111 1111 | C000H<br>FFFFH |

由表 3-2 可知，当 $A_{15}$ 和 $A_{14}$ 为 00 时，选中第 0 组芯片；为 01 时，选中第 1 组芯片；为 10 时，选中第 2 组芯片；为 11 时，选中第 3 组芯片。

### 3. 字位同时扩展

当给定存储芯片的位数与字数均未达到存储器设计要求时，就需要进行字数、位数两方面的扩展。通常先进行位扩展，得到满足位数要求的存储模块，再以此为基础进行字扩展达到字数要求，且字扩展时推荐选择地址线位数和位扩展所用芯片的地址线位数尽可能一致（≤位扩展所用芯片的地址线位数）的芯片，这样片选逻辑才会尽可能简单。相对于给定芯片来说，扩展后数据线、地址线均有所增加，需要根据位扩展与字扩展的具体情况安排数据线、地址线与片选线。所需存储芯片数量仍为设计要求的存储器的容量与所选芯片存储容量的比值。

例如，用 1K×4 位的存储芯片组成 4K×8 位的存储器，所需的芯片总数按公式计算得：4K×8/1K×4=(4K/1K)×(8/4)=4 组 ×2 片 =8 片。即需要 8 片 1K×4 位的存储芯片，分成 4 组，每组 2 片。这些芯片组不能同时工作，只能根据 CPU 给定的地址分时提供 CPU 所需的 8 位数据（由每组的 2 片存储芯片各提供高 4 位数据和低 4 位数据，组合成 8 位）。进行字位同时扩展的过程如图 3-29 所示。

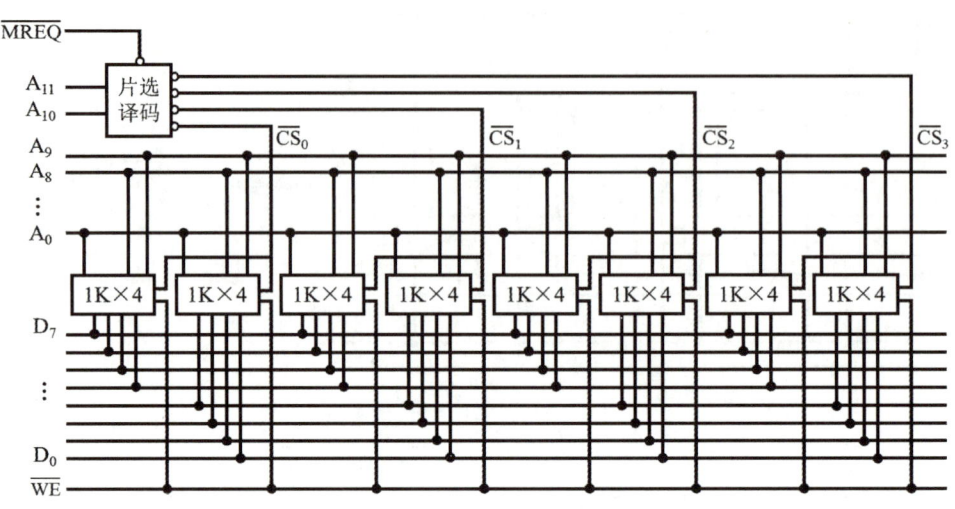

|  | 容量 | 地址 | 数据 |
|---|---|---|---|
| 存储器 | 4K×8 位 | 12 | 8 |
| 存储芯片 | 1K×4 位 | 10 | 4 |

图 3-29  存储器字位同时扩展举例

4K 个单元需 12 位地址 $A_{11} \sim A_0$，其中低 10 位地址 $A_9 \sim A_0$ 用于存储芯片的片内寻址，高 2 位地址 $A_{11}$ 和 $A_{10}$ 用于形成片选信号。假设存储器从 0 开始连续编址，则四组芯片的地址分配如表 3-3 所示。

表 3-3  4K×8 位存储器的地址分配

| 内容 | 芯片组 | 芯片 | | 片选 $A_{11}A_{10}$  片内地址 $A_9\sim A_0$ | 十六进制表示 |
|---|---|---|---|---|---|
| 第一组地址范围 | 0 组 | 1K×4 位 | 1K×4 位 | 00 00 0000 0000<br>00 11 1111 1111 | 000H<br>3FFH |
| 第二组地址范围 | 1 组 | 1K×4 位 | 1K×4 位 | 01 00 0000 0000<br>01 11 1111 1111 | 400H<br>7FFH |
| 第三组地址范围 | 2 组 | 1K×4 位 | 1K×4 位 | 10 00 0000 0000<br>10 11 1111 1111 | 800H<br>BFFH |
| 第四组地址范围 | 3 组 | 1K×4 位 | 1K×4 位 | 11 00 0000 0000<br>11 11 1111 1111 | C00H<br>FFFH |

### 3.2.5  主存储器与 CPU 的连接

CPU 可以直接访问主存储器获取执行程序时所需的指令、数据，同时 CPU 还需要利用主存空间来实现程序运行过程中所需的堆栈空间或临时变量空间。

CPU 对主存储器进行访问，首先要选择容量、类型适当的主存储器，其次由地址线给出地址信号，再次要发出相应的读/写控制信号，最后才能在数据线上进行信息交流。所以，主存储器与 CPU 的连接主要包含以下三部分的连接：地址线的连接、数据线的连接和控制线的连接。主存储器与 CPU 的逻辑连接如图 3-30 所示。

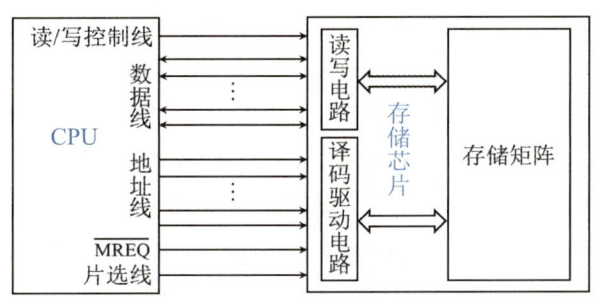

图 3-30　主存储器与 CPU 的逻辑连接

### 1. 选择合适的存储芯片

在实现 CPU 与主存储器的连接之前，要根据系统功能、性能需求，选择使用 RAM 还是 ROM，以及哪种 RAM 和 ROM；还要按要求选择存储芯片的容量，当现有存储芯片容量达不到所需容量时，需通过多片存储芯片的扩展达到预期容量及寻址空间。选择存储芯片的标准除功能、性能、容量等方面外，还要注意成本问题和存储系统实现的便利性问题。通常，选用 ROM 存放系统程序、出厂参数、启动程序、监控程序等工作过程中无须修改的数据，而选用 RAM 为系统程序和用户程序的运行提供空间。

### 2. 地址线连接

地址线的数量与地址码的位数、CPU 的寻址范围及系统总线的宽度紧密相关。地址线是由 CPU 发往存储器的单向信号线。通常 CPU 具有较强的寻址能力，CPU 的地址线条数要超出实际系统中存储芯片地址线的条数。此时将 CPU 地址线的低位与存储芯片地址线相连，CPU 地址线的高位用于实现片选或容量扩展。比如 CPU 地址线为 16 位，即 $A_{15} \sim A_0$，而系统中的存储器采用 4K×16 位的存储芯片，其地址线只有 12 条（$A_{11} \sim A_0$），此时将 4K×16 位的芯片连入系统时，只要将 CPU 地址线的低 12 位（$A_{11} \sim A_0$）与存储芯片的地址线相连即可，当系统容量需要扩展时，可以利用 CPU 地址线的高位实现片选。

### 3. 数据线连接

CPU 的字长即 CPU 每次能处理数据的位数，它受到 CPU 内部寄存器位数、CPU 内部总线宽度及 CPU 总线接口宽度的影响。CPU 的字长与存储芯片中存储单元的位数可能是一致的，也可能不同。如果不同，则需要对存储芯片进行位扩展，使存储器位数与 CPU 数据线条数一致。数据线是双向的，以实现 CPU 的读、写两种操作。

### 4. 读/写控制线的连接

读/写命令由 CPU 的读/写控制线发出，一般直接与存储芯片的读/写控制端相连。读/写控制线可以是一条控制线，也可以用两条独立的控制线实现读/写控制。通常读信号为高电平有效，写信号为低电平有效。

### 5. 片选线的连接

片选线的连接通常是实现主存储器与 CPU 连接中的重点和难点环节，直接影响到 CPU

与存储系统能否正常工作。当存储系统中有多片存储芯片时，当前 CPU 所需访问的存储单元位于哪片芯片上，就取决于当前哪片芯片的片选控制端 $\overline{CS}$ 接收到了 CPU 发来的片选有效信号，同时片选信号机制也保证了存储器中每一个编址单元的地址是唯一的。CPU 的地址线往往多于存储芯片的地址线，当系统中有多片这样的存储芯片时，CPU 就利用那些没有和存储芯片地址线相连的高位地址线来产生片选信号。在计算机系统中，为了区分当前 CPU 是在访问存储器还是在访问 I/O 设备，还提出了一个访存控制信号 $\overline{MREQ}$，只有当 $\overline{MREQ}$ 为低电平时，片选信号才有效，即 $\overline{MREQ}$ 为低电平才表示 CPU 要访存，反之则要访问 I/O 设备。实现片选的过程中，通常还需用到一些逻辑电路，如译码器或其他的电路芯片。

【例 3.6】设 CPU 有 16 根地址线，8 根数据线，并用 $\overline{MREQ}$（低）作为访存控制信号，$\overline{WR}$（高读低写）为读写信号。以下为给定的芯片类型及容量。

RAM：1K×4 位、4K×8 位、8K×8 位。

ROM：2K×8 位、4K×8 位、8K×8 位。

如图 3-31 所示为 74LS138 译码器及各种门电路。

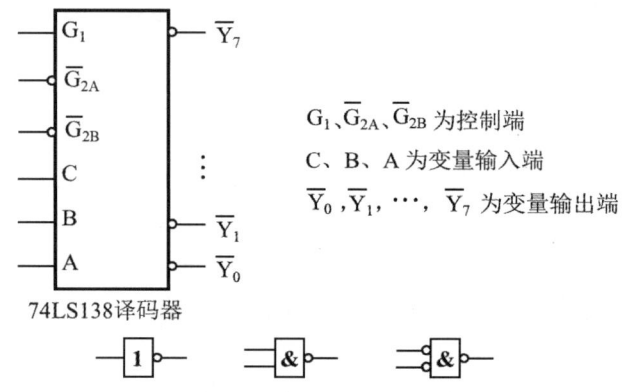

主存地址空间：6000H～67FFH 为系统程序区；6800H～6BFFH 为用户程序区。
请合理使用芯片，并画出主存储器与 CPU 的连接图。

解：根据 6000H～67FFH 系统程序区，6800H～6BFFH 用户程序区。

（1）写出对应的二进制地址码，确定芯片类型及数量。

（2）分配地址线和数据线。

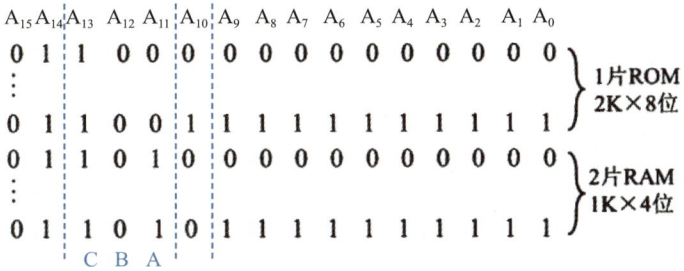

$A_{10} \sim A_0$ 接 2K×8 位 ROM 的地址线,$D_7 \sim D_0$ 接 2K×8 位 ROM 的数据线。

$A_9 \sim A_0$ 接 1K×4 位 RAM 的地址线,$D_7 \sim D_4$ 接第 1 片 1K×4 位 RAM 的数据线,$D_3 \sim D_0$ 接第 2 片 1K×4 位 RAM 的数据线。

将 CPU 的低 11 位地址线 $A_{10} \sim A_0$ 与 2K×8 位的 ROM 地址线相连;将 CPU 的低 10 位地址线 $A_9 \sim A_0$ 与 2 片 1K×4 位的 RAM 地址线相连。剩下的高位地址线与 $\overline{MREQ}$ 共同产生存储芯片的片选信号。

(3)确定片选信号、读/写控制和 $\overline{MREQ}$。

$A_{13} \sim A_{11}$ 接片选信号 C、B、A,为 100 时选择 ROM,为 101 时选择 RAM。读/写控制端连接 2 片 RAM 的读/写端。由图 3-31 给出的 74LS138 译码器输入逻辑关系可知,必须保证控制端 $G_1$ 为高电平,$\overline{G}_{2A}$ 与 $\overline{G}_{2B}$ 为低电平,才能使译码器正常工作。根据第一步写出的存储器地址范围得出,$A_{15}$ 始终为低电平,$A_{14}$ 始终为高电平,它们正好可分别与译码器的 $\overline{G}_{2A}$(低)和 $G_1$(高)对应。而 $\overline{MREQ}$(低电平有效)又正好可与 $\overline{G}_{2B}$(低)对应。

(4)主存储器与 CPU 的连接图如图 3-32 所示。

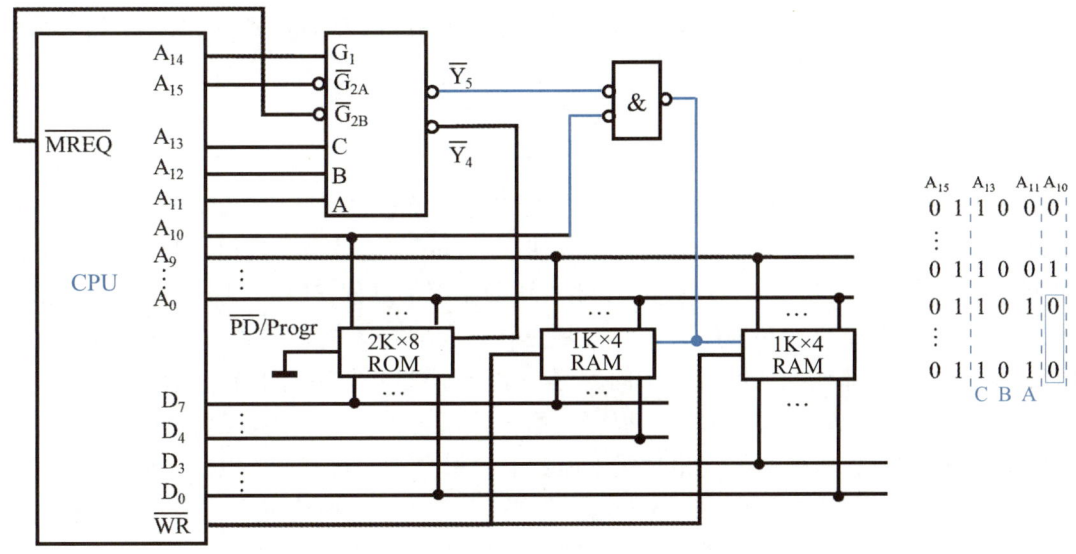

图 3-32 主存储器与 CPU 的连接图

【注】绘图时,需注意对照用于片选信号的二进制地址码的具体取值,转化为连接图中的逻辑细节表现。例如,例 3.6 中,ROM 具有只读的特点,图 3-32 中的编程端 $\overline{PD}$/Progr 接地;又如,图 3-31 示意了 74LS138 译码器原本具备 $\overline{Y}_0 \sim \overline{Y}_7$ 共 8 个输出端,在图 3-32 中,C、B、A 端的输入对应右侧的二进制地址码"100"和"101",译码后只有 $\overline{Y}_4$ 和 $\overline{Y}_5$ 有效,从而省略

了其他输出端；并且$\overline{Y}_4$有效时访问 ROM，$\overline{Y}_5$有效且 $A_{10}$ 为"0"时访问 2 片 RAM，各提供 CPU 所需 8 位数据的高 4 位和低 4 位。

## 3.3 高速缓冲存储器

随着集成电路技术不断进步，生产成本不断降低，CPU 的功能不断增强，运算速度越来越快，微型机的应用领域也不断拓展，使得系统软件和应用软件都变得越来越大，因此客观上需要计算机配备较大容量的内存支持软件的运行。综合成本和容量两方面因素考虑，现代计算机广为采用的内存是用 DRAM 构成的内存。因为 DRAM 的功耗和成本较低，构成大容量的内存也不困难。但 DRAM 的速度相对较慢，很难满足高性能 CPU 在速度上的要求，同时程序执行所使用的指令或数据在存储器中很可能在同一地址的附近（至少在一段时间内是这样的），因而产生了高速缓冲存储器（Cache）的设计理念，即只将 CPU 最近需要使用的少量指令或数据以及存放它们的内存单元的地址复制到速度较快的 Cache 中，以便提供给 CPU 使用，用少量速度较快的 SRAM 构成 Cache 置于 CPU 和主存之间。这种设计思想利用了 SRAM 的速度优势和 DRAM 的高集成度、低功耗及低成本的特点。

随着大规模集成电路技术的不断进步以及 CPU 工作频率的进一步提高，虽然 DRAM 技术和生产工艺在不断进步，DRAM 的读/写周期在不断缩短，即速度在不断提高，但是仍然达不到同阶段的 CPU 对内存速度的要求。CPU 和内存速度的差异化问题依然存在，且变得更加严重，所以在目前的系统中，均采用了 Cache 和 DRAM 内存的组合结构。基于目前的大规模集成电路技术和生产工艺，已经可以在 CPU 内部放置一定容量的 Cache。CPU 内部的 Cache 称为一级（L1）Cache，CPU 外部由 SRAM 构成的 Cache 称为二级（L2）Cache。目前，最新的 CPU 内部已经可以放置三级 Cache。

### 3.3.1 Cache 的作用

Cache 的作用是为了解决 CPU 和主存之间速度不匹配的问题。Cache 是介于 CPU 和主存之间的小容量存储器，但存取速度比主存快。Cache 容量虽小，但可满足 CPU 在一段时间内的数据需求，这是由于 CPU 执行程序时，访问主存的过程在时间和空间上存在局部性。通过分析发现，CPU 执行某程序时，需要从主存中获取相关指令和数据，在一段时间内，CPU 只对主存中局部地址区域进行访问。这是由于计算机程序中的指令和数据在主存中往往是连续存放的，此外一些常数、子程序、循环体还会被多次调用，这就使得一段时间内 CPU 所需访问的信息所处的位置相对集中而并非随机分布，这就是 CPU 访问主存的局部性原理（*程序访问的局部性原理*）。依据这一原理，将 CPU 近期要用到的程序提前从主存调入 Cache，就可以实现 CPU 在这段时间内只访问 Cache 而无须访问主存。

目前主存容量配置在 2～8GB 的情况下，Cache 的典型值是 1～3MB。Cache 能高速地向 CPU 提供指令和数据，从而加快程序的执行速度。从功能上看，它是主存的缓冲存储器，由高速的 SRAM 组成。为追求高速，包括管理在内的全部功能由硬件实现，因而对程序员来说是透明的。

### 3.3.2 Cache 的工作原理

Cache 除包含 SRAM 外，还要有控制逻辑。若 Cache 在 CPU 外，它的控制逻辑一般与主存控制逻辑合成在一起，称为主存/Cache 控制器；若 Cache 在 CPU 内，则由 CPU 提供它的控制逻辑。

#### 1. 配置 Cache 能提升 CPU 速率的原因

CPU 与 Cache 之间的数据交换的单位不一样。CPU 与 Cache 之间的数据交换是以**字**为单位的，而 Cache 与主存之间的数据交换是以**块**为单位的（Cache 块也称为 Cache 行，为便于理解主存块与 Cache 块的映射关系，书中交替两种称呼）。一个块由若干字组成，是定长的，因此也称为字块。当 CPU 读取主存中的一个字时，便发出此字的主存地址到 Cache 和主存。此时，Cache 控制逻辑依据地址判断此字当前是否在 Cache 中，若是（命中），此字立即传输给 CPU；若非（不命中），则用主存读周期把此字从主存读出送到 CPU，同时把含有这个字的整个数据块从主存读出并送到 Cache 中。

CPU 和 Cache 直接数据交换如图 3-33 所示。

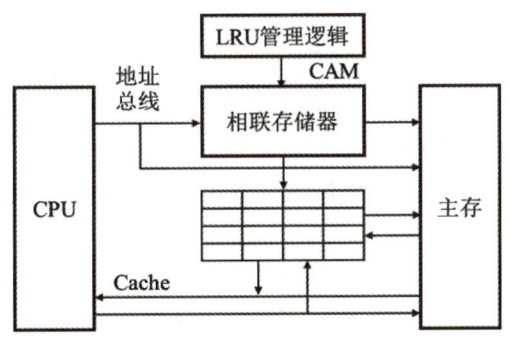

图 3-33 CPU 和 Cache 直接数据交换

假设 Cache 读出时间为 50ns，主存读出时间为 250ns，存储系统是模块化的，主存中每个 8K 字模块和容量 16 字的 Cache 相联系。Cache 分为 4 行，每行 4 个字。分配给 Cache 的地址存放在一个**相联存储器**（CAM）中，它是按内容寻址的存储器。当 CPU 执行访存指令时，就把所要访问的字地址送到 CAM；如果该字不在 Cache 中，则将其从主存传输到 CPU。与此同时，把包含该字的那块数据（即包含该字的、前后相继的 4 个字所组成的一行数据）送入 Cache；若 Cache 已满，则由它替换原先 Cache 中最近最少使用（因图中采用的是最近最少使用管理逻辑）的一行数据。在这里，由始终管理 Cache 使用情况的硬件逻辑电路来实现最近最少使用替换算法。

Cache 的容量相比主存小得多，无法使用类似于主存中地址译码的方式选中某一 Cache 单元，因此需要合理设计 Cache 存储器的组织形式，以实现主存数据在 Cache 中的映射和 CPU 对 Cache 的高速访问。

#### 2. Cache 的命中与未命中

主存容量较大但速度较慢，而 Cache 速度快但容量很小。CPU 执行程序时将主存中某一数据片段以某种组织形式放入 Cache，当 CPU 需要从主存读取一个数据时，首先检查这个数据是否在 Cache 中，若在则称为 Cache **命中**，CPU 获取此数据；若不在则称为 Cache **未命中**，相关硬件将此数据所在的数据块从主存调入 Cache 并交给 CPU。由于存在访问的局部性，当一部分数据被调入 Cache 以满足当前 CPU 需求时，CPU 接下来要访问的数据也很有可能已经被调入 Cache 了。Cache 的命中率越高，表明从 Cache 获取数据的概率越大，CPU 需要访问主存的次数越少，通常用其来衡量 Cache 的工作效率。

### 3. Cache-主存系统的性能指标

#### 1）Cache 命中率

**Cache 命中率**指 CPU 欲访问的信息在 Cache 中的比例，即 CPU 在 Cache 中获取信息的次数与其访问 Cache 和主存总次数的比例。命中率与程序的行为、Cache 的容量、组织方式及块的大小有关。设在某一程序执行过程中，$N_c$ 为访问 Cache 的总命中次数，$N_m$ 为未命中时访问主存的总次数，$h$ 定义为命中率，则有：

$$h = \frac{N_c}{N_c + N_m}$$

#### 2）Cache-主存系统平均访问时间

已知 $h$ 为 Cache 命中率，则 $1-h$ 为未命中率，设 $t_c$ 为命中 Cache 时的访问时间，$t_m$ 为未命中 Cache 时访问主存的时间，则 **Cache-主存系统的平均访问时间** $t_a$ 在访问 Cache 和访问主存**并行**（即 CPU 访问 Cache 的同时也在访问主存）的情况下为：

$$t_a = ht_c + (1-h)t_m$$

在访问 Cache 和访问主存**串行**（即 CPU 在访问主存的过程中先访问 Cache，当 Cache 未命中时才启动主存）的情况下为：

$$t_a = ht_c + (1-h)(t_c + t_m)$$

追求的目标是以较小的硬件代价使 Cache-主存系统平均访问时间 $t_a$ 尽可能接近 $t_c$。

#### 3）Cache-主存系统访问效率

设 $r = t_m/t_c$ 表示主存慢于 Cache 的倍率，$e$ 表示 **Cache-主存系统访问效率**，则有：

$$e = \frac{t_c}{t_a} = \frac{t_c}{ht_c + (1-h)t_m} = \frac{1}{h + (1-h)r} = \frac{1}{r + (1-r)h}$$

由上式可看出，为提高访问效率，命中率 $h$ 越接近 1 越好，$r$ 值以 5～10 为宜，不宜太大。

#### 4）速度提高的倍数

**速度提高的倍数**等于主存访问时间 $t_m$ 除以 Cache-主存系统平均访问时间 $t_a$ 并减 1。即：

$$速度提高的倍数 = \frac{t_m}{t_a} - 1$$

【**例 3.7**】假设 CPU 执行某段程序时，共访问 Cache 命中 2000 次，访问主存 50 次。已知 Cache 的存取周期为 50ns，主存的存取周期为 200ns，求 Cache 命中率、Cache-主存系统的访问效率和平均访问时间，以及有 Cache 和无 Cache 相比，速度提高的倍数。

解：命中率 $h = N_c/(N_m + N_c) = 2000/(2000 + 50) = 0.97$

平均访问时间 $t_a=h×t_c+(1-h)×t_m=0.97×50+(1-0.97)×200=54.5$ns
访问效率 $e=t_c/t_a×100\%=50/54.5×100\%≈91.7\%$
有 Cache 和无 Cache 相比，速度提高的倍数 $=200/54.5-1≈2.67$ 倍。

### 3.3.3 Cache 与主存的地址映射

Cache 的命中率取决于三个因素：Cache 的大小、Cache 的组织结构和程序的特性。与主存容量相比，Cache 的容量较小，它保存的内容只是主存内容的一个子集，并且 Cache 与主存之间的数据交换都是以字块为单位的。为了把主存字块放到 Cache 中，必须采用某种方法将主存地址定位到 Cache 中，这种方法称之为**地址映射**。

在地址映射之前，必须把主存和 Cache 按照同样大小的数据块（包含若干个字）进行划分，主存用主存字块来表示，Cache 用 Cache 字块来表示，主存中某个主存字块的大小和 Cache 中任意一个 Cache 字块的大小是相等的。Cache 与主存进行地址映射的方式有三种：直接映射方式、全相联映射方式和组相联映射方式。

#### 1. 直接映射

在直接映射中，每个主存字块只能和一个 Cache 字块所对应，每个 Cache 字块对应若干个主存字块。图 3-34 给出了主存字块和 Cache 字块的直接映射对应关系。假设 $i$ 为 Cache 字块号，$j$ 为主存字块号，$c$ 为 Cache 字块数，则直接映射关系公式为：

$$i=j \bmod c \quad 或 \quad i=j \bmod 2^c$$

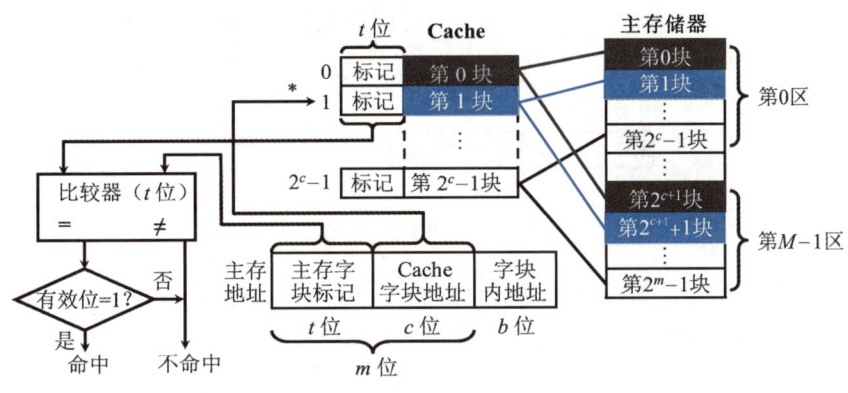

图 3-34 直接映射方式

直接映射方式的优点是实现简单，只需要利用主存地址的某些位直接判断，即可确定所需字块是否在 Cache 中。

由图 3-34 可见，主存地址高 $m$ 位被分成两部分：较低的 $c$ 位是指 Cache 的字块地址（直接映射方式中又称为**字块号**），较高的 $t$ 位（$t=m-c$）是指**主存字块标记**（直接映射方式中又称为**区号**），它被记录在建立了对应关系的 Cache 字块的"标记"位中。当 Cache 接到 CPU 送来的主存地址后，只需根据中间 $c$ 位字段（假设为 00…01）找到 Cache 字块 1，然后根据字块 1 的"标记"是否与主存地址的高位相符来判断，若符合且有效位为"1"（有效位用来识别 Cache 存储字块中的数据是否有效，因为有时 Cache 中的数据是无效的，例如，在初始时刻 Cache 应该是 "空" 的，其中的内容是无意义的），表示该 Cache 字块已和主存的某字块建立了对应关系（即已命中），则可根据 b 位地址从 Cache 中取得信息；若不符合，或有效位为 "0"（即不命中），则从主存读入新的字块来替代旧的字块，同时将信息送往 CPU，并修改 Cache "标记"。如果原来有效位为 "0"，还得将有效位置为 "1"。

直接映射方式的缺点是不够灵活，因每个主存字块只能固定地对应某个 Cache 字块，即使 Cache 内还空着许多位置也不能占用，使 Cache 的存储空间得不到充分的利用。此外，如果程序恰好要重复访问对应同一 Cache 位置的不同主存字块，就要不停地进行替换，从而降低命中率。

### 2. 全相联映射

全相联映射允许主存中每一字块映射到 Cache 中的任一字块位置上，也可以说，Cache 中的每一字块对应主存中的任一字块，如图 3-35 所示。这种映射方式可以从已被占满的 Cache 中替换出任一旧字块。显然，这种方式灵活，命中率也更高，缩小了块冲突率。与直接映射相比，它的主存字块标记从 $t$ 位增加到 $t+c$ 位，这就使 Cache "标记" 的位数增多，而且访问 Cache 时主存字块标记需要和 Cache 的全部 "标记" 位进行比较，才能判断出所访问主存地址的内容是否已在 Cache 内。这种比较通常采用 "按内容寻址" 的相联存储器来完成。

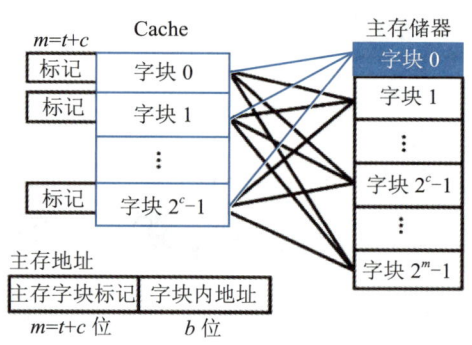

图 3-35 全相联映射方式

总之，全相联映射方式所需的逻辑电路甚多，成本较高，实际的 Cache 还要采用各种措施来减少地址的比较次数。

### 3. 组相联映射

组相联映射是对直接映射和全相联映射的一种结合。如图 3-36 所示，它把 Cache 分为 $U$ 组，每组有 $V$ 字块（图 3-36 中为每组 2 字块：$V=2^v=2^1$，故 $v=1$），假设 $i$ 为 Cache 的组号，$j$ 为主存的字块号。将某一主存字块按模 $U$ 映射到 Cache 的第 $i$ 组内，则组相联映射关系公式为：

$$i = j \bmod U \quad \text{或} \quad i = j \bmod 2^u$$

组相联映射的主存地址各段与直接映射是有区别的。图 3-36 中，Cache 字块地址字段由 $c$ 位变为组地址字段 $u$ 位，$u=c-v$，其中 $2^c$ 表示 Cache 的总字块数，$2^u$ 表示 Cache 的分组个数，$2^v$ 表示组内包含的字块数。主存字块标记字段由 $t$ 位变为 $s=t+v$ 位。

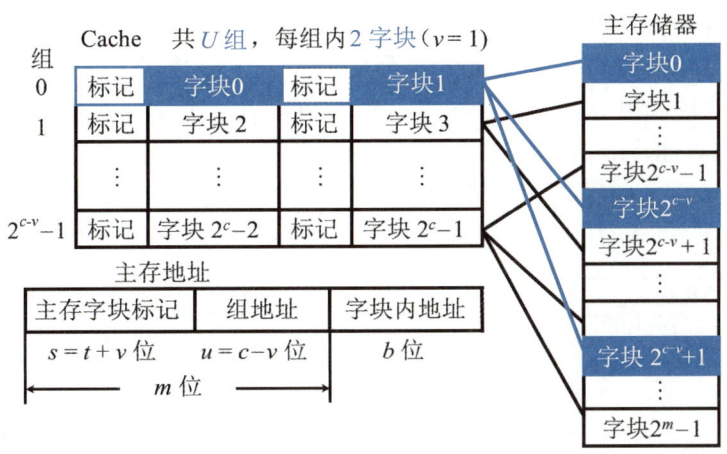

图 3-36 组相联映射方式

为了便于理解，假设 $c=6$，$u=5$，则 $v=c-u=1$。其实际含义为：Cache 共有 $2^6=64$ 个字块，共分为 $2^5=32$ 组，每组内包含 $2^1=2$ 字块。组内 2 字块的组相联映射又称为二路组相联映射，组内 4 字块的组相联映射又称为四路组相联映射，以此类推。

根据上述假设条件，组相联映射的含义是：主存的某一字块可以按模 32 映射到 Cache 某组的任一字块中。即主存的第 0，32，64，96，…字块可以映射到 Cache 第 0 组 2 字块中的任一字块；主存的第 31，63，95 字块可以映射到 Cache 第 31 组中的任一字块。显然，主存的第 $j$ 字块会映射到 Cache 的第 $i$ 组中，两者之间一一对应，属于直接映射关系；另一方面，主存的第 $j$ 字块可以映射 Cache 的第 $i$ 组中的任一字块，这又体现出全相联映射关系。可见，组相联映射的性能及其复杂性介于直接映射和全相联映射两者之间，当 $v=0$ 时是直接映射方式，当 $v=c$ 时是全相联映射方式。

【例 3.8】主存容量为 512KB，Cache 容量为 4KB，每个字块 16 个字，每个字 32 位。

(1) Cache 地址有多少位？可容纳多少字块？

(2) 主存地址有多少位？可容纳多少字块？

(3) 在直接映射方式下，主存的第几字块映射到 Cache 中的第 5 字块（设起始字块为第 1 字块）？

(4) 画出直接映射方式下主存地址字段中各段的位数（按字节寻址）。

解：(1) 根据 Cache 容量为 4KB（$2^{12}$=4KB），Cache 地址为 12 位。由于每字 32 位（32b=4B），则 Cache 共有 4KB/4B=1K 字。又因每个字块 16 个字，故 Cache 中有 1K/16=64 字块。

(2) 根据主存容量为 512KB（$2^{19}$=512KB），主存地址 19 位（即总地址长度为 19 位，具体地址为 $A_{18} \sim A_0$）。由于每字 32 位（32b=4B），则主存有 512KB/4B=128K 字。因每个字块 16 个字，故主存中有 128K/16=8192 字块。

(3) 在直接映射方式下，由于 Cache 共有 64 字块，主存共有 8192 字块，得 8192/64=128。即按照 Cache 容量将主存字块分为 128 个区，每一个区的第 5 个字块都能映射到 Cache 的第 5 个字块中，因此主存的第 5，64+5，2×64+5，…，127×64+5 个字块能映射到 Cache 的第 5 个字块中。

(4) 在直接映射方式下，主存地址字段的各段位数分配如图 3-37 所示。其中一个字块内有 16×4=64 个字节，所以字块内地址为 6 位（4 位表示 16 个字，2 位表示每字 4 个字节）。Cache 共 64 字块，故 Cache 字块号为 6 位。主存字块标记（即区号）为主存地址长度与 Cache 地址长度之差，即 19-12=7 位；也可以认为主存字块按照 Cache 字块进行分区，有 8192/64=128，分为 128 个区（$2^7$=128）；还可以用主存容量除以 Cache 容量，512KB/4KB=$2^{19}/2^{12}=2^7$，同样是 7 位。

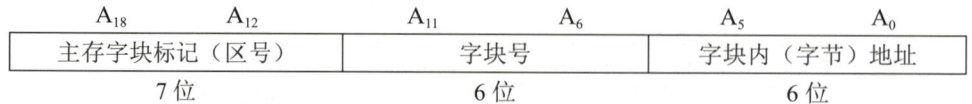

图 3-37 主存地址字段的各段位数分配

【例 3.9】假设主存容量为 512K×16 位，Cache 容量为 4096×16 位，字块 4 个字，每个字 16 位，访存地址为字地址。

（1）在直接映射方式下，设计主存的地址格式。读过程是如何进行的？
（2）在全相联映射方式下，设计主存的地址格式。读过程是如何进行的？
（3）在二路组相联映射方式下，设计主存的地址格式。读过程是如何进行的？
（4）若主存容量为 512K×32 位，字块长不变，在四路组相联映射方式下设计主存的地址格式。

解：（1）Cache 容量为 4096=$2^{12}$ 字，Cache 地址为 12 位；字块长为 4 且访存地址为字地址，得字块内地址为 2 位；Cache 共有 4096/4=1024=$2^{10}$ 字块，即 Cache 字块为 10 位；主存字块标记（区号）为主存地址长度（主存容量 512K=$2^{19}$，即总地址长度 19 位，具体地址为 $A_{18} \sim A_0$）与 Cache 地址长度之差，即 19-12=7 位；也可以采用【例 3.8】第（4）问所答的其他算法。

| $A_{18}$　　　　$A_{12}$ | $A_{11}$　　　　$A_2$ | $A_1$　　$A_0$ |
|---|---|---|
| 主存字块标记（区号） | 字块号 | 字块内（字）地址 |
| 7 位 | 10 位 | 2 位 |

读过程：CPU 给出 19 位地址，Cache 利用中间 10 位的字块号确定目标行，并将高 7 位区号与该行的标记进行比较，命中则利用低 2 位的字块内地址完成访问；否则，从主存读出数据并复制数据块到 Cache。

（2）在全相联映射方式下，主存字块标记=主存地址长度-字块内地址长度=19-2=17 位。

| $A_{18}$　　　　　　　　$A_2$ | $A_1$　　$A_0$ |
|---|---|
| 主存字块标记 | 字块内（字）地址 |
| 17 位 | 2 位 |

读过程：CPU 给出 19 位地址，Cache 将高 17 位的字块地址与各行的标记进行比较，命中则将低 2 位的字块内地址送入 Cache 完成访问；否则，从主存读出数据并复制数据块到 Cache。

（3）二路组相联映射即一组内有 2 字块，得 Cache 共分 1024/2=512=$2^9$ 组，即组地址为 9 位。主存字块标记为 =19-9-2=8 位。

| $A_{18}$ | $A_{11}$ | $A_{10}$ | $A_2$ | $A_1$ | $A_0$ |
|---|---|---|---|---|---|
| 主存字块标记 | | 组地址 | | 字块内（字）地址 | |
| 8 位 | | 9 位 | | 2 位 | |

读过程：CPU 给出 19 位地址，Cache 利用中间 9 位的组地址确定目标组，并将高 8 位的主存字块标记与组内各行的标记比较，命中则利用低 2 位的字块内地址完成访问；否则，从主存读出数据并复制数据块到 Cache。

（4）主存容量为 512K×32 位即双字宽存储器，字块长不变，则主存容量可写成 1024K($2^{20}$)×16 位，得主存地址为 20 位（具体地址为 $A_{19} \sim A_0$）。由四路组相联，得 Cache 共分 1024/4=256=$2^8$ 组，即组地址为 8 位。主存字块标记为 =20-8-2=10 位。

| $A_{19}$ | $A_{10}$ | $A_9$ | $A_2$ | $A_1$ | $A_0$ |
|---|---|---|---|---|---|
| 主存字块标记 | | 组地址 | | 字块内（字）地址 | |
| 10 位 | | 8 位 | | 2 位 | |

### 4. 三种映射方式的比较

表 3-4 从灵活度、速度、Cache 利用率、成本及结构复杂度，以及在多层次 Cache 中的应用五个方面，对三种映射方式进行比较。

表 3-4 三种映射方式的比较

| 比较项目 | 直接映射 | 全相联映射 | 组相联映射 |
|---|---|---|---|
| 灵活度 | 小 | 大 | 适中 |
| 速度 | 快 | 慢 | 适中 |
| Cache 利用率 | 低 | 高 | 较高 |
| 成本及结构复杂度 | 低 | 高 | 适中 |
| 在多层次 Cache 中的应用 | 靠近 CPU 的 Cache 层次要求的是高速度，可采用直接映射或路数较少的组相联映射 | 距离 CPU 最远的 Cache 层次，可采用全相联映射 | 中间层次可采用组相联映射 |

### 3.3.4 替换算法

当新的主存字块需要调入 Cache，并且它的可用空间位置又被占满时，需要替换掉 Cache 中的数据，这就产生了替换算法（策略）问题。

在直接映射的 Cache 中，由于某个主存字块只与一个 Cache 字块有映射关系，因此替换算法很简单。而在组相联和全相联映射的 Cache 中，主存字块可以写入 Cache 中若干位置，这就有了选择替换掉哪一个 Cache 字块的问题，即所谓替换算法问题。理想的替换算法是把将来很少用到的或者很久才用到的数据块替换出来，但实际上很难做到。常用的替换算法有先进先出算法、最不经常使用算法、近期最少使用算法和随机替换法。

#### 1. 先进先出（First In First Out，FIFO）算法

FIFO 算法选择最早调入 Cache 的字块进行替换，它不需要记录各字块的使用情况，比较容易实现，开销小，但没有遵循访存的局部性原理，故不能提高 Cache 的命中率。因为最早调入的字块可能以后还要用到，或者经常要用到，如循环程序。

### 2. 最不经常使用（Least Frequently Used，LFU）算法

LFU 算法是将一段时间内被访问次数最少的字块换出。为此，需要给每个字块设置一个计数器，从新字块建立后开始计数，每访问一次，被访字块的计数器加 1。当需要替换字块时，对这些特定字块的计数值进行比较，将计数值最小的字块换出，同时将这些特定字块的计数器都清零。这种算法将计数周期限定在对这些特定字块两次替换之间的间隔时间内，因而不能严格地反映近期的访问情况。

### 3. 近期最少使用（Least Recently Used，LRU）算法

LRU 算法较好地利用了访存的局部性原理，替换出近期用得最少的字块。它需要随时记录 Cache 中各字块的使用情况，以便确定哪个字块是近期最少使用的字块。它实际是一种推测的方法，比较复杂，一般采用简化的方法，只记录每个字块最近一次使用的时间。LRU 算法的平均命中率比 FIFO 算法要高。

### 4. 随机替换法

随机替换法是随机地确定被替换的字块，比较简单，可采用一个随机数生成器生成一个随机的、被替换的字块。这种策略在硬件上容易实现，且速度也比 FIFO 和 LFU 快。缺点是它没有遵循访存的局部性原理，随意换出的数据很可能马上又要被使用，从而降低了命中率和 Cache 的工作效率。但这个不足随着 Cache 容量的增大而减小，有研究表明，随机替换法的功效稍逊于 FIFO 和 LFU。

## 3.3.5 Cache 的读和写（更新）

### 1. Cache 的读

CPU 需要读取某字时，首先发出要访问的主存地址，经 Cache-主存地址映射机构判断该字是否在 Cache 中。若命中，则 CPU 直接访问 Cache 获取该字。若未命中，则访问主存，从主存获取该字，同时将该字所在的主存字块调入 Cache。若当前 Cache 已满，则要执行替换算法为新调入的主存字块腾出空间。Cache 的读过程可用图 3-38 所示的读流程图来表示。

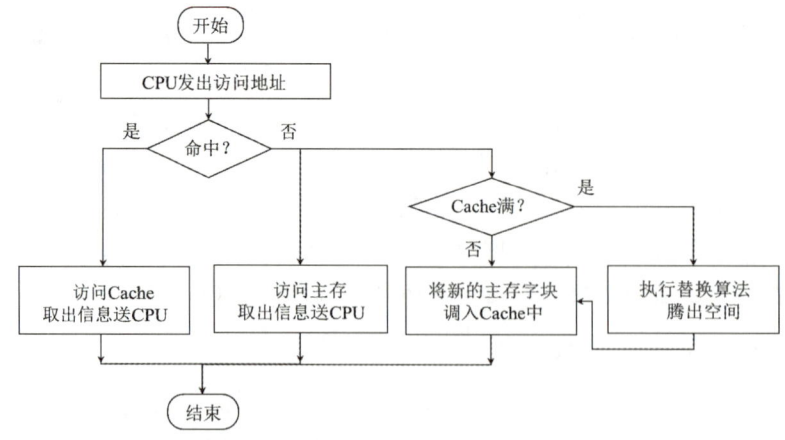

图 3-38　Cache 的读流程图

### 2. Cache 的写

为保证程序执行的正确性，Cache 中的数据应与主存内相应的数据保持一致，在对 Cache 空间进行写操作时必须注意这一点。Cache 的写的常见方法包含直写法和回写法。

#### 1）直写法（Write-through）

**直写法**也称为**写直达法**、**写通过**，是指 CPU 在执行写操作时，将数据写入 Cache 的同时将数据写入主存，这种方法可以保证 Cache 中的数据和主存数据的一致性，当某一 Cache 字块失效需要调出 Cache 时，无须再专门将其写入主存。由于每次 Cache 的写都涉及访存操作，直写法的访存次数较多，效率不高。

#### 2）回写法（Write-back）

**回写法**也称为**标志交换方式**、**写回法**、**拷回法**，是指在 CPU 执行写操作时，仅将数据写入 Cache 而不写入主存，当此 Cache 数据要被调出 Cache 时才将其写回主存。这种方法减少了 CPU 访存的次数，但会出现在某时间段内，Cache 数据与主存数据不一致的情况。为了避免某一主存字块在被调入 Cache 后且未写回前又被其他程序读取而导致数据不一致，在 Cache 字块上加上一个 0 或 1 的标志位。0 表示该 Cache 字块未被修改，内容与主存一致；1 表示该 Cache 字块被修改过，与主存内容不一致。当涉及 Cache 字块的替换时，标记为 0 的 Cache 字块因为与主存一致而无须写回，而标记为 1 的 Cache 字块则要写回主存，同时将该字块的标记置为 0。

## 3.3.6 Cache 的改进

早期系统中，CPU 与主存之间只有一级 Cache，随着生产工艺的提高，Cache 被做在 CPU 内部，称为片内 Cache。CPU 与片内 Cache 之间的距离变得更短，CPU 在访问片内 Cache 时无须使用系统总线，提高了系统的整体效率。随着 CPU 工作速度的进一步加快，Cache 技术也在不断改进。当前 Cache 的发展趋势是朝着更大容量、更快速度、智能化管理、完善多级 Cache 结构以及实现 Cache 一致性与一体化等方向不断发展。

### 1. 多级 Cache

片内 Cache 处于 CPU 内部，与 CPU 内核距离更近，但也正因为处于 CPU 内部，所以容量不能做得很大。随着 CPU 访存次数的增多，有限的 Cache 容量逐渐导致命中率降低、替换操作频率增加。在片内 Cache 和主存之间再加一级片外 Cache 构成多级 Cache，可以有效地解决这一问题。此时片内 Cache 称为一级（L1）Cache，片外 Cache 称为二级（L2）Cache。在 CPU 与二级 Cache 之间设置专门的数据通道，不占用系统总线，可以进一步提高多级 Cache 系统的工作效率。随着访存需求和生产工艺技术的进一步提高，现代 CPU 将二级 Cache 置于 CPU 内部，在片外或片内设置容量更大的三级（L3）Cache。

目前，市面上常见的 CPU Cache 通常分为三级缓存：L1 Cache、L2 Cache 和 L3 Cache，级别越低的离 CPU 核心越近，访问速度越快，但是存储容量相对就会越小。其中，在多核心的 CPU 里，每个核心都有各自的 L1/L2 Cache，而 L3 Cache 是所有核心共享使用的。

2. 分立 Cache

早期 Cache 中数据与指令存放在同一 Cache 存储空间中，称为统一 Cache。但随着主存结构的发展及指令流水线等技术的需求，统一 Cache 也逐渐发展为分立 Cache，即将原来的 Cache 分为指令 Cache 和数据 Cache。

3. 代表性实例

Intel Optane Persistent Memory（英特尔®傲腾™持久主存）：结合了主存和存储的特性，在主存层次结构中扮演着重要的角色。它提供了高容量、低延迟的非易失性主存存储，可以作为 Cache 层或者扩展主存使用，提高系统性能和数据持久性。

AMD Infinity Cache 3D V-Cache（3D 垂直缓存）：是 AMD Ryzen 处理器的最新 Cache 技术，采用 3D 堆栈技术。它在处理器芯片上增加了更大容量的 L3 Cache，提高了数据访问速度和处理性能，特别适用于游戏和多线程工作负载。

Arm Cortex-A78C CPU Cluster Cache：引入了 CPU Cluster Cache 技术，将 Cache 与 CPU 核心集群集成在一起。这种 Cache 设计提高了数据共享和访问效率，提升了多核处理器的性能，适用于数据密集型应用和云计算场景。

IBM Power10 Memory Cache：采用了新的 Memory Cache 技术，将 Cache 与主存集成在同一层次结构中。这种 Cache 设计提高了数据访问速度和主存一致性，有效降低了延迟和能耗，适用于大规模数据分析和人工智能工作负载。

## 3.4 虚拟存储器与辅助存储器

在计算机系统中，主存储器的容量一直是影响计算机性能的关键因素之一，由于成本等方面的原因无法将主存储器扩充到足够大，此时可以通过虚拟存储器技术来缓解这一矛盾，即在 3.1.2 节中已经提到的主存-辅存层次结构。

根据程序访问的局部性原理，在一个程序运行的某一时间段内仅会用到程序中的部分指令与数据，仅需将当前用到的指令与数据调入主存即可，而其他的内容可以先放在辅存中，需要时再将其调入主存，这就是虚拟存储器的基本工作过程。

虚拟存储器技术利用容量较大、成本较低的辅存空间缓解了主存容量不足的问题，降低了计算机系统的整体成本。

### 3.4.1 虚拟存储器

虚拟存储器的工作过程还涉及一些细节问题，比如主存与辅存的存储空间如何划分、主存与辅存之间如何进行信息交换等，这些问题是"操作系统"等相关课程的重要知识点，将在该课程中系统说明。下面简单介绍一下虚拟存储器的两种存储管理方式：段式存储管理和页式存储管理。

1. 段式存储管理

在程序设计过程中，通常将在功能上或逻辑上有一定独立性的程序段划分成一个独立的程序模块或数据区域，以方便主程序或其他程序调用。每一个这样的程序段都有自己的段名或段号，程序段的长度由组成该程序段的指令的条数决定，数据段的长度由段内包含的数据量决定。基于这样的应用需求，在实现主存与辅存之间的信息交换时也以"段"为基本单位，称为段式存储管理。

段式存储管理必须对主存空间按照段进行管理与分配，此时在程序中所使用的地址已不再是实际的物理地址，而是经过了一定的逻辑变换的地址，称为逻辑地址。段式存储管理中一个逻辑地址由段号和段内地址两部分组成，每段中第一个数据的段内地址默认为0。在程序运行时，将需要用到的某一段调入主存并分配在一段连续的主存空间中，完成这一过程需要在主存中记录每一个段的段起始地址、段长度、段的装入标志位三项关键信息，段起始地址给出该段在主存中的起始地址，段长度用于进行段访问时的地址越界检查，段的装入标志位表明当前该段是否已装入主存。在主存中用一个称为**段表**的结构来存放这些段信息，段表也可以看作一个特殊的段，同时，为访问段表，将段表在主存中的起始地址记录在段表基地址寄存器中。

如图 3-39 所示为段式存储管理地址变换过程示意图。将逻辑地址中的段号与段表基地址（段表起始地址）相加之和作为地址，找到段表中的某一表项，并检查该表项中的装入标志位，若装入标志位为1，则表示该段已调入主存。接下来将表项中的段起始地址与逻辑地址中的段内地址相加，所得之和即为所访问信息在主存中的物理地址。若访问的表项中装入标志位为0，这表明该段尚未调入主存，由操作系统负责将该段从辅存调入主存。

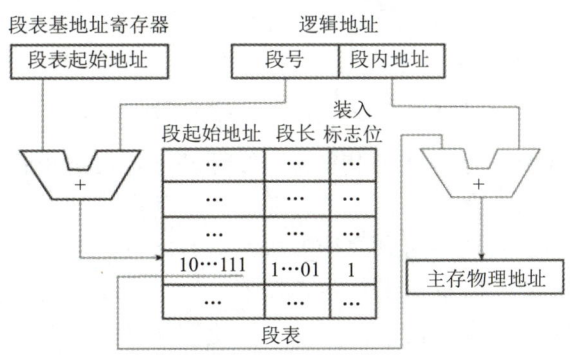

图 3-39　段式存储管理地址变换过程示意图

## 2. 页式存储管理

页式存储管理是将虚拟地址空间和主存物理地址空间分为容量相等的页，页的大小通常为2的整数次幂。页式存储管理与段式存储管理的不同之处在于，在段式存储管理中，段是一个长度可变的程序单位，是根据程序功能实现过程中的需求所引入的；而页式存储管理与程序本身无关，是为了管理方便而人为地对程序进行的划分，且页长事先确定后就不再变化。页式存储管理的本质是确定虚拟地址与主存实际地址之间的映射关系，通过实现虚拟存储器与主存之间的地址变换，从而实现虚存与主存之间的信息交换。

页式存储管理中，虚拟地址由虚页号字段和页内地址字段组成，主存实际地址由实页号字段和页内地址字段组成，虚页号与实页号之间的关系通过**页表**来记录。用页表基址寄存器记录页表所在的位置,页表可以存放在虚拟存储空间(即辅存)中,也可以存放在主存空间中。虚拟地址中的虚页号对应页表中的某一个表项,每一个表项中包含控制位字段和该虚页所对应的主存中的实际页号。控制位字段中包括装入标志位、修改标志位、替换控制位及保护位等信息。

虚拟地址到实际地址的变换过程中,将虚拟地址中的虚页号和页表基地址相加,找到该虚页号在页表中对应的表项,从中取出该虚页所对应的实页的页号,将实页号与虚拟地址中的页内地址拼接在一起就构成了主存中的实际地址,如图 3-40 所示。

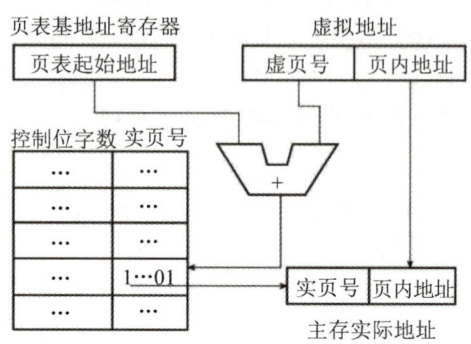

图 3-40　页式存储管理地址变换过程示意图

### 3.4.2　辅助存储器

辅助存储器又被称为外部存储器,它与主存一起组成存储系统中的主存 - 辅存层次结构。辅存具有容量大、成本低的优势,且属于非易失性存储器,可脱机保存大规模数据信息。当前常用的辅助存储器有硬磁盘存储器、光盘存储器等。随着半导体存储设备在容量、速度、成本等方面的不断发展,越来越多的桌面计算机系统开始使用半导体存储设备作为辅存,如固态硬盘,它用成本较低的硬磁盘作为后备存储器,用于长期保存海量数据。此处仅对硬磁盘存储器和固态硬盘两种辅助存储器做简要介绍,更多阐述请参见本书 7.4 节。

#### 1. 硬磁盘存储器

硬磁盘存储器属于磁表面存储器,是将某些磁性材料涂抹于铝或塑料盘片表面作为磁载体实现信息存储。

硬磁盘存储器利用磁头装置来形成和判断磁表面上不同的磁化状态,写入时利用磁头使磁载体具有不同的磁化状态,将信息记录在磁载体中;读出时利用磁头判断当前磁表面的磁化信息。磁头是由软磁材料做铁芯并绕有读写线圈的电磁铁。

硬磁盘存储器的主要技术指标包括存储密度、硬磁盘存储容量、平均存取时间及数据传输率等。

#### 2. 固态硬盘(Solid State Drives,SSD)

固态硬盘是采用半导体存储芯片(包含 Flash 芯片及 DRAM 芯片)阵列制成的硬盘,如图 3-41 所示。

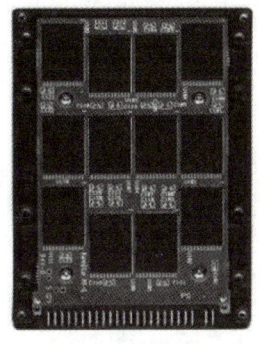

图 3-41　固态硬盘

固态硬盘在接口的规范和定义、功能及使用方法上与普通硬盘完全相同，在产品外形和尺寸上也与普通硬盘相似，所以人们习惯称其为"固盘"。由于固态硬盘采用闪存作为存储介质，使其具有读取速度快、容量大、功耗低、噪声低、重量轻便等优点，随着固态硬盘的价格逐步降低，越来越多的笔记本、一体机及台式机开始采用固态硬盘替代硬磁盘存储器作为辅助存储器。

固态硬盘采用 NAND 型闪存芯片构成辅存系统，其存储原理和工作过程与人们常用的 U 盘无本质区别，只是容量更大、存取速度更快。固态硬盘可采用当前常见的 USB、SATA 及 IDE 等总线接口，通过这些标准的磁盘接口与计算机系统的 I/O 系统连接。

## 思考与讨论

1. 请分组讨论主存的性质和特点，对比 SRAM 和 DRAM 的组成和差异性。

2. 请分组讨论如何使用不同类型的存储芯片构成一个存储系统，实现逻辑设计的过程中需要注意哪些关键点？例如，位扩展、字扩展时，哪些线要并联，哪些线要分别引出？为什么在字位同时扩展中进行字扩展时，推荐选择芯片的地址线位数和位扩展所用芯片的地址线位数要尽可能一致（≤位扩展所用芯片的地址线位数）？存储器与 CPU 连接时，为什么需要 $\overline{\text{MREQ}}$？

3. 思考 DRAM 三种刷新方式的工作原理、刷新间隔和特点。如刷新与什么相关？哪种刷新会导致主存的工作速度降低、存取周期变长？哪种刷新存在死区，在刷新过程中，CPU 不能访问主存？若某 DRAM 的存取周期为 500ns，存储矩阵为 512×512，采用异步刷新的每行刷新平均间隔时间是多少？实际刷新间隔应取多少及其原因？对全部存储单元刷新一遍所需的实际刷新时间为多少？

4. 思考 Cache 是如何缓解 CPU 与主存的速度差距的，并对比 Cache 平均访问时间的两种计算公式。

5. 对比三种 Cache 与主存的地址映射方式的联系与差异。不同的映射方式下，各包含哪些地址字段，以及如何划分？组相联映射方式中，主存地址格式划分为三段地址和四段地址有何不同？

# 习题 3

## 一、填空题

1. （　　　）、（　　　）和（　　　）组成多级存储系统，分级的目的是（　　　）。
2. 半导体静态 RAM 依据（　　）原理存储信息，半导体动态 RAM 依据（　　）原理存储信息。
3. 欲组成一个 64K×16 位的存储器：若选用 32K×8 位的存储芯片，则需要（　　）片；若选用 16K×1 位的存储芯片，则需要（　　）片；若选用 1K×4 位的存储芯片，则需要（　　）片。
4. 主存储器容量通常以 KB 为单位，其中 K=（　　）；硬盘的容量通常以 GB 为单位，其中 G=（　　）。
5. 主存和 Cache 的地址映射方法很多，常用的有（　　）映射、（　　）映射和（　　）映射三种，在存储管理上常用的替换算法是（　　）算法和（　　）算法。
6. Cache 的命中率是指（　　），命中率与（　　）有关。
7. Flash Memory 具有高性能、低功耗、高可靠性以及（　　）的能力，常作为（　　），用于便携式电脑中。
8. 虚拟存储器可给用户提供一个比实际（　　）空间大得多的（　　）空间。
9. 反映存储器性能的三个指标是（　　）、（　　）和（　　），为了解决这三方面的矛盾，计算机采用（　　）体系结构。
10. 一个 $n$ 路组相联映射的 Cache 中，共有 $M$ 块数据。当 $n=1$ 时，该 Cache 为（　　）映射；当 $n=M$ 时，该 Cache 为（　　）映射。
11. 由容量为 16KB 的 Cache 和容量为 16MB 的主存构成的存储系统的总容量为（　　）。
12. 层次化存储器结构设计的依据是（　　）原理。

## 二、名词解释

1. 主存
2. 辅存
3. Cache
4. RAM
5. SRAM
6. DRAM
7. ROM
8. PROM
9. EPROM
10. EEPROM
11. Flash Memory
12. 存储容量
13. 存储速度

### 三、简答题

1. 存储器的层次结构主要体现在什么地方？为什么要分这些层次？计算机如何管理这些层次？

2. 说明存取周期和存储器访问时间的区别。

3. 什么是存储器的带宽？若存储器的数据总线宽度为 32 位，存取周期为 200ns，则存储器的带宽是多少？

4. 什么叫刷新？为什么要刷新？说明刷新有几种方法。

5. 什么是"程序访问的局部性"？存储系统中哪一级采用了程序访问的局部性原理？

6. 计算机中设置 Cache 的作用是什么？能否将 Cache 容量扩大，最后取代主存，为什么？

### 四、计算题

1. 一个 8K×8 位的 DRAM 芯片，其内部结构排列成 256×256 形式，读/写周期为 0.1μs。试问采用集中刷新、分散刷新和异步刷新三种方式的刷新间隔各为多少？

2. 已知某 32 位机主存采用半导体存储器，其地址码为 14 位，若使用 2K×8 位的 DRAM 芯片组成该机所允许的最大主存空间，并选用模块板结构形式。

（1）若每个模块板为 4K×16 位，共需几个模块板？

（2）每个模块板内共有多少个 DRAM 芯片？

（3）主存共需多少个 DRAM 芯片？CPU 如何选择各模块板？

3. 有一个 64K×16 位的存储器，由 16K×8 位的 DRAM 芯片构成。

（1）总共需要多少个 DRAM 芯片？

（2）画出此存储体组成框图。

（3）写出地址范围。

4. 假设 CPU 执行某段程序时共访问 Cache 命中 4800 次，访问主存 200 次，已知 Cache 的存取周期为 30ns，主存的存取周期为 150ns，求 Cache 的命中率以及 Cache-主存系统的平均访问时间和效率，试问该系统的性能提高了多少倍？

5. 设主存容量为 256K 字，Cache 容量为 2K 字，字块长为 4。

（1）设计 Cache 地址格式，Cache 中可装入多少块数据？

（2）在直接映射方式下，设计主存地址格式。

（3）在四路组相联映射方式下，设计主存地址格式。

（4）在全相联映射方式下，设计主存地址格式。

（5）若存储字长为 32 位，存储器按字节寻址，写出上述三种映射方式的主存地址格式。

# 第 4 章
# 指令系统

指令系统是计算机软硬件交互的核心接口，定义了处理器的操作集合与控制机制，是计算机体系结构的基础，直接影响程序执行效率与系统兼容性。本章由指令与指令系统的基本概念引入，阐述其描述语言，包括数据类型、运算符和操作码等要素；继而分析指令的格式，涵盖零地址和多地址指令，以及定长与扩展操作码格式。在指令类型部分，介绍数据传送指令和算术逻辑运算指令等7类指令。在寻址方式中，探讨指令寻址与操作数寻址的多种方式，揭示其对性能的影响。最后，对比精简指令集计算机与复杂指令集计算机的设计理念与特点。本章旨在帮助读者掌握指令系统原理，为处理器设计与程序优化奠定理论基础。

## 4.1 指令系统概述

计算机中能直接识别和运行的软件程序通常由该计算机的指令代码组成，CPU 的工作主要是执行指令。从用户使用计算机和计算机本身的组成两个角度来理解指令的含义，一方面是用户用高级程序设计语言编制的程序需要经过编译或解释，转换为可由机器硬件直接识别并执行的最终形态，即用机器代码"0""1"表示的指令序列。每一条指令控制计算机实现一种操作，它也是用户使用计算机的最小功能单位。另一方面是在设计计算机时先确定其硬件能直接执行哪些操作，表现为一组指令的集合，称为该计算机的指令系统，指令系统与计算机系统的运行性能、硬件结构是密切相关的，它是设计一台计算机的出发点。

### 4.1.1 指令与指令系统

**指令**（Instruction）是要求计算机完成某个基本操作的命令。计算机**程序**是由一组指令组成的代码序列。这里所说的"基本"是针对具体的 CPU 而言的，不同的 CPU 所指的"基本"二字的意义不同，所能执行的基本操作的数量和种类也不相同，但是任何 CPU 都必须满足最小完备性原则，即它所能执行的基本操作，必须能组成该 CPU 所承担的全部功能。也就是说，有的 CPU 的基本操作多一些、复杂一些，有的 CPU 的基本操作少一些、简单一些，但它们的组合效果应当相同。例如，有的 CPU 将乘法作为基本操作之一；有的没有乘法操作，但可以使用加法和移位操作组成乘法操作。

一个 CPU 所能承担的全部基本操作由一组对应的指令描述，这组完整地描述该 CPU 的指令就称为该 CPU 的**指令系统**（Command System 或 Instruction System）。

指令系统是计算机硬件的语言系统，一方面是程序员所能看到的机器的主要属性，另一方面表明计算机具有哪些最基本的硬件功能。也就是说，指令系统既为软件设计者提供了最底层的程序设计语言，也为硬件设计者提供了最基本的设计依据。因此，指令系统是软件和硬件的主要分界面。

## 4.1.2 指令系统的描述语言

一个 CPU 的指令系统就是与该 CPU 进行交互的工具，可以让该 CPU 完成特定的操作，所以一个 CPU 的指令系统就可以看成该 CPU 的机器语言。但是，不同的 CPU 具有不同的机器语言。

在表现形式上，机器语言就是用 0、1 码描述的指令系统。用它编写程序，难读、难记、难查错，给程序设计和计算机的推广、应用、发展造成极大困难。面对这一不足，人们最先采用一些符号来代替 0、1 码指令，如用 ADD 代替"加"操作码等，这种语言称为符号语言。

符号语言方便了编程，用它编写程序的效率高，写出的程序易读性好，提高了程序的可靠性。但是，符号语言不能直接执行，必须将其转换为机器语言才能执行。

符号语言程序通过查表的方式转换为机器语言程序，这是非常简单的工作。为了将这种查表工作自动化，除了正常的指令，还需要添加一些对查表进行说明的指示指令——**伪指令**，这种查表工作称为汇编。为了进行自动查表，还需要一些指示性指令；用符号语言描述并增加了指示性指令的指令系统称为**汇编语言**。汇编语言为程序员提供了极大方便，也提高了程序的可靠性。通常在介绍指令系统时，采用的都是汇编语言。下面以 Intel 8086 汇编语言为例，介绍汇编语言中的几个基本概念。

### 1. 数据类型

Intel 8086 汇编语言中允许使用如下形式的数值数据。

- 二进制数据，后缀为 B（Binary），如 11001100B。
- 十进制数据，后缀为 D（Decimal），如 826D。十进制的后缀通常可默认不写。
- 八进制数据，后缀为 O（Octal），如 427O。
- 十六进制数据，后缀为 H（Hexadecimal），如 A9BD6H。

添加后缀的目的是便于区分，如嵌入式编程较多采用的是十六进制。有时也允许用名字来表示数据，如用 PI 代表 π 等。

用英文缩略号（形态上很像单引号）括起来的单个字符或者字符串称为字符常量或者字符串常量，其数值是每个字符对应的 ASCII 值。如 'd'（=64H）、'A'（=41H）、'B'（=42H）、'AB'（=4142H）等。

### 2. 运算符

算术运算符：+（加）、−（减）、*（乘）、/（除）。

关系运算符：EQ（相等）、NE（不相等）、LT（小于）、GT（大于）、LE（小于或等于）、GE（大于或等于）。

逻辑运算符：AND（与）、OR（或）、NOT（非）、XOR（异或）。

### 3. 操作码

操作码一般使用英文助记符，如 SUB 表示减法，ADD 表示加法等。

### 4. 地址码

指令中的地址码可以用十六进制、十进制表示，也可以用寄存器名或存储器地址名表示。

5. 标号与注释

汇编语言还允许使用标号及注释，以增加可读性，这部分与机器语言没有对应关系，仅用于使阅读程序更加容易理解。

6. 汇编语言指令的格式

汇编语言指令的一般格式如下：

[ 标号 :] 操作码 [ 第一操作数 ][, 第二操作数 ][, 第三操作数 ][; 注释 ]

【注】带有方括号 [] 的部分代表可选项。

具体来说，该格式包含以下四个区段。

（1）标号域：用于标识指令或数据的位置，可以根据需要设置。标号通常由字母、数字和美元符号"$"组成，且数字不能作为开头。一般以英文字母开始的 1～6 个字母或数字组成的字符串表示，并以冒号":"结尾，但冒号并不作为标号的一部分。标号的长度可以达到 32 个字符。

（2）指令域：即操作码，表示指令的操作功能，用助记符表示。每条指令都有操作码，它是指令的核心部分。例如，加法指令 ADD、减法指令 SUB、乘法指令 MUL、除法指令 DIV、传送指令 MOV、算术左移指令 SAL、算术右移指令 SAR、逻辑左移指令 SHL、逻辑右移指令 SHR 等。

（3）操作数域：表示参与传送、运算的数据或数据地址。指令是否带有操作数，完全取决于指令本身。有的指令无须操作数，有的指令只有一个操作数，有的指令需要两个操作数。这里的操作数不一定是直接参与运算或传送的数据，应根据操作数的寻址方式，寻找出真正参与运算或传送的数据。两个或两个以上操作数之间用","间隔。

（4）注释域：注释用于对代码进行说明，通常位于指令后面，以分号";"开始。注释可以帮助程序员理解代码的功能和目的，对程序的执行没有影响。

下面简要介绍汇编语言中常见的通用寄存器。

Intel 8086 中有 8 个 16 位的通用寄存器，分别被命名为 AX、BX、CX、DX、SI、DI、BP、SP，它们的结构如图 4-1 所示。其中前 4 个通用寄存器（AX、BX、CX 和 DX）还可进一步分成高字节 H（High）和低字节 L（Low）两部分，这样又有了 8 个 8 位通用寄存器：AH 和 AL、BH 和 BL、CH 和 CL、DH 和 DL。前 4 个通用寄存器在编程中，可以整个使用 16 位寄存器（如 AX），也可以分成两个 8 位使用：$D_{15}$～$D_8$（如 AH）和 $D_7$～$D_0$（如 AL），对其中某 8 位的操作，并不影响另外 8 位的数据。后 4 个 16 位的通用寄存器中，SP 为堆栈指针寄存器，BP 为基址指针寄存器，SI 为源变址寄存器，DI 为目的变址寄存器。还有 4 个段寄存器，CS 为代码段寄存器，DS 为数据段寄存器，SS 为堆栈段寄存器，ES 为附加段寄存器。它们的作用如表 4-1 所示。

由于汇编语言比机器语言易读性要好，又与机器语言一一对应，所以机器指令都可按汇编语言符号形式给出。

7. 汇编程序

汇编语言是机器不能直接接受的。用汇编语言写的程序（源程序），必须用汇编程序翻译成机器语言程序（目标程序）后，机器才可以理解，这个翻译过程称为汇编。由于汇编语言指令与机器语言指令有一一对应关系，汇编过程基本上是一种查表方式。

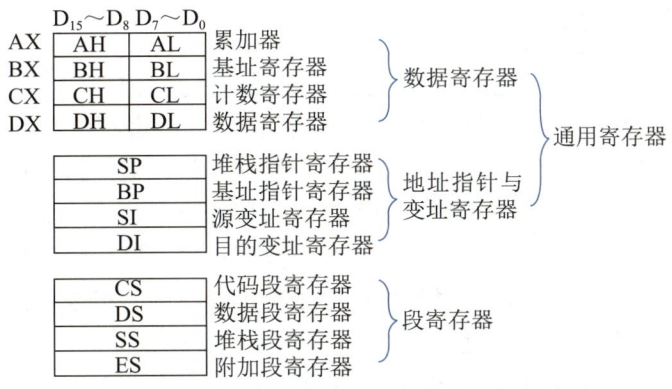

图 4-1　Intel 8086 常用的通用寄存器

表 4-1　Intel 8086 常用的通用寄存器的作用

| 名称 | 中英文含义 | 作用 |
| --- | --- | --- |
| AX | 累加器（Accumulator） | 使用频度最高，用于算术运算、逻辑运算以及与外设相互传送信息等 |
| BX | 基址寄存器（Base） | 常用于存放存储器地址，以方便指向变量或数组中的元素 |
| CX | 计数寄存器（Counter） | 常作为循环操作等指令中的计数器 |
| DX | 数据寄存器（Data） | 可用来存放数据，或用于存放输入/输出指令外设端口地址 |
| SP | 堆栈指针寄存器（Stack Pointer） | 专用于指向程序堆栈区域顶部的数据，在涉及堆栈操作的指令中会自动增加或减少 |
| BP | 基址指针寄存器（Base Pointer） | 默认情况下指向程序堆栈区域的数据，主要用于在子程序中访问通过堆栈传递的参数和局部变量 |
| SI | 源变址寄存器（Source Index） | 用于指向字符串或数组的源操作数 |
| DI | 目的变址寄存器（Destination Index） | 用于指向字符串或数组的目的操作数 |
| CS | 代码段寄存器（Code Segment） | 存放当前执行的程序的段地址 |
| DS | 数据段寄存器（Data Segment） | 存放当前执行的程序所用操作数的段地址 |
| SS | 堆栈段寄存器（Stack Segment） | 存放当前执行的程序所用堆栈的段地址 |
| ES | 附加段寄存器（Extra Segment） | 存放当前执行的程序中一个辅助数据段的段地址 |

## 4.2　指令格式

**指令格式**即指令结构的形式，是指令字用二进制代码表示的形式，通常由操作码字段和地址码字段组成。**操作码**字段说明处理器要执行哪种操作，如传送、运算、移位、跳转等操作，它是指令中不可缺少的组成部分，在汇编语言中通常用助记符表示。**地址码**字段通常指定参与操作的操作数地址，也就是各种操作的对象。有些指令不需要操作数，通常，指令都有 1 个或 2 个操作数，也有个别指令有 3 个甚至 4 个操作数。多数操作数需要显式指明，有些操作数隐含使用。一条指令的结构形式如下：

| 操作码 | 地址码 |
|---|---|

假如一个计算机指令系统需要有 $N$ 条指令，操作码的二进制位数为 $n$ 位，则应满足关系式 $N \leqslant 2^n$。在早期的计算机指令系统中，操作码字段和地址码字段长度是固定的。目前，在小型机和微型机中，由于指令字较短，为了充分利用指令字长度，操作码字段和地址码字段是不固定的，即不同类型的指令有不同的划分，以便尽可能用较短的指令字长来表示越来越多的操作类型。也就是说，不同机器的指令字长也可能不同。指令字长取决于操作码的长度、操作数地址的长度和操作数地址的个数。

设计指令格式时，兼容性和功能完备性是非常重要的考虑因素，可以确保指令集架构的稳定性、可扩展性和灵活性。

1. 兼容性

- 向后兼容：确保新设计的指令格式能够与现有的指令集架构兼容，以便现有的软件能够在新架构上继续运行。
- 向前兼容：设计的指令格式应能支持未来的扩展和升级，以便在未来的硬件和软件更新中保持兼容。
- 跨平台兼容：考虑在不同平台和体系结构之间实现指令格式的兼容性，以便跨平台开发和移植。

2. 功能完备性

- 支持的操作类型全面：确保指令格式能够支持各种常见操作，如算术运算、逻辑运算、数据传输等，以满足各种应用需求。
- 灵活的寻址模式：设计指令格式时要考虑多种寻址模式，如寄存器寻址、直接寻址、间接寻址等，以便灵活地访问主存和寄存器。
- 便捷指令序列解析：指令格式易于解析和执行，尽可能地降低指令执行的复杂度。
- 异常处理和扩展指令：指令格式中应包含异常处理机制和扩展指令，以支持错误处理、系统调用等功能。

### 4.2.1 地址码字段格式

不同的指令使用不同数目、不同来源与去向、不同用法的操作数，必须采用适当的方式尽量使它们统一起来，并安排在指令的操作数地址码字段。

CPU 通过地址码字段提供的信息就可以取得所需的操作数。操作数包括源操作数或目的操作数地址码给出的操作数地址信息，可以是寄存器地址、主存地址或 I/O 端口的地址，以及下一条（后继）指令的地址等。根据一条指令中地址码部分的不同形式，即有几个操作数地址，可将该指令称为几操作数指令或几地址指令。指令的典型结构有零地址指令、一地址指令、二地址指令、三地址指令和多地址指令，下面分别对指令的地址码字段加以介绍。需要说明的是，对于一台计算机，可能只具备下述的一部分指令格式。

1. 多地址指令

以四地址指令为例，四地址指令字中有 4 个操作数地址（即 4 个地址码字段），即四操作数指令。其指令格式如下：

| OP | A₁ | A₂ | A₃ | A₄ |

其中，OP 为操作码，表示操作性质（下同）；$A_1$ 为源操作数 1 的地址；$A_2$ 为源操作数 2 的地址；$A_3$ 为目的操作数（运算结果）的地址；$A_4$ 为下一条指令的地址。

该指令完成 $(A_1)OP(A_2) \rightarrow A_3$ 的操作。其中，"(A)"表示存放在主存中地址为 A 的存储单元中的操作数，或运算器中地址为 A 的通用寄存器中的操作数；"→"表示把操作（运算）结果传送到指定的地方。该指令的功能是对源操作数地址 $A_1$ 和 $A_2$ 中的内容进行 OP 指定的操作，产生的结果存放到目的操作数地址 $A_3$ 中，并从 $A_4$ 获取后继指令的地址。

这种指令直观易懂，后继指令地址 $A_4$ 可以任意填写，可直接寻址的地址范围与地址码字段的位数有关。设指令字长为 32 位，操作码占 8 位，4 个地址码字段各占 6 位，则指令操作数的直接寻址范围为 $2^6=64$。如果地址码字段均为主存的地址，则完成一条四地址指令，共需访问 4 次存储器：取指令 1 次，取两个操作数 2 次，存放结果 1 次（取后继指令地址 $A_4$ 视为在取指阶段同步进行）。

执行程序时，大多数指令按顺序从主存中取出执行，只有在遇到转移指令时，程序的执行顺序才会改变。为了压缩指令的长度，计算机中通常用程序计数器（PC）存放指令地址，每执行一条指令，PC 的值就自动加 1（设该指令只占一个主存单元），指出将要执行的下一条指令的地址。当遇到转移指令时，则用转移地址修改 PC 的内容。由于使用了 PC，指令中就不必明显地给出下一条将要执行指令的地址。下面对几种不同指令格式的分析中，都默认用 PC 自动计数，以形成下一条指令的地址为前提，所以指令字中都省去了后继指令的地址码字段。

2. 三地址指令

三地址指令字中有 3 个操作数地址，即三操作数指令。其指令格式如下：

| OP | A₁ | A₂ | A₃ |

该指令可完成 $(A_1)OP(A_2) \rightarrow A_3$ 的操作，后继指令的地址隐含在程序计数器（PC）中。如果指令字长不变，设 OP 仍为 8 位，则 3 个地址码字段各占 8 位，故三地址指令操作数的直接寻址范围可达 $2^8=256$。同理，若地址码字段均为主存地址，则完成一条三地址指令也需访问 4 次存储器。

3. 二地址指令

二地址指令字中有 2 个操作数地址，常称为双操作数指令，是最常用的一种指令格式。其指令格式如下：

| OP | A₁ | A₂ |

该指令的功能是对源操作数地址 $A_1$ 和 $A_2$ 中的内容进行指定的操作，产生的结果存放

到 $A_1$ 或 $A_2$ 中（由于指令系统的不同，其存放本次操作结果的目的操作数位置也不同），可表示为：$(A_1)OP(A_2) \to A_1$ 或 $A_2$。

例如，在 Intel 8086 微型机中，减法指令"SUB AX, BX"执行的操作是用累加器 AX 的内容减寄存器 BX 的内容，将结果送入 AX。

二地址指令格式中，从操作数的物理位置来说，又可归结为以下三种类型。

（1）存储器-存储器（SS 或 MM）型指令：操作数都放在主存中，从主存某单元中取操作数，操作结果存放至主存另一单元中，因此机器执行这类指令需要多次访问主存，速度慢。

（2）寄存器-寄存器（RR）型指令：需要多个通用寄存器或个别专用寄存器，从寄存器中取操作数，将操作结果存放到另一个寄存器，由于不需要访问主存，机器执行这类指令的速度较快。

（3）寄存器-存储器（RS 或 RM）型指令：执行此类指令时，既要访问主存单元，又要访问寄存器。

若二地址指令为 SS 型指令，完成一条指令仍需访问 4 次存储器。若为 RS 型，如将操作结果暂存于累加器（ACC），使其完成 $(A_1)OP(A_2) \to$ ACC，则只需 3 次访存（取指令、取 $A_1$、取 $A_2$）。同理，在不改变指令字长和操作码位数的前提下，二地址指令操作数的直接寻址范围可达 $2^{12}=4K$。

如果将一个操作数的地址隐含在某个寄存器中（如运算器的 ACC、图 4-1 所列的 Intel 8086 的某寄存器等），则指令字中只需给出一个地址码，构成一地址指令。

### 4. 一地址指令

一地址指令的地址码字段只有一个，其指令格式如下：

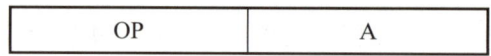

该指令只给出一个操作数地址 A，可以是存放操作数的寄存器名（访存 1 次：取指令）或存储器地址（访存 2 次：取指令、取操作数 A）。一般有两种情况：一是该地址既是源操作数的地址又是操作结果的地址，例如 Intel 8086 的加 1 指令"INC SI"等；二是该地址是源操作数地址，另一个操作数地址是隐含的，运算结果存放在隐含的默认操作数地址中。例如，乘法指令"MUL BL"隐含了操作数地址 AL，执行的是累加器 AL 的内容与寄存器 BL 的内容相乘，结果送入累加器 AX。在指令字长仍为 32 位，操作码位数仍固定为 8 位时，一地址指令操作数的直接寻址范围可达 $2^{24}=16M$。

### 5. 零地址指令

零地址指令的指令格式如下：

| OP |
|---|

该指令中只有操作码，没有地址码，也称为无操作数指令。一般有两种情况：一是不需要操作数，例如空操作指令 NOP、停机指令 HLT 等；二是操作数的地址是默认的，使用约定的某一个或几个操作数，无须再在指令中加以表示了。例如，字符串传送指令 MOVS 默认源操作数的地址是源变址寄存器 SI、目的操作数的地址是目的变址寄存器 DI。

通过上述介绍可见，用一些硬件资源（如 PC、ACC 和通用寄存器等）替代指令字中需指明的地址码，可在不改变指令字长的前提下，扩大指令操作数的直接寻址范围，缩短指令字长，并可减少访存次数。

上述几种结构的指令中，零地址指令和一地址指令执行速度较快，硬件实现简单；二地址指令、三地址指令和多地址指令功能强，便于编程；指令和数据一般存放在存储器中，指令的地址由 PC 确定，数据的地址由指令确定；指令一般不能在程序执行时修改。考虑到指令字长、存储空间和读取操作数的时间等因素，指令系统中二地址指令和一地址指令的使用频率较高。一般而言，在结构较简单、字长较短的小型机、微型机中，多采用零地址指令、一地址指令和二地址指令；而三地址指令和多地址指令大都运用在字长较长的大、中型机中。

【例 4.1】设指令字长为 32 位，三地址指令的各字段均为 8 位。将三地址指令变为二地址指令时，若腾出的空位均分给剩余的地址码字段，或全部分给操作码字段，请画出三地址指令格式和两种二地址指令的指令格式，计算两类指令的指令条数和寻址范围，并分析其有何特点？

解：（1）三地址指令格式如下：

| 31～24 | 23～16 | 15～8 | 7～0 |
|---|---|---|---|
| OP | $A_1$ | $A_2$ | $A_3$ |
| 8 位 | 8 位 | 8 位 | 8 位 |

由于操作码字段为 8 位，因而指令条数为 $2^8$=256 条；由于一个地址码字段占 8 位，其寻址范围为 $2^8$=256。

（2）在指令字长不变的前提下，减少一个地址码字段，并将腾出的空位均分给剩下的地址码字段，二地址指令格式如下：

| 31～24 | 23～12 | 11～0 |
|---|---|---|
| OP | $A_1$ | $A_2$ |
| 8 位 | 12 位 | 12 位 |

操作码位数未变，因而指令条数仍为 256 条；由于一个地址码字段占 12 位，其寻址范围为 $2^{12}$=4K。

（3）在指令字长不变的前提下，减少一个地址码字段，并将腾出的空位全部分给操作码字段，二地址指令格式如下：

| 31～16 | 15～8 | 7～0 |
|---|---|---|
| OP | $A_1$ | $A_2$ |
| 16 位 | 8 位 | 8 位 |

操作码位数为 16 位，指令条数 $2^{16}$=64K 条；由于一个地址码字段占 8 位，其寻址范围为 $2^8$=256。

（4）经分析对比，本题中，将腾出的空位均分给二地址指令的地址码字段时，寻址范围由之前的 256 扩大到 4K；而全部分给操作码字段时，指令条数由原本的 256 条增加到 64K 条。在不改变指令字长的前提下，我们通过使用硬件资源来替代指令字中的地址码，不仅可以扩大寻址范围、减少访存次数，还便于增加操作种类（即指令条数）。

## 4.2.2 操作码字段格式

不同的指令用操作码字段的不同编码来表示。操作码字段的位数一般取决于计算机指令系统的规模。从对指令操作码的组织与编码方案来看，操作码的长度可以是固定的，也可以是变化的，这样就可以区分出如下两种情况。

### 1. 定长操作码指令

定长操作码指令规定操作码的位置和位数固定，一般在指令字的高位部分分配固定的若干位（定长）用于表示操作码。例如，分配8位，则有 $2^8=256$ 个编码状态，故最多可以表示256条指令。这种格式有利于简化计算机硬件设计，提高指令译码和识别速度，常用于字长较长的大中型计算机、超级小型机及精简指令系统计算机（RISC）上。例如，VAX-11和IBM370等计算机就采用此方案，操作码长度均为8位。

### 2. 扩展操作码指令

扩展操作码指令即可变长度操作码指令，采用各指令操作码的位置和位数不固定的方式，根据需要使操作码的位数动态变化。

当计算机的字长与指令长度较短时，例如16位或8位，如果单独为操作码划分出固定的一些位数，用于表示操作数地址的位数就会显得不足。为此采用扩展操作码技术，使操作码的长度随操作数地址位数的减少而增加。力求在比较短的一个指令字中，既能表示出比较多的指令条数，又能尽量满足给出相应的操作数地址的要求。这种扩展操作码指令可有效地压缩操作码的平均长度，在不增加指令字长度的情况下可表示更多的指令，但同时也增加了译码和分析难度，使控制器的设计复杂，需更多硬件支持。扩展操作码指令广泛应用于字长较短的微型机中。例如PDP-11、Intel 8086等系列机采用扩展操作码指令。

例如，假设某计算机指令系统的指令字长为16位，包括4位基本操作码字段和3个4位地址码字段，4位基本操作码有16种组合，若全部用于表示三地址指令，则只有16条。但是，如果三地址指令仅需15条，二地址指令需15条，一地址指令需15条，零地址指令需16条，共61条指令，应该如何安排操作码？显然，只有4位基本操作码是不够的，必须将操作码的长度向地址码字段扩展才行。因此可采用如下扩展操作码方法。

三地址指令仅需15条，由4位基本操作码的0000～1110组合给出，剩下的一个组合1111用于把操作码长度扩展到 $A_1$，即从4位扩展到8位。

二地址指令需15条，由8位操作码的1111 0000～1111 1110组合给出，剩下一个组合1111 1111用于把操作码长度扩展到 $A_2$，即从8位扩展到12位。

一地址指令需15条，由12位操作码的1111 1111 0000～1111 1111 1110组合给出，剩下一个组合1111 1111 1111用于把操作码长度扩展到 $A_3$，即从12位扩展到16位。

零地址指令需16条，由16位操作码的1111 1111 1111 0000～1111 1111 1111 1111组合给出。

采用上述指令扩展操作码方法后，三地址指令、二地址指令和一地址指令各15条，零地址指令16条，共计61条指令。整理后得到的扩展操作码方案之一如图4-2所示。

| | 15~12 | 11~8 | 7~4 | 3~0 | |
|---|---|---|---|---|---|
| | OP | A₁ | A₂ | A₃ | |
| 4 位操作码 | 0000<br>0001<br>…<br>1110 | A₁<br>A₁<br><br>A₁ | A₂<br>A₂<br><br>A₂ | A₃<br>A₃<br><br>A₃ | 15 条三地址指令 |
| 8 位操作码 | 1111<br>1111<br>…<br>1111 | 0000<br>0001<br><br>1110 | A₂<br>A₂<br><br>A₂ | A₃<br>A₃<br><br>A₃ | 15 条二地址指令 |
| 12 位操作码 | 1111<br>1111<br><br>1111 | 1111<br>1111<br><br>1111 | 0000<br>0001<br><br>1110 | A₃<br>A₃<br><br>A₃ | 15 条一地址指令 |
| 16 位操作码 | 1111<br>1111<br>…<br>1111 | 1111<br>1111<br><br>1111 | 1111<br>1111<br><br>1111 | 0000<br>0001<br><br>1111 | 16 条零地址指令 |

图 4-2 扩展操作码方案之一

【注】图 4-2 中蓝色字体表示操作码前缀，后同。

【例 4.2】假设某计算机指令系统字长为 16 位，每个地址段 4 位，试提出一种分配方案，使该指令系统有 15 条三地址指令、12 条二地址指令、31 条一地址指令和 16 条零地址指令，并指出冗余情况。

解：熟悉扩展操作码技术后，我们只需写出各类指令的起止操作码即可，这样得到的具体分配方案更清晰直观，如图 4-3 所示。

| | 15~12 | 11~8 | 7~4 | 3~0 | 冗余情况 |
|---|---|---|---|---|---|
| | OP | A₁ | A₂ | A₃ | |
| 4 位操作码 | 0000<br>1110 | A₁ | A₂ | A₃ | 共 $2^4$=16 种状态<br>留出 16-15=1 种 |
| 8 位操作码 | 1111<br>1111 | 0000<br>1011 | A₂ | A₃ | 共 $1×2^4$=16 种<br>留出 16-12=4 种 |
| 12 位操作码 | 1111<br>1111 | 1100<br>1101 | 0000<br>1110 | A₃ | 共 $4×2^4$=64 种<br>留出 64-31=33 种 |
| 16 位操作码 | 1111<br>1111 | 1101<br>1101 | 1111<br>1111 | 0000<br>1111 | 共 $33×2^4$=528 种<br>留出 528-16=512 种 |

图 4-3 扩展操作码方案之二

【注】在扩展操作码技术中计算冗余情况时，设地址长度为 $n$，上一层留下 $m$ 种状态，下一层可扩展出 $m×2^n$ 种状态（一种状态即一条指令），减去该层要形成的指令条数，即可掌握冗余情况。

不难看出，除了图 4-2 和图 4-3 所示的方案，尚有其他多种扩展方法可供选择。例如，指令系统字长为 16 位，地址码取 4 位，试提出一种方案，使该指令系统有 8 条三地址指令、16 条二地址指令、100 条一地址指令。读者可自行尝试设计并计算冗余。

在设计扩展操作码指令时，需要注意以下事项。

- 遵循短操作码原则：确保短操作码不是长操作码的前缀，即不允许出现短操作码与长操作码的前缀重叠。这是为了避免产生歧义，保证指令译码的准确性和可靠性。
- 避免操作码重复：确保每条指令的操作码唯一，不允许不同指令共享相同的操作码。操作码的唯一性是指令译码的基础，重复的操作码会导致计算机无法正确区分不同指令，造成执行错误。
- 根据指令使用频率分配操作码长度：为了减少指令译码和分析时间，可以根据指令的使用频率来分配操作码的长度。对使用频率高的指令优先分配较短的操作码，以提高其识别和执行效率；对使用频率低的指令则可分配较长的操作码，以兼顾指令集的完备性和指令执行效率。

## 4.3 指令类型

指令系统决定了计算机的基本功能，它不仅影响计算机的硬件结构，而且对操作系统和编译程序的编写也有直接影响。不同类型的计算机，由于其性能、结构、适用范围的不同，指令之间的差异很大，风格各异，如复杂指令集计算机机器指令、精简指令集计算机机器指令等。虽然不同的计算机所具有的指令系统也不同，但所包含的指令的基本类型和功能是相似的。一般来说，一个完善的指令系统应包括的基本指令有数据传送指令、算术逻辑运算指令、移位操作指令、堆栈操作指令、程序控制指令、输入/输出指令、字符串处理指令等。

### 1. 数据传送指令

数据传送指令是计算机中最基本、最常用的指令，用于实现一个部件与另一个部件之间的数据传送操作，如寄存器与寄存器、寄存器与存储器单元、存储器单元与存储器单元之间的数据传送操作。执行数据传送指令时，数据从源地址传送到目的地址，源地址中的数据不变，有的机器设置了通用的 MOV 指令，有的机器专门用 LOAD、STORE、XCHG 指令访存，其中 LOAD 为存储器读数指令，STORE 为存储器写数指令，XCHG 是交换源操作数和目的操作数的内容的指令。另外，堆栈指令、寄存器/存储单元清零指令也属于数据传送指令。数据传送指令可以以字节、字、双字为单位进行数据传送，甚至可以对成组数据进行传送。例如在 Intel 8086 的指令系统中，有串传送指令 MOVS，再加上重复前缀 REP，可以一次将最多 64KB 的数据块从存储器的一个区域传送到另一个区域。

【例 4.3】Intel 8086 支持的 MOV 指令。

MOV AX, 1010H          ; 将常量 1010H 传送给通用寄存器 AX
MOV BX, AX             ; 将通用寄存器 AX 中的内容传送给通用寄存器 BX

### 2. 算术逻辑运算指令

算术逻辑运算指令的主要功能是进行各类数据信息的处理，包括各种算术运算指令和逻辑运算指令。算术运算指令包括二进制的定点、浮点的加/减指令、乘/除指令，求反、求补、加 1、减 1、比较指令等。

【例 4.4】Intel 8086 中的算术运算指令。

ADD AL, BL            ;寄存器 AL 和 BL 的内容相加，其和存入寄存器 AL
MUL BL                ;寄存器 AL 和 BL 的内容相乘，其积存入寄存器 AX

逻辑运算指令包括各类布尔量的逻辑运算指令，如与、或、非、异或、测试等指令。这类指令用于对数据某些位（一位或多位）进行操作，如按位测试、按位清零、按位置 1、按位取反等，也可以用于进行数据的相符判断和数据修改。

【例 4.5】Intel 8086 中的逻辑运算指令。

AND AL, 0FEH          ;AL 的内容与 11111110 相"与"，使 AL 最低位清零，其余位不变
OR AL, 0F0H           ;AL 的内容与 11110000 相"或"，使 AL 高 4 位被置 1，其余位不变

### 3. 移位操作指令

移位操作指令分为算术移位指令、逻辑移位指令和循环移位指令三种，可对操作数左移/右移一位或者几位。

算术移位和逻辑移位指令分别控制实现有符号数和无符号数的移位。进行算术移位时，保持操作数的符号不变，即左移时，空出的最低位补 0；右移时，空出的最高位补符号位（操作数以补码表示）。在逻辑移位的过程中，无论左移还是右移，空出位都补 0。

循环移位按是否与进位标志位 CF（单片机中称为 CY）一起循环，分为带进位循环（大循环）移位和不带进位循环（小循环）移位。详见 2.4.1 节的介绍。

【例 4.6】Intel 8086 中的移位操作指令。

SHL AL, 1             ;把 AL 中的数逻辑左移一位
SAR AL, 1             ;把 AL 中的数算术右移一位

### 4. 堆栈操作指令

堆栈操作指令是一种特殊的数据传送指令，包括压入指令和弹出指令。压入指令把指定的操作数送入栈顶；而弹出指令则从栈顶弹出数据，送到指定的目的地址。堆栈指令用于保存恢复中断、子程序调用时的现场数据和断点指令地址，并在子程序调用时实现参数传递。为了支持这些功能的快速实现，有的机器设有多数据的压入指令和弹出指令，用一条堆栈操作指令依次把多个数据压入或弹出堆栈。例如 Intel 8086 的 PUSH（压栈）和 POP（弹栈）指令。

### 5. 程序控制指令

程序控制指令是指令系统中一组非常重要的指令，用于控制程序运行的顺序和选择运行方向，使程序具有测试、分析与判断的能力。程序控制指令主要包括转移指令、循环控制指令和子程序调用与返回指令等。

1）转移指令

程序执行过程中，若要改变顺序，则在执行完一条指令后，将程序转移到指定的转移地址继续执行。转移指令按其转移特征可分为无条件转移指令和条件转移指令两类。

无条件转移指令（又称为必转指令）在执行时不受任何条件的约束，直接把程序转移到指令指定的转移地址。例如，Intel 8086 的 "JMP X" 指令可以将程序无条件地转移到 X 处继续执行。

条件转移指令（又称为分支指令）在执行时受一定条件的约束，只有条件满足才会执行转移操作，转移到指令指定的转向地址；若条件不满足，则程序仍按原顺序继续执行。条件转移指令使计算机具有很强的逻辑判断能力，是计算机能高度自动化工作的关键。

为了便于判断转移条件，CPU 设置一个 状态标志寄存器（或条件码寄存器），用于记录某些操作的结果标志，如进位标志（C）、溢出标志（V）、零标志（Z）、负标志（N）、奇偶标志（P）等，这些标志组合能产生十几种条件，也就有了零转、负转、正转、溢出转等条件转移指令。转移指令的转移地址一般采用相对寻址或直接寻址。若采用相对寻址，则转移地址为当前 PC 内容与指令中给出的位移量之和；若采用直接寻址，则转移地址由指令中的地址码直接给出。

【例 4.7】Intel 8086 中的转移指令。

JMP  L         ;直接寻址的无条件转移指令。指令执行后，无条件转移到标号 L 处
JNZ  50H       ;相对寻址的条件转移指令。指令功能为：若前次指令的操作结果不为 0，则转移到当前 PC+50H 处（可参见相对寻址方式的内容）

2）循环控制指令

循环控制指令主要支持循环程序的执行，是一种增强型的条件转移指令，其指令功能一般包括对循环控制变量的修改、测试判断以及地址转移等。

【例 4.8】Intel 8086 中的循环控制指令。

LOOP  L1       ;每次循环，循环计数器 CX 的值减 1，即 CX ← CX-1，然后判断，如果 CX ≠ 0，则转 L1 继续执行；如果 CX=0，则结束循环

3）子程序调用与返回指令

在编写程序时，通常把具有特定功能并重复使用的程序段设定为独立且可以公用的子程序。程序执行过程中，需要执行子程序时，在主程序中发出调用子程序的指令，给出子程序的入口地址（子程序第一条指令的地址），程序执行序列从主程序转入子程序；而当子程序执行完成后，利用返回主程序的指令使程序重新回到主程序继续顺序执行。在子程序的调用与返回过程中，用于调用子程序、控制程序的执行从主程序转向子程序的指令称为转子指令（子程序调用指令、过程调用指令）。为了正确调用子程序，必须在转子指令中给出子程序的入口地址，而主程序中转子指令的下一条指令的地址称为断点，也是子程序返回主程序时的返回地址，并在子程序尾部安排返回主程序的指令——返回指令。为了能够正确地返回主程序，转子指令应具有保护断点的功能。常用的保护断点的方法有如下几种。

（1）将断点保存到子程序第一条指令的前一个字单元。
（2）将断点保存到某一约定的寄存器中。
（3）将断点压入堆栈。

其中将断点压入堆栈是保护断点的最好方法，它便于实现多重转子和递归调用，被很多指令系统所采用，如 Intel 8086 采用堆栈保存返回地址，设置了子程序调用指令（CALL）和返回指令（RET）。

虽然转子指令与转移指令的执行结果都是实现程序的转移，但两者的区别在于：转移指令的功能是转移到指令给出的转移地址执行指令，用于同一程序内的转移，不需要返回原处，因此不保存返回地址；转子指令的功能是转去执行一段子程序，实现的是不同程序之间的转移，且子程序执行完必须返回主程序，所以转子指令必须以某种方式保存返回地址。转子指令和返回指令通常是无条件的，但也有带条件的转子指令和返回指令。条件转子指令和条件返回指令所需要的条件与转移指令的条件类似。

### 6. 输入/输出指令

输入/输出指令简称 I/O 指令，是主机与外部设备（外设）之间进行各种信息交换的指令，主要用于主机与外设之间的数据输入/输出、主机向外设发出各种控制命令控制外设的工作、主机读入和测试外设的各种工作状态等。

I/O 指令通常有以下三种设置方式。

（1）外设采用单独编码的寻址方式并设置专用的 I/O 指令。由 I/O 指令的地址码部分给出被选设备的设备码（或端口地址），操作码指定所要求的 I/O 操作。这种方式将 I/O 指令与其他指令区别对待，编写程序清晰。

（2）外设与主存统一编址，用通用的数据传送指令实现 I/O 操作。这种方式不用设置专用 I/O 指令，利用已有的指令对外设信息进行处理。但由于外设与主存统一编址，因此占用了主存的地址空间，而且较难分清程序中的 I/O 操作和访存操作。

【注】独立编址和统一编址的详细介绍请参见 8.2.2 节。

（3）通过 I/O 处理机执行 I/O 操作。在这种方式下，CPU 只需执行几条简单的 I/O 指令，如启动 I/O 设备、停止 I/O 设备、测试 I/O 设备等，而对 I/O 系统的管理等工作都由 I/O 处理机完成。

【例 4.9】Intel 8086 的输入指令。

IN AX,n　　　　　　；n 代表端口地址，从端口地址读取数据到寄存器 AX
IN AX,DX　　　　　；寄存器 DX 可以存储端口地址，从端口地址读取数据到寄存器 AX

### 7. 字符串处理指令

字符串是程序经常处理的数据类型，它是由以字节、字和双字为单位的多个数据存放在连续的主存区域中形成的。字符串处理指令专门用来处理字符串数据类型的数据，包含字符串传送（MOVS）、字符串存储（STOS）、字符串读取（LODS）、字符串比较（CMPS）等。也可以配合使用重复前缀指令 REP，控制重复次数，实现高效的主存数据批量处理。

【例 4.10】Intel 8086 的字符串处理指令。

REP STOSB　　　　；以字节为单位存储一个字符串，重复此操作直到 CX=0

## 4.4 寻址方式

寻址方式是指确定下一条要执行的指令地址及本条指令中的数据（操作数）地址的方法。寻址方式可分为指令寻址方式和操作数寻址方式两大类，前者比较简单，后者较为复杂。

### 4.4.1 指令寻址方式

由于在大多数情况下,程序都是按指令顺序执行的,因此指令地址的寻址方式比较简单。因为现代计算机均利用 PC 跟踪程序的执行并指示将要执行的指令地址,所以当程序启动运行时,通常由系统程序直接给出程序的起始地址并送入 PC;程序执行时,可采用顺序寻址方式或跳跃寻址方式改变 PC 的值来完成下一条要执行的指令的寻址。

#### 1. 顺序寻址

顺序寻址就是采用 PC 自增的方式形成下一条指令地址。因为程序中的指令在主存中通常是顺序存放的,所以当程序顺序执行时,将 PC 的内容按一定的规则自增,即可形成下一条指令地址。增量的多少取决于一条指令所占的存储单元数。采用顺序寻址进行指令地址寻址时,CPU 可按照 PC 的内容依次从主存中读取指令。

#### 2. 跳跃寻址

跳跃寻址就是当程序发生转移时,根据指令的转移目标地址修改 PC 的内容。当程序需要转移时,由转移类指令产生转移目标地址并送入 PC,即可实现程序的转移(也称为程序跳转)。转移目标地址的形成有多种方法,大多与操作数寻址方式相似。

图 4-4 示意了两种指令寻址的执行过程。程序的首地址为 0,启动机器运行后,程序是按 0,1,2,3,7,8,9,…的顺序执行的。其中,指令地址 1、2、3 都是由 PC 自增形成的,因而执行程序清单中的 ADD、DEC 和 JMP 三条指令时为顺序寻址方式;由于指令地址 3 中的指令为"JMP 7",故执行完 JMP 指令后,便无条件地将指令地址 7 送至 PC,因此,此刻跳过了指令地址为 4、5、6 的三条指令,直接转去 7 执行 STA 指令,此为跳跃寻址方式;接着又顺序执行指令地址 8、9 等指令。

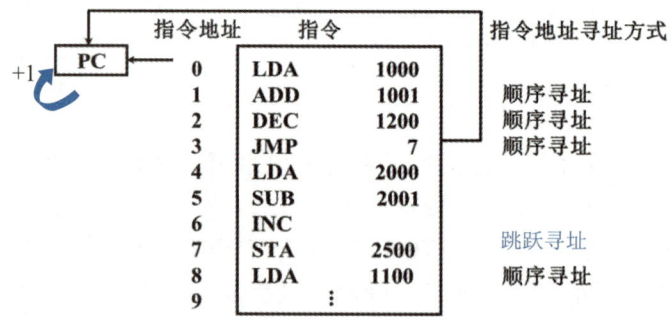

图 4-4 两种指令寻址示例

### 4.4.2 操作数寻址方式

操作数寻址是指寻找操作数的有效地址(Effective Address,EA),操作数的来源、去向及其在指令字中的地址安排有多种情况。这里所说的操作数的来源(称作源操作数)、去向(称作目的操作数),是指指令中的操作数要从哪里读、写向哪里去。不同的指令使用不同数目、不同来源、不同用法的操作数,因此,地址码字段的编码是灵活多样的,这就要求寻址时遵照编码原则，采用不同的寻址方式。通常源操作数和目的操作数可以是 CPU 内部的通用寄存器、主存储器的某个存储单元、I/O 设备（接口）中的某个寄存器等。

计算机中的寻址方式有多种，不同类型的指令系统其寻址方式的分类和名称也不尽统一。除外设数据外，操作数寻址方式大体可以分为以下几类。

- 立即寻址：用常量表达具体数值。
- 寄存器寻址：用寄存器名表示其中内容。
- 存储器寻址：用存储器地址代表保存的操作数。
- 堆栈寻址：用堆栈保存操作数。

### 1. 立即寻址

立即寻址方式是指指令的地址码字段给出的不是操作数的地址，而是操作数本身。即指令所需的操作数由指令的形式地址 A 直接给出，记作 Data=A。如图 4-5 所示，使用该寻址方式，在取出指令的同时也取出了操作数，这种操作数用常量形式直接表达，从指令代码中立即得到，因此也称为**立即数寻址**。立即寻址方式只用于指令的源操作数。

| 操作码 | 寻址方式 | 形式地址 |
|---|---|---|
| OP | 立即寻址 | A |

图 4-5  立即寻址方式

立即寻址方式的优点是只要取出指令，便可立即得到操作数，不必再次访问存储器或寄存器，提高了指令的执行速度。其缺点是由于指令的字长有限，A 的位数限制了立即数所能表示的数据范围，并且操作数是指令的一部分，不便于修改，只适用于操作数固定的情况。因此，立即寻址方式通常用于给某一寄存器或存储器单元赋予初值或提供一个常数。

【例 4.11】Intel 8086 中的立即寻址指令。

MOV AX, 1100H              ;将常数 1100H 传送给寄存器 AX，其中，AH 中存放 11H，AL 中存放 00H

【注】有的汇编语言编程中，将"#"号放在立即数前面，以表示该寻址方式为立即寻址。如 MCS-51 单片机汇编语言中，通过"MOV A, #1010B"指令可将二进制数 1010 直接放入累加器。而在 Intel 8086 系列微型处理器汇编语言中，立即寻址方式不用将"#"号放在立即数前面。

### 2. 寄存器寻址

寄存器寻址也称为寄存器直接寻址，通常将"直接"省略。寄存器寻址是指在指令地址码中给出的是某一通用寄存器的编号（也称为寄存器地址），该寄存器的内容即为指令所需的操作数。绝大多数指令采用通用寄存器寻址（Intel 8086 处理器 AX、BX、CX、DX、SI、DI、BP 和 SP），部分指令支持专用寄存器，如段寄存器、标志寄存器等。即采用寄存器寻址方式时，有效地址 EA 是寄存器的编号，记作 EA=$R_i$，如图 4-6 所示。

因为采用寄存器寻址方式时，操作数位于寄存器中，所以在指令需要访问操作数时，无须访存，减少了指令的执行时间；另外由于寄存器寻址所需的地址短，可以压缩指令长度，节省了指令的存储空间，也有利于加快指令的执行速度。因此寄存器寻址在计算机中得到了广泛的应用。但寄存器的数量有限，不能为操作数提供大量的存储空间。

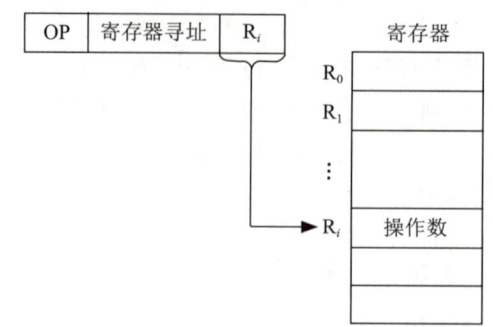

图 4-6 寄存器寻址方式

在指令"MOV AX, 1100H"中,源操作数是立即寻址,但目的操作数 AX 就是寄存器寻址。又如将寄存器 AX 的内容传送给 BX 的指令是"MOV BX, AX",该指令的源操作数和目的操作数都采用寄存器寻址。

### 3. 存储器寻址

操作数很多时候都保存在主存储器中,尽管可以事先将它们取到寄存器中再进行处理,但也需要指令直接寻址存储单元进行处理。寻址主存中存储的操作数就称为存储器寻址方式,也称为主存寻址方式。存储器寻址方式又可分为以下几种。

1) 直接寻址

**直接寻址**方式中,在指令的地址码字段中直接指出操作数在主存中的有效地址 EA,记作 EA=A,即根据给出的形式地址 A 就可以从主存中读出所需要的操作数,如图 4-7 所示。

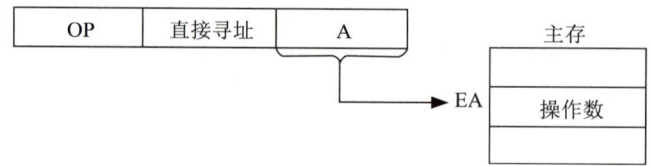

图 4-7 直接寻址方式

直接寻址简单直观,不需要另外计算操作数地址,在指令执行阶段只需访问一次主存,即可得到操作数,便于硬件实现。但操作数的地址 A 是指令的一部分,不便于修改,只能用来访问固定的存储器单元,同时 A 的位数限制了操作数的寻址范围。

【例 4.12】Intel 8086 中的直接寻址指令。

MOV AX, [1100H]　　　　;将有效地址为 1100H 的主存单元的内容传送给累加器 AX
MOV CX, count　　　　　;将变量 count 的内容传送给计数器 CX

2) 间接寻址

**间接寻址**方式是指指令的地址码字段给出的是操作数的有效地址 EA 所在的存储单元的地址,即有效地址 EA 是由形式地址 A 间接提供的,因而称为间接寻址,有时简称为间址。

间接寻址可分为一次间址和多次间址。一次间址是指指令的形式地址 A 给出的是操作数有效地址 EA 所在的存储单元的地址,记作 EA=(A)。图 4-8(a)显示了一次间址的寻址过程。多次间址是指指令的形式地址 A 给出的是操作数有效地址 EA 的地址的地址。图 4-8(b)

显示了二次间址的寻址过程，其中地址指示字的高位（蓝色数字）为间址标识位，若该位为1，表示该单元内容仍为地址指示字，需继续访存寻址；若该位为0，表示该单元内容即为操作数所在单元的有效地址 EA。需要注意的是，在所有字长相等的前提下，一次间址和多次间址之间的区别体现在两方面：一是访存次数不同，在指令执行阶段，一次间址访存 2 次，多次间址则需访存 $n+1$ 次（设多次间址为 $n$ 次间址）；二是由于多次间址占用了地址最高位作为判断是否需要继续间址的间址标识位，因而多次间址的访存范围比一次间址小一半。

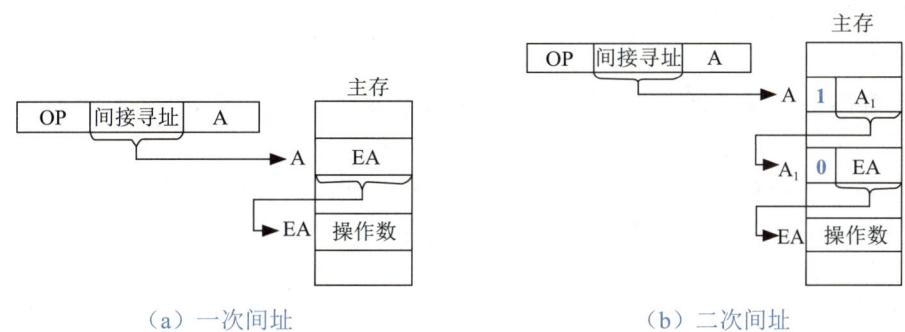

（a）一次间址　　　　　　　　　　（b）二次间址

图 4-8　间接寻址方式

【例 4.13】Intel 8086 中的间接寻址指令。

MOV AX, @1000H　　　;@ 为间接寻址标志

设主存 1000H 单元的内容为 2000H，主存 2000H 单元的内容为 3000H，如图 4-9 所示。

| 地址 | 主存 |
|------|------|
| 1000H | 2000H |
| 2000H | 3000H |

图 4-9　主存地址与单元内容

对 MOV 指令的间址操作进行分析，则指令源操作数的有效地址 EA 是主存 1000H 单元的内容，即 EA=(A)=(1000H)=2000H，该指令所需的实际源操作数是主存 2000H 单元的内容，即 Data=3000H。该指令的执行结果是将 3000H 传送给累加器 AX。

3）寄存器间接寻址

**寄存器间接寻址**方式是指指令中地址码字段所指定的寄存器中的内容是操作数的有效地址 EA，记作 EA=($R_i$)，如图 4-10 所示。

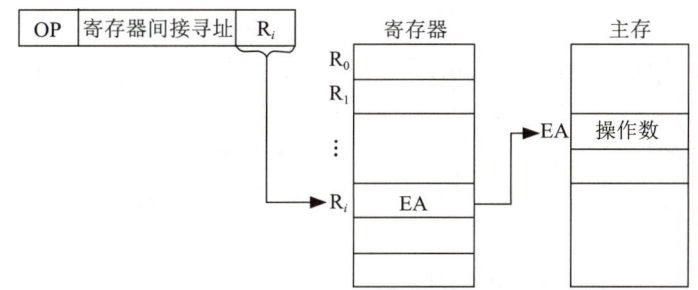

图 4-10　寄存器间接寻址方式

与前面所讲的寄存器寻址不同，寄存器寻址方式下，寄存器中存放的是真正的操作数，而寄存器间接寻址方式下，寄存器中存放的不是操作数，而是操作数的有效地址 EA。

由于采用寄存器间接寻址方式时，有效地址存放在寄存器中，因此指令在访问操作数时，只需访问一次寄存器取得有效地址，再访问一次存储器取得操作数，比间接寻址效率更高，而且由于寄存器可以给出全字长的地址，可寻址较大的存储空间。

【例 4.14】Intel 8086 中的寄存器间接寻址指令。

MOV AX, [BX]

设寄存器 BX 的内容为 BX=1000H，主存 1000H 单元的内容为 (1000H)=2100H。则该指令源操作数的有效地址 EA=1000H，指令执行的结果是将操作数 2100H 传送给寄存器 AX。

4）基址寻址

基址寄存器寻址方式简称**基址寻址**方式，指令中所使用的寄存器称为**基址寄存器**（BR）。基址寄存器（BR）既可是 CPU 中的专用寄存器（如 BX），也可以是指令中指定的某个通用寄存器，如果使用的是专用寄存器，就称为**隐式方式**，其寻址过程如图 4-11（a）所示；如果使用的是通用寄存器，就称为**显式方式**，其寻址过程如图 4-11（b）所示。使用基址寻址时，先将指令地址码给出的地址 A 和基址寄存器 BR 的内容通过加法器相加，所得的和作为有效地址，即 EA=(BR)+A，再从存储器中读出所需的操作数。在程序的执行过程中，BR 内容不变，形式地址 A 可变。形式地址 A 在这种方式下通常被称为**位移量**（Disp，也称为**偏移量**、**偏置值**）。

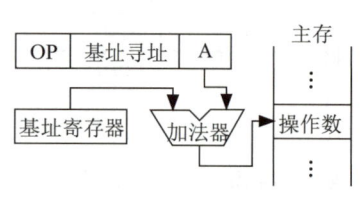

（a）专用寄存器作为基址寄存器　　（b）通用寄存器作为基址寄存器

图 4-11　基址寻址方式

在 Intel 8086 中，BX 是基址寄存器，BP 是基址指针寄存器。采用基址寻址方式时，在指令中要给出基址寄存器的代码和位移量的值。

【例 4.15】Intel 8086 中的基址寻址指令。

MOV AL, [BX+12H]　　　　　　　;BX 为基址寄存器，12H 为形式地址

设基址寄存器的内容为 BX=1000H，主存 1012H 单元的内容为 (1012H)=68H。由于形式地址 A 的内容为 12H，所以有效地址 EA=(BX)+12H=1012H，指令执行的结果是将操作数 68H 传送给寄存器 AL。

基址寻址是**面向系统**的，主要用于将用户程序的逻辑地址（用户编写程序时所使用的地址）转换成主存的物理地址（程序在主存中的实际地址），以便实现程序的再定位。例如在多道程序运行时，需要由系统的管理程序将多道程序装入主存。由于用户在编写程序时，不知道自己的程序应该放在主存的哪一个实际物理地址中，只能按相对位置使用逻辑地址编写程序。当用户程序装入主存时，为了实现用户程序的再定位，系统程序给每个用户程序分配一个基准地址。程序运行时，该基准地址装入基址寄存器，通过基址寻址，可以实现逻辑地址到物理地址的转换。由于系统程序需通过设置基址寄存器为程序或数据分配存储空间，

所以基址寄存器的内容通常由操作系统或管理程序通过特权指令设置，对用户是透明的。用户可以通过改变指令字中的形式地址 A 来实现指令或操作数的寻址。另外，基址寄存器的内容一般不进行自动增量或减量。当存储器的容量较大，由指令的地址码字段直接给出的地址不能直接访问到存储器的所有单元时，通常把整个存储空间分成若干个段，段基地址存放于基址寄存器，段内位移量由指令给出。存储器的实际地址就等于基址寄存器的内容（即段基地址）与段内位移量之和，这样通过修改基址寄存器的内容就可以访问存储器的任一单元。

5）变址寻址

**变址寻址**方式是指操作数的有效地址是由**变址寄存器（IX）**的内容与指令字中的形式地址相加形成的，记作 EA=(IX)+A。变址寻址的寻址过程如图 4-12 所示，其中，如果变址寄存器 IX 是专用寄存器（如 SI、DI），就称为**隐式方式**，其寻址过程如图 4-12（a）所示；如果使用的是指定的通用寄存器，就称为**显式方式**，其寻址过程如图 4-12（b）所示。在 Intel 8086 中，通常用 SI 和 DI 作为变址寄存器，SI 常作为源变址寄存器，DI 常作为目标变址寄存器。

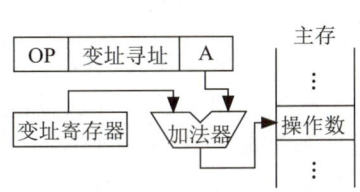
（a）专用寄存器作为变址寄存器
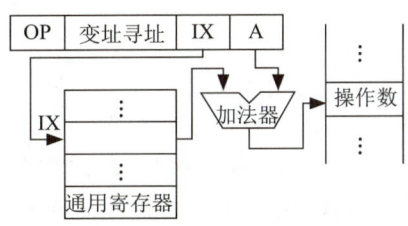
（b）通用寄存器作为变址寄存器

图 4-12 变址寻址方式

【例 4.16】Intel 8086 中的变址寻址指令。
MOV AL, [SI+4]
设变址寄存器的内容为 SI=2000H，主存 2004H 单元的内容为 (2004H)=82H。由于形式地址 A 的内容为 4，所以有效地址 EA=(SI)+4=2004H，指令执行的结果是将操作数 82H 传送给寄存器 AL。

变址寻址是**面向用户**的，主要用于访问数组、向量、字符串等成批数据，用以解决程序的循环控制问题，因此变址寄存器的内容是由用户设定的。在程序执行过程中，用户通过改变变址寄存器的内容实现指令或操作数的寻址，而指令字中的形式地址 A 是不变的。也就是说，在程序执行过程中，变址寄存器 IX 内容可变（作为**位移量**），可自动增量和减量，形式地址 A 不变（作为基地址）。

基址寻址和变址寻址两种寻址方式的组合称为基址变址寻址。

【例 4.17】Intel 8086 中的基址变址寻址指令。
MOV AX, [BX+SI+3BH]
指令中给出的是基址寄存器的代码 BX、变址寄存器的代码 SI 和位移量 3BH。其他复合寻址在本节"6. 复合型寻址"中专门介绍。

6）相对寻址

将 PC 的内容与指令的地址码字段给出的位移量之和作为操作数的地址或转移地址，称为**相对寻址**。相对寻址主要用于转移指令，执行本条指令后，程序将转移到 (PC)+A 处执行，(PC) 为程序计数器的内容。相对寻址有以下两个特点。

（1）转移地址不是固定的，它随着 PC 值的变化而变化，并且总是与 PC 相差一个固定值 A（此处 A 为相对距离），因此程序装入存储器的任何地方都能正确运行，对浮动程序很适用。

（2）有效地址 EA=(PC)+A，位移量可正、可负，通常用补码表示。

相对寻址的寻址过程如图 4-13 所示。

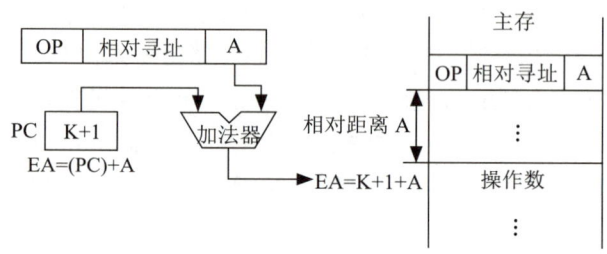

图 4-13  相对寻址方式

【注】在相对寻址的做题过程中，比较容易让人产生困惑的是：什么情况下应当考虑取指后 **PC 增量**，即 (PC)+1 → PC？通常情况下，是否需要考虑 PC 增量取决于两方面因素：一是题目是否以显式或隐式的方式给出了指令字长及 PC 取指后为何值，若未提及，或只有操作码和地址码其中一个字段的长度时，一般不考虑 (PC)+1（此处"1"为泛指，要根据实际情况中的指令字长和编址方式判断），直接采用当前 PC 值进行计算；二是题目所给指令是汇编语言还是机器指令，汇编语言通常不考虑 PC 增量（但题目若给出了指令字长则必须考虑），机器语言必须考虑（如题目给出了机器指令的十六进制表示，1 位十六进制等于 4 位二进制，可从二进制位数获悉指令字长）。需要考虑 PC 增量时，若按字编址，单字长指令为 (PC)+1，双字长指令为 (PC)+2，以此类推；若按字节编址，单字节指令为 (PC)+1，双字节指令为 (PC)+2，以此类推。例如，某计算机的指令字长为 32 位，PC 的内容为 2000H，计算取指后 PC 的值时，若按字编址，为 (PC)+1 → PC，取指后 PC 为 2001H；若按字节编址，32 位是 4 个字节，则为 (PC)+4 → PC，取指后 PC 为 2004H。

【例 4.18】Intel 8086 中的相对寻址指令。

　　MOV AL, *+03H　　　　　　　　;* 表示相对寻址

设程序计数器的内容为 PC=1000H，取指令后 (PC)+1，PC=1001H，相对位移量是 +03H，EA=(PC)+A=1004H，假设主存 1004H 单元的内容为 (1004H)=22H，指令执行的结果是将操作数 22H 传送给寄存器 AL，如图 4-14 所示。

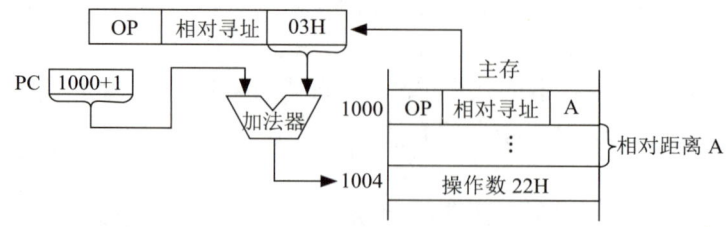

图 4-14  相对寻址指令执行过程示例

由于基址寻址、变址寻址和相对寻址都涉及以基地址加位移量（偏移量）来计算目标地址，通常也被称为偏移寻址。

4. 堆栈寻址

在计算机中，堆栈寻址是一种特殊的寻址方式，是按照"后进先出"（LIFO）原则进行存取的存储结构，按结构不同，堆栈分为寄存器堆栈（硬堆栈）和存储器堆栈（软堆栈）。目前，广泛应用的是存储器堆栈方式。

（1）寄存器堆栈。一些计算机的CPU中有一组专门的寄存器用作堆栈，称为寄存器堆栈或硬堆栈，其中每一个寄存器能保存一个字的数据。数据入栈或出栈遵循"后进先出"的原则。

（2）存储器堆栈。利用主存储器的一部分空间作为堆栈，称为存储器堆栈或软堆栈。这种堆栈可以是程序员要求的任意长度，用一个特定的寄存器保存堆栈区中被读写单元（称为栈顶）的地址。该寄存器称为堆栈指针寄存器（Stack Pointer，SP）。

堆栈寻址方式是专门用于访问堆栈的寻址方式，操作数在堆栈中，指令隐含约定由堆栈指针寄存器提供栈顶单元地址，进行写入或读出。

堆栈主要用来暂存中断和子程序调用时的现场数据及返回地址。通过堆栈指针寄存器访问堆栈的指令有压入（即入栈）和弹出（即出栈）两种，它们实际上是一种特殊的数据传送指令：①压入指令（PUSH）是把指定的操作数送入栈顶；②弹出指令（POP）的操作与压入指令刚好相反，是把栈顶的数据取出，送到指令所指定的目的地。

随着向堆栈压入数据，堆栈的存储内容增多，称为堆栈生长。一般的计算机中，堆栈从高地址（栈底）向低地址（栈顶）扩展，即栈底的地址码值总是大于或等于栈顶的地址码值，称为"自底向上"生长方式。也有少数计算机采用刚好相反的"自顶向下"生长方式。SP的内容就是栈顶单元地址，随着数据的压入或弹出，SP的内容将自动修改。

在"自底向上"生长方式中，当执行压入操作时，首先把SP减量（如果是按字节编址，减量的多少取决于压入数据的字节数，若压入一个字节，则减1；若压入两个字节，则减2，以此类推），然后把数据送入SP所指定的单元；当执行弹出操作时，首先把SP所指定的单元（即栈顶）的数据取出，然后根据数据的大小（即所占的字节数）对SP增量。这种存储器堆栈中，进栈时，先修改堆栈指示器，后存入数据；出栈时，先取出数据，然后修改堆栈指示器。"自底向上"生长方式的堆栈压入和弹出数据过程如图4-15所示。

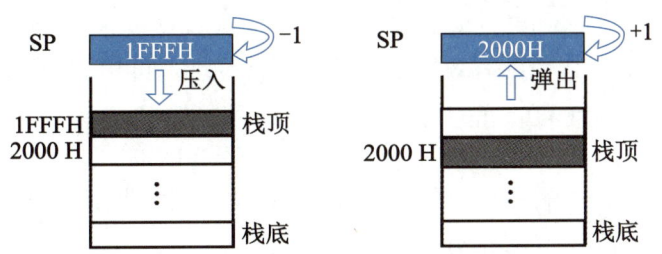

图4-15 "自底向上"生长方式的堆栈压入和弹出数据过程

【例4.19】堆栈寻址方式中，将累加器ACC的内容压入堆栈，SP为堆栈指示器，Msp

为 SP 指示的栈顶单元。如果进栈操作的动作是：(ACC) → Msp，(SP)-1 → SP，那么出栈操作的动作是什么？并说明原因。

解：由于堆栈的特点是后进先出，通常出栈与进栈的操作是相互对应的。也就是说，调整指针和存取数据的操作对于同一组出栈和入栈来说，刚好反过来就可以。并且，如果入栈时指针是加 1，出栈时指针则减 1（"1"为泛指，应根据实际的指令字长和编址方式判断），反之亦然。

因此，本题出栈操作的动作是：(SP)+1 → SP，(Msp) → ACC。

### 5. 隐含寻址

为缩短指令字长度，有些指令采用隐含地址码方式，即在指令中不明显给出操作数地址，而是隐含在操作码或者某个寄存器中。例如，单地址指令中只给出一个操作数地址，另一个操作数隐含在累加器 ACC 中，这样累加器 ACC 成了另一个操作数的地址，如图 4-16 所示。

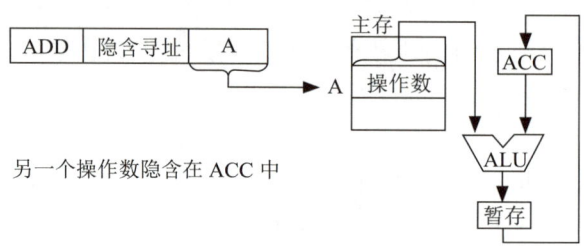

图 4-16　隐含寻址方式

再比如 Intel 8086 中，MUL 指令被乘数隐含在 AX（16 位）或 AL（8 位）中；MOVS 指令源操作数的地址隐含在 SI 中，目的操作数的地址隐含在 DI 中。隐含寻址方式的优点是指令字中少了一个地址码字段，可缩短指令字长；缺点是需增加存储操作数或隐含地址的硬件。

### 6. 复合型寻址

上面介绍的几种寻址方式在计算机中可以组合使用，如把间接寻址方式同相对寻址方式或变址寻址方式相结合，从而形成**复合型寻址**方式。复合型寻址方式有如下几种类型。

（1）相对间接寻址。这种寻址方式先把 PC 的内容和形式地址 A 相加得 (PC)+A，然后再间接寻址求得操作数的有效地址，即先相对寻址，再间接寻址。操作数的有效地址 EA 数学公式为 EA=((PC)+A)。

（2）间接相对寻址。这种寻址方式先将形式地址 A 间接变换为 (A)，然后将间接变换值和 PC 的内容相加得到操作数的有效地址，即先间接寻址，再相对寻址。操作数的有效地址 EA 数学公式为 EA=(PC+(A))。

（3）变址间接寻址。这种寻址方式先把变址寄存器 IX 的内容和形式地址 A 相加得 (IX)+A，然后再间接寻址求得操作数的有效地址，即先变址寻址，再间接寻址。操作数的有效地址 EA 数学公式为 EA=((IX)+A)。

（4）间接变址寻址。这种寻址方式先将形式地址 A 间接变换为 (A)，然后将间接变换值和变址寄存器 IX 的内容相加得到操作数的有效地址，即先间接寻址，再变址寻址。操作数的有效地址 EA 数学公式为 EA=(IX)+(A)。

（5）寄存器相对寻址。这种寻址方式的有效地址是寄存器内容与位移量之和。操作数的有效地址 EA 数学公式为 EA=($R_i$)+A。

除了上述复合寻址方式，还可以组合形成更复杂的寻址方式。例如，在一条指令中可以同时实现基址寻址与变址寻址，其有效地址为基址寄存器内容＋变址寄存器内容＋指令地址码，称之为相对基址变址寻址。

不同计算机采用的寻址方式是不同的，即使是同一种寻址方式，在不同的计算机中也有不同的表达方式或含义。因此，用汇编语言编程时，必须详细了解所使用计算机的指令系统，才能编写出正确且高效的程序。若用高级语言编程，则由编译程序解决有关寻址问题，用户不必考虑寻址方式。

### 7. 常用寻址方式汇总

表 4-2 汇总了一些常用寻址方式。

表 4-2 常用寻址方式汇总

| 所属类型 | 寻址方式名称 | | 寻址特征 | 操作数 Data 或<br>有效地址 EA | 访存次数 |
|---|---|---|---|---|---|
| 立即寻址 | 立即数寻址 | | 操作数在指令中 | Data=A | 0 |
| 寄存器寻址 | 寄存器（直接）寻址 | | 操作数在寄存器中 | Data=($R_i$)<br>EA=$R_i$ | 0 |
| 存储器寻址 | 直接寻址 | | 操作数地址在指令中 | Data=(A)<br>EA=A | 1 |
| | 间接寻址 | | 操作数在主存中 | Data=((A))<br>EA=(A) | 一次间址：2<br>多次间址：$n+1$ |
| | 寄存器间接寻址 | | 操作数地址在寄存器中 | Data=(($R_i$))<br>EA=($R_i$) | 1 |
| | 偏移寻址 | 基址寻址 | 操作数地址为基址寄存器内容（面向系统，BR 不可变，实为基地址）+ 位移量（A 可变） | Data=((BR)+A)<br>EA=(BR)+A | 1 |
| | | 变址寻址 | 操作数地址为变址寄存器内容（面向用户，IX 可变，实为位移量）+ 位移量（A 不可变，实为基地址） | Data=((IX)+A)<br>EA=(IX)+A | 1 |
| | | 相对寻址 | 操作数地址为程序计数器内容 + 位移量（实为相对距离） | Data=((PC)+A)<br>EA=(PC)+A | 1 |
| 隐含寻址 | | | 其中一个（源）操作数由程序指定 | 程序指定 | 0 |
| 堆栈寻址 | | | 寄存器堆栈（硬堆栈）和存储器堆栈（软堆栈） | 程序指定 | 硬堆栈：0<br>软堆栈：1 |

【注】表 4-2 中，"间接寻址"和"寄存器间接寻址"的 Data 和 EA 的计算公式均为一次间址；"访存次数"为指令执行时的访存次数，不包括获取本条指令的访存；"堆栈寻址"的访存次数以最简单的操作数指令为例，具体指令需具体分析，不能以偏概全。

## 4.5 RISC 和 CISC

RISC 即精简指令集计算机（Reduced Instruction Set Computer），与其对应的是 CISC，即复杂指令集计算机（Complex Instruction Set Computer）。

### 4.5.1 RISC 的产生和发展

#### 1. RISC 的产生

长期以来，计算机性能的提高往往通过增加硬件的复杂性来获得。随着集成电路技术，特别是 VLSI 技术的迅速发展，为了软件编程方便和提高程序的运行速度，硬件工程师采用的办法是不断增加可实现复杂功能的指令和利用多种灵活的编址方式。某些指令可支持高级语言语句归类后的复杂操作，致使硬件越来越复杂，造价也相应提高。

这类具备庞大且复杂的指令系统的计算机称为复杂指令集计算机（CISC）。综上所述，CISC 的思想就是采用复杂的指令系统，来达到增强计算机的功能、提高运算速度的目的。归纳起来，CISC 指令系统的特点如下。

（1）指令系统复杂庞大，指令数目一般为 200 条以上。
（2）指令格式多，指令字长不固定，采用多种不同的寻址方式。
（3）可以访存的指令不受限制。
（4）各种指令的执行时间和使用频率相差很大。
（5）大多数 CISC 采用微程序控制器。
（6）难以用优化编译生成高效的目标代码程序。

然而，CISC 的复杂结构并不像人们想象的那样很好地提高了计算机的性能。由于指令系统复杂，导致所需的硬件结构复杂，这不仅增加了计算机研制开发的周期和成本，而且也难以保证系统的正确性，由于复杂指令需要进行复杂的操作，与功能较简单的指令同时存在于一个计算机中，很难实现流水线操作，从而降低了运算的速度。经过对 CISC 的各种指令在典型程序中使用频率的测试分析，发现只有 20% 的指令是常用的，并且这 20% 的指令大多属于算术逻辑运算、数据传送、转移、子程序调用等简单指令，而其余 80% 的指令仅有 20% 左右的使用率，这就造成了硬件资源的大量浪费。

在这种情况下，人们开始考虑能否用最常用的 20% 左右的简单指令来组合实现不常用的 80% 的指令功能，由此推动了 RISC 技术的产生，出现了精简指令集计算机（RISC）。

#### 2. RISC 的发展

1975 年，IBM 公司开始研究指令的合理性问题，IBM 的 John Cocke 提出精简指令系统的想法。后来美国加利福尼亚州伯克利大学的 RISC I 和 RISC II、斯坦福大学的 MIPS 机的研究成功，推动了精简指令集计算机（RISC）的诞生与发展。

1983 年以后，一些公司开始推出 RISC 产品，由于它具有较高的性价比，市场占有率不断提高。1987 年，Sun 微系统公司用 SPARC 芯片构成工作站，从而使其工作站的销售量居于世界首位。一些发展较早的大公司转向 RISC 是很不容易的，因为 RISC 与 CISC 指令系统不兼容，因此他们首先要考虑在 CISC 上开发的大量软件如何转到 RISC 平台上，而且这些公司的操作系统专用性强且较复杂，给软件的移植带来了困难。而 Sun 微系统公司以 UNIX 操作系统为基础，软件移植比较容易，因此它的工作站的重点很快从 CISC（用 68020 微处理器）转移到 RISC（用 SPARC 微处理器）。早期使用的 RISC 芯片有 SPARC 和 MIPS。

### 4.5.2　RISC 的特点

RISC 不是简单地将着眼点放在精简指令系统上，而是通过精简指令系统使计算机的结构更加简单合理，从而提高运算速度。计算机执行程序所需要的时间 $P$ 可用下式表示：

$$P=I \times CPI \times T$$

式中，$I$ 为程序在机器上运行的指令数；CPI 为执行每条指令所需的平均周期数；$T$ 为每个机器周期的时间。

由于在 RISC 中用子程序来代替原 CISC 中比较复杂的指令，因此 RISC 的 $I$ 要比 CISC 多 20%～40%。但是 RISC 的大多数指令只用一个机器周期实现（20 世纪 80 年代），所以 CPI 的值要比 CISC 小得多。同时因为 RISC 结构简单，所以完成一个操作所经过的数据通路较短，使得 $T$ 值大幅降低。后来，RISC 的硬件结构又有了很大改进，一个机器周期平均可完成一条以上指令，甚至可达到数条指令。RISC 是在继承 CISC 的成功技术并克服 CISC 缺点的基础上产生并发展起来的，大部分 RISC 具有下述特点。

（1）选取一些使用频率高的简单指令，复杂指令的功能由简单指令的组合来实现。

（2）指令长度固定，指令格式种类少，寻址方式种类少。

（3）只有取数、存数指令（Load/Store）访问存储器，数据在寄存器和存储器之间传送。其余指令的操作都在寄存器之间进行。

（4）CPU 中通用寄存器数量相当多，算术逻辑运算指令的操作数都在通用寄存器中存取。

（5）采用指令流水线技术，大部分指令在一个时钟周期内完成。

（6）以硬布线控制为主，不用或少用微程序控制。

（7）特别重视编译优化工作，以减少程序执行时间。

值得注意的是，从指令系统兼容性来看，CISC 大多能实现软件兼容，即高档机包含了低档机的全部指令，并可加以扩充，但 RISC 简化了指令系统，指令条数少，格式也不同于原有机器，因此大多数 RISC 不能与原有机器兼容。

### 4.5.3　CISC 和 RISC 的比较

CISC 和 RISC 之间的详细比较如表 4-3 所示。

表 4-3  CISC 和 RISC 对比表

| 对比项目 | CISC | RISC |
| --- | --- | --- |
| 指令系统 | 复杂，庞大 | 简单，精简 |
| 指令数目 | 一般大于 200 条 | 一般小于 100 条 |
| 指令字长 | 不固定 | 固定 |
| 可访存指令 | 不加限制 | 只有 Load/Store 指令 |
| 各种指令执行时间 | 相差较大 | 绝大多数在一个周期内完成 |
| 各种指令使用频度 | 相差较大 | 都比较常用 |
| 通用寄存器数量 | 较少 | 多 |
| 目标代码 | 难以用优化编译生成高效的目标代码程序 | 采用优化的编译程序，生成代码较为高效 |
| 控制方式 | 绝大多数为微程序控制 | 绝大多数为组合逻辑控制 |

与 CISC 相比，RISC 的优点主要体现在以下方面。

（1）RISC 更能充分利用 VLSI 芯片的面积。CISC 的控制器大多采用微程序控制，其控制存储器在 CPU 芯片内所占的面积为 50% 以上，而 RISC 控制器采用组合逻辑控制，其硬布线逻辑只占 CPU 芯片面积的 10% 左右。

（2）RISC 更能提高运算速度，RISC 的指令数、寻址方式和指令格式种类少，又设有多个通用寄存器，采用流水线技术，所以运算速度更快，大多数指令在一个时钟周期内完成。

（3）RISC 便于设计，可降低成本，提高可靠性。RISC 指令系统简单，故机器设计周期短；其逻辑简单，可靠性高。

（4）RISC 有利于编译程序代码优化。RISC 指令数和寻址方式少，使编译程序容易选择更有效的指令和寻址方式。

# 思考与讨论

1. 请结合按字编址和按字节编址，以及大端存储和小端存储方式，思考常见寻址方式下如何获得操作数的有效地址。

2. 在汇编语言中，"#，@，*" 通常是哪种寻址方式的特征表示？若某机的指令系统有七种寻址方式，其寻址特征位需占几位？

3. 请从访存次数、提供操作数地址有无区别、指令字长、寻址范围和执行效率五个维度，对以下两组寻址方式进行分析和比较：

（1）直接寻址 VS 寄存器寻址。（2）间接寻址 VS 寄存器间接寻址。

4. 思考在指令系统中为什么要采用这么多种寻址方式？每种寻址方式的特点和操作过程是什么？应用在什么场景下？

# 习题 4

## 一、填空题

1. 指令字中的地址码字段（形式地址）有不同的含义，它是通过（　　）体现的，因为通过某种方式的变换，可以得出（　　）地址。常用的指令地址格式有（　　）地址、（　　）地址、（　　）地址和（　　）地址四种。

2. 对于一条隐含寻址的加法运算指令，其指令字中不明确给出（　　），其中一个操作数通常隐含在（　　）中。

3. 立即寻址的指令的地址码字段指出的不是（　　）而是（　　）。

4. 寄存器直接寻址的操作数在（　　）中，寄存器间接寻址的操作数在（　　）中，所以执行指令的速度前者比后者（　　）。

5. 设形式地址为 X，则直接寻址中，操作数的有效地址为（　　）；间接寻址中，操作数的有效地址为（　　）；相对寻址中，操作数的有效地址为（　　）。

6. 变址寻址和基址寻址的区别是：基址寻址中，基址寄存器提供（　　），指令的地址码字段提供（　　），变址寻址中，变址寄存器提供（　　），指令的地址码字段提供（　　）。

7. 指令寻址的基本方式有两种：一种是（　　）寻址方式，其指令地址由（　　）给出；另一种是（　　）寻址方式，其指令地址由（　　）给出。

8. 条件转移指令、无条件转移指令、子程序调用与返回指令都属于（　　）类指令，这类指令字的地址码字段指出的地址不是（　　）的地址，而是（　　）的地址。

9. 堆栈寻址需在 CPU 内设一个专用的寄存器，称为（　　），其内容是（　　）。

10. 常见的数据传送指令可实现（　　）和（　　）之间或（　　）和（　　）之间的数据传送。

11. 某机采用三地址格式指令，共能完成 50 种操作，若机器可在 1K 地址范围内直接寻址，则指令字长应取（　　）位，其中操作码占（　　）位，地址码占（　　）位。

12. 某机指令字长 24 位，共能完成 130 种操作，采用单地址指令可直接寻址的范围是（　　）；采用二地址指令，可直接寻址的范围是（　　）。

13. 程序控制类指令包括（　　）指令、（　　）指令和（　　）指令。

14. （　　）寻址和（　　）寻址的有效地址形成方式极为相似，但它们的应用场合不同，前者主要用于处理数组程序，后者支持多道程序的应用。

15. 相对寻址过程中，操作数的地址是（　　）和（　　）求和产生。

## 二、简答题

1. 什么叫机器指令？什么叫指令系统？为什么说指令系统与机器的主要功能以及与硬件结构之间存在着密切的关系？

2. 什么叫寻址方式？

3. 什么是指令字长、机器字长和存储字长？

4. 对于二地址指令而言，操作数的物理地址可安排在什么地方？举例说明。
5. 试比较间接寻址和寄存器间接寻址。
6. 试比较基址寻址和变址寻址。
7. 讨论 RISC 和 CISC 在指令系统方面的主要区别。

三、计算题

1. 设指令系统字长为 16 位，采用扩展操作码技术，每个操作数的地址为 6 位。如果定义了 13 条二地址指令，试问还可安排多少条一地址指令。

2. 画出"SUB @R1"指令对操作数的寻址及减法过程的流程图。设被减数和结果存于 ACC 中，@ 表示间接寻址，R1 寄存器的内容为 2074H。

3. 基址寄存器的内容为 2000H（H 表示十六进制），变址寄存器内容为 03A0H，指令的地址码部分是 3FH，当前正在执行的指令所在地址为 2B00H，请求出变址寻址（考虑基址）和相对寻址两种情况的访存有效地址（即实际地址）。

4. 设相对寻址的转移指令占两个字节，第一个字节是操作码，第二个字节是相对位移量，用补码表示。假设当前转移指令第一字节所在的地址为 2000H，且 CPU 每取出一个字节便自动完成 (PC)+1 → PC 的操作。试问当执行"JMP *+8"和"JMP *−9"指令时，转移指令第二字节的内容各为多少？

5. 设某指令系统指令定长 12 位，每个地址为 3 位，试提出一种分配方案，使该指令系统有 4 条三地址指令、8 条二地址指令、180 条单地址指令。

# 第 5 章 中央处理器

通过前面章节对指令系统的学习可了解到,高级语言编写的程序必须经过编译程序或汇编程序的编译和汇编以后,转换成由机器语言构成的程序,才能够在计算机的硬件上开始执行。指令系统处于计算机系统软硬件交界处,是重要的组成部分,机器语言的指令要在计算机硬件上进行执行,每一条指令都要从机器当中取出、分析、执行,并进行结果的写回。本章将在第 4 章的基础上,进一步学习中央处理器的结构和功能,从而分析机器语言指令是如何在计算机硬件系统上执行的。

本章共分为 7 节,从中央处理器的结构入手,进而讨论一条指令在计算机硬件上的执行过程,学习提高计算机指令执行速度的一种非常重要的方法——指令流水,并介绍基于指令流水的中央处理器基本结构,了解微处理器中的新技术;最后学习现代中央处理器。

## 5.1 概述

在现代计算机中,将传统计算机的运算器和控制器合二为一,称为中央处理器(Central Processing Unit,CPU)。CPU 作为运算和控制核心,是计算机系统中逻辑结构最复杂、技术含量最高、制造工艺难度最大的功能部件。CPU 自产生以来,在逻辑结构、运行效率以及功能外延上取得了巨大发展。在微型机中,CPU 被集成在微处理器芯片上,通过内部总线,建立起芯片各部件之间的信息传输通路。

### 5.1.1 发展概况

CPU 出现于大规模集成电路时代,处理器架构设计的迭代更新以及集成电路工艺的不断提升促使其不断发展完善。从最初专用于数学计算到广泛应用于通用计算,从 4 位到 8 位、16 位、32 位处理器,再到 64 位处理器,从各厂商互不兼容到不同指令集架构规范的出现,CPU 自诞生以来一直在飞速发展。

在电子管、晶体管计算机时代,一般通过复杂的硬件逻辑让计算机实现运算,那时的 CPU 集成度低、体积庞大、功耗高、运算速度较低,正是中小规模集成电路技术的发展(第三代计算机)促进了微处理器 CPU 的诞生。

根据 CPU 的制造工艺、集成度、基本字长和指令功能的变化情况,CPU 的发展历程可以概括为以下八个阶段。

#### 1. 第一阶段(1946—1970 年)

此阶段的 CPU 主要由电子管或较低集成度的晶体管构成,体积庞大,功耗较高,且运算速度慢,适合处理 32 位定点数或超过 40 位的浮点数四则运算,主要用于军事国防领域的计算机。此阶段，CPU还未形成微处理器的概念。

代表性产品：国产103机的CPU及"功勋计算机"109丙的CPU。

### 2. 第二阶段（1971—1973年）

此阶段是中小规模集成电路的初期，以4位和8位低档微处理器为主。主要特点是采用PMOS半导体工艺，集成了约4000个晶体管，处理器架构和指令系统都比较简单，有20多条基本指令，基本指令周期为20～50μs，主要用于简单控制。从本阶段开始，CPU正式进入微处理器时代。

代表性产品：Intel 4004/8008。

### 3. 第三阶段（1974—1977年）

此阶段以8位中高档微处理器为主，主要特点是普遍采用NMOS半导体工艺，芯片的集成度大约为16000个晶体管，处理器的指令周期为1～2μs，而且对应的指令系统逐渐完善，基本上具备中断和DMA等I/O控制功能。

代表性产品：Intel 8080/8085，Zilog Z80（齐洛格）。

### 4. 第四阶段（1978—1984年）

此阶段以16位微处理器为主，主要特点是采用HMOS 3μm工艺，集成了20000～70000个晶体管，指令周期约为0.5μs，指令系统更加完善，支持多级中断和多种寻址方式，具备段式存储机构和硬件乘/除等部件。

代表性产品：Intel 8086/8088/80286，Motorola M68000，Zilog Z8000。

### 5. 第五阶段（1985—1992年）

此阶段以32位微处理器为主，主要特点是采用HMOS和CMOS 2μm工艺，集成度高达100万个晶体管，具有32位地址线和32位数据总线，指令周期约为0.16μs，已经可以胜任多任务、多用户的作业。1989年，Intel公司发布的Intel 80486首次突破100万个晶体管的集成度，并集成了协处理器，实现了五级标量流水线，是Intel 80x86系列首款采用多重流水线技术的处理器。该阶段标志着CPU的初步成熟，也标志着传统处理器发展阶段的结束。

代表性产品：Intel 80386/80486，Motorola M69030/68040等。

### 6. 第六阶段（1993—2002年）

此阶段仍以32位微处理器为主，典型产品是Intel公司的奔腾（Pentium）系列和与之兼容的AMD K6、K7系列微处理器芯片。

1993年，Intel公司发布了奔腾处理器，即奔腾586，内建MMX（MultiMedia eXtensions，多媒体扩展指令集），0.8μm工艺，外围电路采用芯片组方式。与Pentium MMX属于同一级别的有AMD K6、Cyrix 6x86 MX（赛瑞克斯）等。

1997年，Intel公司推出了Pentium II处理器，SLOT1架构，0.35μm工艺，SEC（Single Edge Contact，单边插接）匣型封装，集成了约750万个晶体管。

1998年，Intel公司推出了Pentium II的低端版本，即Celeron（赛扬）系列，最大的差别就是取消了二级缓存，后又在Celeron 300A中恢复。

1999 年，Intel 公司推出了 Pentium III 处理器，在 Pentium II 处理器的指令集中加入 70 个新指令，采用 SIMD（Single Instruction Multiple Data，单指令流多数据流）技术，Socket 370 接口，0.25μm 工艺，集成了约 950 万个晶体管。此外，同级产品还有 Pentium III 的低端版本 Celeron 3 系，0.13μm 工艺。

2000 年，Intel 公司推出了 Pentium 4 处理器，采用 SSE2 指令，新增 144 个指令，集成了约 4200 万个晶体管，采用 Socket 478 架构，0.18μm 半导体工艺，256KB 二级缓存，主频 1.8～2.4GHz。代表性产品是 Pentium 4 5x0 和 Pentium 4 5x5 系列。

2002 年，中国科学院计算技术研究所发布了我国第一款通用处理器"龙芯一号"，32 位内核，MIPS III 指令集，具有七级流水线、32 位整数单元和 64 位浮点单元，主频 266MHz；2005 年，发布"龙芯二号"，0.18μm 工艺，主频 1.0GHz，相当于 Pentium 4 的速度。

### 7. 第七阶段（2003—2004 年）

此阶段以 64 位的单核微处理器为主。2003 年，对于 32 位处理器，Intel 公司针对笔记本电脑推出了 Pentium M 处理器，结合了 Intel 855 芯片组和 Intel PRO/Wireless 2100 网络接入技术，成为 Intel Centrino（迅驰）移动计算机最重要的组成部分，主频达 1.6GHz，并采用能耗最佳的 400MHz 系统总线、微处理作业融合和专用堆栈管理器，使处理器能快速执行指令集且功耗很低。对于 64 位微处理器，Intel 公司仍专注于 Itanium（安腾）处理器，但 AMD 公司发布面向台式机的 64 位 Athlon（速龙）64 和 Athlon 64 FX 系列处理器，采用 AMD-64 架构，初始频率为 2.0GHz，0.13μm 工艺，集成了约 1.059 亿个晶体管；苹果公司也推出了一款 64 位的 PowerPC 970 处理器（G5）。

直到 2004 年，Intel 公司才发布了 EM64T 架构，推出 64 位 Pentium 4 系列处理器，采用 LGA 775 接口，代表性产品有 Pentium 4 5x1 和 5x6、Pentium 4 6xx 系列、Celeron D。同年，Freescale（飞思卡尔）公司也推出了 64 位的 e700 core，VIA Technologies（威盛）公司发布了 64 位的 Isaiah 处理器。

### 8. 第八阶段（2005 年至今）

本阶段的 CPU 正式进入 64 位的多核处理器时代。2005 年，Intel 公司推出双核处理器 Pentium EE（Extreme Edition，极致版）、Pentium D 和 Xeon 系列，并推出了 Intel 945/955/965/975 芯片组来支持，两者都采用 90nm 工艺，使用无引脚 LGA 775 接口标准，有 775 个触点（贴片电容），通过与插槽内 775 根触针接触来传输信号。

随后，AMD 公司推出了首款双核处理器 Athlon 64 X2，集成 1MB 二级缓存，集成度高达 2.332 亿个晶体管。IBM 公司也推出了 Power PC 970MP 双核处理器。

2006 年，进入 Core（酷睿）架构时代，采用 65nm 工艺，集成了 1.5 亿个晶体管，原生双核共享 2MB L2 缓存，Socket 479 接口。随后进入 Core 2 架构时代，前端总线提升至 1333MHz，L2 缓存达 4MB，LGA 775 接口，全新的智能缓存技术提高了双核心及多核处理器的工作效率。代表性产品有 Core 2 Duo（双核）和 Core 2 Quad（四核）系列。

2008 年，Intel 公司陆续发布了基于 Nehalem 微架构的第 1 代 Core i7/i5/i3 系列的多核处理器。AMD 公司也于 2009 年开始陆续推出 AMD Athlon II 系列的多核处理器。进入 2011 年后，Intel 公司以每年一代的速度推出了多款集成了 GPU 的新版 Core 处理器：第 2 代（Sandy

Bridge，2011)、第 3 代 (IvyBridge，2012)、第 4 代 (Haswell，2013)、第 5 代 (Broadwell，2014)、第 6 代 (Skylake，2015) 等。第 6 代 Core 多核处理器采用超低的 14nm 工艺，具备更强的 CPU/GPU 运算能力、更低的功耗，目前已在高端计算机中使用。

我国首款多核处理器是中国科学院计算技术研究所 2009 年发布的龙芯 3A 处理器 (4 核，65nm 工艺，主频为 lGHz)，随后在 2012 年推出了龙芯 3B-1500 处理器 (8 核，28nm 制程，最高主频为 1.5GHz)。此外，国防科技大学专门为"天河一号" (2009 年 10 月) 研制了 FT-1000 (8 核 64 线程)，为"天河二号" (2013 年 5 月) 研制了 FT-1500 (16 核，SPARC V9 架构，40nm 工艺，主频达 1.8GHz)。这些都是国产处理器的代表。

纵观 CPU 几十年的发展历程可以看出，它的发展具有如下特点：半导体制作工艺越来越精密，从最初的几微米到现在的几十纳米，芯片集成度呈几何级数提高；处理器位宽从早期的 4 位、8 位、16 位、32 位发展到现在的 64 位甚至 128 位，位宽增加了至少 16 倍；从单核单线程发展到多核多线程，处理器性能发生了翻天覆地的变化；工作频率由早期的 MHz 发展到现在的 GHz，提高了 1000 倍；指令集越来越丰富，硬件架构越来越复杂，硬件功能越来越强，功耗却越来越低。

### 5.1.2 中央处理器的功能

中央处理器作为计算机中最重要的部件，需要完成控制和运算功能，因而主要由运算器和控制器组成。

运算器的主要功能是对数据进行加工，在本书第 2 章中已做重点介绍。

控制器的功能是负责协调并控制计算机各部件执行程序的指令序列，包括取指令、分析指令和执行指令。取指令就是把指令从主存单元中取出来；分析指令就是对指令的操作码部分进行译码，分析这条指令要完成什么功能，是指令集中的哪条指令；执行指令是指控制器根据这条指令要完成的功能发出各种操作命令，由这些操作命令控制相应的部件去完成指令要求的操作。这些指令要有一定的先后顺序，假设当前取回的指令经译码后，其执行的内容是使用主存中的一个操作数和寄存器中的一个操作数做加法。在执行时，先要将两个操作数分别送到运算器，然后进行加法运算，再把结果保存到指定的寄存器或主存单元中，这些操作都是有先后顺序的。此外，控制器要控制程序输入及结果输出，还要进行总线控制权、使用权的管理。另外，在程序执行中如果发生异常或特殊请求，控制器要及时地进行处理。

因而，CPU 的具体功能应包括以下方面。

（1）指令控制：完成取指令、分析指令和执行指令的操作，即程序的顺序控制。

（2）操作控制：完成各种操作。一条指令的功能往往由若干操作信号的组合来实现，CPU 管理并产生由主存取出的每条指令的操作信号，把各种操作信号送往相应的部件，从而控制这些部件按指令的要求进行操作。

（3）时间控制：对操作的时间进行控制。即为每条指令按时间提供应有的控制信号。

（4）数据加工：对数据进行算术和逻辑运算，以及对其他非数值数据（如字符、字符串等）的处理。

（5）中断处理：对计算机运行过程中出现的异常情况和特殊请求进行处理。

## 5.1.3 中央处理器的组成

根据上述要实现的功能，CPU 必须配置相应的物理结构。从指令控制的角度来看，要取指令，需要程序计数器指出指令地址，取回来的指令要存入指令寄存器，即 CPU 要有一系列寄存器；从操作控制来看，需要控制器（CU）对指令的操作码部分进行译码；对数据进行加工需要算术逻辑单元（ALU）；要能够处理中断，就要有中断系统。CPU 基本结构框图如图 5-1 所示。

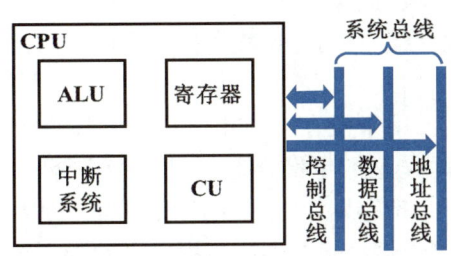

图 5-1　CPU 基本结构框图

实际上，除此之外，为了对操作的时间和顺序进行控制，还需要时序产生器等辅助电路，以及各个部件之间用于连接的 CPU 内部互连机构等。下面将对运算器、控制器、寄存器组、中断系统和时序产生器分别进行介绍。

### 1. 运算器

运算器由算术逻辑单元（ALU）、累加器（ACC）、程序状态字寄存器（Program Status Word，PSW）、通用寄存器组等组成。算术逻辑单元的基本功能为加、减、乘、除四则运算，与、或、非、异或等逻辑操作，以及移位、求补等操作。计算机运行时，运算器的操作和操作种类由控制器决定。运算器处理的数据来自存储器，处理后的结果数据通常送回存储器，或暂时寄存在运算器中。

### 2. 控制器

控制器（CU）是协调和指挥整个计算机系统工作的"决策机构"，其产生的微操作控制信号序列就是控制流，主要任务是指挥和控制 CPU、主存及输入/输出部件之间的数据流动，使数据信息按完成指令功能需要经过的数据通路从一个功能部件传输到另一个功能部件，实现对数据加工处理的控制。控制器由程序计数器（PC）、指令寄存器（IR）、指令译码器（ID）、存储器地址寄存器（MAR）、存储器数据寄存器（MDR）、时序产生器和微操作信号发生器等部分组成。

### 3. 寄存器组（堆）

寄存器是位于 CPU 内部的存储器，是在速度上最接近于 CPU 的一类存储器，用来存储参与运算的数据或指令。不同的 CPU、不同的指令集结构，对 CPU 寄存器的设置要求是不一样的，下面主要介绍一些常见寄存器。

（1）**程序计数器（PC）**：用于存放下一条执行指令的地址，其功能是指示指令在存储器中的存放位置，因此也称为**指令计数器（IC）**或**指令指针（IP）**。

在主存执行指令时，CPU 将自动修改 PC 的内容，以使其总是保存将要执行的指令的地址。在程序执行之前，必须将程序的首地址，即程序的第一条指令所在主存单元的地址送入 PC，因此 PC 的初始内容是从主存单元提取的第一条指令的地址。当执行指令时，CPU 能自动递增 PC 的内容，为提取下一条指令做好准备。即在实际中，有两种途径形成指令地址：一是当程序顺序执行时，每从主存中取出一条指令，CPU 就自动对 PC 内容进行 (PC)+1 → PC 的增量计数，形成下一条指令的地址。实际"+1"为泛指，增量值取决于现行指令在主存中所占用的存储单元数和编址方式。如主存按字节编址，现行指令长度占 2 个字节，则下一条指令的地址为 PC 内容加 2，以此类推。二是遇到需要改变程序顺序执行的情况，即跳跃寻址，若现行指令是转移类指令，一般由转移类指令形成转移地址送往程序计数器，作为下一条指令的地址。

（2）指令寄存器（IR）：用于保存当前正在执行的指令。当执行一条指令时，先把它从主存储器取到 MDR 中，再送至指令寄存器，以备指令译码。当指令从主存中取出，经 MDR 沿直接通路快速存于指令寄存器后，在执行指令的过程中，指令寄存器的内容不允许发生变化，以确保实现指令的全部功能。为提高指令之间的衔接速度、支持流水线操作，大多数计算机将指令寄存器扩充为指令队列（也叫指令栈），允许预取若干条指令。

（3）存储器数据寄存器（MDR）：用于存放 CPU 与主存之间交换的指令或数据，起到缓冲的作用，因此也称为数据缓冲寄存器。如 CPU 从主存中读出时，将读出的一条指令或一个数据字先经由 MDR 暂存，再送往 CPU 指定的寄存器；反之，当 CPU 向主存写入一条指令或一个数据字时，由指定的寄存器先送入 MDR 暂存，再送往相应的主存单元。

（4）存储器地址寄存器（MAR）：用于保存当前 CPU 所访问的主存单元的地址。当 CPU 和主存进行信息交换时，如果是 CPU 向主存存取数据，先要将该数据的有效地址送入 MAR，根据 MAR 的地址访问主存单元；如果是 CPU 向主存读取指令，则先将 PC 的内容送入 MAR，由 MAR 按指令地址到主存进行寻址。

【注】并非所有的 CPU 中都会设置专用的 MAR，某些 RISC 型处理器（如 MIPS32）通常用暂存器来替代专用的 MAR，以便简化 CPU 结构，提高指令执行效率。

（5）程序状态字寄存器（PSW）：用于存放程序状态字。程序状态字的各位表征程序和计算机运行的状态，是参与控制程序执行的重要依据之一。它主要包括两部分内容：一是状态标志，如进位标志、溢出标志、结果为零标志、结果为负标志等，大多数指令的执行将会影响这些标志位，通常条件分支指令利用 PSW 的值实现分支条件；二是控制状态，如中断标志、陷阱标志、方向标志等。

（6）累加器（ACC）：当 ALU 执行算术运算或逻辑运算时，ACC 为 ALU 提供一个工作区，可以为 ALU 暂时保存一个操作数或运算结果，属于通用寄存器之一。

（7）通用寄存器：通常指一组可通过程序访问的寄存器，这组寄存器在处理器中数量较多、使用频度较高，具有多种用途。它们既可用于存放指令需要的操作数据，又可用于存放地址，以便在主存或 I/O 接口中指定操作数据的位置等。指令系统为这组寄存器分配了各自的编号，因而可在指令中访问某个指定编号的寄存器。如 4.1.2 节介绍的 Intel 8086 处理器的 8 个 16 位通用寄存器。

CPU 中的寄存器分类方法有很多种，下面介绍常见的两种。

（1）根据使用范围可分为专用寄存器和通用寄存器。专用寄存器在 CPU 中具有专门的功能，包括程序计数器、指令寄存器、存储器数据寄存器、存储器地址寄存器、程序状态字寄存器等。通用寄存器是指具有多种用途的寄存器，包括数据（缓冲）寄存器（DR）、地址（缓冲）寄存器（AR）、累加器等，可用于传输和暂存数据，也可参与算术逻辑运算，并保存结果，除此之外还可具有一些特殊功能。例如，采用显式方式时，基址寻址所需的基址寄存器、变址寻址所需的变址寄存器和堆栈寻址所需的堆栈指针寄存器，都可用通用寄存器代替。

（2）根据各寄存器对于不同用户的可见性，可分为用户可见寄存器和用户不可见寄存器，如表 5-1 所示。用户可见即系统程序员可以通过程序对该寄存器进行操作；用户不可见则表示该寄存器对用户而言是透明的，用户不可对这类寄存器编程，它们被控制部件或带有特权的操作系统程序使用，可划归于控制和状态寄存器一类之中。

表 5-1　用户可见寄存器和用户不可见寄存器

| 寄存器 | 系统程序员 | 应用程序员 |
| --- | --- | --- |
| PC、PSW/PSR、ACC、AR 和 DR 等通用寄存器组 | 可见 | 不可见 |
| IR、MAR、MDR | 不可见 | 不可见 |

#### 4. 中断系统

中断装置和中断处理程序统称为中断系统，中断系统能够加强 CPU 对多任务事件的处理能力。中断机制是现代计算机系统中的基础设施之一，其在计算机系统中起着通信网络作用，以协调计算机系统对各种外部事件的响应和处理。中断的实现由软件和硬件综合完成，硬件部分叫作硬件装置，软件部分叫作软件处理程序。作为计算机的重要组成部分之一，实时控制、故障自动处理、计算机与外设间的数据传输都要采用中断系统。

引起中断的事件统称为中断源。中断源向 CPU 提出处理的请求称为中断请求。当 CPU 收到中断请求后，能根据具体情况决定是否响应中断，如果 CPU 没有更急、更重要的工作，则在执行完当前指令后响应这一中断请求。我们把 CPU 暂停现行程序转为响应中断请求的过程称为中断响应：首先，将现行程序断点（发生中断时被打断现行程序的暂停点称为断点）处的 PC 值（即现行程序中下一条应执行指令的地址）压入堆栈，称为保存断点，由硬件自动执行。然后，将相关寄存器内容和标志位状态也压入堆栈，称为保护现场，由用户自己编程完成。保存断点和保护现场后即可执行中断服务程序，称为中断处理。执行完毕，CPU 要由中断服务程序返回原先被打断的现行程序，称为中断返回；先恢复相关寄存器的内容和标志位状态，称为恢复现场，由用户编程完成；再加载返回指令恢复 PC 值，使 CPU 返回原先现行程序的暂停点，称为恢复断点。恢复现场和断点后，CPU 将继续执行原来的现行程序。本书 8.4 节将深入介绍中断的相关概念。

#### 5. 时序产生器

在指令执行过程中，所有操作都必须按照一定的顺序执行，各操作在什么时刻执行、执行多长时间都有严格规定，不能有任何差错。例如，执行加法指令时，首先必须将操作数送到 ALU 的输入端，然后给出 ALU 执行加法的运算选择控制信号，待加法操作完成后，才能将结果送往目的地。不仅对执行的先后顺序有规定，而且对何时送操作数、何时执行加法操作、何时送出结果都有规定。因此需要引入时序的概念，也就是要对完成指令而执行的微操作控制信号进行时序调制，严格规定各信号的产生时间和持续时间。

根据时序调制方法的不同，操作控制器分为硬布线控制器和微程序控制器两种，前者采用时序逻辑技术实现，依照"数字逻辑"课程中的同步时序电路和设计方法进行设计，是一种硬时序；后者采用程序存储逻辑技术实现，是一种软时序。本章 5.4 节将分别介绍这两种控制器的工作原理和设计方法。

## 5.2 指令周期

### 5.2.1 基本概念

通常情况下，CPU 是按"取指、译码—执行指令—再取指、译码—再执行指令……"的顺序自动工作的。执行一条指令要经历一系列步骤或阶段，指令周期、机器周期、时钟周期，实际是对 CPU 整个工作周期的不同时间粒度划分。如果按时间粒度由粗到细进行排序，指令周期＞机器周期＞时钟周期，即一个指令周期包含若干个机器周期，一个机器周期包含若干个时钟周期。它们三者之间的关系如图 5-2 所示。

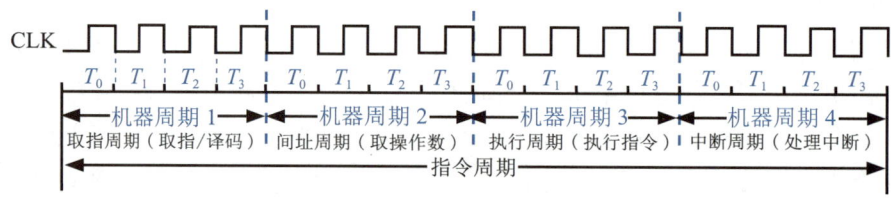

图 5-2 指令周期、机器周期与时钟周期的关系

了解三个周期的概念对于计算机体系结构和计算机组成原理的学习非常重要，有助于理解计算机是如何执行指令的，为优化程序性能和设计高效的计算机系统提供了基础。

#### 1. 指令周期（Instruction Cycle）

**指令周期**是指一条指令从取出到执行完成所需要的全部时间。计算机执行一条指令要经历一系列步骤或阶段，指令周期通常由以下几个阶段组成。

（1）取指令（Instruction Fetch）：此阶段，计算机从主存中读取指令。计算机会根据程序计数器中的地址，访问主存中的存储单元，将指令加载到指令寄存器中。

（2）指令译码（Instruction Decode）：此阶段，计算机通过指令译码器对取出的指令进行解析，确定指令的操作类型和操作数。

（3）执行指令（Instruction Execution）：此阶段，计算机根据指令的操作类型和操作数，进行相应的算术逻辑运算、数据传输及存储器读/写操作等。

（4）写回（Write Back）：此阶段，计算机将执行结果写回到寄存器或主存中。

以上仅仅是指令周期的基本阶段，在实际的计算机体系结构中，根据不同的架构和优化技术，指令周期的具体实现可能会有所不同。

指令周期的长度取决于计算机的时钟频率和指令的复杂程度。时钟频率决定了计算机每秒能够执行的指令数，而指令的复杂程度则决定了每条指令的执行时间。通常情况下，指令周期越短，计算机的执行效率越高。

## 2. 机器周期（Machine Cycle）

**机器周期**也称为 **CPU 周期**，是指令周期的子集。每个机器周期完成一个基本操作，指令周期常常使用机器周期数来表示，不同指令周期所包含的机器周期数差异可能很大。例如，前面我们把指令周期的基本阶段划分了四个阶段，假设取指令和指令译码所需的时间为一个机器周期，执行指令和写回所需的时间也为一个机器周期，则一个指令周期至少包含了两个机器周期。在此，并没有考虑间接寻址和 CPU 可能要处理中断等情况，因而对于一些操作相对复杂的指令，则可能需要更多的机器周期。

机器周期的长度取决于计算机的指令集架构和硬件设计，不同类型的基本操作可能需要不同的机器周期数来完成。机器周期的长度可以通过时钟周期数来度量，例如，一个机器周期为两个时钟周期的计算机，意味着执行一个基本操作需要经过两个时钟周期的时间。

一个完整的指令周期应包含取指、间址、执行和中断四个机器周期（见图 5-2），每个机器周期都有一个对应的周期状态触发器，机器运行在不同的机器周期时，对应的周期状态触发器被置"1"，在机器运行的任何时刻只能处于一种周期状态。这些机器周期都有访存操作，但访存的目的不同，如取指周期是为了取指令，间址周期是为了取有效地址，执行周期是为了取操作数（假设是访存取数指令），中断周期是为了保存断点。这正是指令和数据均以二进制编码不加区别地保存在计算机中，CPU 却能正确区分指令和数据的关键，即通过不同的时间段（机器周期）和不同的地址来源进行区分。例如，取指阶段取出的为指令，执行阶段取出的多为数据。又如，由程序计数器提供的存储单元地址获取的内容多为指令，由指令地址码部分提供的存储单元地址获取的内容多为数据。

根据机器周期内节拍数相同或不等，可分为定长机器周期和不定长机器周期。

**定长机器周期**是指每个机器周期的长度是固定的，包含的节拍数相同。每个机器周期的长度都是相同的意味着无论执行简单操作还是复杂指令，不会随着不同指令或操作的执行而改变，如图 5-3 所示。

定长机器周期有助于简化计算机的时序控制和设计，使得计算机的操作更加可靠和稳定。然而，由于每个指令或操作都需要固定节拍数的机器周期来完成，需要以最长的微操作序列和最烦琐的微操作作为标准机器周期。因此，可能会导致某些指令或操作的执行时间过长，影响计算机的性能。例如，在一个规定标准机器周期含四个节拍的计算机上执行某段程序，有可能某条指令执行到两个节拍就结束了，却仍需等待四个节拍结束。

**不定长机器周期**是指每个机器周期内包含的节拍数不等，其长度是根据指令或操作的复杂度而变化的，如图 5-4 所示。

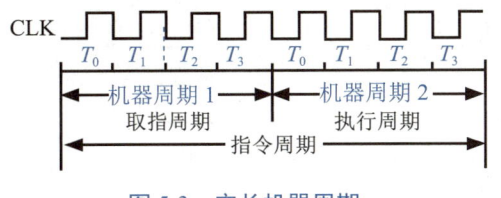

图 5-3　定长机器周期

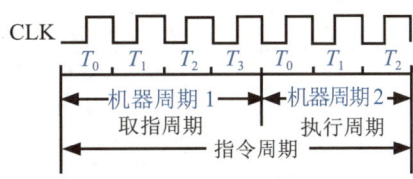

图 5-4　不定长机器周期

不定长机器周期是以增加时序控制、设计和调试的复杂性为基础，以确保可以更好地适应不同指令或操作的执行要求，提高计算机的灵活性和性能。

综上所述，定长机器周期是指每个机器周期长度是固定的，而不定长机器周期是指其长度根据指令或操作的复杂度而变化。定长机器周期简化了时序控制和设计，但可能影响性能；不定长机器周期提供了更好的灵活性和性能，但需要更复杂的时序控制和设计。选择哪种机器周期取决于计算机的设计需求和性能要求。

### 3. 时钟周期（Clock Cycle）

**时钟周期**也称为 **T 周期、节拍电位**，是计算机中处理操作最基本的时间单位。由于 CPU 内部的操作速度比访问主存的速度快，为便于同步与控制，一些计算机系统往往以主存的工作周期为基础来定义机器周期的时间。在一个机器周期内，CPU 要完成若干个微操作，这些微操作有的可以并行进行，有的则要按先后顺序串行执行。因此，需要把一个机器周期分为若干个相等的时间段，每一个时间段对应一个电位信号，称为节拍电位信号或节拍脉冲，其宽度取决于 CPU 完成一次微操作的时间。

在时钟周期内执行的微操作，有的需要同步定时脉冲配合，如寄存器的写操作，此时需要在一个时钟周期内设置一个或多个节拍脉冲。

时钟周期的长度由计算机的时钟频率决定，时钟频率表示每秒产生的时钟周期数，两者互为倒数。时钟频率的常见单位是赫兹（Hz），即每秒的周期数。例如，一个时钟频率为 1GHz（$1\times10^9$Hz）的计算机，其时钟周期为 1ns（$1\times10^{-9}$s）。更详细的换算请参考 3.1.3 节的【例 3.2】。

## 5.2.2 指令周期及数据通路

**数据通路**是指数据在各功能部件之间传输的路径。数据通路的功能是规定不同部件间数据传输操作及控制信号流动，实现 CPU 中的运算器与寄存器之间、寄存器与寄存器之间、寄存器与主存之间等数据交换。数据通路结构关系着微操作信号形成部件的设计，数据通路不同，指令执行过程的微操作序列的安排也会不同。

不同功能的指令和不同的计算机对指令周期的划分不尽相同。

表 5-2 使用四条典型指令构成一个简单程序，用于帮助读者掌握不同指令的指令周期概念及理解和分析数据通路。

表 5-2  四条典型指令构成的程序

| 指令地址（八进制） | 指令内容（八进制） | 助记符 | 说明 |
| --- | --- | --- | --- |
| 020 | 250 000 | CLA | 非访内指令：累加器清零 |
| 021 | 030 030 | ADD 030 | 直接访内指令：加法 |
| 022 | 021 031 | STAI 031 | 间接访内指令：存数 |
| 023 | 140 021 | JMP 021 | 转移控制指令：无条件跳转 |
| 024 | 000 000 | HLT | 停机 |
| ... | ... | | |
| 030 | 000 006 | | |
| 031 | 000 040 | | |
| ... | ... | | |
| 040 | ××××××（结果） | | |

下面通过对表 5-2 所示四条指令的分析，阐述非访内指令、直接访内指令、间接访内指令和转移控制指令的指令周期。

### 1. 非访内指令的指令周期

非访内指令 "CLA" 的含义是将累加器（ACC）清零。其指令周期需要两个机器周期，取指周期用来取指令和译码，执行周期用于指令的执行操作。

在取指周期中，CPU 完成了以下三项操作。

（1）从主存中取出指令。

（2）程序计数器 (PC)+1 → PC，以便确定下一条指令在主存中的地址。

（3）对取得指令的操作码进行译码，确定该指令的操作。

CPU 内部寄存器之间的数据传输、累加器的内容取反、清零等操作都属于非访内指令。其他一些零地址指令也属于非访内指令，它们都在两个机器周期内完成操作。非访内指令的执行过程如图 5-5 所示。

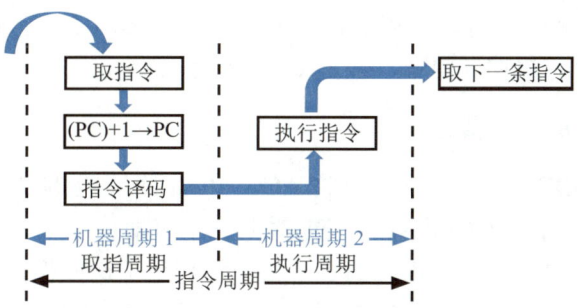

图 5-5　非访内指令的执行过程

假设表 5-2 所示的程序已经装入主存，PC 当前的值为 020（八进制），第一条非访内指令 CLA 的取指令和译码过程的数据通路如图 5-6 所示。

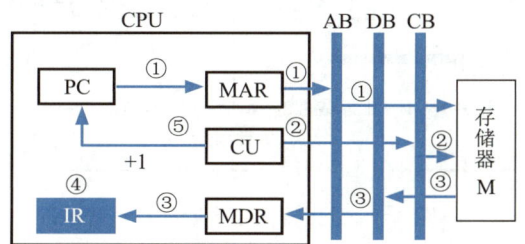

图 5-6　非访内指令 CLA 的取指周期数据通路

该操作可分解为以下几个步骤。

① 程序计数器（PC）中存放了现行指令 CLA 的地址 020，该地址送到 MAR 并送至地址总线（Address Bus，AB），根据该地址找到存储器中对应的存储单元。此步骤的数据通路记作：PC → MAR。

② 控制部件 CU 通过控制总线（Control Bus，CB）向存储器发出读命令。记作：1 → R。

③ 存储器接收到读命令后，将对应 MAR 所指存储单元的内容（即要取的指令，在本例中即为 CLA 指令）经数据总线（Data Bus，DB）送至 MDR，记作：M(MAR) → MDR。再由 MDR 送至 IR，记作：MDR → IR。

④ IR 中保存的指令一般格式包括操作码（OP）和地址码（AD），指令译码就是将指令的操作码字段送至指令译码器进行译码或测试，本例假设送至 CU。记作：OP(IR) → CU。

⑤ 为确保程序的顺序执行，CU 还要控制 PC 内容加 1，形成下一条指令的地址。记作：(PC)+1 → PC。在本例中，PC 的内容为 020，再加 1，PC 的内容更新为 021，即按顺序接着取表 5-2 中的直接访内指令"ADD 030"。

【注】通常对于数据通路助记中的括号使用而言，未加括号是指数据直接流经的路径，加括号表示其内容。在有的教材中，第④步不包含在公共取指周期中，第⑤步实际可安排在第 1 步之后的任意步骤。

取指周期结束后，在执行周期，CPU 完成以下两项操作。

（1）操作控制器（CU）送 CLA 相应的控制信号给 ALU。

（2）ALU 响应该控制信号，将累加器（ACC）的内容清零。记作：0 → ACC。

由于本条指令的执行周期较简单，数据通路图在此省略。

### 2. 直接访内指令的指令周期

直接访内指令"ADD 030"的含义是将 ACC 中的内容与地址为 030 的存储单元中的内容相加，结果仍保存在 ACC 中。其指令周期需要三个机器周期，即一个取指周期和两个执行周期。取指周期用于取指令和译码，第一个执行周期用于送操作数地址，第二个执行周期进行取操作数和加法操作。直接访内指令的执行过程如图 5-7 所示。

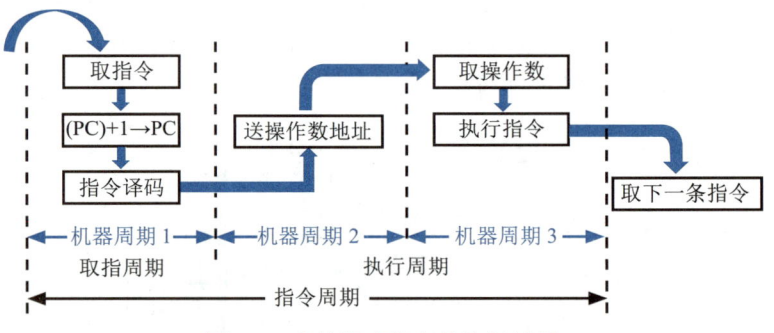

图 5-7　直接访内指令的执行过程

在取得前一条指令 CLA 后，PC 的值已经加 1 修改为 021，指向当前加法指令在主存中的存放地址。因此，当前取得的指令是 021 单元的内容"030 030"（"ADD 030"指令的机器码）。同样，取得指令后，PC 的值自动加 1 修改为 022，指向下一条指令在主存中的存放地址，为取第三条指令做好准备。然后，由译码器译码得出该指令的功能，即将累加器（ACC）的内容和主存 030 单元的内容相加。由于所有指令的取指周期与第一条 CLA 指令的取指周期相同，这里不再复述，主要介绍执行周期。

取回加法指令后，该指令的执行周期包含两个机器周期，其数据通路如图 5-8 所示。

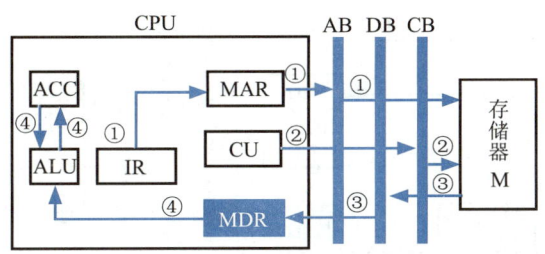

图 5-8 直接访内指令 ADD 的执行周期数据通路

执行周期的操作可分解为以下几个步骤。

① 送操作数地址。取指周期结束后,IR 中保存的"030 030"指令由操作码(OP)和地址码(AD)两部分组成,需将其地址码字段"030"通过 MAR 送至地址总线(AB),以找到存储器中对应的存储单元。记作:Ad(IR) → MAR。此为第一个执行周期完成的操作。

② 控制部件(CU)通过控制总线(CB)向存储器发出读命令。记作:1 → R。

③ 取操作数。存储器接收到读命令后,将对应 MAR 所指存储单元的内容(即要取的操作数,在本例中即为 030 单元的内容"000 006")经数据总线(DB)送至 MDR。记作:M(MAR) → MDR。

④ 执行加法操作并写回结果。将两个操作数,即 ACC 的内容(上一条指令对 ACC 清零后,该操作数为 000 000)和 MDR 的内容(经第③步后为 000 006)送到 ALU 相加,并把加法的结果暂存在 ACC 中。记作:(ACC)+(MDR) → ACC。第②~④步为第二个执行周期完成的操作。

### 3. 间接访内指令的指令周期

间接访内指令"STAI 031"的含义是将 ACC 中暂存的上条加法指令的结果间接存放到由形式地址 031 取得的有效地址中。其指令周期需要四个机器周期,即一个取指周期、两个间址周期和一个执行周期。取指周期用于取指令和译码,第一个间址周期用于送操作数地址指针(即间接寻址方式中的形式地址:操作数地址的地址),第二个间址周期取操作数有效地址,最后的执行周期取操作数并执行指令。间接访内指令的执行过程如图 5-9 所示。

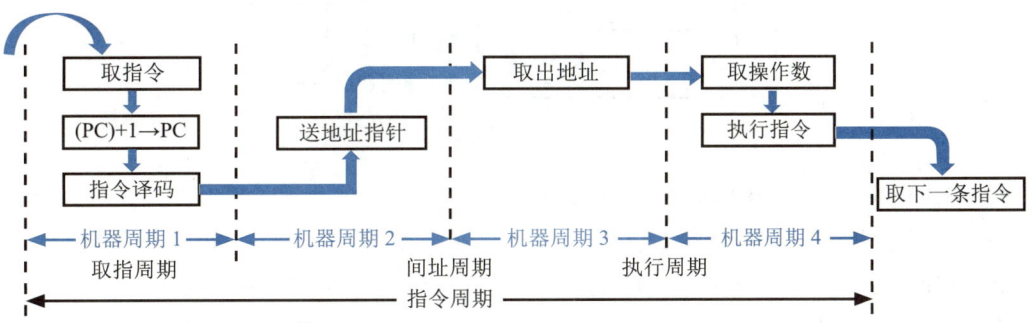

图 5-9 间接访内指令的执行过程

间接访内指令的取指周期与前两条相同,这里主要介绍间址周期和执行周期。首先介绍间址周期,其数据通路如图 5-10 所示。

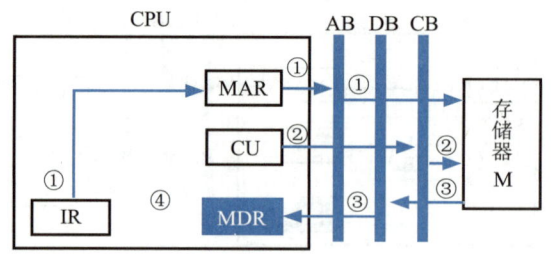

图 5-10 间接访内指令 STAI 的间址周期数据通路

间址周期的操作可分解为以下几个步骤。

① 送地址指针。取指周期结束后，IR 中保存的 "021 031" 指令由操作码（OP）和地址码（AD）两部分组成，需将其地址码字段 "031"（由于是间接寻址，031 实际为形式地址）通过 MAR 送至地址总线（AB），以找到存储器中对应存储单元保存的有效地址。记作：Ad(IR) → MAR。此为第一个间址周期完成的操作。

② 控制部件（CU）通过控制总线（CB）向存储器发出读命令。记作：1 → R。

③ 取有效地址。存储器接收到读命令后，将存储器对应 MAR 所指单元的内容（即要取的有效地址，在本例中即为 031 单元的内容 "000 040"）经数据总线（DB）送至 MDR。记作：M(MAR) → MDR。

④ 执行指令：用有效地址替代原来的地址指针。由 MDR 将 "000 040" 送入指令寄存器（IR），地址码 "040" 替代原 "031"，表示操作数的有效地址 040 已取出并已装入。记作：MDR → Ad(IR)。第②～④步为第二个间址周期完成的操作。

至此，间接访内指令 "STAI 031" 实质上已经转化为 "STA 040"，其执行操作是将 ACC 中的结果保存到地址为 040 的存储单元。因此，间接访内指令 STAI 的执行周期数据通路如图 5-11 所示。

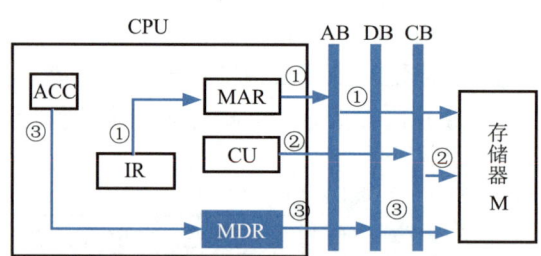

图 5-11 间接访内指令 STAI 的执行周期数据通路

执行周期的操作可分解为以下几个步骤。

① 送操作数地址。间指周期结束后，IR 将保存的地址码字段 "040" 通过 MAR 送至地址总线（AB），以找到存储器中对应的存储单元。记作：Ad(IR) → MAR。

② 控制部件（CU）通过控制总线（CB）向存储器发出写命令。记作：1 → W。

③ 保存结果。存储器接收到写命令后，由 ACC 将加法结果 "000 006" 先送入 MDR，记作：ACC → MDR；再经数据总线（DB）保存到地址为 040 的存储单元。记作：MDR → M(MAR)。

#### 4. 转移控制指令的指令周期

转移控制指令"JMP 021"是无条件跳转指令。指令含义是无条件地将 PC 的值修改为"021"，从而使程序转移到 021 处执行，重复执行上述指令。JPM 指令可以是直接寻址，也可以是间接寻址。在本例中为直接寻址，其指令周期需要两个机器周期，取指周期用于取指令和译码，执行周期用于送转移地址。

转移控制指令的执行过程如图 5-12 所示。

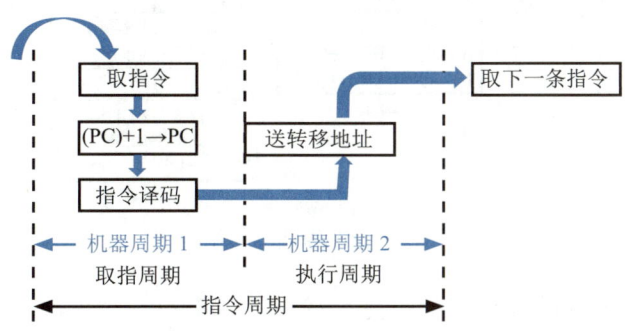

图 5-12　转移控制指令的执行过程

取指时，CPU 将 023 单元中的"JMP 021"指令取出，放入指令寄存器（IR）（保存了该指令的机器码 140 021）。同时，PC 的值同样进行自动加 1 修改为 024，为取下一条指令做好准备。但在执行阶段，CPU 把指令寄存器（IR）中的地址码字段"021"送给 PC，从而代替了 PC 原来的内容 024。这样，下一条指令将不从 024 单元取出，而是从 021 单元取出执行，这就改变了程序原来的执行顺序，使得原本的顺序寻址改为跳跃寻址。

至此，可以看出，上述四条指令构成的简单程序形成了一个死循环，该程序的运行并无实际意义，仅仅是为了说明指令周期的操作和信息流动而设计的一个例子。

前面通过执行过程示意图和数据通路介绍了四条典型指令的指令周期，从而对一条指令的取指过程和执行过程有了较清晰的了解。然而，在进行计算机设计时，如果用这种方法来表示指令周期，就显得过于烦琐。在进行计算机设计时，可以采用方框图（又称为指令流程图或指令周期流程图）来表示一条指令的指令周期。指令流程图中的基本元素包括以下方面。

（1）矩形方框：表示一个机器周期，方框中的内容表示数据通路的操作或某种控制操作。

（2）菱形框：表示判断或测试，时间上依附前一个矩形方框的机器周期，不独占一个机器周期。

（3）公操作符号"~"：表示指令执行完毕后 CPU 的一些共性操作。所谓公操作，就是一条指令执行完毕后，CPU 要开始进行的操作。这些操作主要是 CPU 对外设请求的处理，如中断请求、DMA 请求等。如果外设没有向 CPU 请求交换数据，CPU 将转向主存取下一条指令。由于所有指令的取指令阶段是完全一样的，因此，取指令也可以看作是一种公操作。这是因为，一条指令执行结束后，如果没有外设请求，CPU 一定转入"取指令"操作。

将前面的四条指令加以归纳，用流程图表示的指令周期如图 5-13 所示。

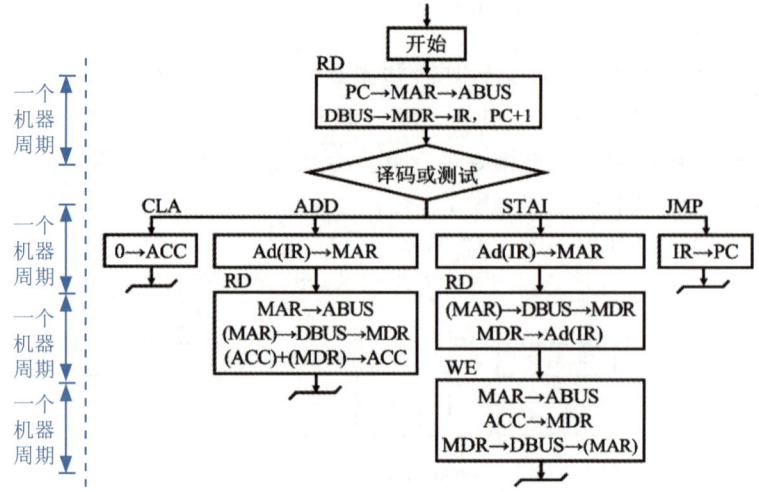

图 5-13 指令周期流程图示例

可以看到，所有指令的取指周期是完全相同的，都占一个机器周期。但在指令的执行阶段，由于各指令的功能不同，所用的机器周期是各不相同的。其中，CLA 和 JMP 指令需要一个机器周期，ADD 需要两个机器周期，而 STAI 需要三个机器周期。在如图 5-13 所示流程图中，ABUS 表示地址总线，DBUS 表示数据总线，RD 表示主存读命令，WE 表示主存写命令。

【注】这个程序的指令周期流程图的虚线左侧是辅助概念理解的，虚线右侧是基于前文设定的 CPU 逻辑结构而绘制的一个示例，不同的硬件结构下绘制的流程图也会有所不同。

## 5.3 时序与控制

指令的正确执行依赖于数据通路的建立，而数据通路的建立依赖于操作控制器产生的控制信号。在单周期处理器中，所有控制信号同时产生，没有先后顺序；而在多周期处理器中，这些控制信号应该具有严格的时间先后顺序，才能保证指令的正确执行。控制信号什么时候产生、持续多长时间就是控制信号的时序调制问题。时序调制问题是 CPU 时序系统需要解决的关键问题。

### 5.3.1 CPU 时序

CPU 时序是指中央处理器内部各个操作的时间顺序和时序关系。它描述了指令的执行过程，包括指令的获取、译码、执行和写回等阶段，以及这些阶段之间的协调和同步。CPU 时序决定了指令的执行顺序、时钟周期的分配以及数据的传输路径。

在 CPU 时序中，时钟信号是核心。时钟信号以固定的频率产生，并驱动 CPU 内部各个部件按照特定的时序进行操作。每个时钟周期内，CPU 完成特定的操作或者将指令的执行过程分为多个阶段，每个阶段对应一个时钟周期。

CPU 时序的设计可以影响 CPU 的性能和效率，理解 CPU 时序对于计算机体系结构和性能优化非常重要。它涉及指令的执行过程、时钟信号的调度、数据的传输和控制逻辑的协调等方面。通过优化和改进 CPU 时序，可以提高 CPU 的性能、效率和响应速度，以满足不断提升的计算需求。

当涉及中央处理器（CPU）的时序系统时，早期和现代的设计有很大的差异。

### 1. 早期时序系统

早期的计算机采用状态周期、节拍电位和节拍脉冲三级时序系统来对操作控制信号进行定时控制。其中，状态周期用电位来表示当前处于指令执行的哪个机器周期，节拍电位用电位表示当前处于机器周期的第几个节拍。不同结构控制器所用的时序系统不同，传统硬布线控制器采用的是状态周期、节拍电位和节拍脉冲三级时序系统，而微程序控制器采用的是节拍电位、节拍脉冲两级时序系统。

在早期时序系统中，CPU 采用了简单的单周期或多周期设计。每个时钟周期内只执行一条指令，或者将指令的执行过程划分为多个阶段，每个阶段对应一个时钟周期。这些早期的设计相对简单，易于理解和实现，但效率相对较低。

早期时序系统的 CPU 需要等待每条指令的执行完成才能开始下一条指令的执行。这导致了指令之间存在较大的间隔，浪费了大量的时钟周期。指令的执行时间可能因指令类型和数据依赖关系而有所不同，这也是效率低下的原因之一。

### 2. 现代时序系统

在现代计算机中，已经不再使用上述多级时序系统，指令执行过程中的定时信号就是基本时钟信号，一个时钟周期就是一个节拍，不再设置节拍脉冲，称为**现代时序系统**。

现代时序系统采用了更复杂的流水线、超标量、超流水线和乱序执行等关键技术，这些技术是为了应对日益复杂和多样化的计算需求而发展起来的。它们通过增加指令级并行性、减少指令执行的延迟和浪费，以及优化资源利用等方式，提高了 CPU 的性能和效率。

现代时序系统还包括其他一些优化技术，如分支预测、乘法累加器、数据预取和高速缓存等，以提高指令的执行效率，降低访问主存的延迟，对于现代计算机体系结构的设计和性能优化至关重要。

### 3. 发展历程

#### 1）单周期

早期的计算机采用了**单周期** CPU 设计，即每条指令的执行时间相同，每个时钟周期内只执行一条指令。这种设计简单直观，但效率较低，因不同指令的执行时间可能差异很大，导致一些时钟周期的浪费，并且不能充分利用硬件资源。

#### 2）多周期

**多周期** CPU 将指令的执行过程分为多个阶段，每个阶段对应一个时钟周期，不同指令可以在不同的阶段并行执行。这种设计可以更好地利用计算资源，提高整体性能。与单周期相比，多周期可以更充分地利用硬件资源，但由于每条指令的执行时间可变，需要对指令进行分类，以便采用最优的处理方式。与流水线相比，它对数据相关性更加容忍，可以避免数据相关的问题。多周期 CPU 适合于处理单条指令。

3）流水线

流水线将指令的执行过程划分为多个阶段，并将多条指令在同一时钟周期内重叠执行。这样，每个阶段可以同时处理不同指令的不同部分，大大提高了指令的吞吐量和 CPU 的效率。流水线的特点是周期短、吞吐量大，可同时处理多条指令，但流水线的硬件成本较高，对数据相关性较为敏感。在现代处理器中，多周期 CPU 和流水线 CPU 通常是结合使用的，以实现更高效的指令执行。

4）超标量和超流水线

超标量和超流水线在流水线 CPU 基础上进一步增加了指令的并行度。**超标量** CPU 可以在同一个时钟周期内同时执行多条指令，而**超流水线** CPU 则进一步细分指令的执行阶段，使得更多指令可以同时进入流水线并行执行。

5）乱序执行

**乱序执行**是一种动态调整指令执行顺序的技术，是基于超标量和超流水线的一种创新设计。乱序执行通过分析指令之间的依赖关系和资源可用性，动态地调整指令的执行顺序，以最大程度地提高指令级并行性和整体性能。

随着技术进步和需求不断变化，CPU 时序设计也在不断演进和创新。总体而言，现代时序系统比早期时序系统更加复杂和高效。它们充分利用并行性，通过更细粒度的指令执行和优化技术来提高 CPU 的性能和效率。这些技术旨在应对日益复杂和多样化的计算需求，使得现代计算机能够更高效地运行各种应用程序。

### 5.3.2 控制方式

在微命令的形成逻辑中引入时序信号之后，当指令的执行需要分步进行时，控制器只需按时序信号定时地送出微命令序列，就可以使指令的各步操作在不同的时间段中有序地完成。时序的控制方式就是指机器操作与时序信号之间的关系。根据是否有统一的时钟信号，控制方式可分为同步控制方式、异步控制方式和联合控制方式。

#### 1. 同步控制方式

所谓**同步控制**方式，就是在指令执行过程中各步微操作的完成都由统一基准时钟信号来控制，也就是说，系统中有一个统一的时钟，所有的控制信号均来自这个统一的时钟信号。一个时钟周期结束意味着对应操作的完成，当下一个时钟周期来临时，意味着开始执行下一步的对应操作或自动转向下条指令的运行。

由于指令的繁简程度不同，完成功能不同，所对应的微操作序列的长短及各微操作执行的时间也会有差异，所以典型的同步控制方式要以最复杂的指令和执行时间最长的微操作时间作为统一的时序标准，将一条指令执行过程划分为若干相对独立的阶段（工作周期或机器周期），每个阶段再划分成若干个节拍（时钟周期），采用完全统一的周期或节拍来控制各条指令的执行。

采用同步控制方式，时序关系简单，划分规整，控制不复杂，控制部件在结构上易于集中，设计方便，但在时间上安排不合理，对时间的利用不经济，因为对于较简单的指令，将有很多节拍处于等待状态，并没有被利用。因此，同步控制方式主要应用于 CPU 内部、其他部件或设备内部、各部件或设备之间传输距离不长、工作速度差异不大或传输所需时间较为固定的场合。

在实际应用中，通常采用某些折中方案，常见的有以下几种。

1）采用中央控制与局部控制相结合的方法

根据大多数指令的微命令序列的情况，设置一个统一的节拍数，使大多数指令均能在统一的节拍内完成，这个统一的节拍称为**中央控制**。对于少数在统一节拍内不能完成的指令，则采用局部节拍（也称为延长节拍）或增加节拍数，使操作在延长的节拍内完成，执行完毕后再返回中央控制。我们将在局部节拍内的控制称为**局部控制**。如图 5-14 所示，假设有 8 个中央节拍，$T_7$ 结束之前，若相应操作还未结束，则在 $T_7$ 和 $T_8$ 之间加入局部节拍 $T_7'$，直到操作结束。

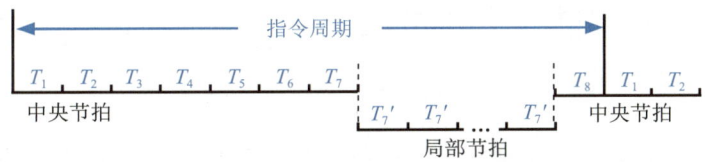

图 5-14　中央节拍与局部节拍的关系

2）采用不同机器周期和延长节拍的方法

将一条指令的执行过程划分为若干个机器周期，如取指周期、间址周期、执行周期等，根据执行指令的需要，选取不同的机器周期数。在节拍的安排上，每个周期划分为固定的节拍，每个节拍可根据需要延长一个节拍。采用这种方式可以解决执行不同指令所需时间不统一的问题。

3）采用分散节拍的方法

所谓分散节拍，是指运行不同指令时，需要多少节拍，时序部件就产生多少节拍。采用这种方法的优点是可以完全避免节拍轮空，是提高指令运行速度的有效方法。但是该方法会使时序部件复杂化，同时还不能解决节拍内简单的微操作因等待而浪费时间的问题。

### 2. 异步控制方式

所谓**异步控制**方式，是指按照指令所对应的操作数目及每个操作的繁简来分配相应的时间，即需要多少时间就分配多少时间，而不采用统一的时钟信号控制。各操作之间采用应答方式进行衔接，通常由前一个操作完成时产生的"结束"信号或者由下一个操作的执行部件产生的"就绪"信号作为下一个操作的"起始"信号。由于异步控制方式没有集中统一的时钟信号形成和控制部件，有关的"结束""就绪"等信号的形成和控制电路是分散在各功能部件中的，所以该方式也被称为分散控制方式、局部控制方式或可变时序控制方式。

异步控制方式没有固定的周期和节拍及严格的时钟同步，完全按照需要进行时间的分配，解决了同步控制方式中时间利用不合理的缺点，所以具有时间利用率高、机器效率高的优点。但是采用这种方式实现起来非常复杂，很少能够在 CPU 内部或设备内部完全采用该方式实现。异步控制方式主要应用于控制某些系统总线操作的场合，如系统总线所连接的各设备工作速度差异较大、各设备之间的传输时间差别较大、所需时间不固定而不便事先安排时间时都可采用该方式。

### 3. 联合控制方式

现代计算机中大多采用的是**联合控制**方式,即将同步控制方式和异步控制方式相结合。对于不同指令的操作序列以及每个操作,实行部分统一、部分区别对待的方式,对可以统一起来的操作采用同步控制方式进行控制;对难以实现统一甚至执行时间都难以确定的操作采用异步控制方式。

通常的设计思想是在功能部件内部采用同步控制方式,按照大多数指令的需要设置周期、节拍或脉冲信号。对于复杂的指令,如果固定的节拍数不够,采用局部节拍等方式来满足;而在功能部件之间采用异步控制方式,如 CPU 和主存、外设等交换数据时,CPU 只需给出起始信号,主存或外设即可按照自己的时序信号去安排操作,一旦操作结束,则向 CPU 发送结束信号以便 CPU 再安排它的后续工作。

## 5.3.3 时序部件

时序系统在计算机中用于控制和协调系统中各个部件的操作和时序关系。典型的时序系统是由晶体振荡器、启停控制逻辑、工作周期信号发生器、时钟周期信号发生器和工作脉冲信号发生器等部件组成的。

### 1. 晶体振荡器

晶体振荡器是整个时序系统的脉冲源,输出频率稳定的主振脉冲,也称为时钟脉冲,为 CPU 提供时钟基准信号。它通常由晶体、振荡电路和放大器组成。时钟脉冲经过一系列计数分频处理,产生所需的工作周期信号或时钟周期信号。时钟脉冲与周期信号、节拍信号及有关控制条件相结合,可以产生所需的各种工作脉冲。

### 2. 启停控制逻辑

启停控制逻辑负责控制时序系统的启动和停止。因为机器加电后振荡器开始振荡,但当 CPU 启动或停机时可能与振荡器不同步,导致产生的时钟脉冲信号不完整,因此有必要设置一套启停控制逻辑,保证可靠地送出完整的时钟脉冲信号。启停控制逻辑通常包括电源管理电路和复位电路。电源管理电路用于监测电源状态,并提供适当的电源供应给时序系统。复位电路在系统上电或复位时将各个部件初始化到已知状态,以确保系统的可靠启动。

### 3. 工作周期信号发生器

工作周期信号发生器根据指令执行的操作步骤生成工作周期信号,用于定义系统中各个操作的时间间隔。假设一条指令的执行过程划分为取指令、取操作数和执行等步骤,该指令的工作周期就可以划分为取指周期、取操作数周期和执行周期。在一个工作周期内,机器硬件能完成一个完整的操作任务,如取指令、取操作数等,因此,工作周期也常称为机器周期。工作周期信号发生器通常由计数器和逻辑电路(逻辑门:与、或、非门等;RS 触发器和 D 触发器等)组成,根据输入的时钟信号和控制信号生成周期性的工作周期信号。工作周期信号发生器可以根据系统需求进行调整,以确保各个操作在适当的时间间隔内进行。

#### 4. 时钟周期信号发生器

时钟周期信号发生器根据硬件完成一个最基本的操作所需的时间来产生时钟周期信号，该信号也称为节拍周期信号。例如，把 CPU 内部某个寄存器的内容传输给另一个寄存器所需的时间作为时钟周期。为了让机器硬件有足够的时间来完成一些复杂的操作任务，我们可以定义一个工作周期为若干时钟周期的总数。时钟周期信号发生器可以使用晶体振荡器提供的稳定时钟基准信号作为输入，并通过频率分频或倍频技术来调整其频率。时钟周期信号发生器还可以提供额外的功能，如相位调整、时钟使能和时钟延迟等。

#### 5. 工作脉冲信号发生器

工作脉冲信号发生器通常在时钟周期结束时产生工作脉冲信号，该信号也称为节拍脉冲，通常作为触发脉冲与时钟周期配合完成一次数据传输。工作脉冲信号发生器通常由计数器和逻辑电路组成，根据输入的时钟周期信号和控制信号生成周期性的工作脉冲信号。工作脉冲信号发生器的频率和相位可以根据系统需求进行调整。

上述是时序系统中常见的组成部分，每个部分的设计和功能取决于具体的应用和系统需求。它们共同工作以提供稳定的时钟周期信号、驱动各个部件并定义系统中的操作顺序和时间间隔，以确保计算机系统的稳定性和正确性。

【例 5.1】设 A 机器的主频为 8MHz，每个机器周期包含 4 个时钟周期，且该机器的平均指令执行速度是 0.4MIPS，试求该机器的机器周期为多少 μs？平均指令执行时间为多少 μs？每个指令周期含几个机器周期？

解：根据 A 机器的主频为 8MHz，得时钟周期为 1/8M=0.125μs。

（1）机器周期 =0.125×4=0.5μs。

（2）平均指令执行时间是 1/0.4M=2.5μs。

（3）每个指令周期含 2.5÷0.5=5 个机器周期。

## 5.4 操作控制器

操作控制器用来产生计算机各个部件所需要的操作控制信号，其复杂程度取决于指令系统的规模和机器的结构。操作控制器有以下三种不同的构成方式。

- 组合逻辑型：**组合逻辑控制器**，也称为硬联控制器。
- 存储逻辑型：**微程序控制器**。
- 组合逻辑与存储逻辑结合型：**可编程逻辑阵列**（Programmable Logic Array，**PLA**）**控制器**。

本节简单介绍组合逻辑控制器的组成，主要介绍微程序控制器的构成和基本工作原理。

### 5.4.1 组合逻辑控制器

#### 1. 组合逻辑控制器的组成与运行原理

组合逻辑控制器是早期计算机唯一可行的方案，当前在 RISC 结构的计算机或追求高性能的计算机中也被普遍选用。其基本原理是使用大量组合逻辑门电路，直接提供控制计算机各功能部件协同运行所需要的控制信号。这些门电路的输入是指令操作码、指令执行步骤编码和控制条件，输出就是微命令序列。组合逻辑控制器的基本组成如图 5-15 所示。

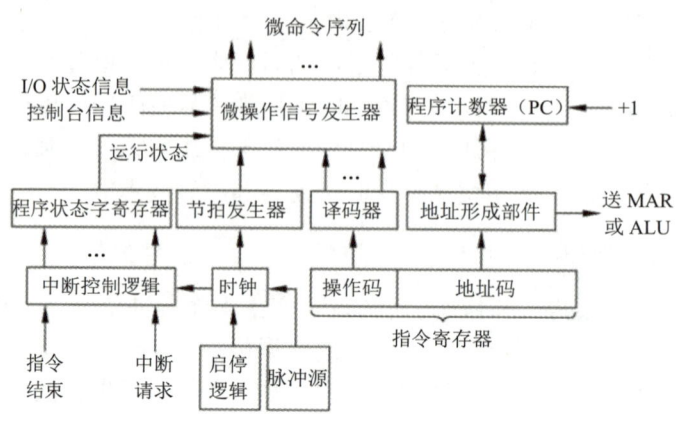

图 5-15　组合逻辑控制器的基本组成

组合逻辑控制器的优点是形成微命令序列所必需的信号传输延迟时间短，对提高系统运行速度非常有利。缺点是形成控制信号的电路设计比较复杂，使用与、或、非等逻辑门电路实现时工作量较大，尤其是要修改一些设计时非常困难。随着 VLSI 的发展和 RISC 的引入，以及现场可编程门阵列（Field Programmable Gate Array，FPGA）等多种片上资源的出现，再加上高效的辅助设计工具的应用，这一矛盾在很大程度上得到缓解，组合逻辑设计仍然是设计计算机的一种重要方法。

组合逻辑控制器主要包括微操作信号发生器、译码器、指令寄存器、程序计数器、程序状态字寄存器、时钟、地址形成部件等。其中，微操作信号发生器是由若干门电路组成的逻辑电路，是组合逻辑控制器的核心部件。从主存读取的现行指令存放在指令寄存器中，指令的操作码和寻址方式代码分别经过译码器形成相关逻辑信号，送入微操作信号发生器，作为产生微命令的基本逻辑依据。此外，微命令的产生还要考虑程序状态字寄存器所反映的 CPU 内部运行状态、由控制台产生的控制台信息、I/O 状态信息及外部请求等各种状态信息。时钟为微命令的产生提供周期、节拍、脉冲等时序信号。指令寄存器中的地址码字段信息送往地址形成部件，按照寻址方式形成实际地址，送往主存以便访问主存单元；或者送往运算器，按照指定的寄存器号选取相应的寄存器。当程序按顺序执行时，程序计数器增量计数，形成后续指令的地址；当程序需要转移时，指令寄存器中的地址码字段信息经地址形成部件产生转移地址，送入 PC 中，使程序发生转移。

2. 组合逻辑控制器的设计

在组合逻辑控制器中，微命令是由组合逻辑电路产生的，所以要将全机在各种工作状态下所需要的所有微命令列出、归并、优化，并用相应的逻辑器件实现。将有关的逻辑条件（如操作码、寻址方式、寄存器号等）与时间条件（如工作周期名称、节拍序号、定时脉冲等）作为组合逻辑电路的输入，便可通过组合逻辑电路产生相应的电位型微命令和脉冲型微命令。主要的设计步骤如下。

（1）根据 CPU 的结构图画出每条指令的操作流程图并分解成微操作序列。

（2）选择合适的控制方式和控制时序。

（3）为微操作流程图安排时序，列出微操作时间表。微操作时间表中包括各个机器周期、节拍下的每条指令完成的微操作信号。

（4）进行微操作信号归并和优化。根据微操作时间表列出逻辑表达式后，对逻辑表达式进行综合分析、归类，进行适当的化简。

（5）根据化简后的微操作表达式画出对应每个微操作信号的逻辑电路图，并用逻辑门电路实现。

其中，为了简化电路，常将各种输入条件综合为一些中间逻辑变量来使用。因为很多微命令会在操作中多次出现，所以要将这些重要出现的相同信号按照其产生条件写出综合逻辑表达式，即命令的产生条件会以"与或"表达式的形式出现。可用下式表示：

微命令 = 周期1·节拍1·脉冲1·指令码1·其他条件1 + 周期2·节拍2·脉冲2·指令码2·其他条件2 + … + 周期$n$·节拍$n$·脉冲$n$·指令码$n$·其他条件$n$

以上微命令逻辑表达式可以作为初始形态，可对其进一步化简。化简时，可以提取公共逻辑变量，减少引线和元器件数以降低成本，或者使逻辑门级数尽可能少，减少命令形成的时间延迟，从而提高速度。

### 5.4.2 微程序控制器

微程序控制的设计思想是英国剑桥大学 M. V. Wilkes 教授于 1951 年提出的。为了克服组合逻辑控制器中电路庞杂的问题，他在《设计自动化计算机的最好方法》一书中指出，一条机器指令可以分解为许多基本的微命令序列，并且首先把这种思想用于计算机控制器的设计。但是，由于当时还不具备制造专门存放微程序的控制器的技术，所以在十几年时间内实际上并未真正使用。直到 1964 年，IBM 公司在 IBM360 系列机上成功地采用了微程序设计技术，解决了指令系统的兼容问题。20 世纪 70 年代以来，VLSI 技术的发展推动了微程序设计技术的发展和应用，目前在包括计算机在内的各种复杂数字系统控制器的设计中得到广泛应用，成为控制器的主流设计方法之一。

本节将介绍微程序控制的基本思想、相关术语、微程序控制器的组成和工作原理、微指令的编码方式、微指令地址的形成方式、微指令的格式、微程序控制器的设计步骤、动态微程序设计和毫微程序设计、组合逻辑控制器和微程序控制器的比较。

#### 1. 微程序控制的基本思想

微程序控制的基本思想是将程序设计的思路引入硬件逻辑控制，以保存在只读存储器内的专用程序代替逻辑控制电路，把控制信号编成由微指令组成的微程序并有序地存储在一个只读存储器（称为控制存储器，简称控存）里。当机器运行时，微程序控制将一条指令的执行过程替换为多条微指令的执行过程，一条又一条地读出这些微指令，从而产生全机所需要的各种微操作信号，使相应部件执行所规定的操作，从而使控制器的结构变得十分规整。当要扩充指令功能或添加新的指令时，只需要修改被扩充的指令的微程序或重新设计一段微程序即可，不需要改变硬件电路。采用这一思想设计的控制器称为微程序控制器。

微程序控制器与组合逻辑控制器相比，省去了组合逻辑设计过程中对逻辑表达式的化简步骤，无须考虑逻辑门级数和门的扇入系数，使设计更简便，并且控制信号以二进制代码形式出现，因此只要修改微指令的代码，就可改变操作内容，便于调试、修改和增删机器指令，有利于计算机仿真，具有规整性、灵活性、可扩展性、可维护性等一系列优点。缺点是在性能和存储器需求方面受到一些限制。例如，需要额外到控制存储器中读取微指令的时间，执行速度相对较慢；另外，微程序控制需要较大的存储空间来存储微指令序列，这可能会增加一定的成本和复杂性。

### 2. 相关术语

1) 微程序

微程序是指用来控制一条指令执行的、排列有序的微指令序列。

2) 微指令

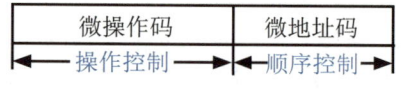

图 5-16 微指令的基本格式

微指令是指在一个机器周期内，由一组微命令组合而成的、用于实现特定操作功能的二进制编码。微指令的基本格式通常采用水平型微指令格式，如图 5-16 所示，至少包含以下两部分信息。

（1）**操作控制字段**：也称为**微操作码**字段，用于生成执行某个操作所需的各种微操作的控制信号。

（2）**顺序控制字段**：也称为**微地址码**字段，用于控制生成下条微指令的地址（简称下地址）。

如图 5-17 所示为一个具体的水平型微指令，微指令字长 23 位，操作控制字段为第 17 位，每一位表示一个微命令，每个微命令的具体功能标示于微指令格式的上部。当操作控制字段的某位信息为"1"时，表示发出微命令；而某位信息为"0"时，表示不发出微命令。顺序控制字段的 6 位中，第 18、19 两位为判别测试字段，第 20～23 位为后继地址字段。

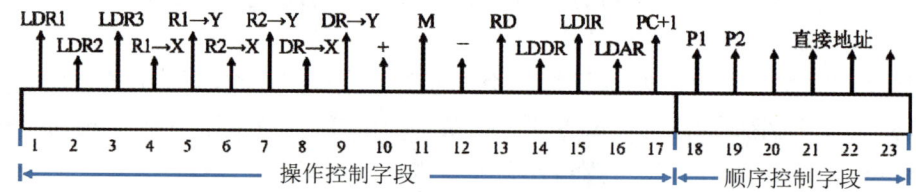

图 5-17 水平型微指令格式

例如，当微指令字第 1 位信息为"1"时，表示发出 LDR1 的微命令，运算器将执行 ALU → R1 的微操作，把公共总线上的信息输入到寄存器 R1。同样，当微指令第 10 位的信息为"1"时，表示向 ALU 发出"+"的微命令，因而 ALU 就执行"+"的微操作。

微程序是由微指令组成的，执行当前微指令时，必须指出后继微指令的地址，以便当前微指令执行完毕后，取出下一条微指令。

决定后继微指令地址的方法不止一种。在上述微指令格式中，由微指令顺序控制字段的 6 位信息来决定。后继地址字段（第 20～23 位）用来直接给出下一条微指令的地址。第

18、19 两位作为判别测试字段，当此两位为"0"时，表示不进行测试，直接按后继地址字段第 20～23 位给出的地址取下一条微指令；当第 18 位或第 19 位为"1"时，表示要进行 P1 或 P2 的判别测试，根据测试结果，需要对第 20～23 位的某一位或几位进行修改，然后按修改后的地址取下一条微指令。

3）微命令

**微命令**是指由控制部件通过控制线发出的各种控制命令，它是构成控制序列的最小单位。微命令与微操作一一对应。

微命令有相容性微命令（也称为兼容性微命令）和互斥性微命令两种类型，它们在微程序控制中具有不同的作用和特点。

**相容性微命令**是指可以同时产生、共同完成某些微操作的微命令。这些微命令之间没有相互冲突，可以在同一个时钟周期内并行执行。相容性微命令通常用于执行不涉及相互依赖的操作或指令，可以提高处理器的并行度和执行效率。

**互斥性微命令**是指在同一个时钟周期内不能同时执行的微命令。这些微命令之间存在冲突或依赖关系，需要按照特定的顺序执行。互斥性微命令通常用于处理器控制的复杂操作或指令，有严格的执行顺序。

简言之，相容和互斥是相对于几个微命令之间的关系而言的。一个微命令可以和某些微命令相容，而和另一些微命令互斥。因此，单独讨论一个微命令是相容还是互斥是没有意义的。

4）微操作

**微操作**是指由执行部件接收微命令控制并完成的最基本的操作。微操作可以是简单的操作，如寄存器之间的数据传输、算术运算；也可以是复杂的操作，如逻辑运算、存储器访问等。

【注】在组合逻辑控制器中也存在微命令和微操作两个概念，它们并非只是微程序控制器的专有概念。

机器指令、微程序、微指令、微命令和微操作之间的关系（见图 5-18）可以按照粒度由粗到细进行概括。

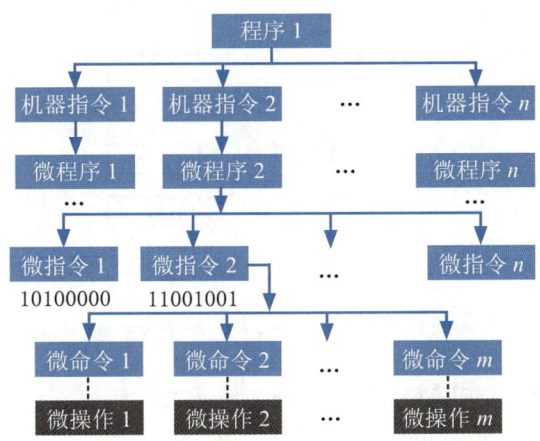

图 5-18　机器指令、微程序、微指令、微命令和微操作之间的关系

- 机器指令是计算机系统中最基本的执行单位，一条机器指令对应一个微程序。
- 微程序是机器指令的一种实现形式，是一系列微指令的有序集合。
- 每条微指令包含了若干个微命令。
- 微命令是微指令的控制信号，由控制部件发出。
- 微操作是微命令的执行过程，由执行部件接收并完成。

为简便记忆，可简化为：一条机器指令 = 一个微程序 >= 若干条微指令 >= 若干条微命令（控制并发出）== 若干个微操作（接收并执行）。

5）概念对比

（1）主存储器和控制存储器：主存储器用于存放程序和数据，在 CPU 外部，用 RAM 实现；控制存储器用于存放微程序，在 CPU 内部，用 ROM 实现。

（2）程序与微程序：程序是指令的有序集合，用于完成特定的功能。微程序是微指令的有序集合，用于描述机器指令，一条指令的功能由一段微程序来实现。程序由机器指令组成，是由软件设计人员事先编制好并存放在主存或辅存中的。微程序实际上是机器指令的实时解释器，是由计算机设计者事先编制好并存放在控制存储器中的，一般不提供给用户。对程序员而言，计算机系统中的微程序结构和功能是透明的，无须知道。

（3）机器指令与微指令：机器指令是计算机体系结构中定义的、直接由 CPU 执行的指令。微指令是在 CPU 内部实现机器指令的低级指令，由一系列更基本的控制信号组成。微指令通常比机器指令细粒度更高，可以看作对机器指令的进一步细化和解析。

（4）指令周期与微周期：指令周期是指从主存中取出一条指令、译码到执行完这条指令的时间。微周期是指从控存中读取一条微指令并执行相应的微操作所需的时间。

### 3. 微程序控制器的组成

微程序控制器主要由控制存储器、微指令寄存器（CMDR）、微地址寄存器（CMAR）和微地址形成部件四大部分组成。微程序控制器的基本组成框图如图 5-19 所示。

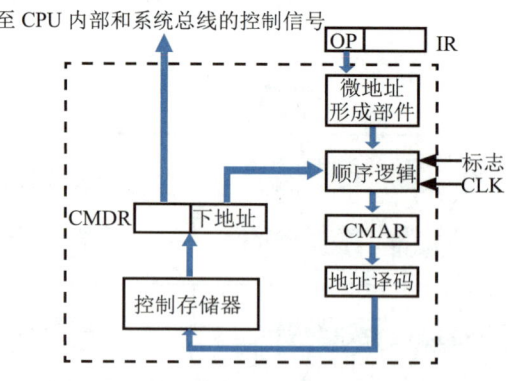

图 5-19 微程序控制器的基本组成框图

（1）**控制存储器**（Control Memory，CM）是微程序控制器的核心部件，用来存放各种指令对应的微程序。控制存储器可用只读存储器 ROM 构成，其性能（包括容量、速度、可靠性等）与计算机的性能密切相关。一旦微程序固化，机器运行时则只读不写。

（2）微指令寄存器（CMDR 或 μIR）用于存储当前正在执行的微指令，它的位数同微指令字长相等。

（3）微地址寄存器（CMAR 或 μMAR）用于接收微地址形成部件送来的微地址和后继微地址，以保证微指令的连续执行。

（4）微地址形成部件用于产生初始微地址和后继微地址，为在控制存储器中读取微指令做准备。

在这里，还应区分以下寄存器的用途。

（1）地址寄存器和微地址寄存器：地址寄存器用于存放主存的读/写地址；微地址寄存器用于存放控存的读/写微指令的地址。

（2）指令寄存器与微指令寄存器：指令寄存器用于存放主存中读出的指令；微指令寄存器用于存放从控存中读出的微指令。

### 4. 微程序控制器的工作原理

微程序控制器的工作过程实际上就是在微程序控制器的控制下计算机执行机器指令的过程，可以描述如下。

（1）取微指令公共操作。具体的执行过程是：在机器开始运行时，自动将取指微程序的入口地址送入 CMAR，并从 CM 中读出相应的微指令送入 CMDR。取指微程序的入口地址一般为 CM 的 0 号单元，当取指微程序执行完后，从主存中取出的机器指令就进入指令寄存器中。

（2）由机器指令的操作码字段通过微地址形成部件产生该机器指令所对应的微程序的入口地址，并送入 CMAR。

（3）从 CM 中逐条取出对应的微指令并执行。

（4）执行完对应于一条机器指令的一个微程序后，又回到取指微程序的入口地址，继续第（1）步，以完成取下一条机器指令的公共操作。

以上是一条机器指令对应的微程序执行过程，如此周而复始，直到整个程序执行完毕。

通常，一条机器指令对应一个微程序。由于任何一条机器指令的取指令操作都是相同的，因此可将取指令操作的微命令统一编成一个微程序，这个微程序只负责将指令从主存单元中取出并送至指令寄存器。

此外，也可编出对应间址周期的微程序和中断周期的微程序。这样，控制存储器中的微程序个数应为机器指令数加上对应取指、间址和中断周期等共用的微程序数。

假设有如下用户程序，它存于以 2000H 为首地址的主存空间内。

LDA X　　　　　；取数，(X) → (ACC)
ADD Y　　　　　；加法，(ACC)+(Y) → (ACC)
STA Z　　　　　；存数，(ACC) → (Z)
STP　　　　　　；停机

下面结合图 5-19 和图 5-20，分析运行上述程序时微程序控制单元的工作原理。

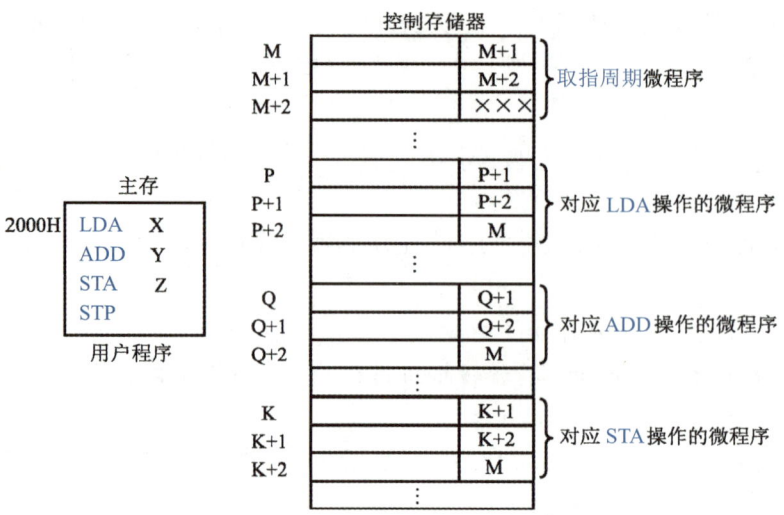

图 5-20 三条指令的用户程序

首先将用户程序的首地址送至 PC，然后进入取指阶段。

1）取指阶段

将取指周期微程序首地址 M 送至 CMAR。

（1）取微指令。将对应控制 M 地址单元中的第一条微指令读到控存数据寄存器中，记作 CM(CMAR) → CMDR。

（2）产生微操作命令。第一条微指令的操作控制字段中为"1"的各位发出控制信号，如 PC → MAR、1 → R，命令主存接收微程序首地址并进行读操作。

（3）形成下一条微指令的地址。此微指令的顺序控制字段指出了下一条微指令的地址为 M+1，将 M+1 送至 CMAR，即 Ad(CMDR) → CMAR。

（4）取下一条微指令。将控存中对应 M+1 地址单元的第二条微指令读到 CMDR 中，即 CM(CMAR) → CMDR。

（5）产生微操作命令。由第二条微指令的操作控制字段中对应"1"的各位发出控制信号，如 M(MAR) → MDR，使主存中对应 2000H 地址单元的第一条机器指令从主存中读出并送至 MDR。

（6）形成下一条微指令的地址。将第二条微指令下地址字段指出的地址 M+2 送至 CMAR，即 Ad(CMDR) → CMAR……

以此类推，直到取出取指周期最后一条微指令，并发出微操作命令为止。此时第一条机器指令"LDA X"已存至指令寄存器 IR 中。

2）执行阶段

（1）取数指令微程序首地址的形成。当取数指令存入 IR 后，其操作码 OP(IR) 直接送到微地址形成部件，该部件的输出即为取数指令微程序的首地址 P，且将 P 送至 CMAR，记作 OP(IR) →微地址形成部件→ CMAR。

（2）取微指令。将控存中对应 P 地址单元的微指令读到 CMDR 中，即 CM(CMAR) → CMDR。

(3) 产生微操作命令。由微指令操作控制字段中对应"1"的各位发出控制信号，如 Ad(IR) → MAR、1 → R，命令主存读操作数。

(4) 形成下一条微指令的地址。将此条微指令下地址字段指出的 P+1 送至 CMAR，即 Ad(CMDR) → CMAR。

(5) 取微指令，即 CM(CMAR) → CMDR。

(6) 产生微操作命令。

……

以此类推，直到取出取数指令微程序的最后一条微指令 P+2，并发出微操作命令。至此，即完成了将主存 X 地址单元中的操作数取至累加器 ACC 的操作。这条微指令的顺序控制字段为 M，表明 CPU 又开始进入下一条机器指令的取指周期，控存又要依次读出取指周期微程序的各条微指令，发出微操作命令，完成将第二条机器指令"ADD Y"从主存取至指令寄存器 IR 中……微程序控制器就是这样，通过逐条取出微指令，发出各种微操作命令，从而实现从主存逐条取出、分析并执行机器指令，以达到运行程序的目的。

由此可见，对微程序控制器的控存而言，内部信息一旦按所设计的微程序被灌注后，在机器运行过程中，只需具有读出的功能即可，故可采用 ROM。此外，在微程序的执行过程中，关键问题是如何由微指令的操作控制字段形成微命令，以及如何形成下一条微指令的地址。这是微程序设计必须解决的问题，它与微指令的编码方式和微地址的形成方式有关。

### 5. 微指令的编码方式

微指令的编码方式又称为微指令的控制方式，是指如何对微指令的操作控制字段进行编码，以形成控制信号。编码的目标是在保证速度的情况下，尽量缩短微指令字长。

#### 1）直接编码（直接控制）方式

**直接编码**方式无须进行译码，微指令的操作控制字段中每位都代表一个微命令。设计微指令时，选用或不选用某个微命令，只要将表示该微命令的对应位设置成 1 或 0 即可。每个微命令对应并控制数据通路中的一个微操作。直接编码方式如图 5-21 所示。

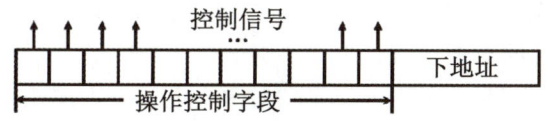

图 5-21　直接编码方式

直接编码方式的优点是简单、直观、执行速度快、操作并行性好；缺点是微指令字长过长，$n$ 个微命令就要求微指令的操作控制字段有 $n$ 位，造成控制存储器容量极大。

#### 2）字段直接编码方式

将微指令的微命令字段分成若干小字段，把互斥性微命令组合在同一字段中，把相容性微命令组合在不同字段中，每个字段独立编码，每种编码代表一个微命令，且各字段编码含义单独定义，与其他字段无关，这就是**字段直接编码方式**，也称为**显式编码**，如图 5-22 所示。

字段直接编码方式可以缩短微指令字长，但因为要通过译码电路后再发出微命令，所以比直接编码方式慢。

微命令字段的分段原则如下。

（1）互斥性微命令分在同一字段内，相容性微命令分在不同字段内。

（2）每个字段中包含的信息位不能太多，否则将增加译码线路的复杂性和译码时间。

（3）一般每个字段还要留出一个状态，表示本字段不发出任何微命令。因此，当某字段的长度为 3 位时，最多只能表示 7 个互斥的微命令（001～111），通常用全 0（如本例为 000）表示不操作。

3）字段间接编码方式

一个字段的某些微命令需由另一个字段中的某些微命令来解释，由于不是靠字段直接译码发出的微命令，因此称为**字段间接编码方式**，又称为**隐式编码**。这种方式可进一步缩短微指令字长。但由于削弱了微指令的并行控制能力，通常作为字段直接编码方式的一种辅助手段，如图 5-23 所示。

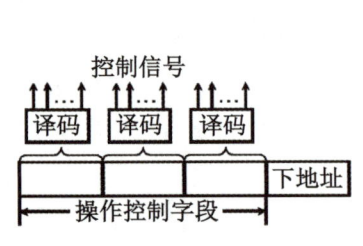

图 5-22　字段直接编码方式

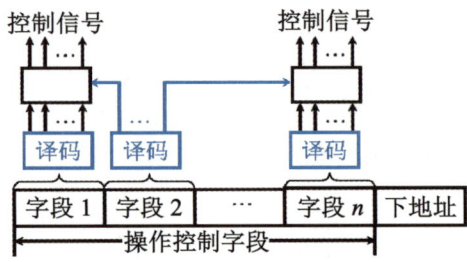

图 5-23　字段间接编码方式

#### 6. 微指令地址的形成方式

微指令地址的主要形成方式有以下两种。

（1）直接由微指令的下地址字段指出。微指令格式中设置一个下地址字段，由微指令的下地址字段直接指出后继微指令的地址，这种方式又称为断定方式。

（2）根据机器指令的操作码形成。将机器指令取至指令寄存器后，微指令的地址由操作码经地址形成部件形成。

实际上，微指令地址的形成方式还有以下几种。

（1）增量计数器法，即 (CMAR)+1 → CMAR，适用于后继微指令地址连续的情况。

（2）根据各种标志决定微指令分支转移的地址。

（3）通过测试网络形成。

（4）由硬件直接产生微程序入口地址。电源加电后，第一条微指令的地址可由专门的硬件电路产生，也可由外部直接向 CMAR 输入微指令的地址，这个地址即为取指周期微程序的入口地址。

#### 7. 微指令的格式

微指令的格式与微指令的编码方式有关，通常分为水平型微指令和垂直型微指令两种。

（1）**水平型微指令**。从编码方式看，直接编码、字段直接编码、字段间接编码和混合编码都属于水平型微指令。水平型微指令的基本指令格式如图 5-17 所示，一条水平型微指令定义并执行几种并行的基本操作。指令字中的一位对应一个控制信号，有输出时为 1，否则为 0。水平型微指令的优点是微程序短、执行速度快；缺点是微指令长、编写微程序较麻烦。

（2）**垂直型微指令**。垂直型微指令的特点是采用类似机器指令操作码的方式，在微指令中设置微操作码字段，采用微操作码编译法，由微操作码规定微指令的功能，垂直型微指令格式如图 5-24 所示。一条垂直型微指令只能定义并执行一种基本操作。垂直型微指令的优点是微指令短、简单、规整、便于编写微程序；缺点是微程序长、执行速度慢、工作效率低。

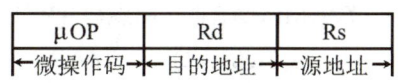

图 5-24　垂直型微指令格式

（3）**混合型微指令**。在垂直型微指令的基础上增加一些不太复杂的并行操作即为混合型微指令。该格式的微指令较短，仍便于编写；同时微程序也不长，执行速度加快。

水平型微指令和垂直型微指令的比较如表 5-3 所示。

表 5-3　水平型微指令和垂直型微指令的比较

| 对比项目 | 水平型微指令 | 垂直型微指令 |
| --- | --- | --- |
| 并行操作能力 | 能力强、效率高、灵活性强 | 较差 |
| 执行时间 | 短 | 长 |
| 长度 | 微指令长，但微程序短 | 微指令短，但微程序长 |
| 易读性 | 用户难以掌握 | 与指令较相似，用户相对容易掌握 |

**8. 微程序控制器的设计步骤**

微程序控制器设计的主要任务是编写各条机器指令所对应的微程序。具体设计步骤如下。

（1）写出对应机器指令的微命令及节拍安排。无论是组合逻辑设计还是微程序设计，对应相同的 CPU 结构，两种控制单元的微命令和节拍安排都是极其相似的。例如，微程序控制单元在取指阶段发出的微命令及节拍安排如下：

$T_0$　PC → MAR，1 → R
$T_1$　M(MAR) → MDR，(PC)+1 → PC
$T_2$　MDR → IR，OP(IR) → 微地址形成部件

与组合逻辑控制器相比，只在节拍内的微命令不同。微程序控制器在节拍内要将指令的操作码送至微地址形成部件，即 OP(IR) → 微地址形成部件，以形成该条机器指令的微程序首地址。而组合逻辑控制器在 $T_2$ 节拍内要将指令的操作码送至指令译码器，以控制 CU 发出相应的微命令，即 OP(IR) → ID。

若把一个节拍内的微操作安排在一条微指令中完成，上述微操作对应 3 条微指令。但由于微程序控制的所有控制信号都来自微指令，而微指令又存储在控制存储器中，因此欲完成上述微操作，必须先将微指令从控制存储器中读出，即必须先给出这些微指令的地址。在取指微程序中，除第一条微指令外，其余微指令的地址均由上一条微指令的下地址字段直接给出，因此上述每条微指令都需增加一个将微指令下地址字段送至 CMAR 的微操作，记作 Ad(CMDR) → CMAR。最后一条微指令的后继微指令地址是由微地址形成部件形成的，

即微地址形成部件→CMAR，反映该地址与操作码有关，因此记作 OP(IR)→微地址形成部件→CMAR。

综上所述，考虑到需要形成后继微指令地址，上述分析的取指操作共需 6 条微指令完成。

$T_0$   PC→MAR，1→R

$T_1$   Ad(CMDR)→CMAR

$T_2$   M(MAR)→MDR，(PC)+1→PC

$T_3$   Ad(CMDR)→CMAR

$T_4$   MDR→IR

$T_5$   OP(IR)→微地址形成部件→CMAR

执行阶段的微命令及节拍安排的分配原则类似。与组合逻辑控制器微操作命令的节拍安排相比，多了将下一条微指令的地址送至 CMAR 的微操作命令，即 A(CMDR)→CMAR。其余的微命令与组合逻辑控制器相同。

（2）确定微指令格式。微指令格式包括微指令的编码方式、后继微指令地址的形成方式和下一条微指令的地址。

根据微操作个数决定采用何种编码方式，以确定微指令的操作控制字段的位数。由微指令数确定微指令的顺序控制字段的位数。最后按操作控制字段位数和顺序控制字段位数就可确定微指令字长。

（3）编写微指令码点。根据操作控制字段每位代表的微命令，编写每条微指令的码点。

### 9. 动态微程序设计和毫微程序设计

#### 1）动态微程序设计

在一台微程序控制的计算机中，假如能根据用户的要求改变微程序，则这台机器就具有动态微程序设计功能。动态微程序的设计需要可写控制存储器的支持，否则难以改变微程序的内容。实现动态微程序设计可采用可擦除可编程只读存储器（EPROM）。

#### 2）毫微程序设计

在普通的微程序计算机中，从主存取出的每条指令是由放在控制存储器中的微程序来解释执行的，通过控制线对硬件进行直接控制。若硬件不由微程序直接控制，而是通过存放在第二级控制存储器中的毫微程序来解释的，这个第二级控制存储器就称为毫微存储器，直接控制硬件的是毫微微指令。

### 10. 组合逻辑控制器和微程序控制器的比较

组合逻辑控制器由于控制器的速度取决于电路延迟，所以速度快；缺点在于由于将控制部件视为专门产生固定时序控制信号的逻辑电路，所以把用最少元件取得最高速度作为设计目标，一旦设计完成，就不可能通过其他额外修改添加新功能。

同组合逻辑控制器相比，微程序控制器的优点是具有规整性、灵活性、可维护性等一系列优点；缺点在于采用了存储程序原理，所以每条微指令都要从控制存储器中读取一次，影响速度。

组合逻辑控制器和微程序控制器的比较如表 5-4 所示。

表 5-4 组合逻辑控制器和微程序控制器的比较

| 对比项目 | 组合逻辑控制器 | 微程序控制器 |
| --- | --- | --- |
| 工作原理 | 微操作控制信号由组合逻辑电路根据当前的指令码、状态和时序即时产生 | 微操作控制信号以微程序的形式存放在控存中，执行指令时读出即可 |
| 执行速度 | 快 | 慢 |
| 规整性 | 烦琐，不规整 | 较规整 |
| 应用场合 | RISC CPU | CISC CPU |
| 易扩充性 | 困难 | 易扩充修改 |

## 5.5 指令流水

为了进一步提高处理机的速度，通常可从两方面来提高其内部的并行性。一是所谓的空间并行性，即在一个处理机内设置多个独立的操作部件，并且使这些部件并行工作；二是所谓的时间并行性，即采用流水线技术。并行性体现在不同的等级上，通常分为四个级别，即作业级或程序级、任务级或进程级、指令之间级、指令内部级。前两级为粗粒度并行性，又称为过程级，通常用算法（软件）实现；后两级为细粒度并行性，又称为指令级，一般用硬件实现。从计算机体系上看，粗粒度并行性是在多个处理机上分别运行多个进程，由多个处理机合作完成一个程序；细粒度并行性是指处理机的操作级和指令级的并行性，其中指令流水就是一项重要技术。在计算机设计中使用流水线技术经济且高效，只需增加少量硬件就能把计算机速度提高数倍，是计算机中广泛采用的一种并行处理技术。

指令流水作为一种提高计算机处理器性能的技术，其核心思想是利用处理器内部的并行性，将指令的执行过程划分为若干个子阶段，在每个子阶段之间设置流水线寄存器，使每个阶段专注于不同的任务，并在每个时钟周期的不同阶段处理不同的指令。通过这种方式，多条指令可同时在不同阶段进行处理，从而实现指令级并行。

指令流水的优势在于提高了处理器的吞吐量和效率。通过充分利用处理器内部资源和并行性，指令流水可以同时处理多条指令，减少了指令的执行时间，提高了处理器的性能。然而，指令流水也面临一些挑战。例如，指令之间的依赖关系、分支预测错误和数据冲突等问题都可能导致流水线的停顿和性能下降。因此，在设计和实现指令流水时，需要考虑这些问题，并采取相应的技术手段进行优化。

### 5.5.1 指令流水原理与结构

指令流水类似于工厂中的生产装配线，把一个重复的过程分解为若干个子过程，每个子过程与其他子过程并行进行，称为流水线技术。把流水线技术的思路用到指令执行上，就形成了指令流水的概念。

指令流水是指将一条指令的执行过程分为 $n$ 个操作时间大致相等的阶段，每个阶段由一个独立的功能部件来完成，这样 $n$ 个部件就可以同时执行 $n$ 条指令的不同阶段，从而大大提高 CPU 的吞吐率。

从前面的分析可知，完成一条指令实际可分为许多阶段。为便于理解，把指令的处理过程分为取指令（FI）、分析指令（DI）和执行指令（EI）三个阶段，在不采用流水线技术的计算机里，这三个阶段周而复始依次出现，各条指令是按顺序串行执行的。指令串行执行的时空图如图 5-25 所示。

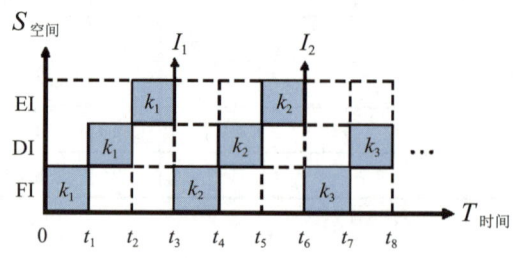

图 5-25　指令串行执行时空图

图 5-25 中，$k_n$ 表示指令 1、指令 2、指令 3 进入各功能部件的时间，$I_n$ 表示得到指令 1 或指令 2 执行结果的时间。取指令的操作由取指部件完成，分析指令的操作由译码部件完成，执行指令的操作由执行部件完成。这种顺序执行虽然控制简单，但执行中各部件的利用率不高，在每个时间段都只有一个部件工作，另两个部件基本空闲。如果指令执行阶段不访问主存，则完全可以利用这段时间来取下一条指令，这样取下一条指令和执行当前指令的操作就可以同时进行，形成指令流水，使各阶段操作在时间上完全重叠，减少指令周期。

图 5-26 仍以上述三个功能部件为例，指令依次流入三个部件，使它们不停地依次处理不同指令的执行要求，每隔一个部件工作时间 $t$，就可以送入一条新的指令，当流水线满载时，每经过时间 $t$ 就可以得到一条指令的执行结果，这样指令执行速度可提高三倍。

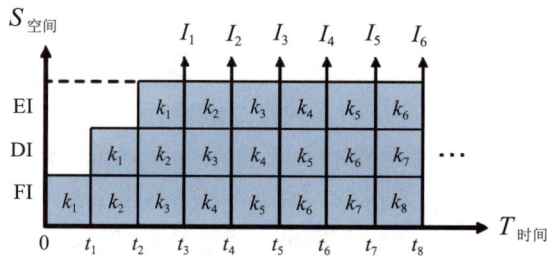

图 5-26　标准流水线时空图

【注】这里说的是"加快了指令的执行速度"，而非"加快了指令的解释速度"，因为就一条指令而言，其解释速度并没有加快。

为了进一步提高处理速度，可将指令的处理过程分解为更细的几个阶段，使更多的指令在同一时间内执行，更能提高处理器速度。

- 取指令（FI）：从存储器取出一条指令并暂时存入指令部件的缓冲区。
- 分析指令（DI）：确定操作性质和操作数地址的形成方式。
- 计算操作数地址（CO）：计算操作数的有效地址，涉及寄存器间接寻址、变址寻址、基址寻址、相对寻址等各种地址计算方式。
- 取操作数（FO）：从存储器中取操作数（若操作数在寄存器中，则无须此步骤）。

- 执行指令（EI）：执行指令所需的操作，并将结果存于目的位置（寄存器中）。
- 写操作数（WO）：将结果存入存储器。

为便于说明，假设上述各段的时间都是相等的（即每段都为一个时间单元），于是可得图 5-27 所示的指令六级流水时序。在这个流水线中，处理器有 6 个操作部件，同时对 6 条指令进行加工，加快了程序的执行速度。

| | 1 | 2 | 3 | 4 | 5 | 6 | 7 | 8 | 9 | 10 | 11 | 12 | 13 | 14 |
|---|---|---|---|---|---|---|---|---|---|---|---|---|---|---|
| 指令1 | FI | DI | CO | FO | EI | WO | | | | | | | | |
| 指令2 | | FI | DI | CO | FO | EI | WO | | | | | | | |
| 指令3 | | | FI | DI | CO | FO | EI | WO | | | | | | |
| 指令4 | | | | FI | DI | CO | FO | EI | WO | | | | | |
| 指令5 | | | | | FI | DI | CO | FO | EI | WO | | | | |
| 指令6 | | | | | | FI | DI | CO | FO | EI | WO | | | |
| 指令7 | | | | | | | FI | DI | CO | FO | EI | WO | | |
| 指令8 | | | | | | | | FI | DI | CO | FO | EI | WO | |
| 指令9 | | | | | | | | | FI | DI | CO | FO | EI | WO |

图 5-27　指令六级流水时序

图 5-27 中，9 条指令若不采用流水线技术，串行执行直到得出最终结果需要 54 个时间单元，而采用六级流水只需要 14 个时间单元即可得出最终结果，大大提高了处理器速度。当然，图 5-27 中假设每条指令都经过流水线的 6 个阶段，但事实并不总是这样。例如，取指令并不需要 WO 阶段。此外，这里还假设不存在存储器访问冲突，所有阶段均并行执行。如 FI、FO 和 WO 阶段都涉及存储器访问，如果出现冲突就无法并行执行了。图 5-27 示意了所有这些访问都可以同时进行，但多数存储系统做不到这点，从而影响了流水线的性能。还有一些其他因素也会影响流水线性能，例如，6 个阶段时间不等或遇到转移指令，都需要解决和优化。

前面讨论的都是标准流水线，下面讨论不均衡流水线的工作过程。典型的指令执行过程是取指令→分析指令→计算地址→取操作数→执行指令→写操作数→修改指令指针。实际上，取指令（FI）、取操作数（FO）和写操作数（WO）三个访存步骤需要的时间要比其他四个步骤长得多，对于低速存储器来说差别更大。图 5-28 示意了不均衡流水线的工作过程。

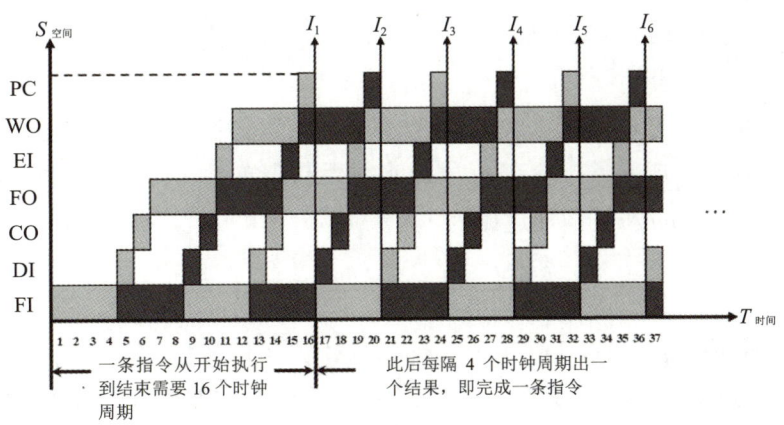

图 5-28　不均衡流水线的工作过程

在图 5-28 中，三个访存步骤需要 4 个时钟周期，其他步骤需要 1 个时钟周期。第一条指令的执行需要 16 个时钟周期，此后，每 4 个时钟周期出一条指令的执行结果。这说明流水线的吞吐量主要由时间最长的功能段决定。这个最长的功能段就是流水线的"瓶颈"。

### 5.5.2 流水线性能

流水线的性能通常由吞吐率、加速比和效率三项指标来衡量，通过理解并应用它们，有助于更好地评估和优化流水线技术。

#### 1. 吞吐率（Throughput Rate）

在指令流水中，吞吐率是指单位时间内流水线所完成指令或输出结果的数量。吞吐率又有最大吞吐率和实际吞吐率之分。

最大吞吐率是指流水线在连续流动达到稳定状态（参见图 5-27 第 6～9 个时间单元，流水线中各段都处于工作状态）后所获得的吞吐率。对于 $m$ 段的流水线而言，若各段的时间均为 $\Delta t$，则最大吞吐率为

$$T_{p\max} = \frac{1}{\Delta t}$$

流水线仅在连续流动时才可达到最大吞吐率。实际上由于流水线在开始时有一段建立时间（第一条指令输入后到其完成的时间），结束时有一段排空时间（最后一条指令输入后到其完成的时间），以及各种相关因素使流水线无法连续流动，因此，实际吞吐率总是小于最大吞吐率。

实际吞吐率是指流水线完成 $n$ 条指令的吞吐率。对于 $m$ 段的流水线，若各段的时间均为 $\Delta t$，连续处理 $n$ 条指令，除第一条指令需 $m\cdot\Delta t$ 外，其余 $(n-1)$ 条指令，每隔 $\Delta t$ 就有一个结果输出，即总共需 $m\Delta t+(n-1)\Delta t$ 时间，故实际吞吐率为

$$T_p = \frac{n}{m\Delta t + (n-1)\Delta t} = \frac{1}{\Delta t[1+(m-1)/n]} = \frac{T_{p\max}}{1+(m-1)/n}$$

仅当 $n \gg m$（远远大于）时，即连续输入的任务数 $n \to \infty$ 时，才会有 $T_p \approx T_{p\max}$。

例如，图 5-27 所示的六级流水线中，设每段时间为 $\Delta t$，其最大吞吐率为 $\frac{1}{\Delta t}$，完成 9 条指令的实际吞吐率为 $\frac{9}{6\Delta t+(9-1)\Delta t}$。

#### 2. 加速比（Speedup Ratio）

流水线的加速比是指 $m$ 段流水线的速度与等功能的非流水线的速度之比。如果流水线各段时间均为 $\Delta t$，则完成 $n$ 条指令在 $m$ 段流水线上共需 $m\cdot1+(n-1)\Delta t$ 时间，而在等效非流水线上所需时间为 $T'=nm\Delta t$。故加速比为

$$S_p = \frac{nm\Delta t}{m\Delta t+(n-1)\Delta t} = \frac{nm}{m+n-1} = \frac{m}{1+(m-1)/n}$$

可以看出，在 $n \gg m$（远远大于）时，即连续输入的任务数 $n \to \infty$ 时，$S_p$ 接近于 $m$，记作 $S_{p\max} \approx m$。也就是说，当流水线各段时间相等时，最大加速比等于流水线的段数。

### 3. 效率（Efficiency）

效率是指流水线中各功能段的利用率。由于流水线有建立时间和排空时间，因此各功能段的设备不可能一直处于工作状态，总有一段空闲时间。图 5-29 是 4 段（$m=4$）流水线的时空图，各段时间相等，均为 $\Delta t$。其中 $mn\Delta t$ 是流水线各段处于工作时间的时空区，而流水线中各段总的时空区是 $m(m+n-1)\Delta t$。通常用流水线各段处于工作时间的时空区与流水线中各段总的时空区之比来衡量流水线的效率，有

$$E = \frac{mn\Delta t}{m(m+n-1)\Delta t} = \frac{n}{m+n-1} = \frac{S_p}{m} = T_p \Delta t$$

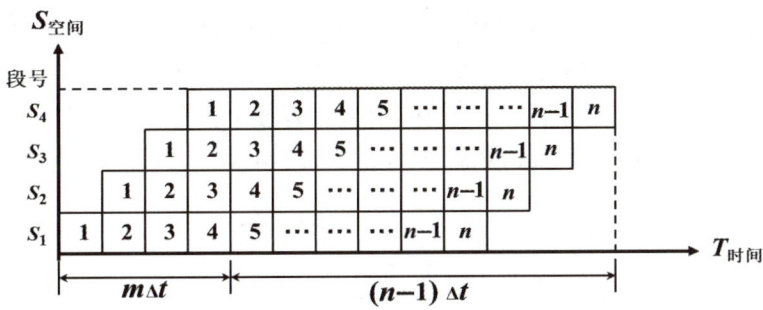

图 5-29　各段时间相等的流水线时空图

【例 5.2】在 5 个功能段的流水线中，假设每段的执行时间分别是 10ns、8ns、10ns、10ns 和 7ns。对于完成 12 条指令的流水线而言，求实际吞吐率、加速比和效率。

解：流水线的吞吐量主要由时间最长的功能段决定，因而流水线的时钟周期应按各步操作的最大时间来考虑（见图 5-28），即流水线的时钟周期应取 10ns。

（1）实际吞吐率：采用指令流水技术，第一条指令输出结果需要 5 个时钟周期，当流水线满载时，以后每个时钟周期可以输出一个结果，即执行完一条指令（见图 5-30）。完成 12 条指令需要 $T=5+(12-1)=16$ 个时钟周期，故实际吞吐率为：$12/(10\text{ns} \times 16) = 0.75 \times 10^8$ 条指令/秒。

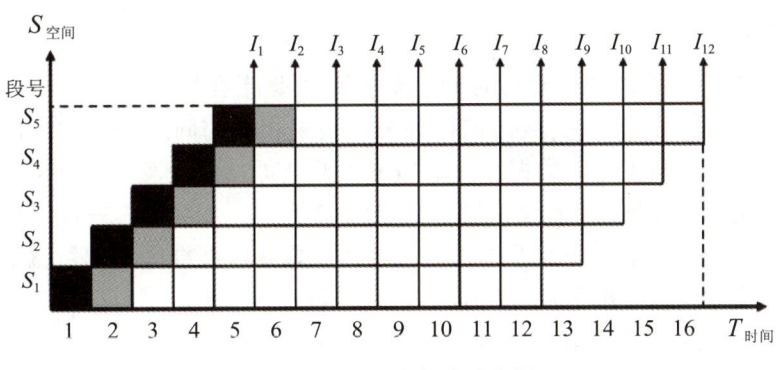

图 5-30　五级流水线时空图

（2）加速比：对于五级流水线而言，处理 12 条指令所需的时钟周期数为 16 个，而非流水线处理 12 条指令需要 $5 \times 12 = 60$ 个时钟周期，故该流水线的加速比为 $60/16=3.75$。

（3）效率：$E=S_p/m=3.75/5=0.75$。等价于 $E=n/(m+n-1)=12/(5+12-1)=12/16=0.75$。

### 5.5.3 流水线性能的影响因素及处理

要使流水线具有良好的性能，必须设法使流水线能畅通流动，即必须做到充分流水，不发生断流。前面讨论的流水线性能指标为理想性能，在流水过程中会出现三种相关（即结构相关、数据相关和控制相关），使流水线不断流实现起来很困难，致使下一条指令无法在设计的时钟周期内执行。

#### 1. 结构相关

**结构相关**也称为**资源冲突**、**资源冒险**。结构相关是指多条指令进入流水线后，指令重叠在同一时刻争用同一资源。为讨论方便，我们设流水线由五段组成，分别是取指（取指令）、译码（分析指令）、运算（计算操作数地址）、访存（取操作数）、写回（写操作数）。当流水线满载时，如图 5-31 所示的圆角矩形框中就需要 5 个部件同时执行，当系统中没有流水线执行所需的 5 个部件时，多条指令就会同一时刻争用同一资源，此时形成的冲突称为结构相关。

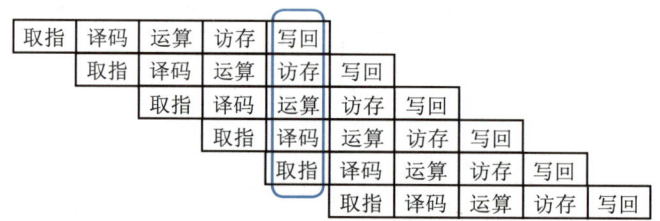

图 5-31 指令流水的执行示意图

要解决结构相关可以采用以下两种办法。

（1）当资源不足时，可以使后一条相关指令（及其后续指令）暂停一个或几个时钟周期。

（2）资源重复配置。单独设置数据存储器和指令存储器，使两项操作各自在不同的存储器中进行，也是配置流水线并行执行时所需要的资源。

#### 2. 数据相关

**数据相关**也称为**数据冲突**、**数据冒险**。数据相关是指在指令间因访问同一寄存器或存储单元的读/写操作顺序而产生的数据依赖关系。数据相关的问题较为常见，这是因为在流水线中同时可以处理多条指令，数据相关的概率大幅增加，一般发生在几条相近的指令间共用同一个存储单元或寄存器时。例如，在一个指令序列中，如果前一条指令的运算结果是后一条指令所需要读取的数据（即前后相邻），这两条指令可能会因访问数据的先后顺序而发生数据错误，必须等前一条指令执行完后才能执行后一条指令。

数据相关分为三种类型：写后读相关（Read After Write，RAW）、读后写相关（Write After Read：WAR）、写后写相关（Write After Write，WAW）。

假设有 $i$ 和 $j$ 两条指令，指令 $i$ 在前，指令 $j$ 在后，则三种不同类型的数据相关含义如下。

1）写后读相关

指令 $j$ 试图在指令 $i$ 写入 $R_1$ 寄存器前就读出该寄存器的内容，这样，指令 $j$ 就会错误地读出该寄存器旧的内容。即导致后进入流水线的指令读操作的结果不准确。

$i$　　　ADD $R_1$, $R_2$, $R_3$　　　　　；$(R_2)+(R_3)\rightarrow R_1$

$j$　　　SUB $R_4$, $R_5$, $R_1$　　　　　；$(R_5)-(R_1)\rightarrow R_4$

上面两条指令的正确读写顺序是先写后读，即先由加法指令将加法结果写入 $R_1$ 寄存器，再由减法指令将其当作被减数读出来参与减法运算。前面我们假设流水线由五段组成，分别是取指、译码、运算、访存、写回。因而，当这两条指令按序进入流水线后，加法指令在第 5 个时钟周期才将加法结果写入 $R_1$ 寄存器，但减法指令在第 3 个时钟周期就需要读出 $R_1$ 寄存器中的内容，这就发生了写后读相关。

ADD 和 SUB 指令发生写后读相关如表 5-5 所示。

表 5-5　ADD 和 SUB 指令发生写后读相关

| 指令 | 时钟周期 | | | | | |
| --- | --- | --- | --- | --- | --- | --- |
|  | 1 | 2 | 3 | 4 | 5 | 6 |
| ADD | 取指 | 译码 | 运算 | 访存 | 写回（写 $R_1$） |  |
| SUB |  | 取指 | 译码（读 $R_1$） | 运算 | 访存 | 写回 |

2）读后写相关

指令 $j$ 试图在指令 $i$ 读出 $R_2$ 寄存器的内容之前就写入该寄存器，这样，指令 $i$ 就错误地读出 $R_2$ 寄存器新的内容。

$i$　　　STA M, $R_2$　　　　　；$(R_2)\rightarrow M$ 存储单元

$j$　　　ADD $R_2$, $R_4$, $R_5$　　　　　；$(R_4)+(R_5)\rightarrow R_2$

上面两条指令的正确读写顺序是先读后写，即先由存数指令将 $R_2$ 寄存器的内容存入 M 存储单元，再将加法结果存入 $R_2$ 寄存器。但由于指令流水重叠执行，可能导致加法结果先存入 $R_2$ 寄存器，使存数指令在 M 存储单元错误地保存了加法结果，发生先写后续的错误。

3）写后写相关

指令 $j$ 试图在指令 $i$ 写入 $R_3$ 寄存器之前就写入该寄存器的内容，这样，两次写的先后顺序被颠倒，就会错误地使指令 $i$ 写入的值成为 $R_3$ 寄存器的内容。

$i$　　　MUL $R_3$, $R_2$, $R_1$　　　　　；$(R_2)\times(R_1)\rightarrow R_3$

$j$　　　SUB $R_3$, $R_4$, $R_5$　　　　　；$(R_4)-(R_5)\rightarrow R_3$

上面两条指令的正确写入顺序是先由乘法指令将乘法结果写入 $R_3$ 寄存器，再由减法指令将减法结果写入 $R_3$ 寄存器。但由于指令流水导致两次写入的先后次序颠倒，错误地先写入了减法结果，后写入了乘法结果。

上述三种数据相关，在按序流动的流水线中只可能出现写后读相关。在非按序流动的流水线中，由于允许后进入流水线的指令超过先进入流水线的指令而先流出流水线，则既可能发生写后读相关，也可能发生读后写和写后写相关。

解决数据相关问题可以采取以下两种方法。

（1）后推法：也称为推后读或推后写。将相关指令延迟到所需操作数被写回寄存器后再执行，如使流水线停顿几个时钟周期。遇到数据相关时，就暂停后继指令的运行，直至前面指令的结果已经生成。

（2）定向技术：又称为旁路技术或前向通道。其主要思想是不必等待某条指令的执行结果送回寄存器，再从寄存器中取出该结果，作为下一条指令的源操作数，而是直接将执行结果送到其他指令所需要的地方。

### 3. 控制相关

**控制相关**也称为**控制冲突**、**控制冒险**。控制相关主要是由转移指令引起的。当一条指令要等前一条（或几条）指令做出转移方向的决定才能开始进入流水线时，便发生了控制相关。

统计表明，转移指令的使用频率约占执行指令总数的 1/5～1/4，仅次于传送指令，所以转移指令对流水线的设计有较大影响，尤其是条件转移。如图 5-32 所示为条件转移对指令流水线的影响。

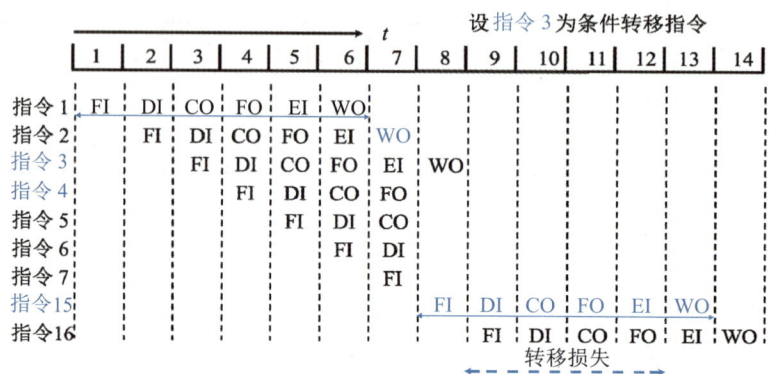

图 5-32　条件转移对指令流水线的影响

假设指令 3 是条件转移指令，即指令 3 必须待指令 2 的结果出现后（第 7 个时间单元）才能决定下一条指令是指令 4（条件不满足）还是指令 15（条件满足）。由于结果无法预测，此流水线继续预取指令 4，并向前推进。当最后结果满足条件时，发现对第 4、5、6、7 条指令所做的操作全部报废。在第 8 个时间单元，指令 15 进入流水线。在第 9～12 个时间单元之间没有指令完成，这就是无法预测转移条件而带来的性能损失。

为了解决控制相关，可以采取以下策略及技术。

（1）尽早判别转移是否发生，尽早生成转移目标地址。
（2）预取转移成功或不成功两个控制流方向上的目标指令。
（3）加快和提前形成条件码。
（4）提高转移方向的猜准率等。

## 5.6　微处理器中的新技术

### 1. 流水线中的多发技术

在 RISC 之后，出现了一些提高指令级并行性（Instruction-Level Parallelism，ILP）的技术，通过开发流水线中的多发技术，使得计算机在一个时钟周期内可以产生更多指令的结果。常见的多发技术有超标量（Super Scalar）技术、超流水线（Super Pipeline）技术和超长指令字（Very Long Instruction Word，VLIW）技术。

指令级并行性定义为在一个时钟周期内流水线上流出的指令数。常规的标量流水线 ILP ≤ 1。

指令级并行性的提高可以显著提高处理器的性能和效率。然而，要充分发挥指令级并行度的优势，需要具备合适的硬件支持和编译器优化。同时，程序的特性和指令之间的依赖关系也会影响指令级并行性的实现效果。因此，设计和优化高性能处理器时需要综合考虑这些因素。

**超标量**技术是指在每个时钟周期内可同时并发多条独立指令，即以并行操作方式将两条或两条以上指令编译并执行。超标量处理器具有多个指令发射单元和多个执行单元，可以在同一个时钟周期内发射多条指令，并行执行多条指令。超标量技术通过识别指令之间的独立性和资源可用性，将多条指令并行执行，提高处理器的性能和效率。

**超流水线**技术将一些流水线寄存器插入流水线段中，好比将流水线再分段。这样，在原来的时钟周期内，功能部件的使用频率较标准流水线提高数倍，使流水线的吞吐率提高至原来时钟频率的数倍。

超标量技术和超流水线技术在提高处理器性能方面有一些共同的特点。

（1）并行性：二者都可以通过并行执行多条指令来提高处理器的性能。超标量技术通过同时发射多条指令，并行执行多条指令；超流水线技术通过将指令的执行过程划分为多个阶段，并交错执行不同指令阶段实现并行执行。

（2）利用率：二者都可以提高处理器的资源利用率。

（3）编译器优化：硬件不能调整指令的执行顺序，靠编译程序解决优化问题。

超长指令字技术和超标量技术都是采用多条指令在多个处理器中并行处理的体系结构，在一个时钟周期内能流出多条指令。但超标量的指令来自同一标准的指令流，而超长指令字则是由编译程序在编译时挖掘出指令间潜在的并行性后，把多条能并行操作的指令组合成一条具有多个操作码字段的超长指令（指令字长可达几百位），由这条超长指令控制 VLIW 机中多个独立工作的功能部件，每一个操作码字段控制一个功能部件，相当于同时执行多条指令。超长指令字技术较超标量技术具有更高的并行处理能力，但对优化编译器的要求更高，对缓存的容量要求更大。

2. EPIC 的指令级并行处理

显式并行指令计算（Explicitly Parallel Instruction Computing，EPIC）技术适用于 64 位微处理器体系结构。采用智能化的软件来指挥硬件，实现指令级并行计算。

EPIC 既不是 RISC，也不是 CISC，而是一种吸收了两者长处的全新架构。EPIC 技术对超长指令字体系结构进行了创新性的变革，同时又吸收了很多超标量处理器的优点，因此，EPIC 能充分利用现代编译程序和处理器协同能力来提高指令级并行性。

EPIC 的核心思想是将编译器的职责扩展到硬件层面，通过编译器的静态分析和重组，将串行指令转换为并行指令。这样，处理器在执行指令时可以同时处理多条指令，提高指令级并行处理的效率。

在 EPIC 技术中，指令级并行处理主要包括以下几个方面。

（1）宽指令发射：EPIC 处理器可以同时发射多条指令到执行单元，充分利用处理器的并行计算能力。

（2）动态调度：EPIC 处理器可以根据指令之间的依赖关系和资源可用性，动态调度指令的执行顺序，以最大限度提高并行性。

（3）指令突发执行：EPIC 处理器可以通过猜测分支指令的执行路径，预测指令的执行结果，提前执行指令以避免流水线的停顿，从而提高指令级并行处理的效率。

（4）高级编译技术支持：EPIC 处理器需要配合高级编译器，通过对程序的静态分析和优化，将串行指令转换为并行指令，提高指令级并行处理的效率。

EPIC 的分支判定技术是指同时执行两条分支，把条件分支指令变成可同时执行的判定指令，让两条分支并行执行，最后丢掉不需要的结果。因此，EPIC 采用更为先进的分支判定技术来保证并行处理的稳定性。另外，EPIC 还导入了缓存数据推测装载技术，避免了缓存命中失败而导致访存延迟的损失。

EPIC 的应用主要集中在高性能计算和服务器领域，以满足大规模数据处理和复杂计算的需求。通过显式的指令级并行处理，EPIC 技术可以提高处理器的性能和效率，加快计算速度，提高系统的响应能力。

### 3. 线程级并行处理技术

当前，高性能微处理研究的前沿逐渐从开发指令级并行处理转向开发**线程级并行处理**（Thread-Level Parallelism，TLP）。TLP 主要包括两个方向：同时多线程（Simultaneous Multithreading，SMT）技术和单芯片多处理器（Chip Multiprocessor，CMP）技术。

**同时多线程**（SMT）技术通过复制处理器的结构状态，使得同一个处理器上的多个线程同步执行并共享处理器的执行资源。相较于单线程，SMT 技术可更有效地提高应用并行性。具体来说，SMT 技术可最大限度地实现宽发射和乱序的超标量处理，从而提高处理器运算部件的利用率，并减轻由于数据相关或缓存未命中而引起的主存访问延迟。从 3.06GHz Pentium 4 开始，Intel 的所有处理器都支持 SMT 技术。通过 SMT 技术，处理器可以更好地满足不断增长的计算需求，并提供更高的性能。

**单芯片多处理器**（CMP）技术将多个微处理器核（Core）集成到同一个芯片上，形成一个多核处理器。每个微处理器核实质上都是一个相对简单的单线程微处理器或者比较简单的多线程微处理器，都可以独立执行线程，并拥有自己的缓存和执行单元。这样，多个微处理器核就可以并行地执行程序代码，从而具有较高的线程级并行性。同时，还可以在多个微处理器核之间共享一些资源，如主存子系统和 I/O 接口，以提高系统的效率和性能。

在实际应用中，多核多线程技术被广泛应用于服务器、工作站和高性能计算等领域，以满足复杂计算和大规模数据处理的需求。多核多线程技术已经成为微处理器发展的趋势，使用多核多线程技术可使微处理器的性能得到极大提高，但同时也对存储系统提出了更高的要求。无论是移动与嵌入式应用、桌面应用还是服务器应用，都将采用多核架构。

### 4. 睿频加速技术

**睿频加速技术**（Turbo Boost Technology，TBT）是 Intel 处理器中的一项创新技术，旨在提升处理器的性能和响应能力。该技术可以理解为自动超频，即通过智能动态调整处理器的工作频率，使其在需要更高性能时能够自动提升频率，以满足临时性计算需求。

睿频加速技术的原理基于处理器的热功耗设计（TDP）和温度。当处理器检测到当前工作负载并未占用其全部性能时，它可以自动提高工作频率以提供更高的性能。这种动态调整频率的能力使处理器能够在需要时提供更高的计算能力，而在负载较轻时保持较低的功耗和温度。

并非所有处理器都具备睿频加速技术，它主要应用于 Intel 的高性能处理器系列，如 Core i5/i7/i9 等。不同型号的处理器可能具有不同的睿频加速技术版本，以适应不同的工作负载和需求。

需要注意的是，睿频加速技术的使用受到多种因素的影响，包括处理器的温度、功耗、电源供应和负载等。因此，在实际应用中，处理器的睿频加速能力可能会因环境和工作负载的变化而有所不同。

总的来说，睿频加速技术是一种动态调整处理器工作频率的技术，旨在提升处理器的性能和响应能力。它使处理器能够根据计算需求自动提升频率，以提供更高的计算能力。通过充分利用处理器的潜力，睿频加速技术为用户提供了更好的计算体验。

## 5.7 现代中央处理器

我国**现代中央处理器**的发展日新月异。通过自主研发和创新，不仅可以掌握更多的技术和知识产权，减少对外部技术的依赖，提高科技实力和经济竞争力；更能保障国家安全和经济安全，获得更多的话语权和发展机遇，提升在全球科技竞争中的地位和影响力。

按照 Counterpoint 的数据显示，2022 年全球服务器芯片市场中，x86 占了 91% 的份额，ARM 占 6%，其他芯片占 3%。

中国是全球最大的芯片消耗国，在最近几年需求迫切以及供应环境动荡等背景的推动下，中国正涌现出不少优秀的 CPU 处理器芯片后备军。截至目前，国产 CPU 已经形成多路线并发的模式，包括走自研指令集路线的龙芯和申威，ARM 指令集授权路线的华为鲲鹏和飞腾，以及 x86 技术授权路线的兆芯和海光。下面将对我国这六个较具代表性的现代中央处理器展开介绍，并对其他现代中央处理器做简要介绍。

### 1. 龙芯处理器

龙芯处理器由龙芯中科技术团队自主研发。2002 年 8 月 10 日诞生的"龙芯一号"是我国首枚拥有自主知识产权的通用高性能微处理芯片。2023 年 4 月发布的龙芯 3D5000 采用了龙芯自主指令系统"龙架构"（LoongArch），彻底告别了对 MIPS 指令集的依赖，无须国外授权，就可满足通用计算、大型数据中心、云计算中心的计算需求。2023 年 9 月，基于 LoongArch 的龙芯处理器已经成功适配金山文档中心。2023 年 10 月 12 日，龙芯中科芯片封装基地项目投产仪式在鹤壁科创新城举行。

龙芯从 2001 年以来共开发了一号、二号、三号三个系列处理器和龙芯桥片系列，在政企、安全、金融、能源等应用场景得到了广泛的应用。龙芯一号系列为 32 位低功耗、低成本处理器，主要面向低端嵌入式和专用应用领域；龙芯二号系列为 64 位低功耗单核或双核系列处理器，主要面向工控和终端等领域；龙芯三号系列为 64 位多核系列处理器，主要面向桌面和服务器等领域。

龙芯处理器的研发和应用体现了中国在计算机技术领域的自主创新和自力更生精神。从最初的"龙芯一号"到现在的多系列、多款产品，龙芯处理器在性能、功耗、集成度等方面都有了显著的提升和优化，为中国的信息化建设提供了重要的技术支撑和安全保障。

### 2. 申威处理器

申威处理器通常被称为申威 CPU，是由中国电科旗下的子公司无锡先进技术研究院研发的，对外代理为中电科申泰信息科技有限公司。申威处理器是我国"核高基"专项研制项目，依托国家信息安全发展战略，主要从事全国自主可控高性能申威处理器的产业化推广和小型超级计算机的研发生产。首颗申威处理器代号为 SW-1，于 2006 年研制成功，基于 DEC 公司 Alpha 架构，采用 130nm 制程，主频仅为 900MHz。尽管这款芯片并非全自主设计的指令集，但却在国内半导体领域具有划时代的意义，它标志着中国在高性能计算芯片研发领域迈出了重要的第一步。

申威在成功研制出 SW-1 处理器后，深刻认识到使用他人的指令集存在安全隐患。于是着手设计自己的指令集并推出了申威指令系统 SW64。申威 SW64 是国内首套自主芯片指令集，拥有自主芯片扩展指令和发展路线的自主权。

我国第一颗采用自主芯片指令集设计的国产芯片是申威 SW26010。这一转折点出现在 2015 年，美国禁止 Intel 等公司向我国出口高性能计算芯片，这意味着我国的超级计算机不能再使用 Intel 公司的芯片。然而，这反而激发了我国自主芯片研发走上"快车道"。2016 年，全球第一的超级计算机神威·太湖之光搭载了 40960 颗申威 SW26010 芯片，首次获得了"戈登·贝尔"奖，实现了零的突破，向世界展示了我国在超级计算领域的实力。

申威处理器和龙芯处理器作为中国自主芯片的代表，在自主芯片指令集领域都有各自的突破与贡献。值得注意的是，申威处理器主要应用于高性能计算领域，而龙芯处理器则更多地应用于个人计算机和嵌入式领域。两者在指令集、制程工艺、芯片性能等方面存在差异，但互为补充，共同推动了中国半导体产业的发展。

申威处理器以其高性能计算能力和自主设计的指令集闻名于世。它的突出特点是处理器能同时处理多个线程，能够与龙芯处理器建立紧密的合作关系，使得中国在高性能计算方面取得了重大突破。不仅如此，申威处理器还在人工智能、大数据等领域发挥着重要的作用，助力中国科技走向全球舞台。

龙芯处理器则以其低功耗、高安全性和广泛的应用范围而备受关注。龙芯 3A5000 系列芯片是龙芯推出的最新力作，采用了 LoongArch 指令集，是龙芯自主设计的第三代产品。与申威处理器的协同作用相比，龙芯处理器更注重个人计算机和嵌入式领域的应用，为中国的消费电子市场提供了多样化、高性能的芯片选择。

### 3. 鲲鹏处理器

鲲鹏处理器是华为在 2019 年 1 月发布的高性能数据中心处理器，旨在满足数据中心的多样性计算和绿色计算需求。它们具有高性能、高带宽、高集成度、高效能四大特点，并支持多种主流操作系统和应用软件，方便集成到现有的 IT 环境中。

鲲鹏处理器的产品系列有以下几种。

- 低功耗级鲲鹏 916 处理器，采用 16nm 工艺，支持 24 个内核，主频 2.4GHz，功耗低至 75W。
- 极致效能级鲲鹏 920-3226 处理器和鲲鹏 920-4826 处理器，采用 7nm 工艺，支持 32 和 48 个内核，主频 2.6GHz。
- 极致性能级鲲鹏 920-6426 处理器，采用 7nm 工艺，支持 64 个内核，主频 2.6GHz。

鲲鹏处理器的核心优势在于其基于 ARM 架构的优化设计，通过深度定制和优化，在性能、功耗和集成度等方面达到了业界领先水平。例如，鲲鹏 920 处理器采用了多核心、高并发的设计思路，满足大规模数据处理和复杂计算场景的需求。

此外，鲲鹏处理器基于 ARMv8 架构永久授权，处理器核、微架构和芯片均由华为自主研发设计，兼容全球 ARM 生态，确保后向兼容，保护用户已有投资。

2024 年 5 月 12 日，深圳市迅龙软件旗下全球领先的开源软硬件品牌香橙派（Orange Pi）联合华为，发布了全新的开发板"香橙派鲲鹏 Pro"（OrangePi Kunpeng Pro），配备 4 个 64 位 ARM 处理器，集成 GPU 图形核心和 AI 处理器，算力为 8TOPS。

### 4. 飞腾处理器

飞腾处理器（飞腾 CPU）由飞腾信息技术有限公司设计和研发。飞腾信息技术有限公司是国内领先的自主核心芯片提供商，是 PK 系统的主导者。PK 系统指的是中国电子所开发的具有完全自主知识产权的中国架构——飞腾 CPU（Phytium）+ 麒麟操作系统（Kylin）。飞腾品牌源自著名爱国主义诗人屈原《楚辞·离骚》中的名句："路漫漫其修远兮，吾将上下而求索。……吾令凤鸟飞腾兮，继之以日夜。"自 20 世纪 90 年代末飞腾组建团队开启"中国芯"研发的征程，到 2006 年第一颗飞腾处理器研制成功以来，其技术演进已走过 20 余年的历史。

飞腾 CPU 包括高效能桌面 CPU、高性能服务器 CPU、高端嵌入式 CPU 和飞腾套片四大系列，以全谱系、高性能、完善的生态系统和高度自主化为主要特点。2020 年上半年，飞腾公司对三大 CPU 产品谱系进行了全面的品牌升级。高效能桌面 CPU 产品线统一以飞腾"腾锐 D 系列"进行命名；高性能服务器 CPU 产品线统一以飞腾"腾云 S 系列"进行命名；高端嵌入式 CPU 产品线统一以飞腾"腾珑 E 系列"进行命名。

飞腾 CPU 采用了全自主设计，其内置硬件级安全机制、飞腾自主定义的处理器安全架构标准和多种低功耗技术，具备高性能、低功耗、高可靠性和安全可信等特点。这些产品不仅覆盖了台式机、一体机、笔记本、云终端等多种设备，还通过与国内外的软硬件生态厂商合作，形成了从端到云的信息化建设全栈生态体系。

飞腾 CPU 是基于 ARM 架构层级授权的 64 位通用 CPU，兼容 ARMv8 指令集，采用 28nm 工艺，具有高性能、低功耗等特点。关键技术国内领先，可实现对英特尔中高端"至强"服务器芯片的替代，应用于政府办公和金融、税务等行业信息化系统中。

依托飞腾全新的硬件级安全机制，以相关可信技术为支撑，PK 系统融合"S-Security"的立体防护安全链，升级为 PKS 系统，并将全球首创"可信计算 3.0"技术融入 CPU、操作系统和存储控制器中，实现底层架构的本质安全，成为国内首个计算机软硬件基础体系标准。

对比鲲鹏与飞腾的生态构建可以发现，鲲鹏技术路线比 PKS 技术路线有较明显的技术和产品优势，PKS 技术路线比鲲鹏技术路线有较明显的安全优势。

## 5. 兆芯处理器

兆芯处理器由上海兆芯信息科技有限公司研发，主要应用于桌面计算、嵌入式应用和服务器等领域。兆芯处理器是合资 CPU 的探路者，上海兆芯信息科技有限公司由台湾威盛电子和上海市国资委下属上海联和投资公司合资成立，拥有部分 x86 技术产权。兆芯处理器坚持自主创新与兼容主流的发展路线，同时掌握中央处理器、图形处理器、芯片组三大核心技术，具备相关 IP 自主设计研发的能力。

兆芯自主创新研发的通用处理器产品涵盖"开胜"和"开先"两大系列。

兆芯开胜®KH-40000 系列处理器采用"永丰"自主内核微架构，支持自主互连技术 ZPI 3.0，单颗处理器集成最高 32 核心，具备 64MB 高速缓存，支持 8 通道 DDR4 内存。适用于云计算、大数据分析、视频处理、数据库备份、高性能存储，以及超融合一体机等解决方案的搭建和部署。

兆芯开先®KX-7000 系列处理器采用全新"世纪大道"自主内核微架构和先进的 Chiplet 互连架构（Chiplet 技术是将一个功能丰富的芯片裸片拆分成多个芯粒，并通过先进封装组合成系统芯片的方式），与上一代产品相比，计算性能提升 2 倍。该系列处理器支持构建丰富的桌面整机产品，如台式机、笔记本、一体机、云终端以及嵌入式计算平台等。

另外，ZX-200 I/O 扩展芯片是兆芯自主创新研发的新一代、高性能 I/O 扩展芯片产品，主要适用于对扩展性要求较高的桌面及服务器等解决方案。

## 6. 海光处理器

海光信息技术股份有限公司作为国产先进微处理器产业的推动者，研发的海光处理器是国内满足自主可控的 x86 架构产品，兼容市场主流的 x86 指令集，具有成熟且丰富的应用生态环境。海光处理器内置专用安全硬件，支持多种先进的漏洞防御技术，内置高性能的国密协处理器和密码指令集，支持可信计算的国内、国际标准，支持领先的机密计算技术，能够进行主动安全防御，通过了相关权威机构的安全测试，满足信息安全、数据要素安全流通的发展需求。面向企业计算、云计算数据中心、大数据分析、人工智能、边缘计算等众多领域，海光信息提供了多种形态的海光处理器芯片，满足互联网、电信、金融、交通、能源、中小企业等行业的广泛应用需求。

2016 年，海光信息技术股份有限公司获得 AMD 的 x86 授权，此后，该公司基于永久授权的 x86 架构不断进行自我研发，迭代升级。

目前，海光处理器系列产品海光一号、海光二号、海光三号、海光四号已经实现商业化应用，海光五号处于研发阶段。

海光一号是第一代产品，产品型号有 31xx、51xx 和 71xx 系列。海光二号是第二代产品，产品型号包括有 32xx、52xx 和 72xx 系列。根据产品分类，海光处理器产品可以分为海光 7000 系列、海光 5000 系列和海光 3000 系列。

海光 7000 系列产品最多集成 32 个处理器核心，最大支持 8 个内存通道和 128 个 PCIe 接口，主要应用于高端服务器，面向数据中心、云计算等复杂应用领域。

海光 5000 系列产品最多集成 16 个处理器核心，最大支持 4 个内存通道和 64 个 PCIe 接口，主要面向政务、企业和教育领域的信息化建设中的中低端服务器需求，并发处理能力和单核心处理器性能较为均衡。

海光3000系列产品最多集成8个处理器核心，最大支持2个内存通道和32个PCIe接口，主要应用于工作站和边缘计算服务器，面向入门级计算领域。

海光DCU属于GPGPU的一种，采用"类CUDA"通用并行计算架构，能够较好地适配、适应国际主流商业计算软件和人工智能软件。与CPU相同，海光DCU按照代际进行升级迭代，每代产品细分为8000系列的各个型号。海光8000系列具有全精度浮点数据和各种常见整型数据计算能力，能够充分挖掘应用的并行性，发挥其大规模并行计算的能力，快速开发高能效的应用程序。海光DCU主要部署在服务器集群或数据中心，为应用程序提供性能高、能效比高的算力，支撑高复杂度和高吞吐量的数据处理任务。在AIGC持续快速发展的时代背景下，海光DCU能够支持全精度模型训练，实现LLaMa、GPT、Bloom、ChatGLM、悟道、紫东太初等为代表的大模型的全面应用，与国内文心一言等大模型全面适配，达到国内领先水平。

### 7. 其他处理器

- Intel Core i9：Intel Core i9系列是目前市场上较强大的消费级CPU之一。它具有多达18个核心和36个线程，能够处理大量的并行计算任务，适用于高性能计算和专业级的视频编辑。
- AMD Ryzen 9：AMD Ryzen 9系列也是一款高性能CPU，它的核心和线程数量甚至超过了Intel Core i9。AMD Ryzen 9系列使用了先进的7nm制程技术，能够在节能和性能之间取得很好的平衡。
- Apple M1：这是Apple自研的一款CPU，用于其最新的Mac电脑。Apple M1使用了先进的5nm制程技术和ARM架构，具有出色的能效比。同时，它将CPU、GPU、RAM等多个部件集成在一个芯片上，提高了整体性能。
- Qualcomm Snapdragon：这是一款主要用于智能手机和平板电脑的CPU。该系列CPU使用了ARM架构，能够在保证性能的同时，尽可能地降低功耗和发热。
- IBM Power：IBM Power系列CPU主要用于高端服务器和超级计算机。它采用了RISC架构，具有高度的并行计算能力和优秀的浮点运算性能。
- Intel Xeon：这是Intel专为企业级服务器和工作站设计的CPU。Intel Xeon系列CPU具有大量的核心和线程，以及丰富的企业级特性，如ECC内存支持和虚拟化技术。

## 思考与讨论

1. 指令周期是否有固定值？为什么？
2. 计算机各个部分几乎都可以采用流水线技术。除指令执行过程采用的指令流水外，运算器中的操作部件，如浮点加法器、浮点乘法器等也可以采用流水线技术，称为操作部件流水线；多个计算机之间，通过存储器连接也可以采用流水线技术，称为宏流水线。请读者查阅相关资料进一步了解。
3. 流水线越多，并行度就越高。是否流水段越多，指令执行越快？

# 习题 5

## 一、填空题

1．IR 的中文名称叫作（　　），里面存放的是当前执行的指令。
2．AR 的中文名称叫作（　　），里面存放的是当前访问的存储器地址或 I/O 端口地址。
3．DR 的中文名称叫作（　　）。其功能是作为 CPU、主存和外设之间信息传输的中转站；补偿三者之间在操作速度上的差异；还可以在单累加器结构的运算器中兼作操作数寄存器等。
4．程序计数器 PC 又叫作（　　）或（　　），用于存放下一条欲执行指令的地址。
5．目前的 CPU 包括（　　）、（　　）和缓存。
6．CPU 从主存取出一条指令并执行该指令的时间叫作（　　），它常用若干个（　　）来表示，而后者又包含若干个（　　）。
7．指令循序执行时，PC 的数值（　　），而遇到转移或调用指令时，后续指令的地址只从指令寄存器的（　　）字段取得。
8．影响指令流水性能的因素主要有（　　）、（　　）和（　　）。
9．流水线的吞吐量主要由（　　）的功能段决定。这个功能段就是流水线的"瓶颈"。
10．（　　）是指数据在各功能部件之间传输的路径。其功能是规定不同部件间数据传输操作及控制信号流动，实现 CPU 中运算器与寄存器之间、寄存器与寄存器之间、寄存器与主存之间的数据交换。

## 二、判断题

1．指令周期指的是一条指令执行的全部时间，包括取指令、指令译码和指令的执行。（　　）
2．尽管指令操作的复杂程度不同，但是所需的机器周期数基本相同。（　　）
3．一个时钟周期包含多个机器周期，一个机器周期包含多个指令周期。（　　）
4．主存储器用于存放程序和数据，在 CPU 外部，用 RAM 实现；控制存储器用于存放微程序，在 CPU 内部，用 ROM 实现。（　　）
5．所有指令周期的第一个机器周期都是取指令周期。（　　）
6．CPU 处理操作的最小时间单位是机器周期。（　　）
7．微程序控制器实质就是把微操作信号编写为微指令，存放在只读存储器中。当机器运行时读出微指令，产生对应的微操作信号，来完成规定的操作。（　　）
8．水平型微指令的特点是，执行一条指令的时间长，并行能力差等。（　　）
9．组合逻辑控制器大部分由硬件组成，结构复杂，成本较高，但是速度较快。（　　）
10．CPU 又称为中央处理器，主要提供计算机运行所需要的操作命令，这些操作命令也是存储在 CPU 里面的读写存储器里。（　　）

## 三、问答题

1．请简述三个周期的概念及关联。
2．请简述 CPU 的功能。

3．请简述控制器三种不同的构成方式及各自的主要特点。

4．请简述机器指令、微程序、微指令、微命令、微操作的概念及关联。

5．计算机内部有哪两股信息在流动？它们彼此之间有什么关系？

6．请简述流水线中的几种数据相关以及分别在什么情况下出现。

7．某机有四级流水线，分别完成取指令（IF）、分析指令并取操作数（ID）、执行指令（EI）、写操作数（WO）四个步骤。假设完成各步操作时间依次为60ns、90ns、60ns、45ns。

（1）流水线的时钟周期应取何值？

（2）若相邻两指令发生数据相关，那么第2条指令安排推迟多长时间才能不发生错误？

（3）若相邻两指令发生数据相关，为了不推迟第2条指令的执行，可采取什么措施？

8．在6个功能段的流水线中，假设每段的执行时间分别是9ns、10ns、8ns、6ns、9ns和7ns。对于完成10条指令的流水线而言，求实际吞吐率、加速比和效率（结果精确到小数点后两位），并画出流水线时空图。

# 第 6 章 总线系统

总线系统是计算机各功能部件间传输数据、控制信号和地址信息的公共通道，是连接处理器、存储器和外设的核心枢纽，直接影响系统性能与扩展能力。本章由总线基本概念引入，阐述其发展历程、分类及特性，介绍总线性能指标及常见总线标准。总线连接方式部分，介绍接口设计、总线结构和传输模式。总线控制部分探讨集中式与分布式判优控制，以及 4 种通信控制的原理与实现。本章旨在帮助读者掌握总线系统设计与应用原理，为理解计算机体系结构和优化系统性能奠定基础。

## 6.1 总线的基本概念

总线（Bus）系统是连接计算机系统的主要组件，是多个电子系统部件之间进行通信和数据传输的公共通路。借助总线系统，计算机在各系统部件之间实现地址、数据和控制信息的交换，并在共享系统资源的基础上进行工作。因此，总线系统就是指能为多个系统功能部件提供服务的一组公用信息线，一般简称为总线。

### 6.1.1 发展概况

总线是计算机系统中用于连接各种硬件设备和组件的通信系统。总线的发展经历了多个阶段，从早期的分散连接逐渐演变为现代的高度集成的总线连接。总线发展的概况如下。

（1）早期阶段（1940s—1960s）：计算机系统在这一时期通常采用分散的连接方式，每个设备都有专门的物理线缆连接到中央处理器或控制单元。这种分散式连接导致系统结构复杂，难以维护和扩展。

（2）系统总线的引入（1970s）：随着计算机系统的发展，为了简化硬件连接和提高可维护性，系统总线被引入。系统总线是一组用于数据传输和设备通信的标准化线路，连接了中央处理器、内存和各种外部设备。

（3）ISA 总线时代（1980s—1990s）：ISA（Industry Standard Architecture）总线是早期个人计算机中广泛使用的总线标准，支持多种外部设备的连接。随着计算机性能和外设种类的增加，ISA 总线逐渐显露出瓶颈，限制了系统的性能。

（4）PCI 和 AGP 总线的兴起（1990s）：PCI（Peripheral Component Interconnect）总线和 AGP（Accelerated Graphics Port）总线的引入使得数据传输更加高效。PCI 总线的独立性和通用性使其成为替代 ISA 总线的主流标准，提高了外设连接的速度和可靠性。

（5）USB 和 FireWire 的出现（1990s—2000s）：USB（Universal Serial Bus）和 FireWire 等通用串行总线的出现标志着对外部设备连接标准的进一步演进。USB 成为连接各种外设的主流标准，提供了热插拔和高速数据传输的特性。

（6）PCI Express（PCIe）的崛起（2000s 至今）：PCIe 是一种高速串行总线标准，为图形卡、存储设备等提供了更大的带宽。PCIe 逐渐取代了传统的 PCI 总线，提供了更高的数据传输速度和更灵活的拓扑结构。

（7）现代高速总线和互联技术：现代计算机系统使用高速总线，如 USB 3.0、USB 3.1、Thunderbolt 等，以支持更高的数据传输速度。此外，互联技术如 NVLink 和 Infinity Fabric 等被用于连接多个处理器和加速器，以提高系统整体性能。

总体而言，总线的发展经历了从分散连接到标准化系统总线，再到高速、高效的现代总线和互联技术的演变。这一过程使得计算机系统在连接和通信方面取得了显著的进步。

### 6.1.2 总线的分类

一个计算机系统中的总线系统，根据分类方法的不同，可以有多种分类形式。常见的总线分类有以下两种。

#### 1. 从所处的位置分类

（1）内部总线：CPU 内部连接各寄存器及运算部件的总线。
（2）系统总线：连接 CPU 与计算机系统的其他高速功能部件，如存储器、通道等的总线。
（3）I/O 总线：中、低速 I/O 外部设备之间互相连接的总线。

#### 2. 从功能上或从总线传输的内容分类

（1）地址总线（Address Bus，AB）：主要用来传输访问主存储器和 I/O 设备的地址。地址总线对于存储器来说是单向的，只能接收源部件生成的地址信息。地址总线的宽度指明了总线能够直接访问存储器的地址空间范围。

（2）数据总线（Data Bus，DB）：是一种双向总线，既可以读出主存储单元中的数据，也可以把数据写入主存单元中；既可以从设备中输入数据，也可以向设备输出数据。数据总线的宽度指明了访问一次存储器或外部设备时能够交换数据的位数。

（3）控制总线（Control Bus，CB）：用来传输 CPU 发出的各种控制命令（如存储器读/写、I/O 读/写）、请求信号和仲裁信号、外部设备与 CPU 的时序同步信号、中断信号、DMA 控制信号等。

### 6.1.3 总线特性

从物理角度来看，总线由许多导线直接印制在电路板上，延伸到各个部件。图 6-1 形象地表示了各个部件与总线之间的物理摆放位置。

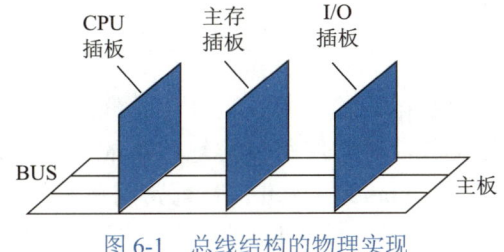

图 6-1  总线结构的物理实现

图 6-1 中，CPU、主存、I/O 这些插板（又称为插卡）通过插头与水平方向总线插槽（按总线标准用印刷电路板或一束电缆连接而成的多头插座）连接。为了保证机械上的可靠连接，必须规定其机械特性；为了确保电气上正确连接，必须规定其电气特性；为保证正确地连接不同部件，还需规定其功能特性和时间特性。随着计算机的发展，Pentium III 以上的微型机已将 CPU 芯片直接安置在主板上，而且很多插卡已做成专用芯片，减少了插槽，使其结构更合理。

总线特性主要包括以下几项。

### 1. 机械特性

机械特性是指总线在机械连接方式上的一些性能，如插头与插座使用的标准，它们的几何尺寸、形状、引脚的个数以及排列的顺序，接头处的可靠接触等。

### 2. 电气特性

电气特性是指总线的每一根传输线上信号的传递方向和有效的电平范围。通常规定由 CPU 发出的信号称为输出信号，送入 CPU 的信号称为输入信号。例如，地址总线属于单向输出线，数据总线属于双向传输线，它们都定义为高电平为"1"，低电平为"0"。控制总线的每一根都是单向的，但从整体看，有输入，也有输出。有的定义为高电平有效，也有的定义为低电平有效，必须注意不同的规格。大多数总线的电平定义与 TTL 是相符的，也有例外，如 RS-232C（串行总线接口标准），其电气特性规定低电平表示逻辑"1"，并要求电平低于 -3V；用高电平表示逻辑"0"，还要求高电平需高于 +3V，额定信号电平为 -10V 和 +10V 左右。

### 3. 功能特性

功能特性是指总线中每根传输线的功能，例如：地址总线用来指出地址码；数据总线用来传递数据；控制总线发出控制信号，既有从 CPU 发出的，如存储器读/写、I/O 设备读/写，也有 I/O 设备向 CPU 发来的，如中断请求、DMA 请求等。由此可见，各条线的功能不同。

### 4. 时间特性

时间特性是指总线中的任一根线在什么时间内有效。每条总线上的各种信号互相存在一种有效时序的关系，因此，时间特性一般可用信号时序图来描述。

## 6.1.4 总线性能指标

### 1. 总线宽度

总线宽度通常是指数据总线的根数，用比特（位）表示，如 8 位、16 位、32 位、64 位（即 8 根、16 根、32 根、64 根）。

### 2. 总线带宽

**总线带宽**可理解为总线的数据传输速率，也是该总线所能达到的最高传输速率，即单位时间内总线上传输数据的位数，通常用每秒传输信息的字节数来衡量。总线带宽的单位是字节/秒（B/s 或 Bps）或位/秒（b/s 或 bps），目前常用更大的单位如兆字节/秒（MB/s 或 MBps）、吉字节/秒（GB/s 或 GBps）或吉位/秒（Gb/s 或 Gbps）来表示。如硬盘 SATA III

的总线带宽已达 6Gb/s（每秒传输约 6 吉位）。

其计算公式为

总线带宽 =(总线宽度 /8)/ 总线传输周期 $T$=(总线宽度 /8)× 总线工作频率 $f$

【注】①"总线宽度 /8"表示一次传输的字节数，如总线带宽的单位为位，则无须除以 8。②总线工作频率 $f$ 与总线周期 $T$ 互为倒数。③若总线周期 =$N$ 个时钟周期，则总线工作频率 $f$= 时钟频率 /$N$。

【例 6.1】假设总线的时钟频率为 33MHz，且一个总线时钟周期为一个总线传输周期。若在一个总线传输周期可并行传输 4 个字节的数据，求该总线的带宽（单位：MBps）。

解：根据题目给定的条件，一个总线时钟周期为一个总线传输周期，因而时钟频率就是总线工作频率，故总线带宽为：

$$4B×f=4B×33MHz=4B×33×10^6Hz=132MBps$$

【例 6.2】在一个 32 位的总线系统中，总线的时钟频率为 66MHz，假设总线最短传输周期为 4 个时钟周期，试计算总线的最大数据传输率（单位：MB/s）。若想提高数据传输率，可采取什么措施？

解：总线工作频率 =66MHz/4=16.5MHz

总线最大数据传输率 =16.5MHz×4B=66MB/s

若想提高总线的数据传输率，可提高总线的时钟频率，或减少总线周期中的时钟个数，或增加总线宽度。

### 3. 时钟同步/异步

在计算机系统中，时钟同步和时钟异步是指总线与时钟信号的工作方式不同。当总线上的数据传输与时钟信号同步进行时，称为同步总线；当总线上的数据传输不需要与时钟信号同步时，则称为异步总线。

在同步总线中，数据的传输是根据时钟信号的节拍进行的，以确保数据在正确的时机被发送和接收。这种同步机制可以有效地协调各个组件之间的数据传输，确保数据的准确性和稳定性。

相反，在异步总线中，数据的传输不受时钟信号的控制，数据的发送和接收不需要严格的时序同步。这种工作方式可以简化系统设计，提高灵活性，但也可能增加数据传输中的不确定性和复杂性。

选择同步总线还是异步总线取决于系统的需求和设计考虑。同步总线适用于需要精确时序控制和高可靠性的应用，异步总线则适用于更灵活和简化的设计场景。

### 4. 总线复用

**总线复用**是指在计算机系统或通信系统中，通过共享同一根总线传输多个信号或数据流的技术。这种技术可以提高系统资源的利用率，减少硬件成本，并实现多路信号的同时传输。

例如，通常地址总线与数据总线在物理上是分开的两种总线，地址总线传输地址码，数据总线传输数据信息。为了提高总线的利用率，优化设计，特将地址总线和数据总线共用一组物理线路，在这组物理线路上分时传输地址信号和数据信号，即为总线的多路复用。

总线复用分为时分复用（Time Division Multiplexing，TDM）和频分复用（Frequency Division Multiplexing，FDM）两种主要形式。在时分复用中，不同信号在不同的时间片段上共享总线，而在频分复用中，不同信号通过不同的频率范围来共享总线。

总线复用的实现可以有效地提高系统的性能和效率，但也需要考虑信号之间的干扰和冲突问题。因此，在设计和实施总线复用技术时，需要综合考虑系统的需求、信号的稳定性以及数据传输的可靠性等因素。

5. 信号线数

信号线数通常指地址总线、数据总线和控制总线三种总线数的总和。

6. 总线控制方式

总线控制方式是指在计算机系统中用于管理和调度总线访问的不同技术或策略。常见的总线控制方式如下。

（1）突发工作：在该方式下，系统可以连续传输一系列的数据或指令，无须每次都进行单独的总线请求和响应。这种方式可以提高总线数据传输的效率和速度。

（2）自动配置：是指系统能够自动检测和配置连接到总线上的设备或组件，从而简化系统的安装和管理过程。

（3）仲裁方式：在多个主设备共享同一总线时，仲裁方式用于确定哪个设备有权访问总线。常见的仲裁方式包括轮询、优先级和竞争等方式。

（4）逻辑方式：是指利用逻辑电路或控制器来管理总线的访问和数据传输，以确保数据的正确性和顺序性。

（5）计数方式：在该方式下，系统可以通过计数器或计时器来控制总线访问的次数或时间，以实现精确的数据传输和同步操作。

### 6.1.5 总线标准

总线是在计算机系统模块化的发展过程中产生的，随着计算机应用领域的不断扩大，计算机系统中各类模块（特别是 I/O 设备的各类接口模块）品种极其繁杂，往往一种模块要配一种总线，很难在总线上更换、组合各类模块或设备。20 世纪 70 年代末，为了使系统设计简化，模块生产批量化，确保其性能稳定，质量可靠，实现可移植性，便于维护等，人们开始研究如何使总线建立标准，在总线的统一标准下，完成系统设计，模块制作。这样，系统、模块、设备与总线之间不适应、不通用及不匹配的问题就迎刃而解了。

所谓总线标准，可视为系统与各模块、模块与模块之间的一个互连的标准界面。这个界面对它两端的模块都是透明的，即界面的任一方只需根据总线标准的要求完成自身一方接口的功能要求，而无须了解对方接口与总线的连接要求。因此，按总线标准设计的接口可视为通用接口。

微型机常用总线如下。

1. PCI 总线

PCI（Peripheral Component Interconnect，外设部件互连标准）是 Intel 公司于 1992 年推出的计算机总线标准——高速外设互连总线，是至关重要的层间总线，用于连接计算机的外部设备和扩展卡。PCI 总线提供了高速数据传输和可靠的连接，被广泛用于微型机和服务器等计算机系统中。它采用同步时序协议和集中式控制策略，通过集中式控制策略来管理总线上的数据传输和设备访问；并具有自动配置能力，可以自动检测并配置连接到总线上的设备，简化了系统的安装和管理过程。

PCI 总线结构通常包括主板上的 PCI 插槽、PCI 桥接器、PCI 控制器等组件。通过这些组件，用户可以轻松地扩展计算机的功能，连接各种外部设备和扩展卡，如网卡、显卡、声卡等。

图 6-2 所示为典型的 PCI 总线结构图，实际上，这也是高端微型机、高性能工作站和服务器的主板总线框图。PCI 总线结构在 x86 体系中比较常见，而在嵌入式 ARM 体系的微处理器中基本没有。随着技术的发展，PCI 总线逐渐被更新的标准（如 PCI Express）所取代，但仍然在许多传统计算机系统中得到广泛应用。

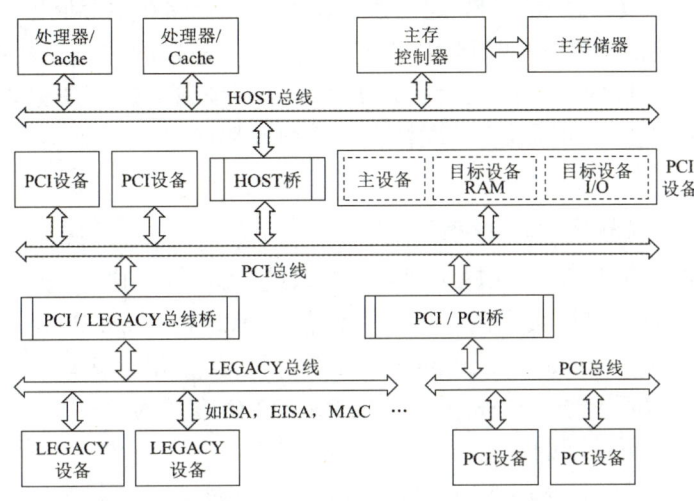

图 6-2　PCI 总线结构图

### 2. AGP 总线

AGP（Accelerated Graphics Port，加速图形接口）总线是为了提高视频带宽而设计的一种总线规范，广泛应用于多媒体领域，尤其在处理 3D 图形时表现突出。3D 图形的纹理数据处理需要大量显存和更高的总线带宽，因此 PCI 已无法满足需求。为解决高速视频显示问题，Intel 公司于 1997 年在 PCI 的基础上推出了高性能图形总线 AGP。

严格地说，AGP 不能称为总线，因其主要连接控制芯片和 AGP 显示卡，但在习惯上我们依然称其为 AGP 总线。AGP 接口是基于 PCI 2.1 版规范并进行扩充修改而成，工作频率为 66MHz。AGP 总线直接与主板的北桥芯片相连，且通过该接口让显示芯片与系统主内存直接相连，避免了窄带宽的 PCI 总线形成的系统瓶颈，增加 3D 图形数据传输速度，同时在显存不足的情况下，还可以调用系统主内存。所以，它拥有很高的传输速率，这是 PCI 等总线无法与其相比拟的。由于采用了数据读/写的流水线操作，减少了内存等待时间，数据传输速度有了很大提高；具有 133MHz 及更高的数据传输频率；地址信号与数据信号分离，可提高随机内存访问的速度；采用并行操作，允许 CPU 访问系统 RAM 的同时，AGP 显示卡访问 AGP 内存；显示带宽也不与其他设备共享，从而进一步提高了系统性能。AGP 标准在使用 32 位总线时有 66MHz 和 133MHz 两种工作频率，最高数据传输带宽为 266MB/s 和 533MB/s。而 PCI 总线理论上的最大传输带宽仅为 133MB/s。AGP 接口的发展经历了 AGP 1.0（AGP 1X、

AGP 2X）、AGP 2.0（AGP Pro、AGP 4X）、AGP 3.0（AGP 8X）等阶段，其传输速度也从最早的 AGP 1X 的 266MB/s，发展到了 AGP 8X 的 2.1GB/s。

【注】纹理生成（Texture Generation）是计算机图形学中的一个重要概念，用于产生物体表面细节纹理从而增强图像的真实感。在 3D 图形渲染中，物体的表面细节纹理可分为颜色纹理和几何纹理。颜色纹理是在物体光滑表面上绘制附加定义的图案或花纹，其表现依赖于物体表面的光学特性。几何纹理则是在物体表面上创建凹凸不平的形状，以展现物体表面的微观几何特性。

每个 3D 模型都由许多三角形单元组成，为了使其表现更为真实，需要贴上模拟的纹理和色彩，如大理石纹、木纹、金属纹等。这些纹理图像事先存储在主存储器中，然后通过纹理映射的方式将其从存储器中提取并贴到 3D 模型的表面上。纹理映射需要大量的存储器容量。

通过纹理生成，可以使三维模型看起来更加逼真和细致，提升视觉效果和用户体验。纹理生成技术在游戏开发、动画制作、虚拟现实等领域都得到广泛应用，是实现逼真图像的重要手段之一。

### 3. RS-232-D 和 RS-449 串行接口

1970 年，美国电子工业协会（EIA）联合贝尔系统、调制解调器厂家和计算机终端厂家，正式制定了用二进制方式交换数据的数据终端设备（Data Terminal Equipment，DTE）与数据通信设备（Data Communication Equipment，DCE）之间的串行接口技术标准，称为 RS-232-C 标准，其中 C 为版本号。1988 年，又把 RS-232-C 修订为 RS-232-D。其区别在于对连接器的机械特性做了更详细的规定。

RS-232-C（D）是目前最常用的串行接口标准，用来实现计算机之间、计算机与外部设备之间的数据通信，信号最高传输速率为 19.2kbit/s，最大传输距离为 15m（在码元畸变小于或等于 4% 时），适用于短距离或带调制解调器的通信场合。图 6-3 所示为 RS-232-C 使用的 DB-25 连接器机械特性。

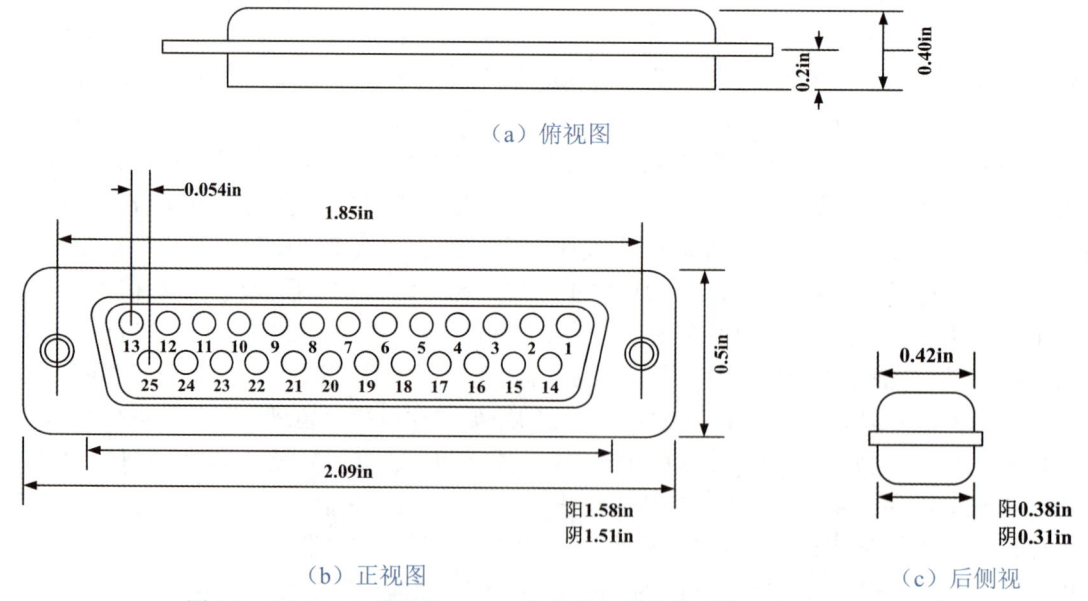

（a）俯视图

（b）正视图　　　　　　　　　　　　　　（c）后侧视

图 6-3　RS-232-C 使用的 DB-25 连接器机械特性（注：1in=2.54cm）

RS-449 是 EIA 于 1977 年制定的一种新的串行接口标准，旨在替代 RS-232-C（D），并于 1980 年成为美国标准。其机械性能明确规定了 37 脚及 9 脚两种标准接口连接器。其电气性能依据 RS-422-A、RS-423-A 以及 RS-485 电气标准。它的最大传输距离达 1200m，信号最高传输速率为 100kbit/s。

RS-449 是想取代 RS-232-C 而开发的标准，但是几乎所有的数据通信设备厂家仍然采用原来的标准，所以 RS-232-C 仍然是最受欢迎的接口，被广泛采用。

【注】关于 RS-232-C 接口的最大传输距离在不同资料中有不同的规定。一般教科书和科技杂志规定 RS-232-C 的最大传输距离为不超过 50ft（50 英尺，约 15m）；对照 RS-232-C 接口的蓝皮书，这一规定是在码元畸变不超过 4% 前提下做出的，是相当严格的条件。然而，在大多数应用场合，约有 99% 的用户在码元畸变在 10%～20% 范围内工作，因此实际传输距离可以远远超过 15m。

美国计算机主要制造商 DEC 规定 RS-232-C 接口的码元畸变为 10%。在此条件下所做的实验结果表明，在使用带屏蔽线的电缆时，当波特率为 110Baud 时，最大传输距离可达 5000ft（约 1524m）；而当波特率为 9600Baud 时，最大传输距离为 2250ft（约 686m）。DEC 认为他们规定的 10% 码元畸变仍是十分保守的。因此，了解这些信息后，用户可以放心地在较长的距离内使用 RS-232-C 接口。

### 4. IDE 接口与 SCSI 接口总线

IDE（Integrated Drive Electronics，集成驱动电子设备）与 SCSI（Small Computer System Interface，小型计算机系统接口）是广泛用于硬盘和光驱的两个接口标准。通常，在微型机中用 IDE 接口，在工作站 / 服务器或小型机中使用 SCSI 接口。

1）IDE 接口和 EIDE 接口

IDE 接口起源于 IBM PC/AT 计算机的 ATA（Advanced Technology Attachment，高级技术附件规格）标准。它最大的特点是将控制器集成到驱动器内，减少了硬盘接口的电缆数目与长度，从而消除了驱动器和控制器之间的数据丢失问题，显著提升了数据传输的可靠性。采用这一接口的硬盘被称为 IDE 硬盘。早期受限于 CHS（Cylinder-Head-Sector，柱面 - 磁头 - 扇区）寻址模式，其最大支持容量为 504MB（注意：通常硬盘制造商将 1MB 视为 1000000 字节，而非软件标准的 1048576 字节，因此将 528482304 字节视为 528MB），传输速率也相对较低。

随着技术的发展，EIDE（Enhanced Integrated Drive Electronics，增强型集成驱动电子设备）接口在 ATA-2 标准的基础上应运而生。它不仅将传输速率从 16.6MB/s 提升至 33MB/s（通过 PIO Mode 4 和 DMA 模式），还引入了 LBA（逻辑块寻址）技术，突破了此前 504MB 的容量限制，最终通过 48 位寻址可支持超过 137GB 的大容量硬盘。EIDE 进一步扩展了设备兼容性，支持主从双通道架构，可连接 4 台设备（如硬盘、光驱等）。同时，它采用 80 芯高密度排线（保留 40 针接口），新增的地线与原有的数据线一一对应，有效降低了信号干扰；并采用 CRC（循环冗余校验）技术，大幅降低了传输错误。

至第七代 Ultra DMA/133 标准时，EIDE 接口的峰值传输速率达到 133MB/s，通过时钟双沿触发技术优化了传输效率，同时进一步完善了数据完整性保障体系。

2）SCSI 总线

SCSI 在服务器和图形工作站中被广泛采用。1986 年，美国国家标准局（ANSI）在原 SASI（美国 Shugart 公司的 Shugart Associates System Interface）接口基础上，经过功能扩充和协议标准化，制定出 SCSI 标准，后来又被国际标准化组织（ISO）确定为国际标准。

SCSI 最初主要为管理磁盘而设计，是一种基于通道的接口。除了硬盘使用这种接口，SCSI 接口还可以连接 CD-ROM 驱动器、扫描仪和打印机等。注意，SCSI 具有与设备和主机无关的高级命令系统，SCSI 设备都是有智能的总线成员，它们之间无主次之分，只有启动设备和目标设备之分，这是它与一般外设的区别。

5. USB

**USB**（Universal Serial Bus，通用串行总线）是由 Compaq、DEC、IBM、Intel、Microsoft、NEC 和 NorthernTelecom 七家公司共同开发的。1995 年 11 月，USB 0.9 规范正式提出；1998 年，发布 USB 1.1 规范；1999 年，推出 USB 2.0 规范。目前支持该规范的成员又增加了惠普、朗讯和飞利浦。

USB 是一种中、低速的数据传输接口，旨在统一外设（如鼠标、打印机、扫描仪等）接口，取代传统的串口、并口和 PS/2 接口。USB 具有以下特点。

（1）使用方便。USB 接口可以连接多个不同的设备，并支持热插拔。

（2）速度快。USB 接口的最高传输速率可达 10Gbit/s，比串口快数万倍，比并口也快数千倍。

（3）连接灵活。USB 接口支持多个不同设备的串联连接，一个 USB 接口理论上可以连接 127 个 USB 设备。

（4）独立供电。USB 电源能向低压设备提供 5V 的电源，因此新的设备就不需要专门的交流电源，从而降低了这些设备的成本并提高了性价比。

（5）支持多媒体。USB 提供了对电话的两路数据支持。USB 可支持异步以及等时数据传输，使电话可与计算机集成，共享语音邮件。

USB 也存在一些问题。理论上，USB 可以实现高达 127 个设备的串联连接，但是在实际应用中，也许串联 3～4 个设备就会导致一些设备失效。另外，尽管 USB 本身可以提供 500mA 的电源支持，但一旦碰到耗电多的设备，就会导致供电不足。所以，在当前的 USB 应用中，使用 Hub 来连接多个 USB 设备是必需的。

【注】USB 接口规范的全速版和高速版。在 USB 接口的制定过程中，产生了三种速度选择：480Mbit/s、12Mbit/s 和 1.5Mbit/s。一个标准有三种速度，显然会引起市场混乱，因此 USB 协会重新命名了 USB 的规格和标准。新标准将 USB 1.1 改为 USB 2.0 FullSpeed（全速版）。其实这个版本是 USB 2.0 对 USB 1.1 的兼容模式，只是改了一个名称。而原来的 USB 2.0 就变成了 USB 2.0 HighSpeed（高速版）。因此，USB 2.0 FullSpeed（全速版）的理论速度是 12Mbit/s 和 1.5Mbit/s，而 USB 2.0 HighSpeed（高速版）的理论速度就是 480Mbit/s。

USB Type-C 标准接口是随着 USB 3.1 标准提出来的。计算机上符号采用 USB-C，它的传输速度是 10Gbit/s，供电电流是 3～5A，不仅带宽大，充电也更快。这是一种新型通用串行总线的硬件接口形式。从外观上看是椭圆形的，最大特点在于其上下端完全一致，即不用区分接口的正反面，正反两个方向都可以插入，这就给使用带来了很大的方便。笔记本计算机外接各种设备时，都可以用 Type-C 接口，如充电，连接有线鼠标、键盘、U 盘、读卡器，外接显示器、投影仪、电视机等不同接口的设备。

目前，USB 标准仍处在发展中。USB Promoter Group 发布新的 USB 4 标准接口提供了双链路通道，带宽达到 40Gbit/s 的传输速率（是 USB 3.2 Gen 2x1 的两倍），以及 USB Implementers Forum（USB-IF）提出的最高达 100W（20V/5A）的充电功率。USB 4 向后兼容 USB 3.2、USB 2.0 和 Thunderbolt 3 总线。USB 4 的物理接口形式将采用 USB Type-C 接口。

#### 6. IEEE 1394 总线

IEEE 1394 又称为 FireWire 或 iLink，是一种高效的串行接口，目前已经成为数码影像设备的传输标准。它定义了数据的传输协定及连接系统，可以较低的成本达到较高的性能，以增强计算机与外设，如硬盘、打印机、扫描仪等的连接能力。

USB 是迄今为止最通用的串行外部接口，目前市售的所有微型机都带有 USB 总线接口，但只有很少一些微型机系统和主板集成了 IEEE 1394 接口。但 IEEE 1394 仍有一定的市场，这是因为它的一个重要优点，即不要求连接微型机就可以用来直接将数字视频（DV）摄像机连接到 DV-VCR 进行磁带复制或编辑。

由于 IEEE 1394 与 USB 在形式和功能上的类似性，人们容易对这两种接口技术产生混淆。

## 6.2 总线的连接方式

### 6.2.1 总线接口

计算机的用途很大程度上取决于它所能连接的外部设备的种类。由于外部设备种类繁多、速度各异，不可能简单地把外部设备连接在 CPU 上，必须有一种功能接口部件，将外部设备和计算机连接起来，使它们在一起可以协调一致地工作。接口部件通过接口可以实现高速主机与各种低速外部设备之间工作速度上的匹配和同步，并完成主机和外部设备之间的数据传输和控制。因此，接口部件有时又被称为**适配器**、**设备控制器**。

广义地讲，**接口**是指 CPU 和主存、外部设备之间通过总线进行连接的逻辑部件。接口部件在它动态连接的两个功能部件之间起着"彼此沟通"的连接作用，以实现彼此之间的信息传输。

一个计算机系统具有多种外部设备，因而有多种类型的接口。图 6-4 显示了 CPU 接口与外部设备之间的连接方式。外部设备本身带有自己的设备控制器，它是控制外部设备进行操作的控制部件。外部设备通过接口接收来自 CPU 的各种信息然后传输到设备，或者从设备中读出信息传输到接口，然后送给 CPU。由于外部设备种类多且速度不同，因而每种设备都有适应本身工作特点的设备控制器。

**总线接口**的设置是为了实现以下功能。
- 实现设备的选择：确定要与系统通信的特定设备。
- 实现数据缓冲以达到速度匹配：总线接口可以提供数据缓冲功能，帮助实现不同设备之间数据传输速度的匹配。

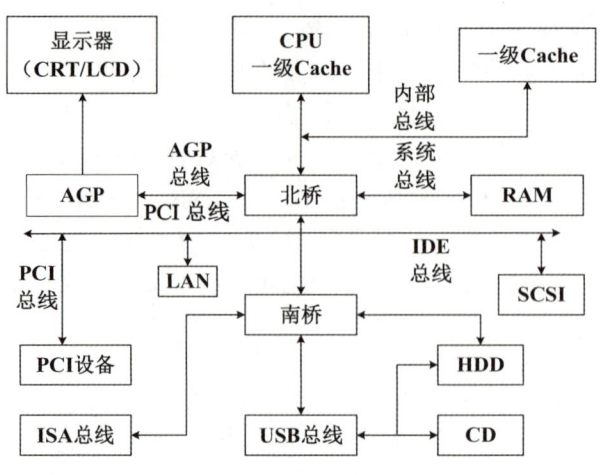

图 6-4　CPU 接口与外部设备之间的连接方式

- 实现数据串—并格式转换：在必要时进行格式转换，以满足不同设备之间的数据格式要求。
- 实现电平转换：处理不同设备之间可能存在的电平差异。
- 传输控制命令：用于控制设备的操作和通信流程。
- 反映设备的状态：监测和反映连接设备的状态处于"忙"、"就绪"或"中断请求"，协助系统进行适当的调度和处理。

一个标准接口可以连接一个设备，也可以连接多个设备。作为一个适配器通常必有两个接口，一个是和系统总线的接口，CPU 和适配器的数据交换一定是并行方式；另一个是和外设的接口，适配器和外设的数据交换可能是并行方式，也可能是串行方式，因此，根据外部设备供求串行数据或并行数据的方式不同，适配器分为串行数据接口和并行数据接口两大类。

### 6.2.2　连接方式

大多数总线都是以相似方式设计的，其不同之处仅在于数据传输速度、总线中数据线和地址线的数目，以及控制线的多少及其功能。根据连接方式的不同，单机系统中采用的总线结构通常分成三种基本类型：单总线结构、双总线结构和三总线结构。

#### 1. 单总线结构

在一些小型机和微型机中，CPU、主存和 I/O 设备都连在一组系统总线上，称为单总线结构，如图 6-5 所示。

在单总线结构的系统中，要求连接到总线上的逻辑部件必须高速运行，以便当某些设备需要使用总线时，能迅速获得总线控制权，当不再使用总线时，能迅速放弃总线控制权。否则，由于一条总线由多种功能部件共同使用，可能导致很大的时间延迟。在这种情况下，对 I/O 设备的操作，完全和对主存的操作一样来处理。这样，当 CPU 把指令的地址字段送到总线上时，如果该地址字段对应的地址是主存地址，则主存予以响应。从而在 CPU 和主存之间发生数据传输。如果该指令地址字段对应的是外部设备地址，则外部设备译码器予以响应，从而在 CPU 和与该地址相对应的外部设备之间发生数据传输。

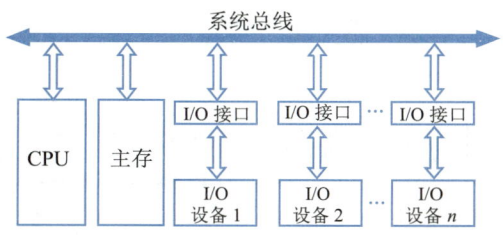

图 6-5　单总线结构

单总线结构的优点是 CPU、主存、I/O 设备都通过单总线系统连接起来，把 I/O 外部设备与主存储器地址进行统一编址，数据存取就可以直接使用存储器的存取操作指令，这样可以省去 I/O 指令。缺点是这组总线操作总是太忙，数据传输速度受到限制，这对提高系统效率和充分利用子系统的功能都是不利的。

### 2. 双总线结构

在单总线系统的结构中，由于所有逻辑部件都挂在同一条总线上，因此总线只能采用分时工作方式，即在同一时间内只能允许一对部件之间用总线传输数据，这就使数据传输的吞吐量受到限制。为提高效率，出现了图 6-6 所示的双总线结构，这种结构既保持了单总线系统结构的简单、易于扩充的优点，同时又为了提高计算机性能，在 CPU 和主存储器之间专门设置了一组高速的存储总线。这样的设计使得 CPU 可通过专用的存储总线与主存储器交换信息，在一定程度上减轻了系统总线的负担，而同时主存储器仍然可通过系统总线与外部设备之间实现 DMA 操作，而不必经过 CPU。当然，这种计算机双总线系统是以增加硬件系统设计的复杂性为代价的。

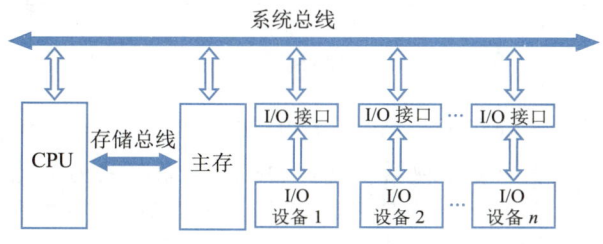

图 6-6　双总线结构图

### 3. 三总线结构

三总线结构即在双总线系统的基础上，又增加了 I/O 总线形成的系统。其中，系统总线是 CPU、主存和通道（IOP）之间进行数据传输的公共通路，而 I/O 总线是多个外部设备与通道之间进行数据传输的公共通路。图 6-7 所示是三总线结构图。通过直接存储器存取（DMA）方式，外设与主存储器之间直接交换数据，而不经过 CPU，从而减轻了 CPU 对数据输入/输出的控制，而通道方式进一步提高了 CPU 的效率。通道实际上是一台具有特殊功能的处理器，又称为 IOP（Input/Output Processor），它分担了部分 CPU 的工作，负责对外设进行统一管理及外设与主存之间的数据传输。显然，由于增加了 IOP，使整个系统的效率大大提高了。然而这种设计方式也是以增加硬件系统设计的复杂性为代价的。

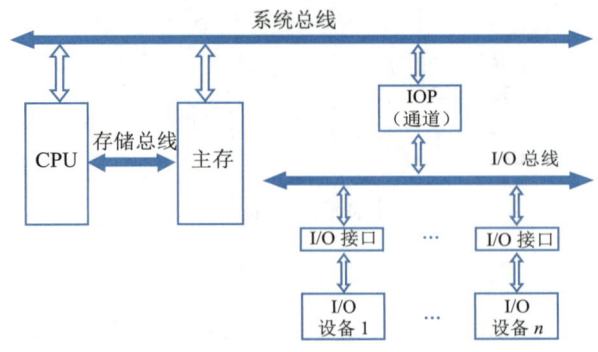

图 6-7 三总线结构图

### 6.2.3 内部结构

早期计算机简单总线的内部结构如图 6-8 所示。它可以看成微处理器芯片引脚的延伸方式，是处理器与其他设备接口的通道。这种简单的总线结构一般由几十至上百条导线组成。

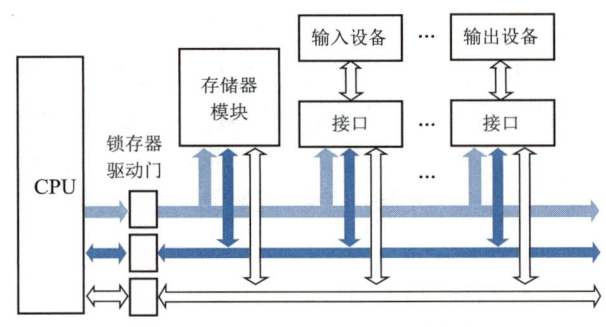

图 6-8 早期计算机简单总线的内部结构

简单总线结构的不足之处在于：第一，CPU 是总线上唯一的控制者。即使后来增加了具有简单仲裁逻辑功能的 DMA 控制器以支持 DMA 传输，但仍不能满足多 CPU 使用环境的要求。第二，总线信号是 CPU 引脚信号的延伸，故总线结构紧密与某种 CPU 相关，通用性较差。

现在较流行的总线内部结构如图 6-9 所示。在该总线结构中，CPU 和它私有的 Cache 一起作为一个模块与总线相连。系统中允许有多个这样的处理器模块。而总线控制器完成几个总线请求之间的协调与仲裁。整个总线分成以下四个部分。

（1）系统总线：由地址总线、数据总线和控制总线三大总线组成。其结构中蕴含了图 6-8 所示的早期的简单总线结构，一般由地址总线（设有 32 或 64 条）、数据总线（设有 32 或 64 条）以及控制电路模块系统工作的信号线等组成。为了减少接口中导线的数目，64 位数据的低 32 位数据总线会和地址总线采用多路复用（Multiplexing）的方式。

（2）仲裁总线（Arbitration Bus）：包括总线请求线（Bus Request，BR）和总线授权线（Bus Grant，BG）。

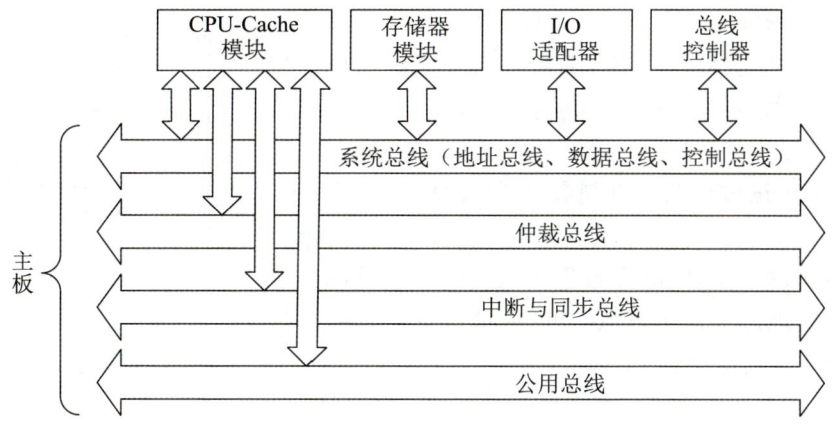

图 6-9 现在较流行的总线内部结构

（3）中断（Interrupt）与同步（Synchronous）总线：用于处理带优先级（Priority）的中断操作，包括中断请求线（Request）和中断认可线（Enable）。

（4）公用总线（Public）：包括时钟信号线（Clock）、电源线（Power）、地线（GND）、系统复位线（Reset）以及加电或断电的时序信号线（Signal）等。

## 6.2.4 信息传输模式

计算机系统中传输信息采用三种方式：串行传输、并行传输和分时传输。但是出于速度和效率上的考虑，系统总线上传输的信息必须采用并行传输方式。

### 1. 串行传输

当信息以串行方式传输时，只有一条传输线，且采用脉冲传输。在串行传输时，按顺序来传输表示一个数码的所有二进制位的脉冲信号，每次一位，通常以第一个脉冲信号表示数码的最低有效位，最后一个脉冲信号表示数码的最高有效位。如图 6-10 所示为串行传输模式。

图 6-10 串行传输模式

在串行传输时，被传输的数据需要在发送部件进行并—串转换，称为拆卸；而在接收部件又需要进行串—并转换，称为装配。

串行传输的主要优点是只需要一条传输线，这一点对长距离传输显得尤为重要，不管传输的数据量有多少，只需要一条传输线，成本比较低廉。

### 2. 并行传输

用并行方式传输二进制信息时，对每个数据位都需要单独一条传输线。信息由多少二进制位组成，就需要多少条传输线，从而使得二进制数 0 或 1 在不同的线上同时进行传输。

并行传输模式如图 6-11 所示。如果要传输的数据由 8 位二进制位组成（一个字节），那么就要使用 8 条线组成的扁平电缆。每一条线分别代表了二进制数的不同位值。例如，最上面的线代表最高有效位，最下面的线代表最低有效位，因而图 6-11 中正在传输的二进制数是 10010101。

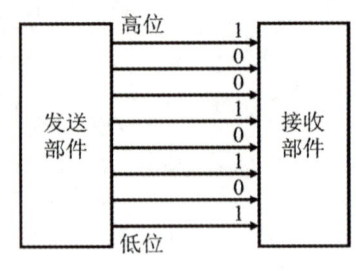

图 6-11　并行传输模式

并行传输一般采用电位传输。由于所有的位同时被传输，所以并行数据传输比串行数据传输快得多。例如，使用 32 条单独的地址线，可以从 CPU 的地址寄存器同时传输 32 位地址信息给主存。

### 3. 分时传输

分时传输有两种概念。一种是采用总线复用方式，某个传输线上既传输地址信息，又传输数据信息。为此必须划分时间片，以便在不同的时间间隔中完成传输地址和传输数据的任务。另一种是共享总线的部件分时使用总线。

## 6.3　总线控制

由于总线上连接着多个部件，什么时候由哪个部件发送信息，如何给信息传输定时，如何防止信息丢失，如何避免多个部件同时发送，如何规定接收信息的部件等一系列问题都需要由总线控制器统一管理。总线控制主要包括判优控制（或称为仲裁逻辑）和通信控制。

### 6.3.1　总线判优控制

**总线判优控制**也称为**总线仲裁**、总线判决，其目的是合理地控制和管理系统中多个设备的总线请求，以避免总线冲突。

总线上所连接的各类设备，按其对总线有无控制功能可分为主设备（模块）和从设备（模块）两种。主设备对总线有控制权，从设备只能响应从主设备发来的总线命令，对总线没有控制权。

总线上信息的传输是由主设备启动的，某个主设备欲与另一个设备（从设备）进行通信时，首先由主设备发出总线请求信号，若多个主设备同时要使用总线，就由总线控制器的判优、仲裁逻辑按一定的优先等级顺序确定哪个主设备能使用总线。只有获得总线使用权的主设备才能开始传输数据。

根据总线控制部件的物理位置，控制方式可以分成集中式（也称为**主从式**）与分布式（也称为**竞争式**）两类，总线控制逻辑集中在一处（如在 CPU 中）的，称为集中式总线控制。总线控制逻辑分布在总线连接的各个部件中的，称为分布式总线控制。

### 1. 集中式总线控制

在**集中式总线控制**中，每个功能模块有两条线连到总线仲裁器：一条是送往仲裁器的总线请求线（Bus Request，BR），一条是仲裁器送出的总线授权线（Bus Grant，BG）。常见的集中控制优先权仲裁方式包括链式查询方式、计数器定时查询方式和独立请求方式。

1）链式查询方式

为减少总线授权线数量，采用了图 6-12 所示的**链式查询**方式。其中，AB 表示地址总线，DB 表示数据总线。若 BS（Bus State）线为 1，表示总线正被某外设使用。总线授权信号 BG 串行地从一个 I/O 接口传输到下一个 I/O 接口。假设 BG 到达的接口无总线请求，则继续向下查询；若 BG 到达的接口有总线请求，BG 信号便不再向下查询。此时，由该设备将 BS 置 1，这意味着该 I/O 接口获得了总线控制权。

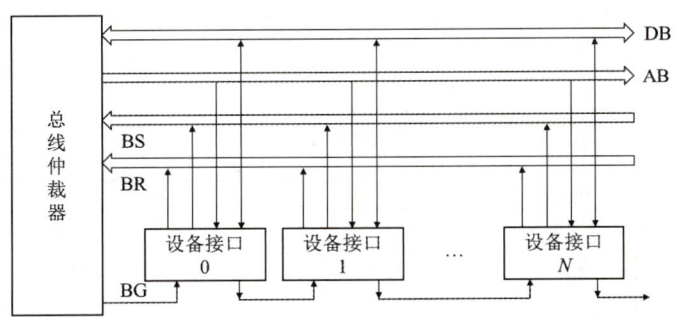

图 6-12　链式查询方式原理

链式查询方式的优点是，只用很少几根线就能按一定优先次序实现总线控制，并且这种链式结构很容易扩充设备。

链式查询方式的缺点是，对询问链的电路故障很敏感，如果第 $n$ 个设备的接口中有关询问链的电路有故障，那么第 $n$ 个以后的设备都不能进行工作。另外，链式查询方式的优先级是根据物理接入次序而固定的，如果优先级高的设备出现频繁的请求时，那么优先级较低的设备可能长期不能使用总线。

2）计数器定时查询方式

**计数器定时查询**方式原理如图 6-13 所示。总线上的任一设备要求使用总线时，通过 BR 线发出总线请求。总线仲裁器接到请求信号后，在 BS 线为 0 的情况下让计数器开始计数，计数值通过一组地址线发向各设备。每个设备接口都有一个设备地址判别电路，当地址线上的计数值与请求总线的设备地址相一致时，该设备 BS 线置 1，即获得了总线使用权，此时中止计数查询。

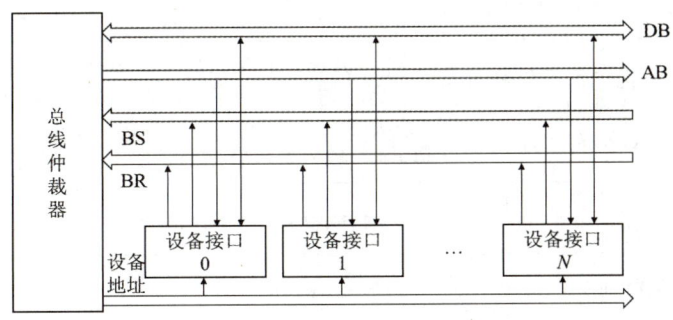

图 6-13　计数器定时查询方式原理

在计数器定时查询方式下，每次计数可以从 0 开始，也可以从中止点开始。如果从 0 开始，

221

各设备的优先次序与链式查询方式相同,优先级的顺序是固定的。如果从中止点开始,则每个设备使用总线的优先级相等。计数器的初值也可用程序来设置,这就可以方便地改变优先次序。显然,这种灵活性是以增加线数为代价的。

3)独立请求方式

**独立请求**方式原理如图 6-14 所示。在独立请求方式中,每一个共享总线的设备均有一对总线请求线 $BR_n$ 和总线授权线 $BG_n$。当设备要求使用总线时,便发出该设备的请求信号。在总线仲裁器中有一个排队电路,它根据一定的优先次序决定首先响应哪个设备的请求,给设备以授权信号 $BG_n$。

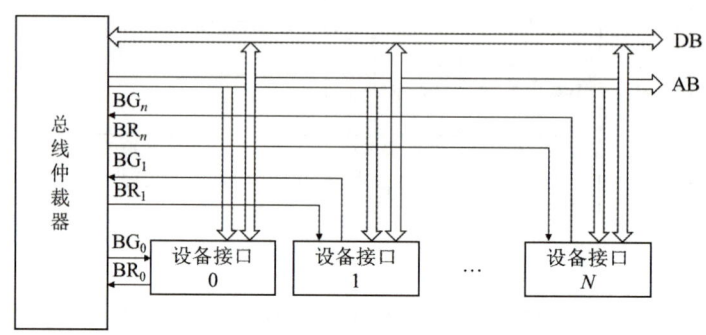

图 6-14 独立请求方式原理

独立请求方式的优点是响应时间快,即确定优先响应的设备所花费的时间少,不用一个设备接一个设备查询。另外,对优先次序的控制相当灵活。它可以预先固定,如 $BR_0$ 优先级最高,$BR_1$ 次之,$BR_n$ 最低;也可以通过程序来改变优先次序;还可以用屏蔽(禁止)某个请求的办法,不响应来自无效设备的请求。因此,现在普遍采用独立请求方式。

三种集中式总线控制的比较如表 6-1 所示。

表 6-1 三种集中式总线控制的比较

| 对比项目 | 仲裁方式 | | |
| --- | --- | --- | --- |
| | 链式查询方式 | 计数器定时查询方式 | 独立请求方式 |
| 控制线数(只计算总线使用权属于某设备的情况下) | 2 | $\log_2 n$ 向上取整 | $2n$ |
| 优点 | 优先级根据物理接入次序固定;结构简单;扩充容易 | 优先级较灵活:①计数器从 0 开始,与链式查询方式相同;②从中止点开始,各设备优先级相等;③设置计数器的初值 | 响应速度快。优先级灵活:①预先固定优先级;②通过程序改变次序;③屏蔽无效设备 |
| 缺点 | 对电路故障敏感,优先级不灵活 | 控制线较多;控制较复杂 | 控制线多;控制复杂 |

### 2. 分布式总线控制

**分布式总线控制**不需要总线仲裁器,每个潜在的主方功能模块都有自己的仲裁号和仲裁器。当它们有总线请求时,将其唯一的仲裁号发送到共享的仲裁总线上,每个仲裁器将仲裁总线上得到的仲裁号与自己的仲裁号进行比较。如果仲裁总线上的号大,则它的总线请求不予响应，并撤销它的仲裁号。最后，获胜者的仲裁号保留在仲裁总线上。显然，分布式总线控制是以优先级仲裁策略为基础的。

### 6.3.2 总线通信控制

前面讨论了共享总线的部件如何获得总线的使用权（即控制权），本节讨论共享总线的各部件之间如何进行通信，即如何实现数据传输。众多部件共享总线，在争夺总线使用权时，应按各部件的优先等级来排序。在通信时间上，则应按分时方式来处理，即以获得总线使用权的先后顺序分时占用总线，即哪一个部件获得使用权，此刻就由它传输，下一部件获得使用权，接着下一时刻传输。这样一个接一个轮流交替传输。

通常将完成一次总线操作的时间称为**总线周期**，可分为以下四个阶段。

- 申请分配阶段：由需要使用总线的主模块（或主设备）提出申请，经总线仲裁机构决定下一传输周期的总线使用权授予某一申请者。
- 寻址阶段：取得了使用权的主模块通过总线发出本次要访问的从模块（或从设备）的地址及有关命令，启动参与本次传输的从模块。
- 传输阶段：主模块和从模块进行数据交换，数据由源模块发出，经数据总线流入目的模块。
- 结束阶段：主模块的有关信息均从系统总线上撤除，让出总线使用权。

对于仅有一个主模块的简单系统，无须申请、分配和撤除，总线使用权始终归它占有。对于包含中断、DMA 控制或多处理器的系统，还需要有其他管理机构来参与。

总线**通信控制**主要解决通信双方如何获知传输开始和传输结束，以及通信双方如何协调、如何配合。通常有四种方式：同步通信、异步通信、半同步通信和分离式通信。

#### 1. 同步通信

通信双方由统一时标控制数据传输称为**同步通信**。时标通常由 CPU 的总线控制部件发出，送到总线上的所有部件；也可以由每个部件各自的时序发生器发出，但必须由总线控制部件发出的时钟信号对它们进行同步。图 6-15 表示某个输入设备向 CPU 传输数据的同步通信过程。

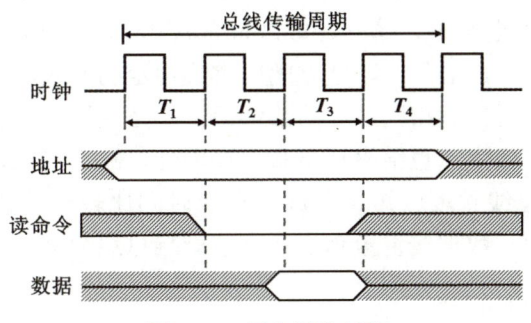

图 6-15 同步通信过程

图 6-15 中，总线传输周期是连接在总线上的两个部件完成一次完整且可靠的信息传输时间，它包含 4 个时钟周期，即 $T_1$、$T_2$、$T_3$、$T_4$。

CPU 在 $T_1$ 上升沿发出地址信息；在 $T_2$ 上升沿发出读命令；与地址信号相符合的输入设

备按命令进行一系列内部操作，且必须在 $T_3$ 上升沿到来之前将 CPU 所需的数据送到数据总线上；CPU 在 $T_3$ 时钟周期内，将数据线上的信息送到其内部寄存器中；CPU 在 $T_4$ 上升沿撤销读命令，输入设备不再向数据总线传输数据，撤销它对数据总线的驱动。如果总线采用三态驱动电路，则从 $T_4$ 起，数据总线呈浮空状态。

同步通信在系统总线设计时，对 $T_1$、$T_2$、$T_3$、$T_4$ 都有明确、唯一的规定。对于读命令，其传输周期如下。

$T_1$　主模块发地址。

$T_2$　主模块发读命令。

$T_3$　从模块提供数据。

$T_4$　主模块撤销读命令，从模块撤销数据。

对于写命令，其传输周期如下。

$T_1$　主模块发地址。

$T_{1.5}$　主模块提供数据。

$T_2$　主模块发出写命令，从模块接收到命令后，必须在规定时间内将数据总线上的数据写到地址总线所指定的单元中。

$T_4$　主模块撤销写命令和数据等信号。

写命令传输周期的时序图如图 6-16 所示。

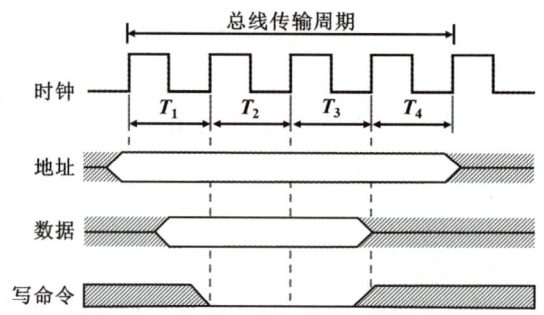

图 6-16　写命令传输周期的时序图

同步通信的优点是规定明确、统一，模块间的配合简单一致。其缺点是主、从模块时间配合属于强制性"同步"，必须在限定时间内完成规定的要求，并且对所有从模块都用同一限时，这就势必造成，对各不相同速度的部件而言，必须按最慢速度的部件来设计公共时钟，严重影响总线的工作效率，也给设计带来了局限性，缺乏灵活性。

同步通信一般用于总线长度较短、各部件存取时间比较一致的场合。同步通信总线系统中，总线传输周期越短，数据线位数越多，直接影响总线数据传输率。

### 2. 异步通信

**异步通信**克服了同步通信的缺点，允许各模块速度的不一致性，给设计者充分的灵活性和选择余地。它没有公共的时钟标准，不要求所有部件严格地统一操作时间，而是采用应答方式（又称为握手方式），即当主模块发出请求（Request）信号时，一直等待从模块反馈回来"响应"（Acknowledge）信号后，才开始通信。当然，这就要求主、从模块之间增加两条应答线（握手交互信号线，Handshaking）。

异步通信分为单向方式和双向方式两种。单向方式不能判别数据是否正确传输给对方。半双工方式允许数据在两个方向上传输，但是不能同时传输。在同一个时刻，只允许数据在一个方向上单向传输。可以将这种方式理解成能够根据需要切换数据传输方向的单工通信。全双工方式是数据可以同时在两个方向上传输，双方设备之间可以同时发送和接收数据。单总线系统或双总线系统中的 I/O 总线，大多采用双向方式，即应答式异步通信。

异步通信的应答方式可分为不互锁、半互锁和全互锁三种类型，如图 6-17 所示。

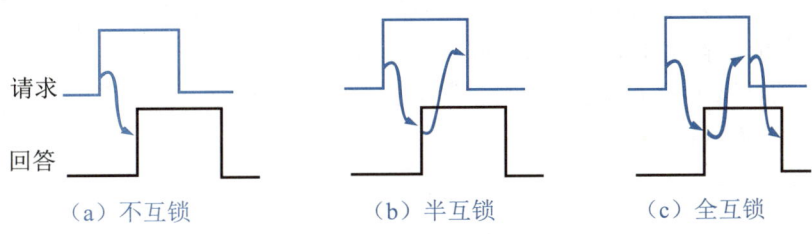

图 6-17　异步通信的应答方式

### 1）不互锁方式

主模块发出请求信号后，不必等待接到从模块的回答信号，而是经过一段时间，确认从模块已收到请求信号后，便撤销其请求信号；从模块接到请求信号后，在条件允许时发出回答信号，并且经过一段时间（这段时间的设置对不同设备而言是不同的）确认主模块已收到回答信号后，自动撤销回答信号。可见通信双方并无互锁关系。例如，CPU 向主存写信息，CPU 要先后给出地址信号、写命令以及写入数据，即采用此种方式。

### 2）半互锁方式

主模块发出请求信号，必须待接到从模块的回答信号后再撤销其请求信号，有互锁关系；而从模块在接到请求信号后发出回答信号，但不必等待获知主模块的请求信号已经撤销，而是隔一段时间后自动撤销其回答信号，无互锁关系。由于一方存在互锁关系，一方不存在互锁关系，故称为半互锁方式。例如，在多机系统中，某个 CPU 需访问共享存储器（供所有 CPU 访问的存储器）时，该 CPU 发出访存命令后，必须收到存储器未被占用的回答信号，才能真正进行访存操作。

### 3）全互锁方式

主模块发出请求信号，必须待从模块回答后再撤销其请求信号；从模块发出回答信号，必须待获知主模块请求信号已撤销后，再撤销其回答信号。双方存在互锁关系，故称为全互锁方式。由于异步通信采用了应答式全互锁方式，它就适用于存取周期不同的部件之间的通信，对总线长度也没有严格的要求。例如，在网络通信中，通信双方采用的就是全互锁方式。

异步通信可用于并行传输或串行传输。异步并行通信可参见图 6-18，图中"Ready"和"Strobe"就是联络信号。异步串行通信时，没有同步时钟，也不需要在数据传输中传输同步信号。

异步串行通信的数据传输速率用波特率来衡量。

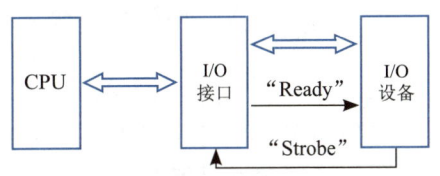

图 6-18　异步并行通信

**波特率**是指单位时间内传输二进制数据的位数,单位用 bps(位/秒)表示,记作波特(**baud**)。

【例 6.3】在异步串行传输系统中,假设每秒传输 120 个数据帧,其字符格式规定包含 1 个起始位、7 个数据位、1 个奇校验位、1 个终止位,试计算波特率。

解:根据题目给出的字符格式,一帧包含 1+7+1+1=10 位,故波特率为 (1+7+1+1)×120=1200bps=1200 波特。

若只考虑有效数据位,可用**比特率**来衡量异步串行通信的数据传输速率,即单位时间内传输二进制有效数据的位数,单位用 bps 表示。

【例 6.4】在异步串行传输系统中,若字符格式为:1 位起始位、8 位数据位、1 位奇校验位、1 位终止位。假设波特率为 1200bps,求这时的比特率。

解:根据题目给出的字符格式,有效数据位为 8 位,而传输一个字符需 1+8+1+1=11 位,故比特率为 1200×(8/11)=872.73bps。

### 3. 半同步通信

**半同步通信**既保留了同步通信的基本特点,如所有的地址、命令、数据信号的发出时间,都严格参照系统时钟的某个前沿开始,而接收方都采用系统时钟后沿时刻来进行判断识别;同时又像异步通信那样,允许不同速度的模块和谐地工作。为此增设了一条"等待"($\overline{\text{WAIT}}$)响应信号线,采用插入时钟(等待)周期的措施来协调通信双方的配合问题。

仍以输入为例,在同步通信中,主模块在 $T_1$ 发出地址,在 $T_2$ 发出命令,在 $T_3$ 传输数据,在 $T_4$ 结束传输。倘若从模块工作速度较慢,无法在 $T_3$ 时刻提供数据,则必须在 $T_3$ 到来前通知主模块,给出 $\overline{\text{WAIT}}$(低电平)信号。若主模块在 $T_3$ 到来时刻测得 $\overline{\text{WAIT}}$ 为低电平,就插入一个等待周期 $T_W$(其宽度与时钟周期一致),不立即从数据线上取数。若主模块在下一个时钟周期到来时刻又测得 $\overline{\text{WAIT}}$ 为低电平,就再插入一个 $T_W$ 等待,这样一个时钟周期、一个时钟周期地等待,直到主模块测得 $\overline{\text{WAIT}}$ 为高电平时,主模块即把此刻的下一个时钟周期当作正常周期 $T_3$,即时获取数据,$T_4$ 结束传输。

插入等待周期的半同步通信数据输入过程如图 6-19 所示。

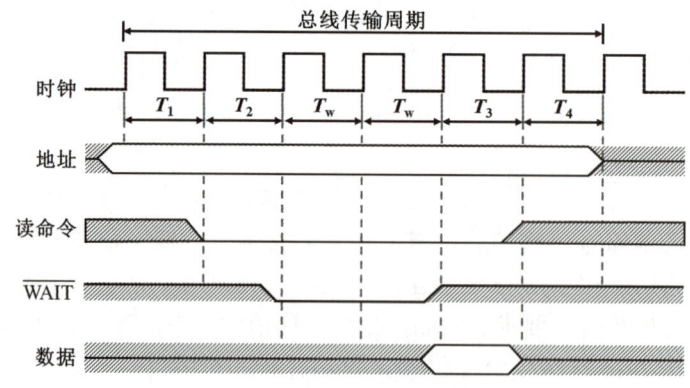

图 6-19 半同步通信数据输入过程

由图 6-19 中可见,半同步通信时序可为以下形式。

$T_1$ 主模块发出地址信息。

$T_2$　主模块发出命令。
$T_W$　当$\overline{\text{WAIT}}$为低电平时,进入等待,插入的宽度与$T$的宽度一致。
…
$T_3$　从模块提供数据。
$T_4$　主模块撤销读命令,从模块撤销数据。

半同步通信适用于系统工作速度不高但又包含了由许多工作速度差异较大的各类设备组成的简单系统。半同步通信控制方式比异步通信简单,在全系统内各模块又在统一的系统时钟控制下同步工作,可靠性较高,同步结构较方便。其缺点是对系统时钟频率不能要求太高,故从整体上来看,系统工作的速度还不是很高。

### 4. 分离式通信

同步通信、异步通信和半同步通信这三种通信方式都是从主模块发出地址和读写命令开始,直到数据传输结束。在整个传输周期中,系统总线的使用权完全由占有使用权的主模块和由它选中的从模块占据。进一步分析读命令传输周期,发现除了申请总线这一阶段,其余时间主要花费在以下三个方面。

（1）主模块通过传输总线向从模块发送地址和命令。
（2）从模块按照命令进行读数据的必要准备。
（3）从模块经数据总线向主模块提供数据。

由（2）可见,对系统总线而言,从模块内部读数据过程并无实质性的信息传输,总线纯属空闲等待。为了克服和利用这种消极等待,尤其在大型计算机系统中,总线的负载已处于饱和状态,充分挖掘系统总线每瞬间的潜力,对提高系统性能起到极大作用。为此人们又提出了"分离式"的通信方式,其基本思想是将一个传输周期（或总线周期）分解为两个子周期。在第一个子周期中,主模块A在获得总线使用权后将命令、地址以及其他有关信息,包括该主模块编号（当有多个主模块时,此编号尤为重要）发送到系统总线上,经总线传输后,由有关的从模块B接收下来。

主模块A向系统总线发布这些信息只占用总线很短的时间,一旦发送完,立即放弃总线使用权,以便其他模块使用。在第二个子周期中,当B模块收到A模块发来的有关命令信号后,经选择、译码、读取等一系列内部操作,将A模块所需的数据准备好,便由B模块申请总线使用权,一旦获准,B模块便将A模块的编号、B模块的地址、A模块所需的数据等一系列信息发送到总线上,供A模块接收。很明显,上述两个传输子周期都只有单方向的信息流,每个模块都变成了主模块。

分离式通信方式的特点如下。
（1）各模块欲占用总线使用权都必须提出申请。
（2）在得到总线使用权后,主模块在限定的时间内向对方传输信息（采用同步方式传输）,不再等待对方的回答信号。
（3）各模块在准备数据的过程中都不占用总线,使总线可接收其他模块的请求。
（4）总线被占用时都在做有效工作,或者通过它发送命令,或者通过它传输数据,不存在空闲等待时间,充分地利用了总线的有效占用,从而实现了总线在多个主、从模块间进行信息交叉重叠并行式传输，这对大型计算机系统是极为重要的。

当然，分离式通信方式控制比较复杂，一般在普通微型机系统中很少采用。

## 思考与讨论

1. 比较单总线结构、双总线结构、三总线结构的性能特点。
2. 试比较同步通信和异步通信。
3. 说明总线结构对计算机系统性能的影响。
4. 为什么说半同步通信保留了同步通信和异步通信的特点？

## 习题 6

### 一、填空题

1. 总线按所处的位置分，包括（　　）总线、（　　）总线和（　　）总线。
2. 总线按传输的内容分，包括（　　）总线、（　　）总线和（　　）总线。
3. 在集中式总线控制中，（　　）方式响应时间最快，（　　）方式对（　　）最敏感。
4. 采用串行接口进行 7 位 ASCII 码传输，带有 1 位奇校验位、1 位起始位和 1 位停止位，当波特率为 9600Baud 时，字符传输速率为（　　）字符/秒。
5. Plug and Play 的含义是（　　）。（　　）总线标准具有这种功能。
6. 系统总线中控制线的功能是提供主存、I/O 接口设备的（　　）信号和（　　）信号。
7. PCI 总线的中文名称为（　　）总线。
8. AGP 总线的中文名称为（　　）总线。
9. 总线上的主模块是指对总线有（　　）的模块，从模块是指被主模块访问的模块，只能（　　）从主模块发来的各种总线命令。
10. 总线判优控制可分为（　　）式和（　　）式。

### 二、判断题

1. 微型机中控制总线提供的完整信息是所有存储器和 I/O 设备的时序信号和控制信号。（　　）
2. 总线中地址总线的作用是用于指定存储器单元和 I/O 设备接口电路的地址。（　　）
3. PCI 总线是一个与处理时钟频率无关的高速外围总线。（　　）
4. 内部总线是连接 CPU 与计算机系统的其他高速功能部件。（　　）
5. 在独立请求方式下，若有 $N$ 个独立设备，则有 $N$ 个请求信号和 $N$ 个总线授权信号。（　　）
6. 异步通信的应答方式可分为不互锁、半互锁和全互锁三种类型。（　　）
7. 一次总线操作的时间可分为四个阶段：申请分配阶段、寻址阶段、传输阶段、结束阶段。（　　）
8. 总线独立请求方式的优点是可靠性高。（　　）
9. 在同步通信中，一个总线的传输过程是先传输地址，再传输数据。（　　）
10. 总线的半同步通信方式既采用时钟信号又采用握手信号。（　　）

### 三、问答题

1. 设总线的时钟频率为 16MHz，一个总线周期等于一个时钟周期。如果一个总线周期中并行传输 32 位数据，试问总线带宽是多少 MB/s？

2. 在一个 64 位的总线系统中，总线的时钟频率为 132MHz，假设总线最短传输周期为 4 个时钟周期，试计算总线的最大数据传输率。若想提高数据传输率，可采取什么措施？

3. 假设总线的时钟频率为 100MHz，总线的传输周期为 4 个时钟周期，总线的宽度为 32 位，试求总线的数据传输率。若想将数据传输率提高一倍，可采取什么措施？

4. 在异步串行传输系统中，字符格式为：1 位起始位、7 位数据位、1 位偶校验位、2 位终止位。若要求每秒传输 150 个字符，请问波特率和比特率分别是多少？

5. 在异步串行传输系统中，字符格式为：1 位起始位、7 位数据位、1 位奇校验位、1 位终止位。假设波特率为 1200bps，请问比特率是多少？字符传输速率为多少字符/秒？

6. 为什么要设置总线判优控制？常见的集中式判优有几种？请简述它们各自的特点。

# 第 7 章 计算机外部设备

计算机外部设备又称为外部设备,简称外设,是指计算机系统中除了主机(包括中央处理器、内存、主板等)以外的其他设备。它们通过各种接口与计算机主机相连,扩展了计算机的功能和应用范围。

## 7.1 外部设备的分类

外部设备涉及主机以外的任何设备,大体可以分为输入设备类、输出设备类、外存设备类、通信控制类和过程控制类,其中输入设备、输出设备和外存设备为主要内容,如图 7-1 所示。

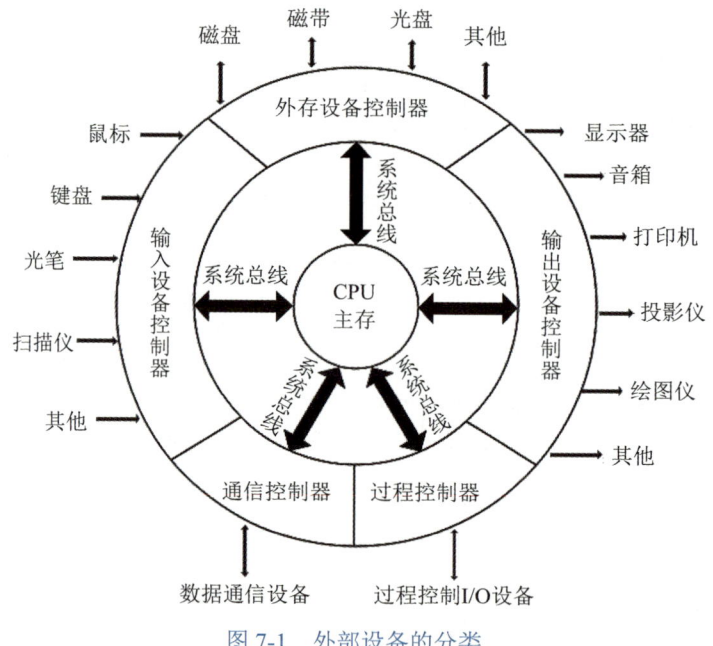

图 7-1 外部设备的分类

## 7.2 常见输入设备

### 7.2.1 键盘

键盘(Keyboard)是最常用、最主要的输入设备,通过键盘可以将英文字母、汉字、数字、标点符号等输入到计算机,从而向计算机发出命令、输入数据等。还有一些键盘带有各种快捷键,可以直接进行一些快捷操作。

## 1. 键盘的常见类型

### 1）按照工作原理分类

键盘按照工作原理不同大致可分为薄膜式键盘、机械键盘和静电容键盘。

（1）薄膜式键盘（Membrane Keyboard，见图 7-2）。薄膜式键盘内部是一片双层胶膜，胶膜中间夹有一条条的银粉线，胶膜与按键对应的位置会有一碳心接点。按下按键后，碳心接触特定的几条银粉线，就会产生不同的信号。薄膜式键盘的优点是无机械磨损、低价格、低噪声和低成本，目前市场上最多的就是这种键盘。

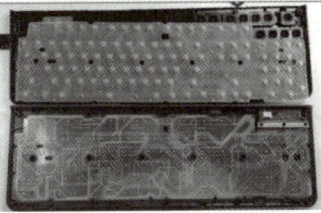

图 7-2　薄膜式键盘

（2）机械键盘（Mechanical Keyboard，见图 7-3）。机械键盘采用类似金属接触式开关，工作原理是使触点导通或断开。机械轴是机械键盘的核心组件，MX 系列机械轴应用在键盘上的主要有五种，通过轴帽颜色可以辨别，分别是青、茶、黑、红、白，手感相差很大，可以满足不同用户各种需求。

机械键盘的优点是寿命长、易维护、打字节奏感强、长期使用手感不变等；缺点是防水防尘能力差、因为成本较高导致售价偏高等。

（3）静电容键盘（Capacitive Keyboard，见图 7-4）。静电容键盘是利用电容容量的变化来判断按键的开和关，在按下按键后，开关中电容容量发生改变，从而实现触发，整个过程不需要开关的闭合。正是由于无物理接触点就可以实现敲击，因而磨损更小，使用寿命更长。

图 7-3　机械键盘　　　　　　　　　图 7-4　静电容键盘

### 2）按照接口类型分类

键盘按照接口类型可分为 PS/2 接口键盘和 USB 接口键盘，如图 7-5 所示。

图 7-5　PS/2 接口键盘和 USB 接口键盘

3）按照按键数分类

键盘的按键数曾出现过 83 键、87 键、93 键、96 键、101 键、102 键、104 键、107 键等。

#### 2. 键盘的主要性能指标

键盘作为日常使用最为频繁的输入设备之一，其主要性能指标如下。

（1）连接方式：有线连接（PS/2 或 USB）、无线连接（包括蓝牙连接）。有些键盘可同时具备多种连接模式。

（2）工作原理：薄膜式键盘、机械键盘、静电容键盘。

（3）键位冲突：有些键盘因采用矩阵信号处理的串联设计传输处理按键的信号，会产生键位冲突，即同时按下某些按键时，其中一些按键无响应。市面上常见的有 3 键无冲、6 键无冲、全键无冲等。

（4）响应速度：键盘对按键操作的反应速度，响应迅速的键盘可以提升用户的输入体验。

（5）可编程性：一些高端键盘支持按键编程，用户可以自定义按键的功能，以满足个性化需求。

（6）防水防尘性能：具有良好防水防尘性能的键盘更容易维护，适用于特殊环境。

### 7.2.2 鼠标

鼠标（Mouse）是计算机最常用的输入设备之一，也是计算机显示系统纵横坐标定位的指示器，因形似老鼠而得名。

#### 1. 鼠标的常见类型

（1）按照接口类型分类：串行鼠标、PS/2 鼠标、USB 鼠标等。

（2）按照工作原理分类：机械鼠标（滚球鼠标）、光电鼠标等。

（3）按照连接方式分类：有线连接、无线连接（2.4GHz 和蓝牙）等。

（4）按照外形分类：两键鼠标、三键鼠标、滚轴鼠标、感应鼠标等。

常见鼠标如图 7-6 所示。

图 7-6　常见鼠标

#### 2. 鼠标的主要性能指标

1）采样率

直观地说，鼠标的采样率就是鼠标的灵敏度，其单位是 DPI（Dots Per Inch）。DPI 一般指每英寸的像素点数，鼠标厂商对 DPI 的定义是指"每次位移信号对应移动的点数"，所以，DPI 越高，鼠标越灵敏，价格也就越贵。

2）刷新率

刷新率是鼠标的光学引擎每秒采集并传输给微控制单元（MCU）的图像，其单位是帧/秒

（FPS）。FPS 测量用于保存和显示动态视频的信息量。每秒帧数越多，显示的动作就越流畅。

#### 3）回报率

回报率是鼠标微控制单元（MCU）将信号处理好后，再反馈给主机的数值，其单位是 Hz。回报率是游戏玩家非常重视的鼠标性能参数，理论来说，更高的回报率更能发挥鼠标的性能，对于游戏玩家更具实际意义，我们在鼠标广告中常见的 USB 回报率指的就是这个。

### 7.2.3 扫描仪

扫描仪（Scanner）是一种捕获影像的装置，作为一种光机电一体化的计算机外设产品，它是继鼠标和键盘之后的第三大计算机输入设备，它可将影像转换为计算机可以显示、编辑、存储和输出的数字格式，是功能很强的一种输入设备。

#### 1. 扫描仪的常见类型

（1）鼓式扫描仪：又称为滚筒式扫描仪，是专业印刷排版领域应用最广泛的产品，使用的感光器件是光电倍增管。

（2）平板式扫描仪：又称为平台式扫描仪、台式扫描仪，是办公用扫描仪的主流产品。扫描幅面一般为 A4 或者 A3。

（3）大幅面扫描仪：又称为工程图纸扫描仪，一般指扫描幅面为 A1、A0 幅面的扫描仪。

（4）底片扫描仪：又称为胶片扫描仪，分辨率很高，专门用于胶片扫描。

（5）其他扫描仪：此外还有一部分扫描仪是专业领域使用的，如条码扫描仪、枪式扫描仪、实物 3D 扫描仪、笔式扫描仪等。

常见扫描仪如图 7-7 所示。

图 7-7　常见扫描仪

#### 2. 扫描仪的主要性能指标

（1）分辨率：表示了扫描仪对图像细节的表现能力，通常用每英寸长度上扫描图像所含的像素点的多少来表示。

（2）灰度级：表示灰度图像的亮度层次范围。级数越多说明扫描仪图像亮度范围越大、层次越丰富。

（3）色彩数：表示彩色扫描仪所能产生颜色的范围。通常用表示每个像素点颜色的数据位数即位表示。例如，36bit 就是表示每个像素点上有 $2^{36}$ 种颜色。

（4）扫描速度：通常用一定分辨率和图像尺寸下的扫描时间表示。

（5）扫描幅面：表示扫描图稿尺寸的大小，常见的有 A4 幅面，其他有 A3、A0 幅面等。

## 7.3 常见输出设备

### 7.3.1 显示器

显示器（Display/Screen）也称为监视器，是计算机重要的 I/O 设备。它是一种将一定的电子文件通过特定的传输设备显示到屏幕上的显示工具。大多数情况下，显示器都是作为输出设备，但是触摸屏显示器（如手机屏幕等）既是输出设备，也是输入设备。

**1. 显示器的常见类型**

1）阴极射线管显示器

阴极射线管显示器（CRT）是一种使用阴极射线管（Cathode Ray Tube）的显示器，如图 7-8 所示。主要由五部分组成：电子枪（Electron Gun）、偏转线圈（Deflection Coils）、荫罩（Shadow Mask）、高压石墨电极和荧光粉涂层（Phosphor Coating）及玻璃外壳。

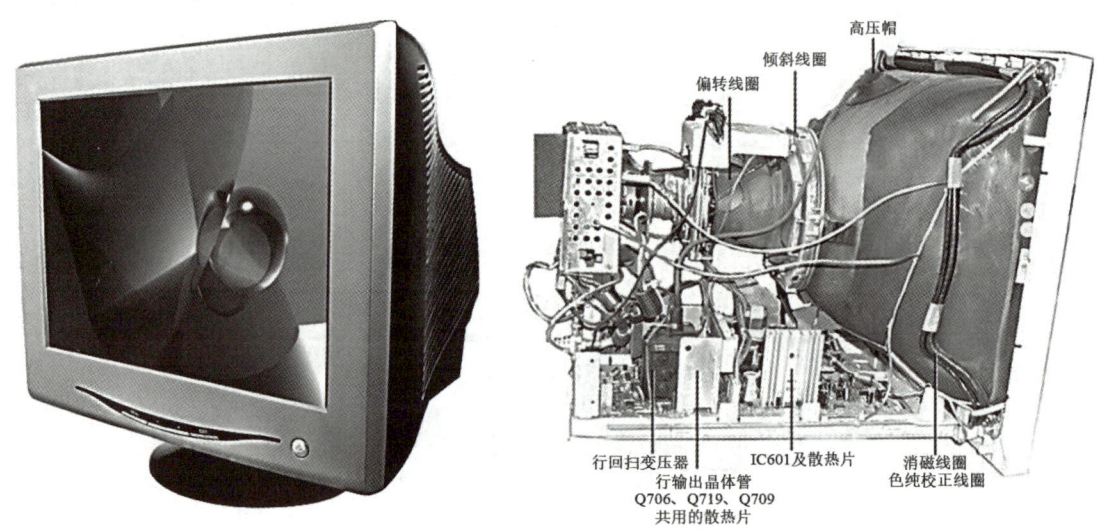

图 7-8　阴极射线管显示器

阴极射线管显示器有色彩丰富、分辨率高及响应速度快等优点；但在辐射、占地体积、刷新、可视面积等方面都有缺点。

2）等离子显示器（Plasma Display Panel，PDP）

等离子显示器又称为电浆显示屏，是一种平面显示屏幕，如图 7-9 所示。等离子显示器并不是液晶显示器。液晶显示器虽然也很轻薄，但是使用的技术却是大不相同。液晶显示器通常会使用一到两个大型荧光灯或者 LED 当作其背光源，而等离子的发光原理是在真空玻璃管中注入惰性气体或水银蒸气，加电压之后，使气体产生等离子效应，放出紫外线，激发荧光粉而产生可见光，利用激发时间的长短来产生不同的亮度。

图 7-9　等离子显示器

等离子显示器的优点包括面板尺寸大、厚度薄、没有视角问题，在任何环境灯光下，任何位置都可以观赏到最佳画质；缺点为寿命短，在明亮环境中观赏时，亮度对比略逊于液晶显示器等。

### 3）液晶显示器（Liquid Crystal Display，LCD）

液晶显示器是在两片平行的玻璃基板中放置液晶盒，下基板玻璃上设置 TFT（薄膜晶体管），上基板玻璃上设置彩色滤光片，通过 TFT 上的信号与电压控制液晶分子的转向，实现每个像素点偏振光出射控制，达到显示目的。LCD 是一种介于固态与液态之间的物质，本身是不能发光的，需借助额外的光源才行。因此，灯管数目关系着液晶显示器的亮度。

（1）冷阴极荧光灯（Cold Cathode Fluorescent Lamp，CCFL）是一种照明光源，由于 CCFL 灯管具有灯管细小、结构简单、灯管表面温升小、灯管表面亮度高、易加工成各种形状（直管形、L 形、U 形、环形等）、使用寿命长、显色性好、发光均匀等优点，因此适用于液晶屏、广告灯箱、扫描仪等。

（2）发光二极管（Light-Emitting Diode，LED）显示器的影像仍是以液晶产生，发光二极管只是当作光源，在技术上仍是 LCD 显示器，或叫 LED 背光液晶。

LED 屏幕的液晶，优点在于体积小、功耗低、寿命长、成本低、亮度高、可视角度远和刷新率高等；缺点是色彩表现比较差，特别是在液晶屏折叠的地方颜色偏差更为明显。

（3）有机发光二极管（Organic Light-Emitting Diode，OLED）显示屏，虽然和 LED 仅仅只有一个字母之差，但实际上两者描述的是完全不同的事物。

LED 仅仅指的是背光源，而 OLED 自身能够发光，因此不需要背光源。OLED 用的是有机物料，它不用灯光照射就能自主发光，对比度更好些。OLED 在满足平面显示器的应用上显得非常突出。

OLED 显示屏比 LCD 更轻薄、亮度高、功耗更低、响应更快、清晰度高、柔性好、发光效率高，能满足消费者对显示技术的新需求，目前越来越多的 OLED 产品被投入全球市场。

（4）量子点液晶显示屏（QD-LCD）是在传统液晶显示结构基础上引入量子点材料的技术升级方案。其核心原理是利用蓝光 LED 光源照射量子点增强膜（QDEF），通过光致发光效应将部分蓝光转换为高纯度的红光和绿光，再与透射的蓝光混合形成广色域白光背光。此设计大幅提升了背光的色纯度，使得屏幕能呈现更丰富鲜艳的色彩，色域覆盖显著超越普通液晶屏。然而，该技术仍依赖液晶层控制光线，因此原生对比度与传统液晶屏相近，黑色表现受限于液晶分子偏转时的漏光问题。为提升对比度，通常需结合分区控光技术（如 Mini-LED）。

各种液晶屏幕在外观上没有明显的区分，如图 7-10 所示。

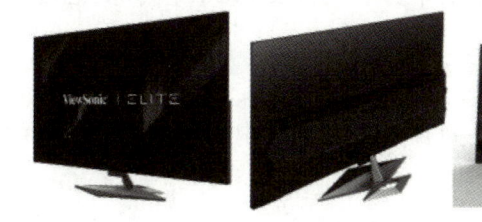

图 7-10　液晶显示器

## 2. 显示器的主要性能指标

### 1）可视面积

显示器**可视面积**指的是显示器屏幕可以显示的最大面积。通常以对角线长度来表示，单位为英寸（in）或厘米（cm）。显示器可视面积越大，显示的内容越多，用户可以更轻松地浏览网页、处理文档和观看视频等。

常见的显示器可视面积有 19 英寸、21.5 英寸、23.8 英寸、27 英寸、32 英寸等。一般来说，27 英寸及以上的显示器可视面积较大，更适合多任务处理和观看视频等需求。同时，显示器可视面积也会影响桌面空间的利用，需要根据个人需求和使用场景来选择合适的显示器。

### 2）最佳分辨率

对于液晶显示器和传统的 CRT 显示器，分辨率都是其重要的参数之一。传统的 CRT 显示器所支持的分辨率较有弹性，而液晶显示器的像素间距已经固定，所以支持的显示模式不像 CRT 那么多。液晶显示器的最佳分辨率，也叫最大分辨率，在该分辨率下，液晶显示器才能显现最佳影像。因此在使用液晶显示器时，最好将显卡的输出信号设定为最佳分辨率状态。

### 3）点距

**点距**（也称为像素点距）是显示器的一个非常重要的硬件指标。点距是指一种给定颜色的一个发光点与离它最近的相邻同色发光点之间的距离，这种距离不能用软件来更改，这一点与分辨率是不同的。在任何相同分辨率下，点距越小，图像就越清晰。

### 4）对比度

**对比度**是指图像最亮的白色区域与次暗的黑色区域之间的比值。在 CRT 显示器中，对比度对其性能的影响并不太大。而在液晶显示器中，对比度却是衡量其好坏的主要参数之一。在液晶显示器中，对比度越高，意味着显示器所能呈现的色彩层次越丰富。

### 5）亮度

在 CRT 显示器中，亮度并不是一个很重要的衡量其性能好坏的参数。而在液晶显示器中，却与对比度一起成了衡量液晶显示器好坏的主要参数之一。在液晶显示器中，亮度越高，可使画面更加亮丽、更加清晰。

### 6）可视角度

一般而言，LCD 的可视角度都是左右对称的，但上下不一定对称，常常是上下角度小于左右角度。一般来说，显示器的可视角度是越大越好。

### 7）色彩

液晶显示器的色彩表现能力是一个重要指标，显示器本身的色彩很重要，尤其是"色域"，色域越广，显示出来的图像色彩就越丰富、越逼真。

### 8）刷新率

显示器的刷新率指每秒出现新图像的数量，单位为赫兹（Hz）。刷新率越高，图像的质量就越好，闪烁越不明显，人的感觉就越舒适。

### 9）响应时间

显示器的响应时间一般以毫秒（ms）为单位，指的是液晶显示器对输入信号的反应速度，液晶颗粒由暗转亮或者是由亮转暗的反应时间。响应时间越短，移动的画面就越不会出现拖影现象，画面清晰度的精度就越高。

### 3. 现代显示器的发展方向——触摸屏

触摸屏（Touch Panel）又称为"触控屏""触控面板"，是一种可接收触头等输入信号的感应式液晶显示装置。当接触了屏幕上的图形按钮时，屏幕上的触觉反馈系统可根据预先编程的程序驱动各种连接装置，可用以取代机械式的按钮面板，并借由液晶显示画面制造出生动的影音效果。

触摸屏技术是继键盘、鼠标、手写板、语音输入后，最容易被人们所接受的计算机输入方式。利用这种技术，用户只要用手指轻轻地触碰计算机显示屏上的图符或文字就能实现对主机的操作，从而使人机交互更直截了当。这种技术极大方便了用户，是极富吸引力的全新多媒体交互设备。

触摸屏的本质是传感器，由触摸检测部件和触摸屏控制器组成。触摸检测部件安装在显示器屏幕前面，用于检测用户触摸位置，接收后送至触摸屏控制器；触摸屏控制器的主要作用是从触摸检测部件接收触摸信息，并将它转换成触点坐标送给 CPU，判断出触摸的意义后送给可编程逻辑控制器（PLC），它同时能接收 PLC 发来的命令并加以执行，例如动态地显示开关量和模拟量。

从 1974 年世界上最早的电阻式触摸屏出现以来，随着科技的发展和应用需求的增长，各种触摸屏技术相继诞生，以适应各种行业和层次的应用。

根据传感器的类型，触摸屏大致可分为红外线式、电阻式、表面声波式和电容式触摸屏四种。

#### 1）红外线式触摸屏

红外线式触摸屏在显示器的前面安装一个电路板外框，电路板在屏幕四边排布红外发射管和红外接收管，一一对应形成横竖交叉的红外线矩阵。用户在触摸屏幕时，手指就会挡住经过该位置的横竖两条红外线，因而可以判断出触摸点在屏幕的位置。任何触摸物体都可改变触点上的红外线而实现触摸屏操作。

红外线式触摸屏不受电流、电压和静电干扰，适合某些恶劣的环境条件。其主要优点是价格低廉，安装方便，不需要卡或任何其他控制器，可以用在各种档次的计算机中。此外，由于没有电容充放电过程，响应速度比电容式触摸屏快，但分辨率较低。

#### 2）电阻式触摸屏

电阻式触摸屏最外层一般使用的是软屏，通过按压使内触点上下相连。内层装有物理材料氧化金属，即 N 型氧化物半导体——氧化铟锡（Indium Tin Oxides，ITO），也叫氧化铟，透光率为 80%，上下各一层，中间隔开。ITO 是电阻式触摸屏及电容式触摸屏都要用到的主要材料，它们的工作面就是 ITO 涂层，用指尖或任何物体按压外层，使表面膜内凹变形，让内两层 ITO 相碰导电从而定位到按压点的坐标来实现操控。根据屏的引出线数，又分为 4 线、5 线及多线。一般不能多点触控，即只支持单点触控，若同时按压两个或两个以上的触点，是不能被识别和找到精确坐标的。在电阻式触摸屏上要将一幅图片放大，就只能多次单击"+"，使图片逐步进阶式放大，这就是电阻式触摸屏的基本技术原理。

电阻式触摸屏不怕尘埃、水及污垢影响，能在恶劣环境下工作。由于经常被触动，表层 ITO 使用一段时间后会出现细小的裂纹，甚至变形，因此其寿命并不长久。但其门槛低，成本相对低廉，并且不受灰尘、温度、湿度的影响。缺点也很明显，表面膜很容易刮花，不能使用尖锐的物体点表面膜。电阻式触摸屏利用压力感应进行控制，它的表层是一层塑胶，底层是一层玻璃，能承受恶劣环境因素的干扰，但手感和透光性较差，适合佩戴手套和不能用手直接触摸的场合。

3）表面声波式触摸屏

表面声波是超声波的一种，它是在介质（如玻璃）表面进行浅层传播的机械能量波。表面声波性能稳定、易于分析，并且在横波传递过程中具有非常尖锐的频率特性。表面声波式触摸屏的触摸屏部分可以是一块平面、球面或柱面的玻璃平板，安装在 CRT、LED、LCD 或等离子显示器屏幕的前面。这块玻璃平板只是一块纯粹的强化玻璃，没有任何贴膜和覆盖层。玻璃平板的左上角和右下角各固定了竖直和水平方向的超声波发射换能器，右上角则固定了两个相应的超声波接收换能器，玻璃平板的四边刻有由疏到密间隔非常精密的 45°反射条纹。在没有触摸时，接收信号的波形与参照波形完全一样。当手指触摸屏幕时，手指吸收了一部分声波能量，控制器侦测到接收信号在某一时刻的衰减，由此可以计算出触摸点的位置。除了一般触摸屏都能响应的 $x$、$y$ 坐标，表面声波式触摸屏的突出特点是它能感知第三轴（$z$ 轴）坐标，也就是能感知用户触摸压力的大小，由接收信号衰减处的衰减量计算得到。三轴一旦确定，控制器就把它们传给主机。

表面声波式触摸屏不受温度、湿度等环境因素影响，分辨率高，寿命长（维护良好的话可达 5000 万次），透光率和清晰度高，没有色彩失真和漂移，安装后无须再进行校准，有极好的防刮性，能承受各种粗暴的触摸，最适合公共场所使用。但尘埃、水及污垢会严重影响其性能，需要经常维护，保持屏面的光洁。

4）电容式触摸屏

电容式触摸屏是利用人体的电流感应进行工作的。在玻璃表面贴上一层透明的特殊金属导电物质，当有导电物体触碰时，就会改变触点的电容，从而可以探测出触摸的位置。但用戴手套的手或手持不导电的物体触摸时没有反应，这是因为增加了更为绝缘的介质。

电容式触摸屏能很好地感应轻微及快速触摸，防刮擦且不怕尘埃、水及污垢影响，适合恶劣环境下使用。电容式触摸屏的缺点主要是漂移：当环境温度、湿度以及电场改变时，会引起电容式触摸屏的漂移，造成不准确。

如今，电容式触摸屏已广泛应用到了手机、平板电脑、零售业、公共信息查询、多媒体信息系统、医疗仪器、工业自动控制、娱乐与餐饮业、自动售票系统、教育系统等许多领域。

### 7.3.2 打印机

打印机（Printer）是计算机的输出设备之一，用于将计算机处理结果打印在相关介质上。

#### 1. 打印机的常见类型

1）针式打印机

针式打印机在打印机历史中曾长期占据重要地位，其具有极低的打印成本和很好的易用性以及单据打印的特殊用途，如图 7-11 所示。但是其打印质量低、工作噪声大也使它无法适应高质量、高速度的商用打印需要，所以目前主要在银行、超市等需要票单打印的地方使用。

针式打印机的耗材是色带，色带的使用成本最便宜，不足之处是打印效果不理想，不能打彩色图文。

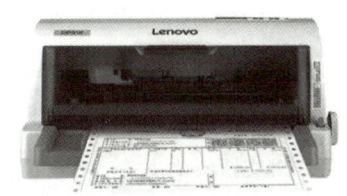

图 7-11　针式打印机

2）喷墨打印机

喷墨打印机因其有着打印效果良好与价位较低的优点而占领了广大中低端市场，如图 7-12 所示。此外，喷墨打印机还具有更为灵活的纸张处理能力，在打印介质的选择上，喷墨打印机也具有一定的优势：既可以打印信封、信纸等普通介质，还可以打印各种胶片、照片纸、光盘封面、卷纸、T 恤、转印纸等特殊介质。

图 7-12　喷墨打印机

喷墨打印机的耗材是墨盒（其中是墨水），使用成本适中，彩色打印效果已是最好，打印精度较高，但一般喷墨色彩不及激光打印机耐久，时间长容易褪色，受潮易晕开。

3）激光打印机

激光打印机是高科技发展的一种新产物，为用户提供了更高质量、更快速、更低成本的打印方式，如图 7-13 所示。虽然激光打印机的价格要比喷墨打印机昂贵得多，但从单页的打印成本上讲，激光打印机则要便宜很多。

图 7-13　激光打印机

激光打印机的耗材是硒鼓（其中是墨粉），使用成本较高，打印精度很高，但彩色打印效果不如喷墨打印机。

4）热敏打印机

热敏打印技术最早使用在传真机上，已在 POS 终端系统、银行系统、医疗仪器等领域得到广泛应用。热敏打印机（见图 7-14）只能使用专用的热敏纸，热敏纸上涂有一层遇热就会产生化学反应而变色的涂层，类似感光胶片，不过这层涂层是遇热后会变色，利用热敏涂层的这种特性，出现了热敏打印机。热敏打印具有速度快、噪声低、打印清晰、使用方便的优点。

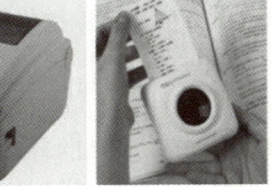

图 7-14　热敏打印机

热敏打印机的耗材通常为热敏纸。但打印出来的单据不能永久保存，如果用最好的热敏纸，避光良好的状态下，能保存十年。

### 2. 打印机的主要性能指标

（1）分辨率：分辨率是衡量打印机质量的一项重要技术指标。打印机分辨率一般指最大分辨率，计算单位是 DPI（Dots Per Inch），其含义是每英寸内打印的点数，打印分辨率越大，打印质量越好。

（2）打印速度：打印速度就是每分钟能打印多少张，一般分为彩色文稿打印速度和黑白文稿打印速度。一般来说，打印速度越快越好。

（3）打印幅面：打印幅面是衡量打印机输出文图页面大小的指标。打印机的打印幅面越大，打印的范围越大。

（4）打印成本：打印成本就是单张打印的费用，一般由打印耗材和打印纸张决定。

## 7.3.3 音箱

音箱是指可将音频信号变换为声音的一种设备。

### 1. 音箱的常见类型

（1）按照用途分类：分为多媒体音箱、蓝牙音箱、家庭影院音箱、便携式音箱、汽车音箱、监听音箱、返听音箱等。

（2）按照工作原理分类：分为有源音箱、无源音箱等。

（3）按照结构分类：分为书架式音箱、落地式音箱、壁挂式音箱等。

（4）按照材质分类：分为塑料音箱、木质音箱、金属音箱等。

（5）按照声道分类：分为 2.0 音箱、2.1 音箱、5.1 音箱、7.1 音箱等。

### 2. 音箱的主要性能指标

（1）功率：音箱的功率是指其能够发出的最大声压级，通常用瓦（W）或毫瓦（mW）表示。功率越大，音箱的音量和音质越好。

（2）频率响应：频率响应是指音箱在不同频率下的输出能力。好的音箱应该在整个音频范围内都有平坦的频率响应，以确保音质的一致性。

（3）失真度：失真度是指音箱在输出信号时产生的失真程度。较低的失真度可以保证音质的清晰和准确。

（4）信噪比：信噪比是指音箱输出信号与噪声的比值。信噪比越高，音箱的音质越好，噪声越小。

（5）灵敏度：灵敏度是指音箱在输入功率为 1W 时的声压级，通常用分贝（dB）来表示。灵敏度越高，音箱的音质越好。

（6）阻抗：阻抗是指音箱输入端的电阻值。音箱的阻抗应该与放大器的输出阻抗相匹配，以确保最佳的信号传输和音质。

（7）尺寸和重量：音箱的尺寸和重量会影响其便携性和使用场景。一些音箱为了追求更好的音质而牺牲了尺寸和重量，而另一些音箱则更加注重便携性。

（8）连接方式：音箱的连接方式通常包括有线和无线两种。有线连接更加稳定，无线连接则更加方便。

（9）多媒体功能：一些音箱还具有多媒体功能，如音量调节、多媒体控制等，可以提供更方便的音频和视频控制。

## 7.4 常见外存设备

外存储器也称为辅助存储器，简称外存，是指除内存及缓存以外的存储器，此类存储器一般断电后仍然能保存数据，主要用于存放当前不活跃或需长期存放的程序和数据。常见的外存储器有硬盘、U 盘、光盘等。目前主流的硬盘又分为机械硬盘和固态硬盘两类。

### 7.4.1 机械硬盘

机械硬盘（Hard Disk Drive，HDD）即传统普通硬盘，主要由盘片、磁头、盘片转轴、控制电机、磁头控制器、数据转换器、接口及缓存等部分组成。机械硬盘都是磁碟型的，数据储存在磁碟扇区里，其优点是价格便宜，容量较大，长时间保存数据比固态硬盘安全；但缺点是读写数据慢，体积一般较大，重量较重，而且转速越高的硬盘，噪声就越大。机械硬盘内部结构如图 7-15 所示。

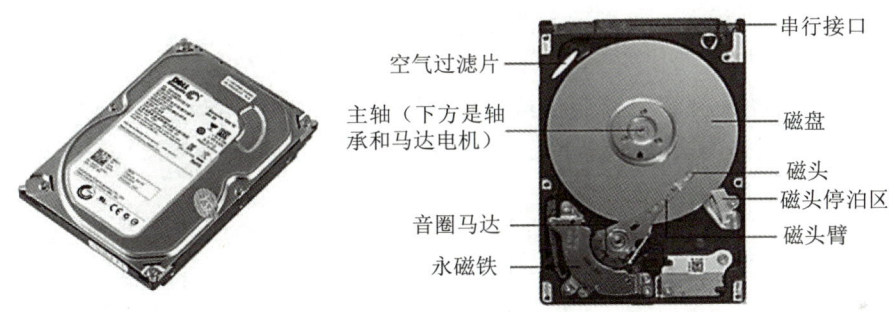

图 7-15　机械硬盘内部结构

**1. 机械硬盘的常见类型**

1）按照大小分类

机械硬盘按照大小可分为 3.5 英寸、2.5 英寸和 1.8 英寸。

3.5 英寸硬盘最为常见，主要用于台式机，转速多为 5400 转、7200 转或更高；2.5 英寸硬盘多用于笔记本电脑，转速多为 5400 转左右；1.8 英寸硬盘通常用于便携式设备，如平板电脑和手机。

2）按照使用途径分类

机械硬盘按照使用途径通常分为企业级硬盘和监控级硬盘。

企业级硬盘通常用于服务器和数据中心，对数据的读写速度和响应时间要求更高，具有更高的可靠性和容错能力，价格也更贵；监控级硬盘通常用于监控系统，更注重连续写入性能和大容量数据存储，注重长时间连续工作的稳定性，在可靠性方面也有一定要求，但低于企业级硬盘，价格相对便宜，具有更高的性价比。

## 2. 机械硬盘的主要性能指标

（1）存储容量：机械硬盘的存储容量通常以字节（Byte）为单位进行衡量，存储容量的大小决定了机械硬盘能够存储的数据量。

（2）数据传输率：数据传输率是指机械硬盘在单位时间内能够传输的数据量，通常以每秒传输的字节数（Byte/s）表示。数据传输率越高，机械硬盘的读取和写入速度就越快。

（3）顺序读写速度：顺序读写速度是指机械硬盘在连续读取或写入数据时的速度，通常以兆字节每秒（MB/s）为单位。顺序读写速度越快，机械硬盘的性能就越强。

（4）随机读写速度：随机读写速度是指机械硬盘在随机读取或写入数据时的速度，通常以每秒进行读写操作的次数（Input/Output Operations Per Second，IOPS）表示。随机读写速度越高，机械硬盘在处理随机数据时的性能就越强。

（5）寻道时间：寻道时间是指机械硬盘从一个物理位置移动到另一个物理位置所需要的时间，通常以毫秒为单位。寻道时间越短，机械硬盘的读取和写入速度就越快。

（6）缓存容量：缓存容量是指机械硬盘内部用于临时存储数据的内存容量，通常以兆字节（MB）为单位。缓存容量越大，机械硬盘在处理数据时的性能就越强。

（7）工作温度：工作温度是指机械硬盘能够正常工作的温度范围，通常以摄氏度（℃）为单位。工作温度范围越宽，机械硬盘的适应性就越强。

（8）可靠性：可靠性是指机械硬盘在长时间使用后保持数据完整性的能力。可靠性越高，机械硬盘就越不容易出现数据丢失或损坏的情况。

（9）功耗：功耗是指机械硬盘在工作时消耗的电量，通常以瓦特（W）为单位。功耗越低，机械硬盘的能效比就越强。

### 7.4.2 固态硬盘

**固态硬盘**（Solid State Disk 或 Solid State Drive，SSD）是一种主要以闪存作为永久性存储器的计算机存储设备。固态硬盘内部不存在任何机械部件，优点是读取速度快，体积小，重量轻，抗摔性较强，无噪声；缺点是价格高，容量较小（相对机械硬盘而言），而且一旦有一块闪存发生故障，整块硬盘的数据都会丢失。目前，市面上常见的固态硬盘多为 SATA 和 M.2 两种接口，如图 7-16 所示。

图 7-16　固态硬盘

## 1. 固态硬盘的常见类型

1）SATA 固态硬盘

此类固态硬盘使用 SATA 接口，与传统的机械硬盘使用的接口相同，因此可以直接安装在计算机的硬盘位上。它的数据传输速度相对较慢，但价格相对较低。

2）mSATA（mini-SATA）固态硬盘

此类固态硬盘使用 mSATA 接口，比 SATA 接口更小，因此可以安装在一些小型设备上，如笔记本电脑等。它的数据传输速度比 SATA 固态硬盘更快，但价格也更高。

3）M.2 固态硬盘

此类固态硬盘使用 M.2 接口，是一种新的接口标准，比 mSATA 接口更小，数据传输速度更快，并且支持更高的存储容量。它可以安装在笔记本电脑和台式电脑上，但需要主板支持。

4）PCIe 固态硬盘

此类固态硬盘使用 PCIe 接口，是一种高速接口，数据传输速度非常快，并且支持更高的存储容量。它通常用于服务器和高端工作站等需要高性能存储的场合。

### 2. 固态硬盘与机械硬盘的主要性能指标对比

基于当前主流技术，对机械硬盘（HDD）和固态硬盘（SSD）的主要性能指标进行对比。

（1）存储容量：HDD 消费级容量为 1TB ～ 22TB，企业级可达 30TB 以上；SSD 消费级容量为 256GB ～ 4TB，企业级可达 32TB 以上。

（2）数据传输率：HDD 采用 SATA III 接口时理论带宽为 6Gb/s；SSD 的 SATA 接口带宽为 6Gb/s，NVMe 协议配合 PCIe 4.0 x4 接口时带宽可达 64Gb/s。

（3）顺序读写速度：HDD 速度为 120 ～ 200MB/s（7200 转）；SSD 的 SATA 接口速度为 500 ～ 560MB/s，NVMe 协议在 PCIe 5.0 下可达 3500 ～ 12000MB/s。

（4）随机读写速度：HDD 的 4K 随机读写速度为 70 ～ 150 IOPS；SSD 的 NVMe 机型可达 60 万～ 140 万 IOPS。

（5）寻道时间：HDD 需 3 ～ 15ms；SSD 仅需 0.01 ～ 0.1ms。

（6）缓存容量：HDD 配备 64MB ～ 512MB 专用 DRAM 缓存；SSD 部分型号采用无 DRAM 缓存设计（DRAM-Less），高端型号的缓存可达 4GB。

（7）工作温度范围：HDD 适用温度为 5℃～ 55℃；SSD 标准级支持 -10℃～ 70℃，工业级可支持 -40℃～ 85℃。

（8）可靠性：HDD 年故障率 2% ～ 5%，平均无故障时间（MTBF）约 100 万小时；SSD 年故障率 0.5% ～ 1%，MTBF 约 150 万小时。

（9）功耗：HDD 运行时功耗 6 ～ 8W，待机时 1 ～ 2W；SSD 运行时功耗 2 ～ 3W，待机时仅 0.05 ～ 0.1W。

两种硬盘的物理特性差异导致性能差距显著，故当前多采用混合架构平衡性能与成本。

### 7.4.3 U（优）盘

U 盘全称 USB 闪存驱动器（USB Flash Disk），谐音"优盘"，是闪存的一种，也称为闪盘，如图 7-17 所示。U 盘与硬盘的最大不同是，它不需物理驱动器，即插即用，且便于携带。

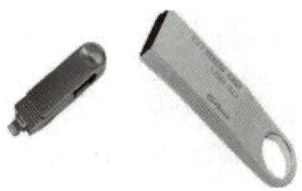

图 7-17　U 盘

1. U 盘的常见类型

1）按照功能分类

U 盘按照功能可以分为加密 U 盘、启动 U 盘、杀毒 U 盘等。

2）按照接口分类

U 盘按照接口可以分为 USB（USB 2.0、USB 3.0、USB 3.1 Gen1、USB 3.1 Gen2 和 USB 3.2 Gen2x2 等）、Type-C（Type-C 采用的是 USB 3.1 标准）等。USB 各接口理论传输速度如表 7-1 所示。

表 7-1　USB 各接口理论传输速度

| USB 各接口类型 | 理论带宽 | 理论传输速度 |
| --- | --- | --- |
| USB 1.1 | 12Mbps | 1.5MB/s |
| USB 2.0 | 480Mbps | 60MB/s |
| USB 3.0 | 5Gbps | 640MB/s |
| USB 3.1 Gen1 | 5Gbps | 640MB/s |
| USB 3.1 Gen2 | 10Gbps | 1.25GB/s |
| USB 3.2 Gen2x2 | 20Gbps | 2.5GB/s |

3）按照芯片类型分类

根据闪存芯片的不同，可以分为 TLC、MLC 和 SLC 等，它们的速度、寿命和成本各有差异。TLC 速度慢、寿命短、成本低，MLC 居中，SLC 速度快、寿命长、成本高。

2. U 盘的主要性能指标

（1）稳定性：U 盘的稳定性主要指其在数据存储和传输过程中的可靠性和持久性，是 U 盘质量的基础。

（2）传输速度：U 盘数据读取速度和数据写入速度除了 U 盘本身的参数，与计算机的配置也有关系。

（3）存储大小：存储容量的大小决定了 U 盘能够存储的数据量。

（4）智能纠错技术（Error Control Technique，ECT）：是通过固化在 U 盘内部的数据纠错软件，在数据写入时，自动调用系统对写入数据即时巡检，并同原始数据进行核对。

### 7.4.4　闪速存储器

闪速存储器（Flash Memory）简称闪存，是 20 世纪 80 年代中期问世的一种非易失性存储器。它不仅有 RAM 存储器的可擦、可写、可编程的特点，而且所写入的数据在断电后不会消失。在这一点上，闪存的功能类似于 EEPROM。但与 EEPROM 不同的是，它必须按块擦除，而 EEPROM 可以一次擦除一个字节。由于闪存这种面向块的操作特性，使它不能代替 RAM 作为主存。这是因为 CPU 需要按字节访问主存。

目前，闪存的应用主要有以下两大领域。

（1）在便携式计算机或数码产品中作为快速存储卡和固态盘（也称为"硅"盘），以代替磁盘。例如，用于数字照相机中的闪存卡是数字照相机的最好搭档，被称为"数字胶卷"。

（2）用于完全整合型的移动存储设备中，这种完全整合型的移动存储设备把存储介质、控制器、接口全部集成在单一的物理装置内。目前，主流的移动存储设备有 U 盘和掌上型可移动硬盘。

由于闪存的容量大、存取速度快，对文件的保存时间比软盘长，作为新一代的移动存储媒介，它已经淘汰了传统软盘并占领市场。

闪存也有不足：① 读/写性能瓶颈：相较于 DRAM，NAND Flash 的随机访问延迟较高（约 50～100μs），持续写入速度受限于垃圾回收等后台操作，但当前 NVMe SSD 的峰值写入速度已达 7GB/s 以上；② 写入寿命限制：不同存储单元类型的 P/E 次数（编程/擦除周期）差异显著（QLC：100～500 次；TLC：500～3000 次；MLC：3000～10000 次；SLC：100000 次），通过磨损均衡技术和超配容量，消费级 SSD 的寿命可满足 5～10 年使用需求。

## 7.5 外部设备的作用

在计算机系统中，主机作为一个能够独立工作的系统，起到核心的作用，但是外设也是计算机系统中的重要组成部分。外部设备对于计算机系统的功能和效率有着重要的作用，具体体现以下方面。

（1）人机交互：计算机用户与计算机之间的互动需要通过外部设备实现，如键盘、显示器、鼠标等。这些设备使得用户可以方便地输入命令、查看信息和控制屏幕上的对象。

（2）数据媒体转换：计算机处理的信息通常以二进制代码的形式存在，而用户提供的数据可能是文本、图形或其他非二进制的形式。为了实现数据的有效传输和处理，外部设备负责将这些数据转换为计算机可处理的格式。

（3）存储系统软件和应用软件：随着计算机功能的发展，系统软件和应用软件的大小和复杂性也在增加。为了容纳这些软件，并确保它们可以在必要时被访问和使用，外部设备（如硬盘、光盘和其他存储介质）发挥了重要作用。

（4）扩展计算机的功能：外部设备不仅限于基本的输入/输出功能，还支持多种专业应用程序和服务，如 CAD/CAM 设计、办公自动化、商业数据处理等。这些设备为用户提供了更丰富的应用选项。

（5）提高计算机的工作效率：高性能的外部设备可以减少计算机的等待时间，提高整体系统性能。例如，高速磁盘存储器可以快速读取和写入数据，减少 CPU 的负担，从而提升整个计算机系统的响应速度。

（6）技术发展的影响：外部设备的技术水平和创新能力在很大程度上决定了计算机的整体技术水平和发展方向。它们的集成性和多样性对计算机系统的未来发展有着深远的影响。

## 思考与讨论

1. 请思考不同类型输入设备的工作原理、设计特点及在不同应用场景中的优缺点。
2. 请比较并讨论不同输出设备的输出方式（如文字、图像、声音等）、分辨率和色彩深度等参数对用户体验的影响。

3．请讨论不同存储设备的读写速度、容量、可靠性以及不同存储介质（如机械硬盘、固态硬盘等）的优缺点。

# 习题 7

### 一、填空题

1．计算机的外部设备是指（　　）。

2．打印机根据打印原理可以分为（　　）和（　　）两大类。

3．计算机系统的输入/输出接口是（　　）的交接面。主机一侧通常是标准的（　　）。一般这个接口就是各种（　　）。

4．常见的输入设备有（　　）、（　　）、（　　）等。

5．常见的输出设备有（　　）、（　　）等。

6．Flash Memory 是一种（　　）存储器，允许数据的读取和写入操作。

7．Flash Memory 的主要优点是（　　）、（　　）、（　　）等。

8．外部设备的作用是（　　）、（　　）、（　　）、（　　）、（　　）等。

### 二、判断题

1．分辨率表示了扫描仪对图像细节的表现能力，分辨率越高图像越清晰。（　　）

2．机械键盘的主要优点是寿命长、易维护、打字节奏感强，长期使用手感不变。（　　）

3．Flash Memory 掉电以后信息会消失。（　　）

4．打印机的打印幅面越大，打印的范围越大。（　　）

5．机械硬盘长时间保存数据没有固态硬盘安全，机械硬盘读写速度快，体积一般较大，重量较重，而且转速越高的硬盘，噪声就越大。（　　）

6．U 盘只能在 Windows 操作系统上使用。（　　）

7．无线鼠标通过蓝牙或无线射频（RF）技术与计算机连接。（　　）

### 三、问答题

1．什么是外部设备？请列举几种常见的外部设备。

2．打印机的主要类型有哪些？请简述各自的特点及其工作原理。

3．简述固态硬盘和机械硬盘的区别。两者之间的关系是什么？

4．简述扫描仪的工作原理和用途。

5．闪速存储器的主要特点是什么？

# 第 8 章
# 输入/输出系统

输入/输出系统（I/O 系统）建立起了主存与外部的通信桥梁，是计算机系统中的重要组成部分。I/O 系统对于准确、快速处理数据交互具有关键作用，通过人机界面实现了用户交互、数据传输与存储、性能优化和系统扩展等功能。随着计算机输入/输出设备种类的不断增加，I/O 系统对计算机系统的影响日益显著。本章将对 I/O 系统组成进行分析，并详细介绍各种 I/O 控制方式。

## 8.1 概述

计算机系统划分为 CPU 子系统、存储子系统和 I/O 子系统三大部分，其中 I/O 系统用于计算机与外部世界进行联系。输入/输出是以主存为中心而定义的，将信息从外部设备传输到主存称为输入，反之则称为输出。例如，通过输入设备（如键盘、鼠标、触摸屏等），用户可以向计算机发送指令、输入数据；计算机则通过输出设备（如显示器、音频设备、打印机等）将文本、音/视频、图形等结果展示给用户。I/O 系统的基本功能包括：控制和定时、CPU 通信、设备通信、数据缓冲及检错。这些功能是由 I/O 接口（或称为设备控制器）的硬件和操作系统共同完成的。

### 8.1.1 发展概况

随着 I/O 设备的不断演变和进步，输入/输出操作从最初的人工手动辅助到现代智能化的人机交互，为计算机与外部世界之间的信息交换提供了更加高效和便捷的解决方案。I/O 系统的发展可概括为以下几个阶段。

#### 1. 第一阶段：无 I/O 阶段

在最早的计算机系统中，主存和外设是分离的。输入/输出是通过人工操作完成的，例如采用穿孔卡片或拨动开关的形式来编写程序、输入数据，结果输出到另一个纸带盘上。这种方式效率低且容易出错。

#### 2. 第二阶段：早期阶段

此阶段，外部设备种类较少，I/O 设备与主存交换信息都必须通过 CPU，每个 I/O 设备都必须配置一套独立的逻辑电路与 CPU 相连，才能实现与主存之间的信息交换，线路十分散乱、庞杂，后续增减或更换 I/O 设备非常困难；控制方式为程序查询方式，I/O 设备与 CPU 按串行方式工作，效率依然较低。

3. **第三阶段：接口模块阶段**

此阶段，I/O 设备通过接口模块与主存连接，计算机系统采用了总线结构。通常，在接口中都设有数据通路和控制通路。数据经过接口既起到缓冲作用，又可完成串并转换；控制通路用于传输 CPU 向 I/O 设备发出的各种控制命令，或使 CPU 接收来自 I/O 设备的反馈信号。控制方式多为程序中断方式，许多接口还能满足中断请求处理的要求，使 I/O 设备与 CPU 可按并行方式工作。

4. **第四阶段：DMA 阶段**

由于程序中断方式一次只能处理一个数据字，因此，当需要传输大量数据时，CPU 还是不能专注于"计算"。**直接存储器存取**（Direct Memory Access，**DMA**）技术的特点是在 I/O 设备与主存之间设置了一条直接数据通路，并在系统总线上增加能够发出访存地址的部件——DMA 控制器，I/O 设备就可与主存直接交换信息。一旦 CPU 向 DMA 控制器中的外设地址寄存器、主存地址寄存器（Address Register，AR）和计数器中分别写入外设地址、数据块在主存中的首地址和数据个数，剩下的 I/O 操作就完全由 DMA 控制器负责了。DMA 技术进一步减少了 CPU 对 I/O 过程的干预，资源利用率得到了进一步提高。

5. **第五阶段：具有通道结构的阶段**

由于普通的 DMA 控制器是"单路的"，即一个 DMA 控制器只能服务于一台外设，尽管后来引进了"多路的"DMA 控制器，但很难满足计算机系统多用户、多任务的要求。另外，由于内部计数器的限制，DMA 控制器一次所能负责传输的数据量是有限的，如 1KB。因而在处理大数据量的输入/输出时，还是需要 CPU 多次介入。为此，引入通道结构作为解决方案。通道是一个可同时处理多路输入/输出、只需 CPU 介入一次的 I/O 控制器。严格地说，通道是一个具有特殊功能的协处理器。通道控制器有专门的通道指令，能独立执行用通道指令所写的 I/O 程序，是从属于 CPU 的一个专用处理器。依赖通道管理的 I/O 设备与主存交换信息时，CPU 不直接参与管理，使 CPU 进一步从 I/O 设备与主存的信息交换中解放出来。

6. **第六阶段：具有 I/O 处理机的阶段**

通道处理器减少了 CPU 的 I/O 负担，但它毕竟是受控于 CPU 的协处理器。是否能将 CPU 的 I/O 负担清零、让 CPU 不再执行 I/O 指令呢？答案是肯定的。引入专门的 **I/O 处理机**，又称为**外围处理机**（Peripheral Processor Unit，**PPU**），它基本独立于主存工作，既可承担 I/O 通道要完成的 I/O 控制任务，又可执行码制转换、格式处理、数据块检错、纠错等操作。它是专门面向超级计算机系统的 I/O 设备，通常就是一台小型计算机。在采用 PPU 的计算机系统中，CPU 只执行面向主存的计算任务，I/O 系统与 CPU 工作的并行性更高，充分说明了此类 I/O 系统对主存来说具有更大的独立性。

I/O 系统正推动主存与外设信息交换工作的"独立自治"朝着更智能化和自动化的方向发展。人工智能技术的应用使得计算机能够更好地理解和处理各种数据，同时也提供了更多个性化和智能化的输入/输出方式。本章主要介绍第三、四阶段的 I/O 系统。

## 8.1.2 I/O 系统的组成

I/O 系统由 I/O 软件和 I/O 硬件两部分组成。

### 1. I/O 软件

I/O 软件的主要任务是将用户编制的程序（或数据）输入主存内，并将运算结果输出给用户，同时实现 I/O 系统与主存的协调工作。

不同结构的 I/O 系统所采用的软件技术差异很大。当采用接口模块方式时，应用机器指令系统中的 I/O 指令及系统软件中的管理程序便可使 I/O 设备与主存协调工作。当采用通道方式时，除 I/O 指令外，还必须有通道指令和相应的操作系统，并且不同机器的操作系统在复杂程度上也存在较大差异。

I/O 指令是机器指令的一种，其格式与其他指令既有相似之处，又有所不同。I/O 指令可以和其他机器指令的字长相等，但它还应能反映 CPU 与 I/O 设备交换信息的各种特点，如反映出对多台 I/O 设备的选择，以及在完成信息交换的过程中，对不同设备应做哪些具体操作等。图 8-1 为 I/O 指令的一般格式。

| 操作码 | 命令码 | 设备码 |
|---|---|---|

图 8-1　I/O 指令的一般格式

操作码字段可作为 I/O 指令与其他指令（如访存指令、算术逻辑运算指令、控制指令等）的判别代码。

命令码定义了 I/O 设备的具体操作。例如，将数据从 I/O 设备输入主存，或从主存输出至 I/O 设备；进行状态测试，检测 I/O 设备的状态决定是否可进入交换信息阶段；形成 I/O 设备的某些操作命令，如机械磁盘的读扇区、写扇区、找磁道等。

设备码相当于多台 I/O 设备的选择码或 I/O 设备中某寄存器（I/O 端口）的地址。只有为 I/O 设备赋予不同编号，才能准确地选择某 I/O 设备与主存交换信息。

### 2. I/O 硬件

I/O 硬件的组成是多种多样的，在带有接口的 I/O 系统中，一般包括接口模块、计算机总线和 I/O 设备三大部分。第 6 章和第 7 章已对总线系统和 I/O 设备进行了详细介绍，此处仅对接口模块做简要概括，详细介绍在 8.2 节中阐述。

I/O 接口模块是指 I/O 设备与主存的中间连接部件。I/O 设备各有其特殊性，如命令/状态含义、工作方式等都可能不同，因此只能在它们之间设置接口部件，以解决数据缓冲、数据格式变换、通信控制、电平匹配等问题。接口模块的设计和实现需要考虑到不同外部设备的特性和接口标准。常见的 I/O 接口模块包括串行接口（如 RS-232、USB、Ethernet）、并行接口（如 Centronics、SCSI）、总线接口（如 PCI、PCIe）等。每种接口模块都有自己的特点和应用领域。

## 8.1.3 I/O 控制方式

I/O 设备与主存交换信息时，通常有五种控制方式：程序直接控制方式、程序中断方式、直接存储器存取（Direct Memory Access，DMA）方式、通道控制方式和外围处理机方式。

程序直接控制方式通常基于软件实现，程序中断方式基于软件和硬件实现，二者适用于慢速外设与 CPU 交换数据，常应用于单片机和微型机；DMA 方式、通道控制方式和外围处理机方式主要基于硬件实现，适用于高速外设与 CPU 交换数据，常应用于大中型计算机中。

【注】虽然程序直接控制方式和程序中断方式在一些特定的场景中较适用于慢速外设，但其实它们并不限于慢速外设。实际上，上述控制方式的选择更多地取决于系统的需求、外设的性能和数据传输速度。

上述五种控制方式将在 8.3 ～ 8.6 节中详细阐述。

## 8.2　I/O 接口和 I/O 端口

I/O 接口通常指在主存与 I/O 设备之间设置的一个硬件电路及其相应的软件控制，由若干个端口加上控制逻辑组成，也称为 I/O 控制器。

I/O 端口通常指接口电路中的一些寄存器，分别用来存放数据信息、控制信息和状态信息，依次称为数据端口、控制端口和状态端口。

### 8.2.1　I/O 接口的功能、类型和基本结构

#### 1. I/O 接口的功能

I/O 接口（Interface）作为主存与外部设备连接的中间件，实现承上启下的物理连接，提供了稳定可靠的通信通道，具有以下主要功能。

（1）进行地址译码和设备选择。当 CPU 送来选择外设的地址后，I/O 接口必须对地址进行译码来产生设备选择信号，使主存能和指定外设交换信息。I/O 设备的编址方式在 8.2.2 节介绍。

（2）实现主存和外设之间的通信联络控制。接口中的同步控制电路用来解决主存与外设的时间配合问题，通过联络信息可以决定不同工作速度的外设和主存之间交换信息的最佳时刻，以确保整个计算机系统协调工作。

（3）完成信息格式和电平的转换，支持主存采用程序查询、程序中断、DMA 等访问方式。在主存和外设之间的信息交换过程中，提供其他特别的需求支持，屏蔽外部设备的差异性。例如，支持并串转换、串并转换、模数转换、数模转换、二进制与 ASCII 码的相互转换等，以及对主存和外设的电压电平转换、逻辑电平转换等。

（4）实现数据传输与缓冲，使主存同外设的速度匹配。设置接口的主要目的是为主存和外设之间提供数据传输通路。各种设备的工作速度不同，特别是 CPU、主存与外设之间的速度差异较大，为此，在 I/O 接口中设置一个或多个数据缓冲寄存器，甚至局部缓冲存储器（简称缓存），提供数据缓冲，实现速度匹配。

【注】有时将缓存容量（单位为字节数）称为**缓冲深度**。

（5）传递控制命令和状态信息。主存可通过 I/O 接口将控制命令发送给外部设备，以控制其工作模式、传输速率、数据采集等操作。外部设备也可以通过 I/O 接口向计算机发送状态信息，如准备就绪、数据传输完成、是否出错等。

#### 2. I/O 接口的类型

（1）按数据传输方式可分为串行接口和并行接口。这里所说的数据传输方式，指的是

外设和接口一侧的传输方式。而在主存和接口一侧，数据总是并行传输的。在并行接口中，外设和接口间的传输宽度是一个字节（或字）的所有位，一次传输的信息量大，因此，数据线的数目将随着传输数据宽度的增加而增加。在串行接口中，外设和接口间的数据是逐位串行传输的，一次传输的信息量小，因此只需一根数据线。

（2）按主存访问 I/O 设备的控制方式可分为程序查询式接口、程序中断接口、DMA 接口，以及更复杂一些的通道控制器等。

（3）按照顺序控制方式可分为同步接口和异步接口。同步接口的数据传输基于统一的时序信号同步控制，用于高速数据传输和需要时钟精确同步的应用。异步接口的数据传输采用异步应答方式控制，将数据按照起始位和停止位之间的时间间隔进行传输，用于低速数据传输和对时钟同步要求不高的应用。

（4）按功能选择的灵活性可分为可编程接口和不可编程接口。可编程接口的功能及操作方式是由程序来改变或选择的，通过编程可使一块接口芯片执行多种不同的功能。不可编程接口不能由程序来改变其功能，但可通过硬连线逻辑来实现不同的功能。

（5）按照数据传输的控制方式可分为程序型接口和 DMA 型接口。程序型接口适用于速度较慢、数据量较小或需要 CPU 参与数据处理的外部设备；DMA 型接口适用于数据量较大或需要高速数据传输的情况。

（6）按通用性可分为通用接口和专用接口。通用接口是可供多种外设使用的标准接口，通用性强。专用接口是为某类外设或某种用途专门设计的。

（7）按 I/O 信号可分为数字接口和模拟接口。数字接口的 I/O 信号全为数字信号，并行接口和串行接口都是数字接口。模数转换器和数模转换器属于模拟接口。

（8）按照应用方式可分为运动辅助接口、用户交互接口、传感器接口和控制接口。运动辅助接口是计算机日常工作必需的接口器件，包括数据总线、地址总线、控制总线的驱动器和接收器、时钟电路等。用户交互接口包括键盘、鼠标接口等。传感器接口（如温度传感器、压力传感器、光传感器等）用于采集环境或物理量的数据。控制接口用于实现对 I/O 设备或系统的控制和操作。

### 3. I/O 接口的基本结构

为了完成上述功能，就必须配置对应的硬件和软件。I/O 接口电路由地址译码逻辑、数据缓冲寄存器、命令寄存器、状态寄存器、I/O 控制逻辑电路和设备选择电路组成。I/O 接口通过系统总线与 CPU 相连，通过不同的接口电缆与外部设备相连，如图 8-2 所示。

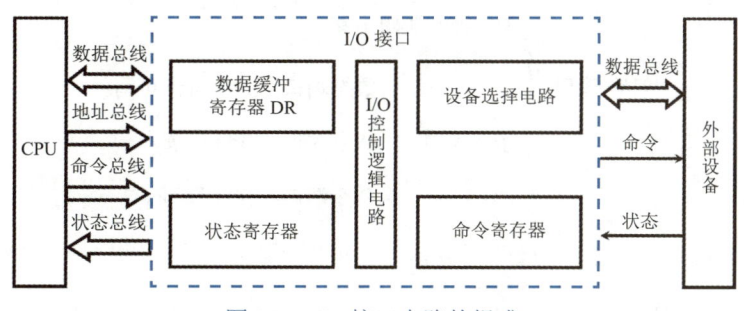

图 8-2　I/O 接口电路的组成

（1）数据缓冲寄存器：由于主存和 CPU 中的寄存器的存取速度都非常快，而外设的速度较慢，因而在设备控制器（I/O 接口）中引入数据缓冲寄存器。在输出数据时，CPU 只要把数据送到数据缓冲寄存器即可；在输入数据时，CPU 只要从数据缓冲寄存器中取数即可。在设备控制器控制数据缓冲寄存器将数据输出到外设或从外设读入数据时，CPU 可以进行其他操作。

（2）命令寄存器：用于存放 CPU 发出的控制命令字，以控制接口和外设所执行的动作，如对数据传输方式和速率等参数的设定、数据传输的启动和停止等。该寄存器接收和识别 CPU 或通道发来的控制信息和定时信号，根据相应的定时和控制逻辑，向外设发送控制信号，以控制外设进行相应的处理。主存送来的控制信息存放在控制寄存器中。

（3）状态寄存器：用于保存 I/O 接口的状态信息。CPU 通过对状态寄存器内容的读取和检测，可以确定 I/O 接口当前的工作状态。例如，上一次的处理是否完毕，是否可以发送或接收数据等，以便 CPU 能够根据设备的状态，确定是否可以向外部设备发送数据或从外部设备接收数据。

（4）I/O 控制逻辑电路：当 CPU 与 I/O 接口交换信息时，I/O 控制逻辑电路负责识别 CPU 发出的命令，并向外部设备转发，以及向 CPU 报告外部设备的状态。I/O 控制逻辑电路负责在外部设备准备就绪时向 CPU 发出中断请求信号，接收来自 CPU 的中断响应以及提供相应的中断类型码等功能。事实上，I/O 接口的功能主要是由 I/O 控制逻辑电路实现的。

（5）设备选择电路：外部设备要有地址，CPU 进行数据传输时需要知道本次传输是和哪个设备进行传输，设备选择电路可以接收 CPU 发送的地址，进行设备选择。

【注】I/O 接口和设备控制器是一个概念。计算机组成原理的研究重点在于硬件组成，更青睐于从硬件的角度去描述部件，因而称为 I/O 接口；而在计算机体系结构中，操作系统是最接近硬件的软件部分，更侧重从软件和功能的角度去描述部件，所以称为设备控制器。

### 8.2.2　I/O 端口的概念及编址方式

#### 1. I/O 端口的概念

I/O 端口（Port）是指接口电路中可被 CPU 直接访问的寄存器，若干个端口加上相应的控制逻辑电路组成 I/O 接口。一个 I/O 接口中通常包含三个端口：数据端口（数据缓冲寄存器）、命令端口（命令寄存器）和状态端口（状态寄存器）。I/O 接口和 I/O 端口的关系如图 8-3 所示。

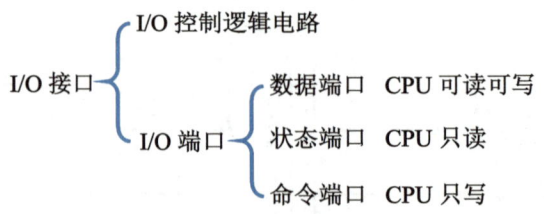

图 8-3　I/O 接口和 I/O 端口的关系

CPU 对不同端口的操作有所不同。例如，CPU 对数据端口既能读又能写，确保数据双向传输；对状态端口只能读，将外设的状态标志送到 CPU；对命令端口只能写，将 CPU 的各种控制命令发送给外设。为了节省接口电路中的硬件，状态信息和控制信息可以共用一个寄存器（端口），称为控制状态寄存器。

### 2. I/O 端口的编址方式

在学习总线时，地址总线用来传输 CPU 当前要存取的数据或指令的地址，只能从 CPU 发往主存或 I/O 设备，是一条单向总线，这个地址可能是主存地址或 I/O 地址。事实上，CPU 需要访问这些 I/O 端口时，也是按照地址来访问的。I/O 端口的编址方式有两种：独立编址方式和统一编址方式。

#### 1）独立编址方式

独立编址方式又称为 **I/O 映射方式**。在这种编址方式中，外设端口与主存单元的地址分别单独编址，外设端口不占用主存地址空间。外设端口由专门的 I/O 指令来访问，即设置并使用专用的输入（IN）/输出（OUT）指令访问 I/O 设备。

在独立编址方式下，区分 CPU 当前是访问主存和访问 I/O 端口的依据是所用的指令不同。CPU 访问主存时采用访存指令，由主存读/写控制线控制；CPU 访问外设时采用 I/O 指令，由 I/O 读写控制线控制。例如，在 Intel 8086 中，其主存地址范围和 I/O 端口地址范围均为 0000H～FFFFH，但它们互相独立，使用不同的指令访问，互不影响。独立编址方式较简单，但灵活性较差。

#### 2）统一编址方式

统一编址方式又称为 **存储器映射方式**。在这种编址方式中，把外设端口当作主存单元进行地址分配，即外设接口中的寄存器就相当于主存单元。CPU 可以使用访问主存单元的方法访问外设，无须专门的 I/O 指令。也就是说，I/O 端口和主存共用一个地址范围，区分主存和 I/O 端口的依据是不同的地址码。在设置时，I/O 端口可以位于地址的低端、高端或者某固定部分，只要在设计时提前定好即可。

统一编址方式和独立编址方式的比较如表 8-1 所示。

表 8-1 统一编址方式和独立编址方式的比较

| 对比项目 | 名称 | |
| --- | --- | --- |
| | 统一编址方式（存储器映射方式） | 独立编址方式（I/O 映射方式） |
| 定义 | 把 I/O 地址看作是主存地址的一部分 | I/O 地址和主存地址是分开的 |
| 指令 | 取数、存数等统一的访存指令 | 专门的 I/O 指令 |
| 区分 I/O 设备和存储器 | 不同的地址码 | 不同的指令 |
| 优点 | 不需要专门的 I/O 指令；访问操作灵活方便；可使端口有较大编址空间 | 程序编制清晰，便于理解；不影响主存容量 |
| 缺点 | 占用了主存地址，影响主存容量；执行速度较慢 | I/O 指令较少，增加了控制的复杂性 |

## 8.3 程序直接控制方式

程序直接控制方式的主要特点是：CPU 直接通过 I/O 接口进行操作访问，主存与外设交换信息的每个过程都在程序中表示出来。这种方式可细分为立即程序传送和程序查询两种方式。

### 8.3.1 立即程序传送方式

在**立即程序传送方式**下，I/O 接口始终处于就绪状态，无论是接收主存输出的数据还是向主存输入数据，CPU 无须查询接口状态，可以直接使用 I/O 指令访问相应的 I/O 接口，实现数据输入或输出。这种接口简单并广泛应用，通常适用于完全由 CPU 确定传输时间的场合，如纯电子部件的输入/输出，又如 CPU 直接控制信号灯和 D/A 转换器等设备，直接读取开关状态，获取时间值，启动高速 D/A 转换器后立即获取结果等。立即程序传送方式也存在局限性，只有在不需要了解外设实时状态的情况下才能有效运行。

### 8.3.2 程序查询方式

**程序查询方式**由 CPU 通过程序不断查询 I/O 设备是否已做好准备，从而控制 I/O 设备与主存交换信息。程序查询方式的核心在于 CPU 每时每刻都需要不断地查询 I/O 设备是否准备就绪。这就要求在 I/O 接口内设置一个能反映 I/O 设备是否准备就绪的状态标记（状态寄存器），CPU 通过对此标记的检测，可得知 I/O 设备的准备情况。图 8-4 所示为 CPU 从某一 I/O 设备读数据块至主存的程序查询方式流程。

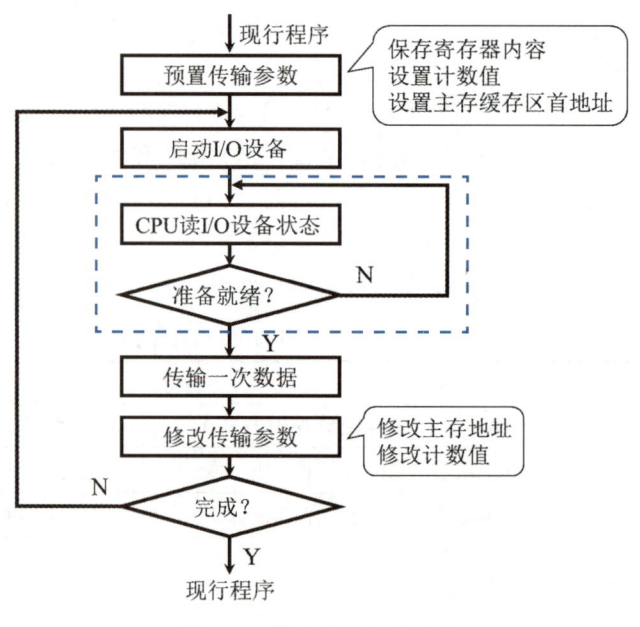

图 8-4　程序查询方式流程

当现行程序需启动某 I/O 设备工作时，即将此程序流程插入运行的现行程序中。详细工作过程如下。

（1）程序查询方式在传输数据时会占用 CPU 中的寄存器，所以需要将寄存器原内容保存起来（若寄存器中存有有用信息）。由于传输的往往是一批数据，因此需要设置 I/O 设备与主存交换的数据计数值，设置传输数据在主存缓冲区的首地址。

（2）CPU 启动 I/O 设备。

（3）将 I/O 接口中的设备状态标志取至 CPU 并测试 I/O 设备是否准备就绪。如未就绪，就等待，直到准备就绪为止（图 8-4 虚线框所示）。

（4）准备就绪后可实现传输。对输入而言，准备就绪意味着接口电路中的数据缓冲寄存器已装满需要传输的数据，称为输入缓冲满，CPU 即可取走数据；对输出而言，准备就绪意味着接口电路中的数据已经被 I/O 设备取走，称为输出缓冲空，这样 CPU 可再次将数据送到 I/O 接口，I/O 设备可再次从 I/O 接口接收数据。

（5）CPU 执行 I/O 指令。从 I/O 接口的数据缓冲寄存器中读出一个数据，或把一个数据写入 I/O 接口中的数据缓冲寄存器内，同时将 I/O 接口中的状态标志复位。

（6）修改主存地址；修改计数值。

（7）判断计数值。若计数值不为 0，表示一批数据尚未传输完成，重新启动外设，继续传输；若计数值为 0，则表示一批数据已传输完成。

（8）结束 I/O 传输，继续执行现行程序。

其中，第（3）步是 CPU 不断测试的过程，为了实现这种传输，通常要使用三类指令：查询外部设备状态时需要测试指令，是否准备就绪需要转移指令或分支指令，交换数据需要传送指令、访存指令或 I/O 指令。

由上述过程可知，只要一启动 I/O 设备，CPU 便不断查询 I/O 设备的准备情况，从而终止原程序的执行。程序查询方式的主要特点是 CPU 和 I/O 设备处于串行工作状态，CPU 有"踏步"等待现象，而且在一段时间内只能和一台外设交换信息，CPU 的工作效率不高。

## 8.4 程序中断方式

**程序中断方式**是指 I/O 设备"主动"通知 CPU 准备数据传输的一种方式。

通常，在计算机执行现行程序的过程中，出现某些急需处理的异常情况或特殊请求时，CPU 暂时中止（即中断）现行程序，转而对这些异常情况或特殊请求进行处理，处理完毕后再返回现行程序的**断点**（暂停时的中止点）继续执行。图 8-5 示意了采用程序中断方式从 I/O 设备读数据块到主存的程序流程。

由图 8-5 可见，CPU 向 I/O 设备发送读指令后，仍在处理其他事情（如继续执行现行程序），当 I/O 设备向 CPU 发出请求后，CPU 才从 I/O 接口读取一个字并传输至主存，这是通过执行中断服务程序完成的。如果 I/O 设备本次要传输的全部数据尚未传输结束，CPU 会再次启动 I/O 设备，命令 I/O 设备再做准备，又接收到 I/O 设备的中断请求时，CPU 重复上述中断服务过程。就这样周而复始，直至一批数据传输完毕。显然，程序中断方式在 I/O 设备进行准备时，CPU 不必时刻查询 I/O 设备的准备情况，即 CPU 运行现行程序与 I/O 设备做准备是同时进行的，如图 8-5 虚线框所示。

程序中断方式通常适用于随机出现的服务，节省了 CPU 时间，与程序查询方式相比，CPU 的资源得到了充分利用。

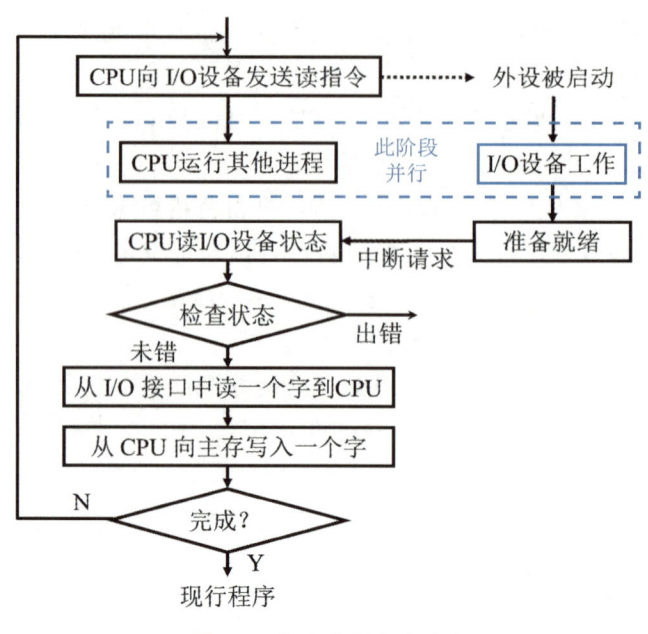

图 8-5　程序中断方式流程

## 8.4.1　中断的特点及应用

早期的中断技术是为了处理数据传输，是对程序查询方式的一种改进。程序查询方式的缺陷在于 I/O 设备不能主动报告自身状态，程序中断方式则考虑了这一点。

程序中断方式的中断过程实质上是一种程序切换过程，由原来执行的程序切换到中断服务程序，处理完毕后再由中断服务程序切换为原来暂停的程序，这就决定了程序中断方式的优势与不足。优势在于，程序中断方式通过中断服务程序来处理中断事件，而中断服务程序可以根据需要进行扩展，因此采用程序中断方式的系统扩展性较好，能处理较复杂的随机中断事件。不足之处在于需要占用大量的 CPU 资源和时间，因为在中断服务程序中，CPU 需要暂停当前任务，跳转到中断服务程序中进行数据传输操作，这会导致 CPU 的效率降低，影响系统的响应速度，通常只适合中、低速的 I/O 操作。

综上所述，将程序中断方式的优缺点归纳如下。

程序中断方式的优点是灵活性高，能够及时响应外设准备就绪的信号，并及时进行数据传输，同时也能够进行错误检查和纠正，从而提高数据传输的可靠性。此外，程序中断方式也可以在数据传输过程中进行数据处理、转换和过滤，更好地满足实际应用需求。

程序中断方式的缺点在于对原程序与中断服务程序进行切换要花费额外的时间，影响了中断处理的速度。因此，在高速数据传输场合下，程序中断方式可能不太适合。

随着计算机技术的发展，中断技术不断被赋予新的功能，主要体现在以下方面。

（1）实现 CPU 与 I/O 设备的并行工作。

程序中断方式适用于管理和控制键盘、打印机等中、低速 I/O 设备。而对于磁盘一类的高速 I/O 设备来说，因为包含了中、低速的机电型操作，如寻找磁道，所以机械磁盘接口一方面使用 DMA 方式实现数据交换，另一方面也使用程序中断方式来进行寻道判别与结束处理等。

在程序中断方式中，I/O 设备请求的是 CPU 中断响应和中断服务程序的时间。数据传输的基本单位是字或字节，每传输一个字或一个字节都需要一次中断。I/O 设备的启动需要 CPU 参与，但是 CPU 处理其他事情和 I/O 设备准备数据可以异步并行，提高了 CPU 的利用率和系统效率。

图 8-6 所示为 CPU 和 I/O 设备（打印机）并行工作的时间安排。

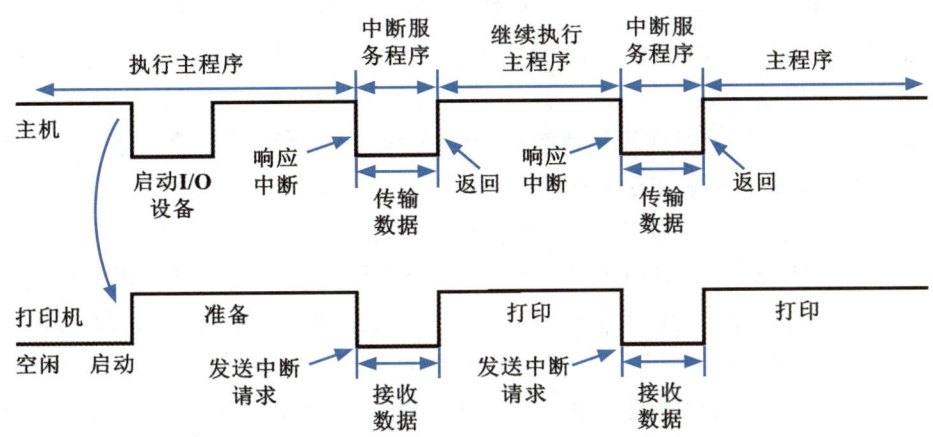

图 8-6　CPU 与 I/O 设备（打印机）并行工作的时间安排

可以看出，大部分时间 CPU 与打印机是并行工作的。当打印机完成一行打印后，向 CPU 发出中断请求，若 CPU 响应中断，则停止正在执行的主程序转入打印中断服务程序，将要打印的下一行字传输到打印机控制器并启动打印机的工作。然后，CPU 又继续执行原先的主程序，此时打印机也开始了新一行字的打印过程。打印机打印一行字需要几毫秒到几十毫秒的时间，而中断处理的时间是很短的，一般是微秒级。因而从宏观上看，CPU 和 I/O 设备在一定程度上是并行工作的。

（2）处理硬件故障和软件错误。

掉电、存储器校验出错、运算溢出等故障，都是随机出现的，不可能预先安排在程序中某个位置进行处理，只能以程序中断方式进行处理。即事先编写好各种故障中断服务程序，一旦发生故障，立即转入这些服务程序。

例如，发生掉电时，电源检测电路发出掉电中断请求信号，CPU 利用电源短暂的维持时间进行一些紧急处理，如将重要的信息存入非易失性存储器中。若系统带有不间断电源 UPS，可将主存信息存入磁盘，或在 UPS 支持下继续工作一段时间。又如，从存储器读出数据时发现奇偶校验出错、CRC 校验出错等，也将提出中断请求。以上情况一般称为硬件故障。

软件运行中也可能发生意外的故障。比较常见的包括定点运算中由于比例因子选取不当而出现溢出；除法运算中除数为 0，产生除 0 错误中断；访存时地址超出允许范围，产生地址越界中断；用户程序中使用了非法指令等。以上情况一般称为软件故障。

（3）实现人机交互。

在计算机工作过程中，用户可能随机干预机器，如抽查计算中间结果、了解机器的工作状态、给机器下达临时性的命令等。对于没有中断系统的计算机，这些功能几乎是无法实现的，利用中断系统实现人机交互很方便、有效。

（4）实现多道程序、分时操作。

计算机实现多道程序运行是提高机器效率的有效途径，多道程序的切换运行需要借助中断系统。如在某一道程序的运行中，由 I/O 中断系统切换到另一道程序运行。也可以为每道程序分配一个固定时间片，利用时钟定时发出中断请求进行程序切换。

（5）实现用户程序（目态程序）和操作系统（管态程序）的切换。

可以在用户程序中安排一条"访管"指令或"Trap"指令进入操作系统，称为"软中断"。当用户程序需要操作系统提供服务或者执行特权指令时，它可以通过软中断指令触发中断，从用户态切换到内核态，让操作系统执行相应的操作。软中断处理过程与其他中断类似。

（6）实现多处理器系统中各处理器之间的信息交流和任务切换。

在多处理器系统中，操作系统需要在多个处理器间协调操作，通常是通过处理器间中断（Inter-Processor Interrupt，IPI）实现的。它是一种特殊类型的中断，要求采取的行动包括刷新其他处理器的主存管理单元缓存（如转译后备缓冲器），以及停机（当系统被一个处理器关闭时）等。处理器间中断通常可分为核间中断和核内中断。核间中断用于处理器之间的协同工作和任务切换，要求其他处理器执行相应的中断处理程序。核内中断用于处理器内部的任务切换和异常处理，只会影响本处理器的执行。通过合理使用核间中断和核内中断，多处理器系统可以实现高效的并行计算和任务协作。

### 8.4.2 关键概念

**中断源**：能向 CPU 提出中断请求的各种因素的统称。通俗地讲，就是引起中断的事件，即发出中断请求的来源。

**中断号**：中断类型号，是系统分配给每个中断的代号。

例如，Intel 8086/8088 及 Pentium 系列 CPU 允许有 256 个直接中断源，它们可来自 CPU 的内部和外部，并且规定中断向量表中各向量等长，中断服务程序的入口地址在向量表中按中断源类型码（0～255）排序。

**中断向量**：通常仅指中断服务程序的入口地址。但在向量化的程序中断方式中，入口地址和状态字一起合称为中断源对应的中断向量。

**中断向量表**：用来存放中断向量的一个逻辑表。

**向量地址**：访问中断向量表的地址码，即读取中断向量所需的地址，也称为**中断指针**，可直接理解为中断服务程序入口地址的地址。例如，中断服务程序入口地址所保存的主存单元地址；又如，假设使用一条跳转指令由主程序跳转到中断服务程序，此时，向量地址就是这条跳转指令在主存中保存的地址。

**中断隐指令**：并非机器指令系统中的指令，而是 CPU 在中断周期内响应中断后、转去执行中断服务程序前，由硬件自动完成的一系列操作。在中断周期，由中断隐指令自动完成保存断点、寻找中断服务程序入口地址及硬件关中断的操作。

**中断服务程序**：用于处理中断事件的程序。中断服务程序的工作内容有：保存现场（即保存寄存器的内容）、处理中断源要求的事务、恢复现场、中断返回。

### 8.4.3 中断的分类

中断可以按照不同的分类方式进行划分，以下是几种较常见的分类。

#### 1. 软中断和硬中断

软中断是由执行软中断指令（软件）所引起的中断，而硬中断是由某个硬件中断请求信号引发的中断。在处理上二者几乎相同，区别在于软中断由指令提供中断号，再转换为向量地址；硬中断则通过中断请求信号形成向量地址，后续的响应和处理过程几乎相同。

#### 2. 内中断和外中断

内中断是指来自主存内部的中断，如掉电中断、CPU 故障中断、软中断等。外中断通常指外部设备中断，如时钟中断、键盘中断、显示器中断、打印机中断、磁盘中断等。

#### 3. 意外中断和计划中断

意外中断是随机产生的，而非预先安排好的。当意外中断发生时，中断系统强迫计算机中止正在执行的主程序并转入中断服务程序。计划中断又称为程序自中断，不是随机产生的，而是在程序中预先安排的有关指令，这些指令可以让计算机处于中断处理的过程。如 x86 指令系统中的软中断指令"INT$n$"（中断号 $n$ 表示特定的中断类型或系统调用）。

#### 4. 向量中断和非向量中断

向量中断和非向量中断的本质差别在于形成中断服务程序入口地址的方式不同。向量中断是向量地址由中断源自己提供的中断。中断源在提出中断请求的同时，通过硬件向主存提供向量地址。非向量中断的中断源不能直接提供向量地址，通过执行程序（如中断服务程序）来确定向量地址。

#### 5. 单重中断和多重中断

**单重中断**是指 CPU 执行中断服务程序的过程中不能被再次中断。**多重中断**是指在执行某个中断服务程序的过程中，CPU 可以根据优先级的高低响应级别更高的中断请求，又称为**中断嵌套**。

单重中断和多重中断的区别主要在于"开中断"的设置时间不同。对于单重中断，开中断指令设置在最后"中断返回"之前，也就是中断处理结束后才开中断返回到原断点，意味着在整个中断服务处理过程中，不能再响应其他中断源的请求。而对于多重中断，开中断指令提前至"保存现场"之后，意味着在保存现场之后，若有更高级别的中断源提出新的请求，CPU 也可以响应，从而实现多重中断。

多重中断代表着计算机中断功能的强弱，有的计算机最多能实现 8 级以上的多重中断。单重中断和多重中断的示意图如图 8-7 所示。

#### 6. 非屏蔽中断和可屏蔽中断

外中断请求是由某个外部设备（接口）或某个外部事件的需要而提出的，但 CPU 可以对其施加某种控制，其中一种基本方法就是屏蔽技术。CPU 可向外围接口发送屏蔽字代码，每位可屏蔽一种中断源，禁止其提出中断请求，或者禁止其已经发出的中断请求信号送达 CPU。因此，外中断又可分为非屏蔽中断和可屏蔽中断两种。非屏蔽中断的中断优先级较高，适用于应急处理，如断电、主存读/写校验错误；可屏蔽中断的中断优先级较低，常用于一般 I/O 设备的信息交换。

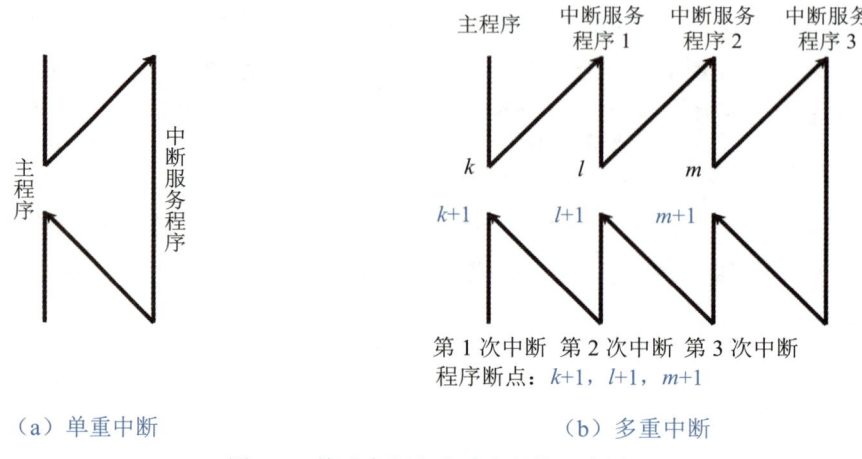

图 8-7　单重中断和多重中断的示意图

例如，一些微处理器芯片（如 Intel 8086/8088）将中断请求输入端细分为可屏蔽中断（INTR）和非屏蔽中断（NMI）两种。

一般情况下，外中断都是可屏蔽中断，CPU 可以通过屏蔽技术施加控制。而一些必须响应的中断请求（如掉电、故障等引起的中断）是非屏蔽中断，不受 CPU 屏蔽。此外，软中断发生在 CPU 内部，不属于外中断范畴，从概念上讲，它也是不可屏蔽的。

### 8.4.4　中断屏蔽技术

**中断屏蔽技术**是一种用于控制和管理计算机系统中断的方法，通过在中断控制器（或处理器）中设置屏蔽位（或屏蔽标志），允许系统在特定情况下暂时禁止或屏蔽中断的触发，以确保系统的稳定性和可靠性。屏蔽触发器用于控制特定中断源的中断屏蔽状态，当中断被屏蔽时，中断请求会被忽略，不会触发相应的中断处理程序。一旦屏蔽条件解除，系统会重新允许中断的触发和处理。

屏蔽的主要目的有两个：一是避免 CPU 在关键操作或敏感状态下被打断，从而保护系统的一致性和正确性；二是引入由操作系统管理的、可变的中断"屏蔽字"动态地调整中断的服务顺序，即改变优先级。

严格来说，优先级包含响应优先级和处理优先级。改变优先级是指在不改变 CPU 响应中断次序的前提下，改变 CPU 处理中断的次序。例如，在 CPU 响应了某级中断的某个中断源发来的中断请求后，系统将该中断源所属中断级别对应的屏蔽字写入**中断屏蔽寄存器**（Interrupt Mask Register，**IMR**）。CPU 根据中断屏蔽字屏蔽掉某些级别中断的请求信号，使其不能进入排队器排队，从而改变中断处理顺序。

下面对屏蔽字、中断响应优先级和中断处理优先级的概念分别阐述，并通过例题引入中断屏蔽技术的具体应用。

**屏蔽字**：将所有屏蔽触发器组合在一起，就构成一个屏蔽寄存器，屏蔽寄存器的内容称为屏蔽字。它是用于控制整个中断系统的屏蔽状态的二进制位序列，其长度等于中断源的个数。屏蔽字的每一位对应一个中断源，其中为"0"的位表示未屏蔽优先级比自身高的高级设备（即中断开放），为"1"的位则表示屏蔽本级和低级设备（即中断屏蔽）。通过修改屏蔽字，可以改变中断源的中断处理优先级。

**中断响应优先级**：CPU 响应各中断源的请求的优先次序，通常指硬件排队次序，往往是硬件线路提前设置好的，不便于改动。当多个中断请求同时发生时，CPU 会根据中断响应优先级决定哪个中断被优先处理。较高优先级的中断请求会中断较低优先级的中断请求，以保证高优先级的中断能够及时得到处理。

**中断处理优先级**：指 CPU 实际对各中断源的请求的处理优先次序。如果不采用屏蔽技术，响应次序就是处理次序。如果采用屏蔽技术，可通过修改屏蔽字的方式动态调整中断处理优先级。

【例 8.1】设某机有 4 个中断源，即 1、2、3、4，其硬件排队优先次序按 1→2→3→4 的顺序排列，各中断源对应的屏蔽字如表 8-2 所示。

表 8-2 例 8.1 各中断源对应的屏蔽字

| 中断源 | 屏蔽字 | | | |
|---|---|---|---|---|
| | 1 | 2 | 3 | 4 |
| 1 | 1 | 1 | 0 | 1 |
| 2 | 0 | 1 | 0 | 0 |
| 3 | 1 | 1 | 1 | 1 |
| 4 | 0 | 1 | 0 | 1 |

（1）给出这 4 个中断源的中断处理次序。

（2）若 4 个中断源同时有中断请求，每个中断服务程序的执行时间均为 $2t$，画出 CPU 执行程序的轨迹。

解：（1）根据表 8-2，4 个中断源的处理次序是按 3→1→4→2 的顺序，即中断处理优先级为 3→1→4→2。

（2）硬件排队优先次序即中断响应优先级。本题中，CPU 响应 4 个中断按 1→2→3→4 的次序，但处理次序是按屏蔽字所示的中断处理优先级（即 3→1→4→2）的次序（即按照屏蔽字中"1"的位数逐次排序中断处理优先级，"1"最多的最先处理）。若 4 个中断源同时发出中断请求，CPU 先响应 1 的请求，但由于 1 的中断处理优先级比 3 低，其屏蔽字 1101 也指明了它可以被 3 中断，故开中断后转去执行 3 的中断服务程序，因为 3 的屏蔽字为 1111，其中断处理优先级最高；3 执行结束后又回到 1 去执行，1 的中断处理优先级仅低于 3。1 结束后，CPU 还有 2、4 两个中断源的请求未响应。由于 2 的中断响应优先级高于 4，故 CPU 先响应 2 的请求，2 的屏蔽字 0100 表示它可被 1、3、4 中断，但 1 和 3 的中断请求已处理结束，因此在开中断之后转去执行 4 的中断服务程序。4 执行结束回到 2 的断点，继续执行 2，直至该程序执行结束。如图 8-8 所示为本题 CPU 执行程序的轨迹，"中断服务程序"按中断号由小到大纵向排列（有时指明按降序或升序，注意分析题意）。

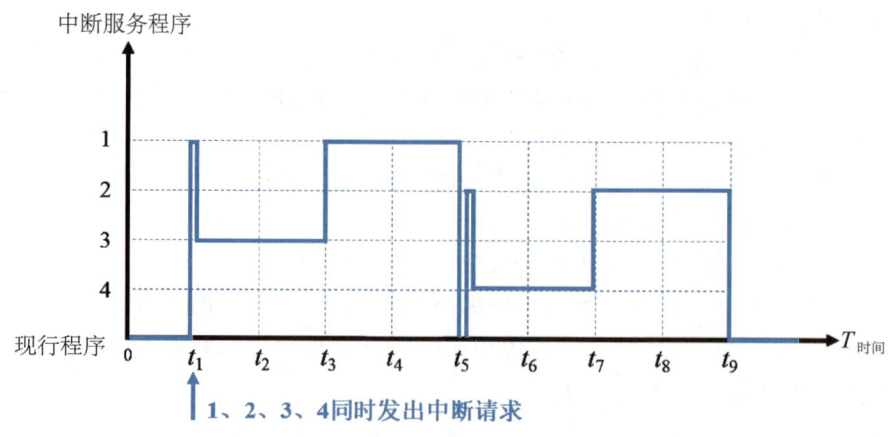

图 8-8 例 8.1CPU 执行程序的轨迹

【例 8.2】设某机有 5 个中断源，即 L0、L1、L2、L3、L4，中断响应优先级为 L0 → L1 → L2 → L3 → L4，现要求中断处理优先级改为 L1 → L4 → L2 → L0 → L3。

（1）请以表格形式写出各中断源的屏蔽字。

（2）若 5 个中断源同时有中断请求，每个中断服务程序的执行时间均为 20ns，画出 CPU 执行程序的轨迹。

解：（1）根据中断处理优先级为 L1 → L4 → L2 → L0 → L3，L1 具有最高优先级，可以屏蔽其他所有中断，且不能中断自身，因此对应的屏蔽字为 11111。L4 具有次高优先级，只能被 L1 中断，因此 L4 对应的屏蔽字为 10111。以此类推，各中断源对应的屏蔽字如表 8-3 所示。

表 8-3 例 8.2 各中断源对应的屏蔽字

| 中断源 | 屏蔽字 | | | | |
| --- | --- | --- | --- | --- | --- |
| | L0 | L1 | L2 | L3 | L4 |
| L0 | 1 | 0 | 0 | 1 | 0 |
| L1 | 1 | 1 | 1 | 1 | 1 |
| L2 | 1 | 0 | 1 | 1 | 0 |
| L3 | 0 | 0 | 0 | 1 | 0 |
| L4 | 1 | 0 | 1 | 1 | 1 |

（2）根据中断响应优先级为 L0 → L1 → L2 → L3 → L4，以及中断处理优先级为 L1 → L4 → L2 → L0 → L3，若 5 个中断源同时发出中断请求，CPU 先响应 L0 的请求，但由于 L1 的中断处理优先级最高，因此在开中断后转去执行 L1。执行结束返回 L0，但由于 L4 的中断处理优先级在剩下的中断请求中级别最高，故开中断后转去执行 L4 的中断服务程序。执行结束由于 L0 的中断响应优先级最高，因此仍返回 L0；但由于 L2 在剩下的中断请求中中断处理优先级高于 L0 和 L3，故在开中断后转去执行 L2。结束后，仍按响应优先级返回 L0，并且 L0 的中断处理优先级也高于 L3，故直接执行 L0。执行完毕后，才响应 L3 的中断请求，执行 L3 的中断服务程序，直至该程序执行结束。CPU 执行程序的轨迹如图 8-9 所示，"中断服务程序"按中断号由小到大纵向排列。

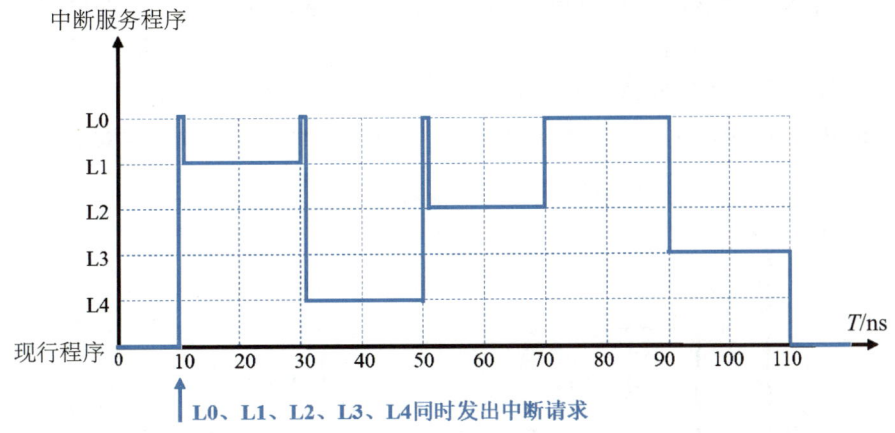

图 8-9 例 8.2 CPU 执行程序的轨迹

【例 8.3】设某机有 4 个中断源，即 A、B、C、D，其硬件排队优先次序为 A→B→C→D，现要求将中断处理次序改为 D→A→C→B。

（1）请以表格形式写出各中断源的屏蔽字。

（2）设每个中断服务程序的执行时间均为 20ns，按如图 8-10 所示的时间轴给出 4 个中断源的请求时刻，画出 CPU 执行程序的轨迹。

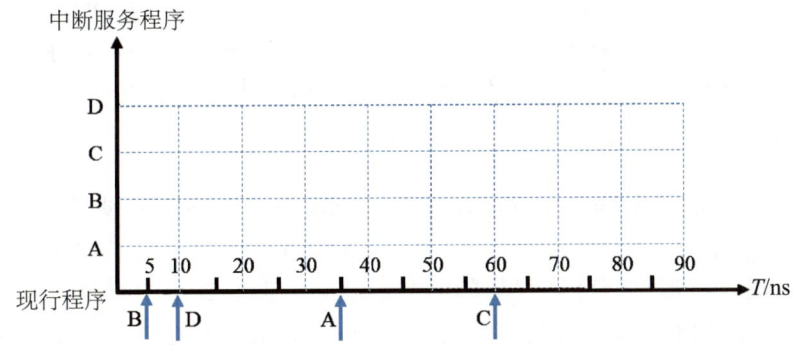

图 8-10 例 8.3 中断源的请求时刻

解：（1）根据中断处理优先级为 D→A→C→B，D 具有最高优先级，可以屏蔽其他所有中断，且不能中断自身，因此对应的屏蔽字为 1111。A 具有次高优先级，只能被 D 中断，因此 A 对应的屏蔽字为 1110。以此类推，各中断源对应的屏蔽字如表 8-4 所示。

表 8-4 例 8.3 各中断源对应的屏蔽字

| 中断源 | 屏蔽字 | | | |
| --- | --- | --- | --- | --- |
|  | A | B | C | D |
| A | 1 | 1 | 1 | 0 |
| B | 0 | 1 | 0 | 0 |
| C | 0 | 1 | 1 | 0 |
| D | 1 | 1 | 1 | 1 |

（2）根据中断处理次序，在时刻 5，B 发出中断请求，获得 CPU；在时刻 10，D 发出中断请求，此时 B 虽还未执行完毕，但 D 的优先级高于 B，于是 D 中断 B 而获得 CPU；在时刻 30，D 执行完毕，B 继续获得 CPU；在时刻 35，A 发出中断请求，此时 B 虽还未执行完毕，但 A 的优先级高于 B，于是 A 中断 B 获得 CPU……以此类推，CPU 执行程序的轨迹如图 8-11 所示。

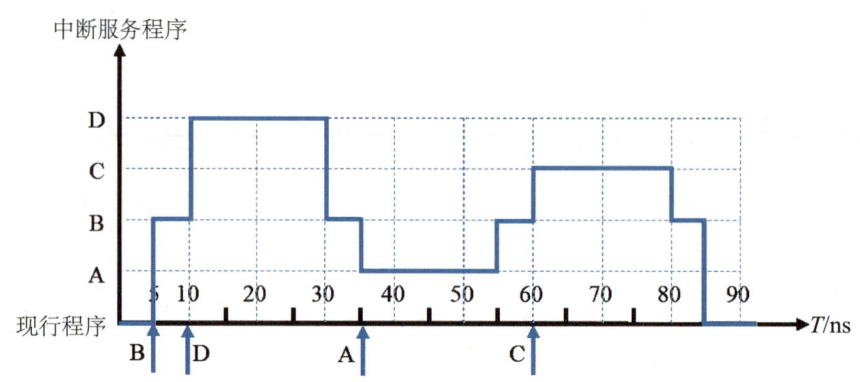

图 8-11　例 8.3CPU 执行程序的轨迹

### 8.4.5　中断处理过程

CPU 采用程序中断方式与 I/O 设备进行信息交互时，需要经过中断请求、中断判优、中断响应、中断服务和中断返回五个步骤。各步骤的具体工作内容如下。

#### 1. 中断请求

为记录中断事件并区分不同的中断源，中断系统需对每个中断源设置中断请求标记触发器（简称中断触发器），当其状态为 "1" 时，表示中断源有请求。这些触发器可以组成中断请求标记寄存器，该寄存器可集中在 CPU 中，也可分散在各个中断源中。

如果通过 INTR 线发出的是可屏蔽中断，则其优先级最低，在关中断模式下不会被响应；如果通过 NMI 线发出的是非屏蔽中断，用于处理紧急和重要的事件，如时钟中断、电源掉电等，则其优先级最高，其次是内部异常，即使在关中断模式下也会被响应。

#### 2. 中断判优

由于许多中断源提出中断请求的时间都是随机的，因此当多个中断源同时提出请求时，CPU 需要根据优先级进行判别，以决定哪个需要优先处理。一般而言，中断响应优先级的排序可归纳为以下几种。

- 非屏蔽中断 > 内部异常 > 可屏蔽中断。
- 内部异常中，硬件故障 > 软件中断。
- DMA 中断请求 >I/O 设备传输的中断请求。
- 在 I/O 传输类中断请求中，高速设备 > 低速设备，输入设备 > 输出设备，实时设备 > 普通设备。

通常，中断响应优先级在硬件线路上是固定的，不便改动；但中断处理优先级可利用中断屏蔽技术动态调整，以实现多重中断。

**中断判优**一般包含两层含义：一是多个中断源同时提出中断请求时的优先级判别；二是当 CPU 正欲执行某个中断服务程序，又有新的中断源提出中断请求时，决定是否需要中断前一个中断源的中断服务程序。中断判优通常可以用软件排队和硬件排队两种方式来确定。

1）软件排队

软件排队通过编写查询程序实现，程序按中断源的优先等级，由高至低逐级查询各中断源是否有中断请求，也叫作程序查询法。程序查询法流程如图 8-12 所示。

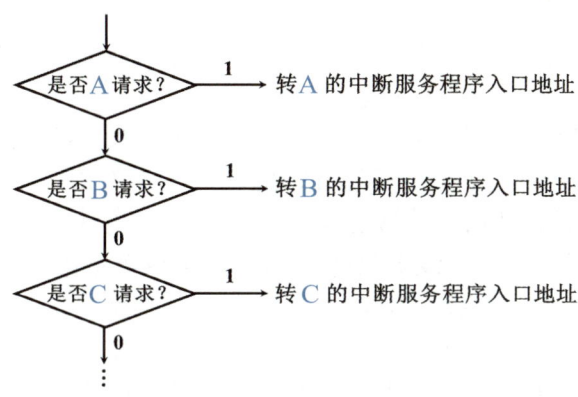

图 8-12　程序查询法流程

当 CPU 收到中断请求后，就执行查询程序，由查询程序按一定排队次序检查各个设备的中断触发器（或称为中断标志），当遇到第一个"1"时，即找到了需要优先处理的中断源，取出其设备码，根据设备码转入相应的中断服务程序。

显然，程序查询法将软件判断方式和识别中断源结合在一起，当查询到中断请求的来源时，也就找到了中断源，可以立即响应并转到对应中断服务程序。这种方法简单，可以灵活修改中断源的优先级别，但是查询和判优都是靠程序实现的，这样会占用 CPU 时间，并且判优速度也比较慢。

2）硬件排队

硬件排队也称为硬件判优电路，根据排队器的物理结构特性又细分为以下两种。

（1）**链式排队器**：也称**串行排队判优电路**，即中断触发器分散在各个中断源的接口电路中。如图 8-13 所示是设在各个接口电路中的链式排队器，每一个接口电路中都设有一个非门和一个与非门，是链式排队器的核心（如图 8-13 中虚线框所示）。

图 8-13 的中断源优先次序为 1→2→3→4，即左侧的中断源 1 优先级最高，向右逐级次之。图 8-13 中给出的 4 个中断源中，如果所有的中断源都没有中断请求，那 $\overline{INTR_i}$ 的值就都是 1，每一个 $INTP_i'$ 也都是 1。如果某一个设备有中断请求，$INTR_i=1$，则 $\overline{INTR_i}=0$（$i=1\sim 4$）。

假设中断源 1 提出了中断请求，$INTR_1=1$，则 $\overline{INTR_1}=0$，因此中断源 1（图 8-13 中左数第一个虚线框）的输出端 =1，经过一个非门之后，$INTP_2'$ 就变成了 0；同样，$INTP_3'$、$INTP_4'$ 都变成了 0。也就是说，如果某一个优先级的设备提出中断请求，排在这个设备后面的 $INTP_i'$ 都会变成 0，在它之前的 $INTP_i'$ 的值都会是 1。

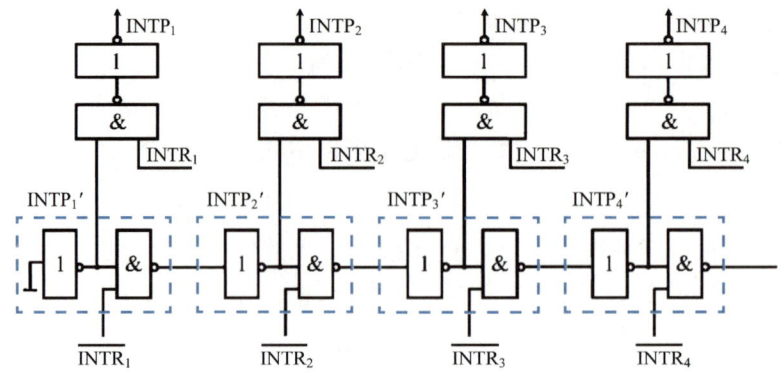

图 8-13 链式排队器

因此，链式排队器对中断请求进行排队后，从 $INTP_1'$ 到 $INTP_i'$ 这些输出中，只有一个值是 1，它迫使比其优先级低的中断源变为低电平，屏蔽其发出中断请求。通过这种方式，解决了若干个中断请求的排队问题，筛选出了优先级最高的中断源。

（2）**集中式排队器**：中断触发器集中在 CPU 内，或集中在 CPU 外的某个专门负责中断判优的机构中。如图 8-14 所示，仍按 1→2→3→4 的优先次序排列。这样，当最高优先级的中断源有请求时，$INTR_1=1$，即可封锁（即屏蔽）比它级别低的中断源的请求。通过判优，这个排队器中的输出只有一条电路为 1，即为筛选出来的优先级最高的中断源，其他都为 0。

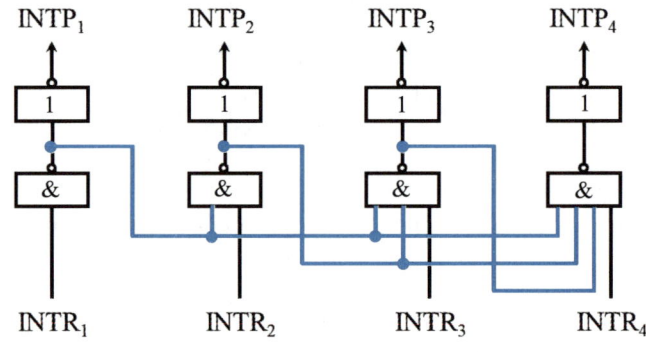

图 8-14 集中式排队器

### 3. 中断响应

针对可屏蔽的中断请求，满足下述条件，CPU 才能响应中断。

- 中断源发出中断请求，并且该中断请求未被屏蔽。
- CPU 允许接收中断请求，即 CPU 处于开中断状态，中断允许触发器 EINT 或中断允许标志位为 1，CPU 才可以响应中断源的中断请求（该过程称为**中断允许**）。反之，若 EINT=0，则 CPU 不允许中断请求，即使中断源有中断请求，CPU 也不会响应（该过程称为**中断关闭**）。
- 没有更紧迫的中断事件要处理，如没有因故障引起的内部中断，或是优先权高于程序中断的 DMA 请求等。

- CPU 刚刚执行完的指令不是停机指令。
- CPU 处于某条指令执行周期结束的阶段。因为程序中断的过程就是程序切换的过程，显然不能在指令执行时就切换，否则代价太大。

一旦响应中断的条件与时间得到满足，CPU 就开始响应中断，转入中断服务程序进行处理。

### 4. 中断服务

不同计算机对中断服务的处理各有特色，就其多数而论，中断服务过程如图 8-15 所示。

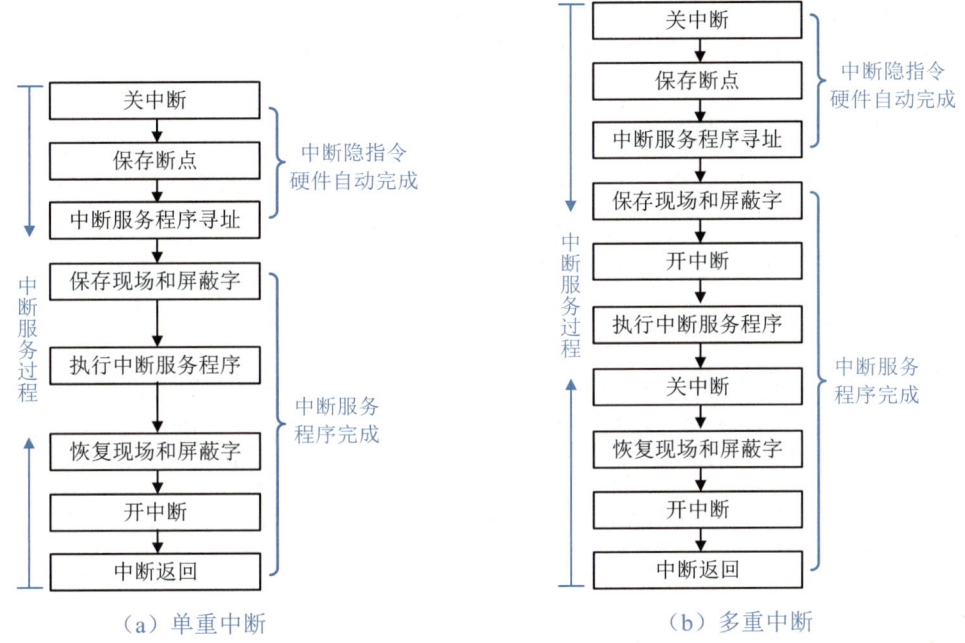

图 8-15　单重中断和多重中断的中断服务过程

下面以图 8-15（b）为例，逐一介绍各阶段的主要工作。

（1）**关中断**：CPU 进入不可再次响应中断的状态。因为接下来要保存现行程序断点和现场。在保存现场过程中，即使有更高级别的中断源申请中断，CPU 也不予响应，否则现场保存不完整，在中断服务程序结束后，就无法正确地恢复现场并继续执行现行程序。

（2）**保存断点**：通常由中断隐指令完成。为了在中断结束后能正确地返回断点，在响应中断时，必须把当前程序计数器（PC）中的内容保存在栈或特定寄存器中。

（3）**中断服务程序寻址**：即判别中断源，转入相应的中断服务程序入口。

（4）**保存现场和屏蔽字**：通常由中断服务程序完成。进入中断服务程序后，首先要保存现场和屏蔽字，现场是指用户可见的工作寄存器（通用寄存器和状态寄存器）的内容，它存放着程序执行到断点处的现行值。对现场信息的处理有两种方式：一是由硬件对现场信息进行保存和恢复，不同的机器有不同方案，有的机器把断点保存在主存特定单元中，有的机器响应中断后从主存单元分别取出新的计数器内容和处理器状态字来代替，称为交换新旧状态字方式；二是由软件即中断服务程序对现场信息进行保存和恢复。具体而言，可在中断服务程序的起始部分安排若干条存数指令，将寄存器的内容保存至存储器中，或用进栈指令（PUSH）将各寄存器的内容压入堆栈，即将程序中断时的"现场"保存起来。

（5）开中断。单重中断只在中断返回前开中断，而多重中断有两次开中断，这是为了在执行中断服务程序之前允许更高级别的中断请求得到响应，实现中断嵌套。

（6）执行中断服务程序。这是中断服务程序的主体部分，目的就是进行中断事件处理。不同的中断请求源其中断服务操作内容是不同的，如打印机要求 CPU 将需打印的字符代码通过接口送入打印机的缓冲存储器中，以供打印机打印；又如显示设备要求 CPU 将需显示的字符代码，通过接口送入显示器的显示存储器中。

（7）第二次关中断。执行完中断服务程序后需要退出中断，在退出前，应进入不允许中断的状态，即关中断。主要是为了在恢复现场和断点的过程中不被其他中断请求干扰，以免发生错误。

（8）恢复现场和屏蔽字。即原本"保存现场和屏蔽字"的逆过程。在退出中断服务程序前，将原程序中断时的"现场"恢复到原来的寄存器中。通常可用取数指令或出栈指令（POP），将保存在存储器（或堆栈）中的信息送回原来的寄存器中。

（9）第二次开中断。再次允许更高级别的中断请求得到响应，实现多重中断。

### 5. 中断返回

中断返回的任务是使 CPU 在中断服务程序执行完毕后能够正确地返回断点，确保原程序无论被中断多少次，都能继续执行并得到结果。中断返回包括现场信息、中断返回地址和中断嵌套等方面的处理。中断服务程序的最后一条指令通常是中断返回指令，在恢复 PC、栈指针、相关寄存器的内容及状态信息后，将控制权返还给被暂停的原程序，使其返回原程序的断点处继续执行。

## 8.4.6 程序中断设备接口的组成

程序中断设备接口一般由设备选择器、中断控制逻辑、工作状态逻辑（中断请求、屏蔽位）、中断排队、设备码回送逻辑和数据缓冲寄存器等组成。接口标准化，通过总线与主存相连。

### 1. 设备选择器

每一台外设接口都设置一个设备选择器，连接在系统上的每一台设备都有一个设备码。当 CPU 需要使用某外设时，通过 I/O 指令或其他访问 I/O 设备地址的指令，将设备码通过地址送往所有外设接口，只有与该设备码匹配的设备选择器才会产生选中信号（SEL），该外设及其接口才能响应主存的控制并进行数据传输。

### 2. 中断控制逻辑和工作状态逻辑

如图 8-16 所示的中断控制逻辑是带有中断屏蔽的接口逻辑。它包括两个工作状态寄存器［即完成触发器（DONE）和忙触发器（BUSY）］、一个中断请求触发器和一个中断屏蔽触发器。当该设备被选中，即选中信号（SEL）为高电平时，忙触发器（BUSY）置"1"，启动设备，同时完成触发器（DONE）置"0"。当设备完成输入/输出操作，需要请求中断时，由完成信号将完成触发器（DONE）置"1"。如果此时中断屏蔽触发器为"0"，则在指令结束信号 RQENB 的作用下，使中断请求触发器置"1"，向 CPU 发出中断请求信号 INTR。但若中断屏蔽触发器处于"1"，则即使完成触发器（DONE）为"1"，仍不能产生中断请求信号，直到中断屏蔽触发器为"0"为止。中断屏蔽触发器是由 I/O 指令来置位或复位的。图 8-16 中的 IORST 是 CPU 送来的复位（I/O 总清）信号，MSKO 是其置位信号。

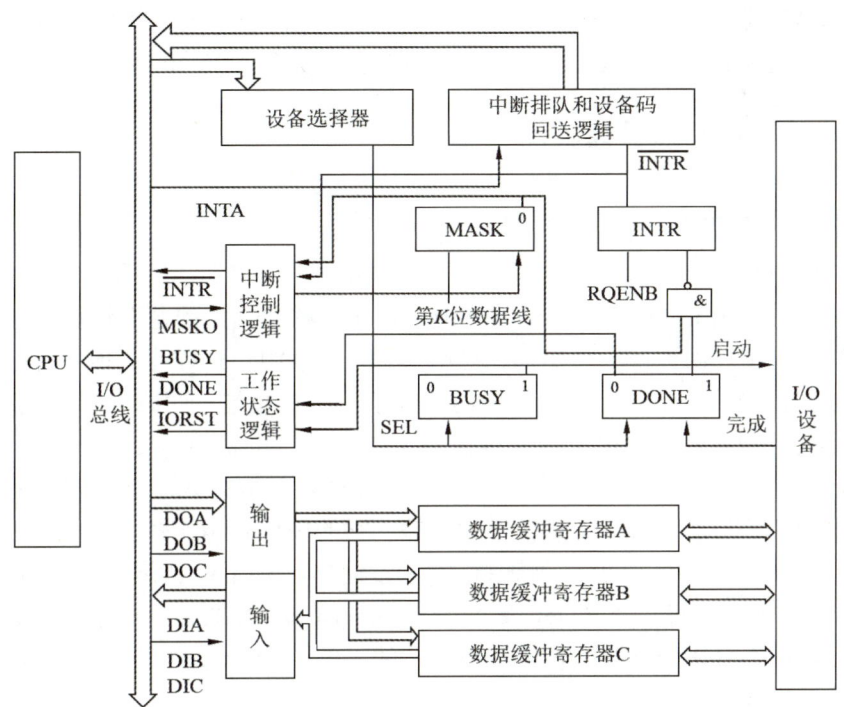

图 8-16 某机程序中断设备接口框图

### 3. 中断排队和设备码回送逻辑

CPU 接到外设的中断请求后，若可以响应中断，则需知道是哪台设备要求服务。因此，需要将请求中断的设备码发送给 CPU。当多个外设有中断请求时，必须先为优先级高的外设服务。这个任务是通过排队线路和设备码回送逻辑来完成的。

### 4. 数据缓冲寄存器

每个外设的接口都设有数据缓冲寄存器，其长度为一个字节或一个字长。有的只需要一个，有的可设多个。图 8-16 中有三个数据缓冲寄存器 A、B、C，它们在 CPU 送来的 DOA 和 DIA 信号控制下完成接收和发送工作。除上述标准部件外，各个外设还可设置一些特殊的控制电路，以适应不同外设的需要，如启停电路。

不同机器的程序中断设备接口逻辑是不同的，但基本原理是一致的。程序中断控制逻辑已由专用集成电路芯片实现。

## 8.5 DMA 方式

虽然程序中断方式消除了程序查询方式的"踏步"现象，但程序中断方式的实质是程序切换，数据传输时需 CPU 暂停现行程序转入中断服务程序，并且不得不占用 CPU 内部的一些寄存器，每次操作需要保存和恢复现场，这同样是对 CPU 资源的消耗，因而出现了能直接与主存交换信息而不占用 CPU 的 I/O 控制方式。

**直接存储器存取**（DMA）方式是一种完全由硬件进行成组数据传输的控制方式，其实现思想是外设在硬件支持下直接与主存交换成批数据而无须 CPU 干预。

### 8.5.1 DMA 方式的特点及比较

#### 1. DMA 方式的特点

DMA 方式在外设与主存之间开辟了一条"直接数据通道"，数据传输是在 DMA 控制器的控制下进行的，由 DMA 控制器给出当前正在传输的数据块的主存地址，并统计传输的数据块的个数以确定一组数据的传输是否已结束。在主存中要开辟连续地址的专用缓冲器，用于提供或接收传输的数据。在数据传输前和结束后，要通过程序或中断对缓冲器和 DMA 控制器进行预处理和后处理。由于数据传输不经过 CPU，也就不需要保存、恢复 CPU 现场等烦琐操作，降低了 CPU 的开销，因此称为直接存储器存取方式。这种方式适用于磁盘、显卡、声卡、网卡等高速设备大批量数据的传输，它的硬件开销比较大。

在 DMA 方式中，CPU 很少干预数据的输入/输出，只是在数据传输开始前，初始化 DMA 控制器的设备地址寄存器（Device Address Register，DAR）、主存地址寄存器和数据字个数计数器等，不直接干预数据传输开始以后的工作。DMA 通过中断与 CPU 保持联系，以便在数据传输完成或发生异常时及时通知 CPU 加以干预。

DMA 方式最大的优点是速度快。由于 CPU 基本不干预数据传输操作，与程序查询方式和程序中断方式相比节省了 CPU 取指令、取数据、送数据等操作。在数据传输过程中，也不需要进行保存现场、恢复现场的工作。主存地址的修改、计数器的操作均由硬件线路直接实现，降低了系统程序的复杂性。DMA 方式的特点主要表现在以下几个方面。

（1）DMA 方式使主存与 CPU 的固定联系脱钩，主存既可被 CPU 访问，也可被快速外设直接访问。

（2）在传输数据时，主存地址的确定、传输数据的计数等由硬件电路直接实现。

（3）主存中要开辟专用缓冲区，及时供给和接收外设的数据。DMA 方式在数据传输开始前要通过程序进行预处理，结束后要通过中断联系 CPU 进行后处理。

（4）CPU 几乎完全与外设并行工作，提高了系统的效率。由于 DMA 方式传输数据不需要经过 CPU，因此不必中断现行程序。

#### 2. DMA 方式与程序中断方式的比较

DMA 方式延续了程序中断方式在数据准备阶段 CPU 与外设并行工作的优点，但在数据传输、中断请求、响应条件、应用场景、优先级、异常事件的处理等方面均与程序中断方式差异较大。DMA 方式与程序中断方式的比较如表 8-5 所示。

表 8-5 DMA 方式与程序中断方式的比较

| 对比项目 | DMA 方式 | 程序中断方式 |
| --- | --- | --- |
| 数据传输 | 硬件控制<br>CPU 只需进行预处理和后处理 | 程序控制<br>程序的切换→保存和恢复现场 |
| 中断请求 | 后处理 | 数据传输 |
| 响应条件 | 每个机器周期结束均可，总线空闲时即可响应 | 指令执行周期结束后响应 |
| 应用场景 | DMA 控制器控制，高速设备 | CPU 控制，低速设备 |
| 优先级 | 高 | 低 |
| 异常事件的处理 | 仅传输数据 | 能处理异常事件 |

从数据传输方式来看，程序中断方式靠程序控制，是对程序的切换，需要保存和恢复现场；DMA 方式靠硬件控制，除了预处理和后处理，其他时候不占用 CPU 的任何资源。

在要传输的数据块全部传输结束时，DMA 方式会向 CPU 发出中断请求以进行后处理。中断周期所执行的操作与程序中断方式下的有所区别。DMA 方式下的中断仅限于故障和正常传输结束时的后处理；程序中断方式下的中断虽然也支持错误处理、故障恢复和数据校验，但主要是数据传输。

程序中断方式对中断请求的响应只能发生在每条指令执行完毕时（即指令的执行周期之后），而对 DMA 请求的响应可以发生在每个机器周期结束时（如取指周期、间址周期、执行周期之后均可），只要 CPU 不占用总线即可被响应。

程序中断方式中的数据传输过程需要 CPU 干预，数据传输的基本单位是字或字节，每传输一个字或一个字节都需要一次中断，适用于低速设备的数据传输；而 DMA 方式中的数据传输过程不需要 CPU 干预，进行外设读写操作的指令是由 DMA 控制器完成的，以数据块为单位进行传输，故数据传输速率非常高，适合高速外设的成组数据传输。

DMA 请求的优先级高于中断请求。因为大多数情况下，DMA 请求是由高速设备发出的，例如磁盘读写、网络传输等。这些设备需要高速传输大量数据，因此对数据传输的时效性要求较高。如果 DMA 请求的优先级较低，则可能导致数据传输的延迟，降低系统的效率和性能。因此，为了确保高速设备的数据传输能够及时进行，DMA 请求的优先级通常较高，以优先获得系统资源并进行数据传输。相比之下，中断请求的优先级较低，因为中断请求通常对系统的实时性要求没有那么高，可以等待 CPU 空闲时进行响应。

在对异常事件的处理方面，程序中断方式具有对异常事件的处理能力，因为中断服务程序可以根据具体的异常事件进行相应的处理和响应；而 DMA 方式仅局限于传输数据的 I/O 操作，DMA 控制器不具备主动处理异常事件的能力，需要依赖 CPU 在后处理中进行异常处理。

### 3. 程序查询方式、程序中断方式和 DMA 方式的综合性能比较

下面从 7 个维度对程序查询方式、程序中断方式和 DMA 方式的综合性能进行比较。

（1）程序查询方式和程序中断方式主要依赖软件，DMA 方式主要依赖硬件。

(2) 从传输数据的基本单位来看,程序查询方式和程序中断方式传输数据的基本单位为字或字节,DMA 方式为数据块。

(3) 从并行性来看,在传输数据时,程序查询方式下的 CPU 与 I/O 设备串行工作;程序中断方式下的 CPU 与 I/O 设备并行工作,现行程序与 I/O 传输串行进行;DMA 方式下的 CPU 与 I/O 设备并行工作,现行程序与 I/O 传输并行进行。

(4) 从 CPU 的主动性来看,程序查询方式下的 CPU 主动查询 I/O 设备状态;程序中断方式和 DMA 方式下的 CPU 被动接收 I/O 中断请求或 DMA 请求。

(5) 从数据传输速度来看,程序中断方式由于软件额外开销时间比较大,因此速度最慢;程序查询方式基本没有软件额外开销时间,因此速度比程序中断方式快;DMA 方式基本由硬件实现传输,因此速度最快。同时,程序查询方式、程序中断方式为外设与 CPU 之间交换,DMA 方式为外设与主存之间交换。

(6) 从经济性来看,程序查询方式的接口硬件结构最简单、经济;程序中断方式的接口硬件结构稍微复杂一些,较为经济;而 DMA 方式的控制器硬件结构最复杂,成本最高。

(7) 从应用对象来看,程序查询方式适用于中、低速实时处理过程;程序中断方式适用于中、低速设备;DMA 方式适用于高速设备。

【注】在程序中断方式下,虽然 CPU 运行效率比程序查询方式高,但数据传输速度却比程序查询方式慢。

### 8.5.2 DMA 方式的访存控制方式

在 DMA 方式中,由于 DMA 控制器与 CPU 共享主存,这就有可能出现两者争用主存的冲突。为了有效地分时使用主存,DMA 控制器与主存交换数据时,通常采用 CPU 暂停访问主存、周期窃取(周期挪用)、DMA 控制器与 CPU 交替访问三种方式来解决同时访存的冲突问题。

#### 1. CPU 暂停访问主存

当外设要求传输一批数据时,由 DMA 控制器向 CPU 发出一个停止信号,要求 CPU 放弃对地址总线、数据总线和有关控制总线的控制权。在获得总线控制权后,DMA 控制器开始控制数据传输。在一批数据传输结束后,DMA 控制器通知 CPU 可以使用主存,并交出总线控制权,如图 8-17 所示。显然,在传输过程中,CPU 基本处于不工作状态,或保持原状态。

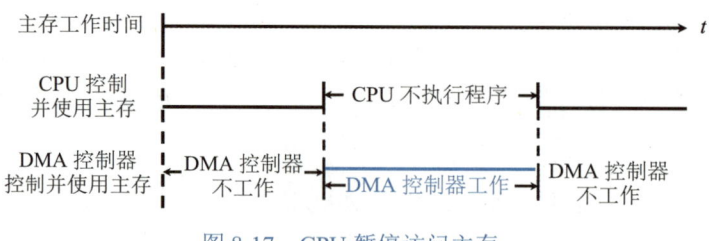

图 8-17 CPU 暂停访问主存

这种传输方式的优点是控制简单,可以用于数据传输速度很高的外设成组传输数据。

其缺点是在 DMA 控制器访问主存期间，CPU 和主存的效能没有得到充分发挥。由于一般外设传输两个数据的间隔大于主存的存取周期，因此在外设传输数据的间隔期间，主存资源没有得到充分利用。

### 2. 周期窃取（周期挪用）

在 DMA 方式中，当外设没有 DMA 请求时，CPU 按程序要求访问主存；当有 DMA 请求时，由 DMA 控制器与主存储器之间传输一个数据，占用（窃取）一个存取周期，即 CPU 暂停工作一个周期，然后继续执行程序。

在周期窃取方式中，当外设提出 DMA 请求时，可能遇到以下三种情况。

（1）CPU 不需要访问主存（如 CPU 正在执行乘法指令，由于乘法指令执行时间较长，此时 CPU 不需要访问主存），此时，DMA 控制器窃取 1~2 个存取周期对 CPU 执行程序没有任何影响。

（2）外设提出 DMA 请求时，CPU 正在访问主存，此时必须等存取周期结束，CPU 才能让出总线控制权。

（3）高速外设通过 DMA 控制器和 CPU 同时访问主存，产生主存访问冲突。在产生冲突的情况下，DMA 控制器访问主存的优先级高，CPU 必须将总线（如地址总线、数据总线）控制权让给 DMA 控制器，原因是外设对主存的访问有时间要求，如果不立即访问就有可能丢失数据，所以必须在下一个访问主存请求到达之前完成当前数据的存取操作，这时就要窃取 1~2 个存取周期。也就是说，在 CPU 执行访问主存指令过程中插入了 DMA 请求，并窃取了 1~2 个存取周期，这样明显延缓了 CPU 执行程序的速度，如图 8-18 所示。

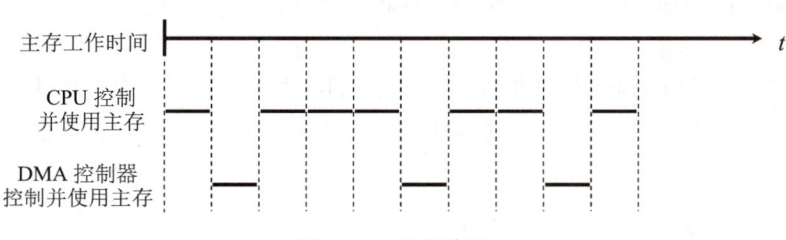

图 8-18 周期窃取

与 CPU 暂停访问主存相比，周期窃取既实现了数据的输入/输出，又较好地发挥了主存和 CPU 的效能，因而在计算机系统中得到了较广泛的应用。但由于外设每次窃取存取周期都必须经历 DMA 控制器申请总线的控制权、接管总线控制权和归还总线控制权的过程，整个过程一般要持续 2~5 个存取周期（视计算机的具体情况而定），因此这种方法适用于外设读取周期大于主存存取周期的情况。

### 3. DMA 控制器与 CPU 交替访问

这种方式适合 CPU 工作周期比主存存取周期长的情况。该方式将主存的存取周期分成两段，一段专用于 DMA 控制器访问主存，另一段专用于 CPU 访问主存，时间上不会发生冲突。如图 8-19 所示为 DMA 控制器与 CPU 交替访问的时序图。

如图 8-19 所示，CPU 工作周期为 1.2μs，主存的存取周期小于 0.6μs，就可以把一个 CPU 工作周期分成 $C_1$ 和 $C_2$ 两段，$C_1$ 专供 DMA 控制器访问，$C_2$ 专供 CPU 访问。

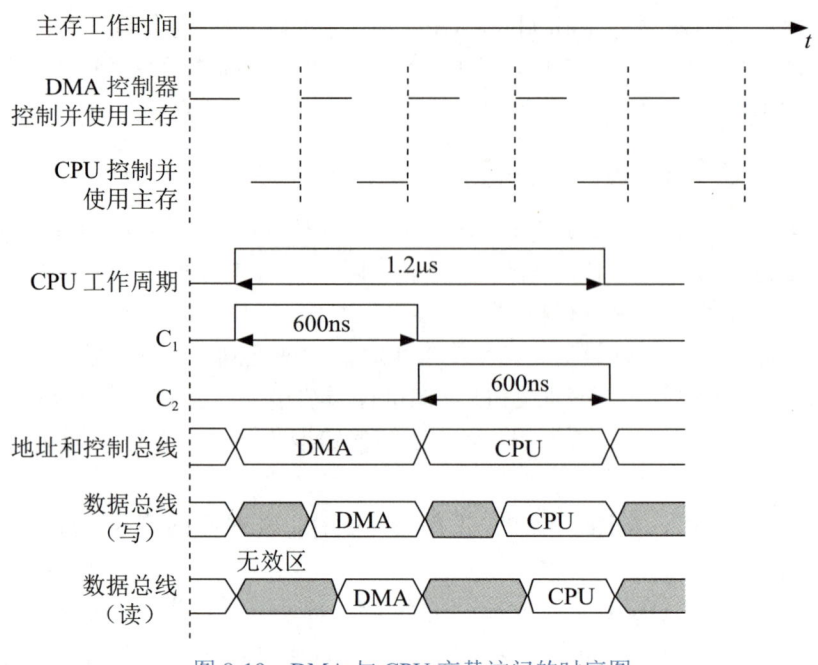

图 8-19 DMA 与 CPU 交替访问的时序图

这种方式不需要总线控制权的申请、建立和归还,总线控制权是通过 $C_1$ 和 $C_2$ 分时控制的。CPU 既不停止主程序运行也无须进入等待状态,就完成了 DMA 的数据传输。CPU 和 DMA 控制器各自有独立的主存地址寄存器、数据缓冲寄存器和读/写信号。实际上,总线相当于拆分的 CPU 工作周期控制下的多路转换器,总线控制权的转移几乎不需要什么时间,具有很高的数据传输速率。

不足之处在于,这种方式会增加主存存取周期;并且,由于 CPU 及外设的速度与主存不匹配,因此可能有多个供 DMA 控制器使用的主存时间片被浪费,相应的硬件逻辑结构也更为复杂。

### 8.5.3 DMA 控制器的功能和组成

#### 1. DMA 控制器的功能

利用 DMA 方式传输数据时,数据的传输过程完全由 DMA 控制器接口电路控制,故 DMA 控制器又称为 DMA 接口。DMA 控制器具有如下功能。

- 向 CPU 申请数据传输。
- 在 CPU 允许 DMA 工作时,处理总线控制权的转交,避免因进入 DMA 工作而影响 CPU 正常活动或引起总线竞争。
- 在 DMA 工作期间管理系统总线,控制数据传输。
- 确定数据传输的起始地址和数据长度,修正数据传输过程中的数据地址和数据长度。
- 在数据传输结束时,给出操作完成信号。

#### 2. DMA 控制器的组成

最简单的 DMA 控制器的组成如图 8-20 所示,它由虚线框中的几个逻辑部件组成。

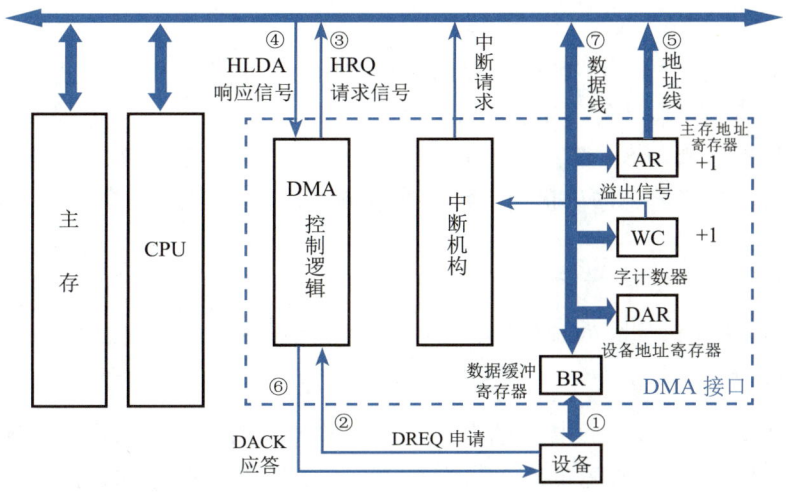

图 8-20 最简单的 DMA 控制器的组成

1）主存地址寄存器（AR）

AR 用于存放主存中需要交换数据的地址。在传输数据前，必须通过程序将数据在主存中的首地址送到主存地址寄存器。在数据传输过程中，每交换一次数据，将主存地址寄存器内容加 1，直到一批数据传输完毕为止。

2）字计数器（WC）

WC 用于记录传输数据的总字数，通常以交换字数的补码值预置。在数据传输过程中，每传输一个字，字计数器加 1，直到字计数器为 0，即最高位产生进位，表示该批数据传输完毕（若交换字数以原码值预置，则每传输一个字，字计数器减 1，直到计数器为 0，表示该批数据传输完毕）。DMA 控制器向 CPU 发送中断请求。

3）设备地址寄存器（DAR）

DAR 存放 I/O 设备的设备码或表示设备信息存储区的寻址信息，如机械磁盘数据所在的区号、盘面号和柱面号，具体内容取决于设备的数据格式和地址的编址方式。

4）数据缓冲寄存器（BR）

BR 用于暂存每次传输的数据。通常 DMA 控制器与主存之间采用字传输，而 DMA 控制器与设备之间可能是字节或位传输。因此，DMA 控制器中还可能包括装配或拆卸字信息的硬件逻辑，如数据移位缓冲寄存器、字节计数器等。

5）DMA 控制逻辑

DMA 控制逻辑负责管理数据传输过程，由控制电路、时序电路及状态控制寄存器等组成。每当设备准备好一个数据字（或一个字传输结束），就向 DMA 控制器提出申请（DREQ），DMA 控制逻辑便向 CPU 发送 DMA 请求，发出总线控制权的请求信号（HRQ）。待收到 CPU 发出的响应信号（HLDA）后，DMA 控制逻辑便开始负责管理数据传输的全过程，包括对主存地址寄存器和字计数器的修改、识别总线地址、指定传输类型（输入/输出）以及通知设备已经被授予一个 DMA 周期（DACK）等。

6）中断机构

当字计数器溢出（全"0"）时，表示一批数据交换完毕，由"溢出信号"通过中断机构向 CPU 提出中断请求，请求 CPU 进行后处理。

【注】这里的中断与 8.4 节介绍的 I/O 中断的技术相同，但中断的目的不同，前面是为了数据输入/输出，而这里是为了报告一批数据传输完毕，它们是 I/O 系统中不同的中断事件。

### 8.5.4 DMA 方式的工作过程

DMA 方式的工作过程分为预处理、数据传输和后处理三个阶段。

#### 1. 预处理

预处理是由 CPU 完成一些必要的准备工作。首先，CPU 执行几条 I/O 指令，用以测试 I/O 设备状态，为 DMA 控制器的有关寄存器置初值、设置传输方向、启动设备等。然后，CPU 继续执行原来的程序，直到 I/O 设备准备好发送的数据（输入情况）或接收的数据（输出情况）时，I/O 设备向 DMA 控制器发送 DMA 请求，再由 DMA 控制器向 CPU 发送总线控制请求（有时将这两个过程统称为 DMA 请求），若有多个 DMA 控制器同时申请，则由硬件排队判优逻辑决定次序。待 I/O 设备得到主存总线的控制权后，数据的传输便由该 DMA 控制器进行管理，如图 8-21（a）所示。

#### 2. 数据传输

DMA 方式的数据传输以单字节或字为基本单位，对于以数据块为单位的传输（如硬盘），控制总线后的数据输入/输出操作都是通过循环来实现的。需要指出的是，这一循环也是由 DMA 控制器（而不是 CPU 执行程序）实现的，也就是说，数据传输阶段完全是由 DMA 控制器（硬件）来控制的。

以周期窃取方式为例，其数据传输的流程如图 8-21（b）所示。

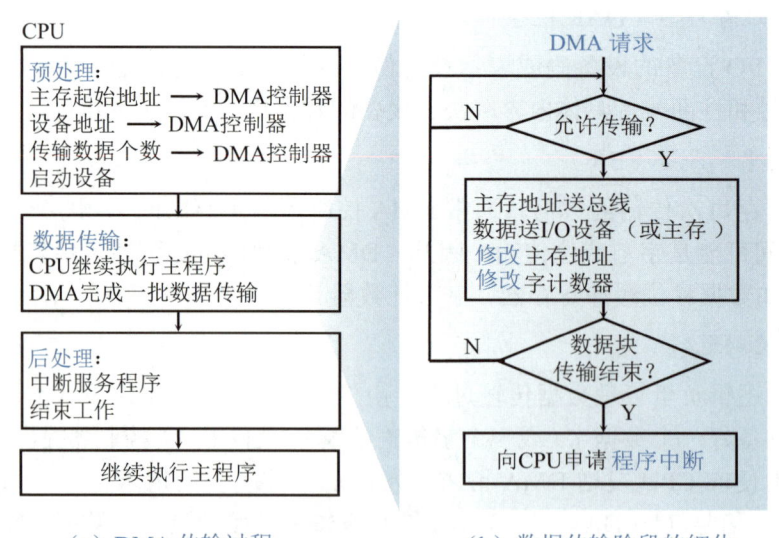

(a) DMA 传输过程　　　　(b) 数据传输阶段的细化

图 8-21　DMA 传输过程示意图

综合图 8-20 和图 8-21，以数据输入为例，具体操作如下。

（1）当设备准备好一个字时，发出选通信号，将该字读到数据缓冲寄存器（BR）中，表示数据缓冲寄存器"满"（如果 I/O 设备是面向字符的，则一次读入一个字节，组装成一个字）。

（2）与此同时，设备向 DMA 控制器发出请求（DREQ）。

（3）DMA 控制器向 CPU 申请总线控制权（HRQ）。

（4）CPU 发回响应信号（HLDA），表示允许将总线控制权交给 DMA 控制器。

（5）将主存地址寄存器中的主存地址送至地址总线，并命令存储器写。

（6）通知设备已被授予一个 DMA 周期（DACK），并为交换下一个字做准备。

（7）将数据缓冲寄存器的内容送至数据总线。

（8）主存将数据总线上的信息写至地址总线指定的存储单元中。

（9）修改主存地址和字计数值。

（10）判断数据是否传输结束，若未结束，则继续传输；若已结束（字计数器溢出），则向 CPU 申请程序中断，标志数据传输结束。

若为输出数据，则完成以下操作。

（1）若数据缓冲寄存器已将输出数据送至 I/O 设备，则表示数据缓冲寄存器已"空"。

（2）设备向 DMA 控制器发出请求（DREQ）。

（3）DMA 控制器向 CPU 申请总线控制权（HRQ）。

（4）CPU 发回响应信号（HLDA），表示允许将总线控制权交给 DMA 控制器。

（5）将主存地址寄存器中的主存地址送至地址总线，并命令存储器读。

（6）通知设备已被授予一个 DMA 周期（DACK），并为交换下一个字做准备。

（7）主存将相应地址单元的内容通过数据总线读入 DMA 的数据缓冲寄存器中。

（8）将数据缓冲寄存器的内容送到输出设备，若为字符设备，则需将其拆成字符输出。

（9）修改主存地址和字计数值。

（10）判断数据是否已传输完毕，若未完毕，继续传输；若已传输完毕，则向 CPU 申请程序中断。

### 3. 后处理

后处理是指中断请求得到响应后，CPU 暂停原程序的执行，转向执行中断服务程序，完成一系列结束工作。这些工作包括以下方面。

- 数据校验：校验传输的数据是否正确，以确保数据的完整性和准确性。
- 诊错处理：测试传输过程中是否出错，若有则转错误诊断及处理程序。
- 继续传输决策：决定是否需要继续使用 DMA 方式传输其他数据，并相应地初始化 DMA 控制器（若继续使用）或停止外设（若不再使用）。

### 8.5.5 DMA 控制器的连接方式及类型

#### 1. DMA 控制器与系统的连接方式

1）具有公共请求线的 DMA 请求

具有公共请求线的 DMA 请求（见图 8-22）是将若干个 DMA 控制器通过一条公用的

DMA 请求线向 CPU 申请总线控制权。CPU 发出响应信号，用链式查询方式通过 DMA 控制器选中设备获得总线控制权，即可控制总线与主存传输数据。其优缺点类似于 6.3.1 节中的链式查询方式。

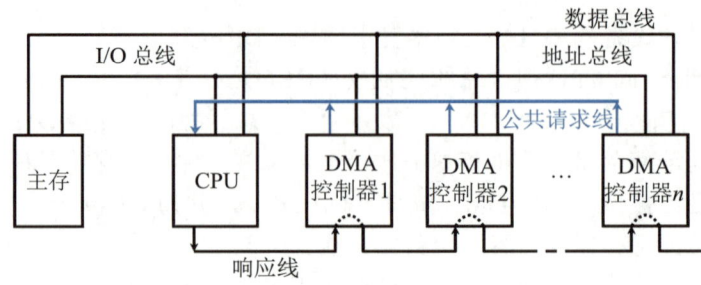

图 8-22 具有公共请求线的 DMA 请求

2）独立的 DMA 请求

独立的 DMA 请求（见图 8-23）是指每一个 DMA 控制器都有一对独立的请求线和响应线，它由 CPU 的优先级判别机构裁决首先响应哪个请求，并在响应线上发出响应信号，获得响应信号的 DMA 控制器便可控制总线与主存传输数据。其优缺点类似于 6.3.1 节中的独立请求方式。

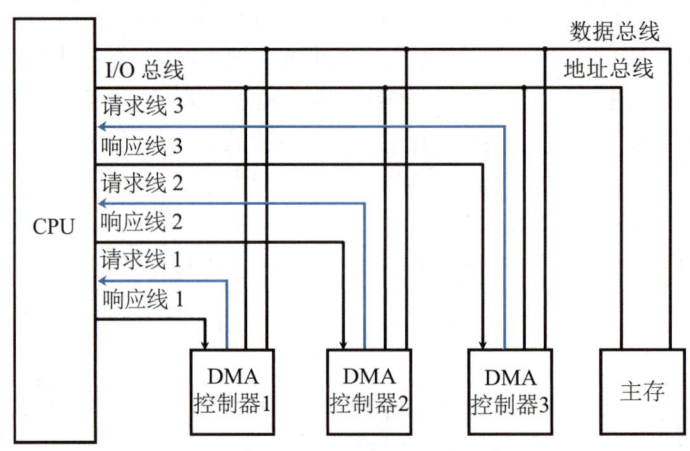

图 8-23 独立的 DMA 请求

2. DMA 控制器的类型

现代集成电路制造技术已将 DMA 控制器制成芯片，具体组成取决于多方面的需求及设计考虑，因而有多种方案，此处主要列举选择型和多路型两类。

1）选择型 DMA 控制器

**选择型 DMA 控制器**是指只有一个通道用于数据传输。其主要特点是在物理上可连接多个设备，但逻辑上每次只允许一个设备进行数据传输操作。当一批数据传输完成后，DMA 控制器会通知 CPU，并等待 CPU 的指示来进行下一个数据传输操作。这种方式相对简单，适用于只有一个外设需要进行数据传输的情况，特别适用于数据传输率很高的设备。选择型 DMA 控制器的逻辑框图如图 8-24 所示。

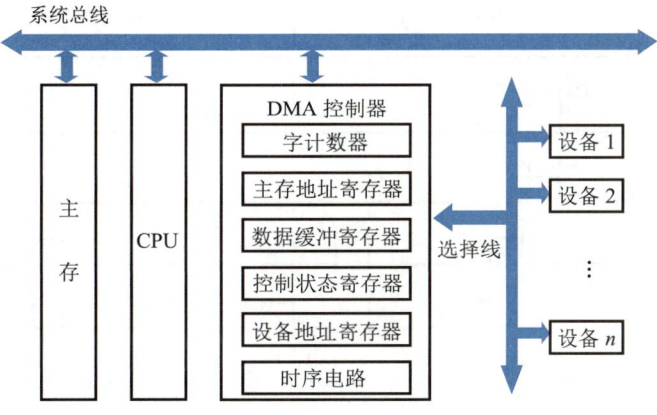

图 8-24　选择型 DMA 控制器的逻辑框图

2）多路型 DMA 控制器

**多路型 DMA 控制器**是指有多个通道同时工作，可以并行地进行多个数据传输操作。其主要特点是不仅在物理上可以连接多个设备，而且在逻辑上也允许多个设备同时工作，各个设备采用字节交叉（分时工作）的方式通过 DMA 控制器进行数据传输。每个通道可以独立地执行数据传输，而不需要等待其他通道的完成。多路型 DMA 控制器可以提高数据传输的效率，特别适用于同时有多个外设需要进行数据传输的情况，较适用于数据传输率不太高的设备。多路型 DMA 控制器的逻辑框图如图 8-25 所示。

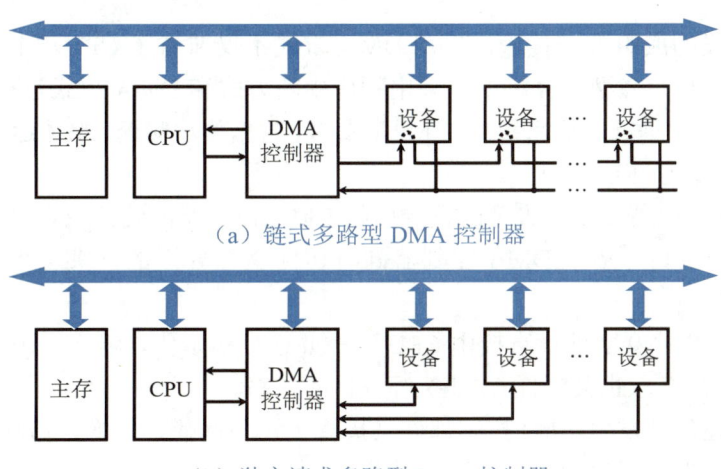

图 8-25　多路型 DMA 控制器的逻辑框图

图 8-26 是多路型 DMA 控制器的工作原理示意图，其中磁盘、磁带、打印机同时工作。磁盘、磁带、打印机每隔 30μs、45μs、150μs 分别向 DMA 控制器发出请求，磁盘的优先级高于磁带，磁带的优先级高于打印机。

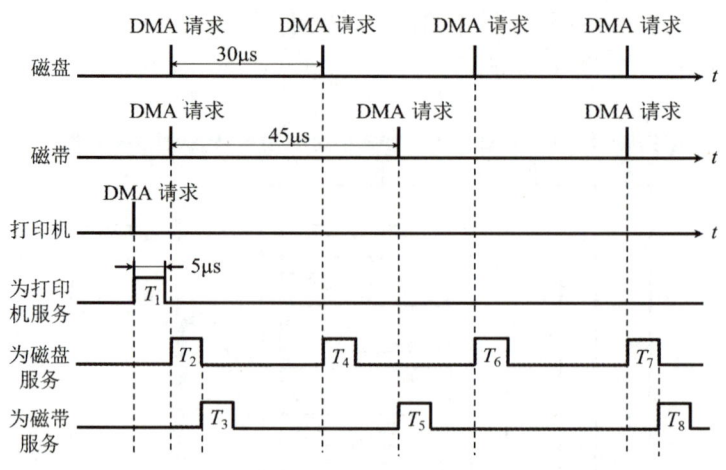

图 8-26　多路型 DMA 控制器的工作原理示意图

假设 DMA 控制器完成一次数据传输需要 5μs，由图 8-26 可知，打印机首先发出请求，DMA 控制器为打印机服务（$T_1$）；接着磁盘、磁带同时发出 DMA 请求，按优先级先响应磁盘请求（$T_2$），再响应磁带请求（$T_3$），每次数据传输都是一个字节。这样，在一共约 90μs 的时间内，DMA 控制器为打印机服务一次（$T_1$），为磁盘服务 4 次（$T_2$、$T_4$、$T_6$、$T_7$），为磁带服务 3 次（$T_3$、$T_5$、$T_8$）。可以看出，DMA 控制器还有很多空闲时间，完全可以容纳更多设备。

## 8.6　通道控制方式和外围处理机方式

对于高速外设的成组数据传输，采用 DMA 方式不仅节省了 CPU 开销，而且提高了系统的吞吐能力。在小、微型计算机中，采用程序中断方式和 DMA 方式进行系统的 I/O 处理是有效的。但在大、中型计算机系统中，外设配置多，数据传输频繁，整体运行速度要求较高，若仍用 DMA 方式会存在以下问题。

- 硬件成本高：若众多外设都配置专用的 DMA 控制器，硬件成本将大幅增加。
- 控制复杂性高：多个 DMA 控制器同时访问主存导致的冲突会增加系统控制的复杂性。
- CPU 负担重：众多外设直接由 CPU 管控并进行初始化，势必占用 CPU 更多时间；频繁的周期窃取也会降低 CPU 执行程序的效率。

为了避免上述问题发生，I/O 控制部件又接管了设备选择、切换、启动、终止以及数据校验等功能，进而形成了 I/O 通道（Channel），在大、中型计算机系统中采用通道控制方式进行数据交换。

随着通道结构的进一步发展，出现了两种计算机 I/O 系统。一种是通道结构的 I/O 处理器（Input/Output Processor，IOP），通常称为输入/输出处理器。IOP 可以和 CPU 并行工作，提供高速的 DMA 处理，实现数据的高速传输。但是它并不独立于 CPU 工作，而是 CPU 的一个部件，逻辑上仍属于主存硬件系统范畴，这类 IOP 广泛用于中、小型及微型计算机中，如 Intel 8089。另一种是外围处理机（Peripheral Processor Unit，PPU）。PPU 基本上独立于

CPU 工作，有自己的指令系统，能完成算术与逻辑运算、存储器读/写、与外部设备交换信息等操作。从这一点来看，PPU 与一个完整的计算机系统并无差异，因此有的场合甚至直接用通用计算机作为 PPU。PPU 一般用于大型、高效率的计算机系统中，设置多台 PPU 来构建多机系统，分别承担 I/O 控制、通信、维护、诊断等任务。有了 PPU 后，计算机系统结构有了质的飞跃，由功能集中式系统发展为功能分散的分布式系统。PPU 已超出一般 I/O 子系统的概念，更接近于多处理机系统，因而只在此对其做简要介绍，本节主要介绍通道控制方式的原理。

### 8.6.1 基本概念

通道控制方式是 IBM 公司率先提出的一种 I/O 方式，曾被广泛用于 IBM 360/370 系列机上。通道是计算机系统中代替 CPU 管理与控制外设的独立部件，具有自己的指令和程序，专门负责数据传输的控制和管理。

在通道控制方式下，一个主机可以连接多个通道，每个通道又可连接多台外设，这些外设可以是不同速度、不同种类的。这种 I/O 系统增强了主机与通道的并行操作能力以及各通道之间、同一通道的各外设之间的并行操作能力。CPU 启动通道后可继续执行程序，进行本身的处理工作；通道则独立地执行由通道指令编写的通道程序，控制外设与主存的数据交换，实现 CPU 中的数据处理与 I/O 操作的并行执行。同时，也为用户提高了增/减外设的灵活性。

#### 1. 通道的连接方式

采用通道控制方式组织 I/O 系统，其系统结构多使用"主机—通道—设备控制器—外设（I/O 设备）"四级连接方式，如图 8-27 所示。

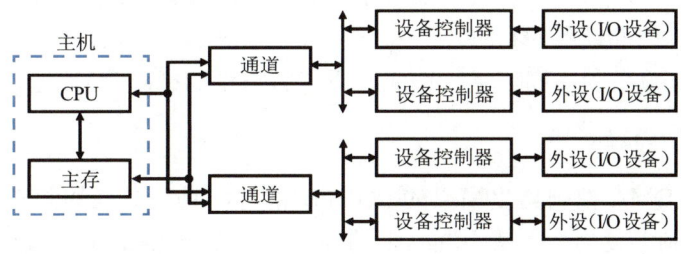

图 8-27 典型的四级系统结构

从系统结构来看，可设置多个通道，每个通道可以连接若干个设备控制器，每个设备控制器又可连接若干个相同类型的外设。这样，整个系统就能够连接许多不同种类的外部设备。

#### 2. 通道的功能和通道控制方式的特点

通道作为完成 I/O 操作的主要部件，除了实现 DMA 方式的全部功能，还承担了设备控制器的初始化工作，以及低速外设单个字符传输的程序中断功能。因此，它分担了计算机系统中全部或大部分 I/O 功能，提高了计算机系统功能分布式程度。具体功能如下。

- 接收 CPU 的 I/O 指令，按指令要求确定要访问的子通道及控制外设。

- 从主存中读取通道程序并执行，即向设备控制器和外设发送各种命令。
- 组织和控制数据在主存与外设之间的传输操作。根据需要提供数据中间缓存空间，以及提供数据存入主存的地址和传输的数据量。
- 读取外设的状态信息，形成整个通道的状态信息，提供给 CPU 或保存在主存中。
- 向 CPU 发出 I/O 操作中断请求，将外设的中断请求和子通道的中断请求按次序报告给 CPU。

通道控制方式的特点主要体现在以下三个方面。
- 具有两种类型的总线，一种是存储总线，承担通道与主存、CPU 与主存之间的数据传输任务；另一种是通道总线，即 I/O 总线，承担外设与通道之间的数据传输任务。这两类总线可以分别按照各自的时序同时工作。
- 一条通道总线可以连接多个设备控制器，一个设备控制器可以连接多个外设。
- 系统设有存储管理部件，是主存的控制部件。主要任务是根据事先确定的优先级，决定下一周期由哪个部件使用存储总线来访问主存。

### 3. 设备控制器的功能

通道与设备控制器之间的接口是计算机的一个重要界面。为了便于用户根据不同需要配置不同外设，通道与设备控制器的接口一般采用标准的总线接口，使得各外设和通道之间都有相同的接口线和工作方式。这样，在更换设备时，通道不需要做任何变动。

通道通过通道指令控制外设进行数据传输操作，并以通道状态字的形式接收设备控制器提供的外设状态。因此，设备控制器是通道对外设实现传输控制的执行机构。设备控制器将通道发来的控制命令转换成具体操作命令，送往外设以控制具体的 I/O 操作。具体任务包括以下方面。

- 从通道接收通道指令，控制外部设备完成指定的操作。
- 向通道提供外部设备的状态。
- 将各种外部设备的不同信号转换成通道能够识别的标准信号。

### 4. 通道的控制原理

**通道**是一种比 DMA 控制器更高级的 I/O 控制部件，具有更强的独立进行数据 I/O 处理的功能，能同时控制多台同类型或不同类型的外设。它在一定的硬件基础上利用通道程序实现对数据 I/O 的控制，更多地免去了 CPU 的介入，使系统的并行性更高。

*1）通道指令和通道程序*

和其他处理器一样，通道的功能是解释并执行通道程序，实现对外设的控制。**通道指令**也叫**通道控制字**或**通道命令字**（Channel Command Words，CCW），除了要指出读/写操作，还要指出被传输数据在主存中的开始地址以及传输数据的数量等。**通道程序**由一条或几条通道指令组成，也称为**通道指令链**。

在不同的机器中，通道指令的设置是不同的，不过最基本的部分都相差不多，如一般都有"读"和"写"等功能。通道独立于 CPU，往往用两个或几个字组成一条通道指令。下面是由两个字组成的通道指令格式。

第一字：

| 命令码 | 数据地址 |
|---|---|

第二字：

| 标志 | 传输数据的数量 |
|---|---|

通用的计算机系统中设置了一组功能较强的通道指令，构成通道指令系统。有了这种指令系统，人们便可以按照程序设计的方法，根据使用外设的需要，编写通道程序。通过 CPU 执行 I/O 指令，把通道程序交给通道去解释执行。执行完这个通道程序，就完成了这次数据传输操作的全过程。

早期的通道程序存放在主存中，即通道与 CPU 共用主存。后来，一些计算机为通道配置了专用存储器，进一步提高了通道与 CPU 工作的并行性。

2）I/O 指令

引入了通道，I/O 操作虽然可以独立于 CPU 进行，但通道的工作还必须听从 CPU 的统一调度。也就是说，CPU 的 I/O 指令不能直接实现数据传输，是 CPU 用 I/O 指令启动通道，执行通道指令，由通道指令实现数据传输。为此，在现代的计算机系统中，CPU 设有 I/O 指令。这类指令常见的有"启动""查询""停止"等，功能主要是启动、停止 I/O 过程，了解通道和外设的状态以及控制通道的其他操作。例如，CPU 可以用"启动"指令启动通道，要求外设完成某种操作或数据传输；可用"查询"指令了解和查询外设的状态及工作情况；用"停止"指令停止外设的工作。

I/O 指令应给出通道开始工作所需的全部参数，如通道执行何种操作、在哪一个通道和外设上进行操作等。I/O 指令和 CPU 其他指令形式相同，由操作码和地址码组成。操作码表示执行何种操作，地址码表示通道和外设的编码。通道程序的首地址可在执行 I/O 指令前预先送入约定主存单元或专用寄存器。

3）I/O 中断

CPU 启动通道后，通道和外设将独立地进行工作，并采用"中断"的方式及时向 CPU 报告其工作状况，CPU 根据报告做出相应的处理。这种中断称为 I/O 中断，又称为外中断。I/O 中断可分为以下几种。

- 报告某操作正常结束的"正常结束中断"。
- 报告 I/O 操作已经到达预定环节的"进程中断"。
- I/O 设备发现的"故障中断"。
- 用户对外设发出干预的"干预中断"。

5. DMA 方式与通道控制方式的区别

在 DMA 方式中，外设在 DMA 控制器控制下与主存之间成批地进行数据交换而不需要 CPU 干预。通道控制方式与 DMA 方式类似，也是一种以主存为中心，实现外设与主存直接交换数据的控制方式。

DMA 方式完全借助专门设计的硬件控制逻辑完成对数据传输的控制，而通道控制方式则是由通道命令与具有特殊功能的处理器，通过执行通道程序来实现对数据传输的控制。因而，可以使用一些指令灵活改变通道程序，这点 DMA 方式无法做到。

DMA 方式只能对一台或少数几台同类外设进行控制，而通道控制方式则可以同时控制几台同类或者不同类的外设。

### 8.6.2 通道的类型

通道本身可看作一个简单的专用计算机，它有自己的指令系统。通道通过数据通路与设备控制器进行通信，能够独立执行用通道命令编写的 I/O 控制程序，产生相应的控制信号，控制外设的工作。根据数据传输方式，通道可分成选择通道和多路型通道两种，其中多路型通道又可细分为字节多路通道和数组多路通道。

#### 1. 选择通道（Selector Channel）

**选择通道**又称为高速通道。在物理上可以连接多个外设，但这些外设不能同时工作。主要用于连接高速外设（如磁盘等），信息以数据块方式高速传输。由于数据传输率很高，所以在数据传输期间只能为一台外设服务。每次只能从所连接的外设中选择一台的通道程序，启动后即独占整个通道，直到它与主存交换数据结束，才能转去执行另一台外设的通道程序，为该外设服务。选择通道的缺点是外设的辅助操作时间（如申请使用通道的等待时间等）较长。

如图 8-28 所示，选择通道先选择外设 A，成组连续传输 A 的数据；当外设 A 传输完毕后，又选择 B，成组连续传输外设 B 的数据；再选择外设 C，成组连续传输 C 的数据。

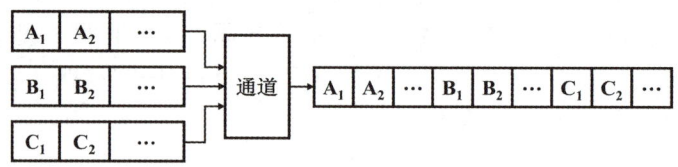

图 8-28 选择通道传输方式

#### 2. 字节多路通道（Byte Multiplexor Channel）

**字节多路通道**是一种简单的低速共享通道，基于时间分割服务于多台低速和中速外设。字节多路通道包括多个子通道，每个子通道服务于一个设备控制器，可以独立地执行通道指令。

字节多路通道可连接多个低速和中速外设，这些外设的数据传输以字节为单位，通道的数据宽度一般为单字节。它要求每种外设轮流占用一个很短的时间片，不同外设在各自执行的时间片内与通道在逻辑上建立不同的传输连接，实现数据传输。

由于每传输一个字节要等待较长时间，通道可以以字节交叉方式轮流为多个外设服务，以提高通道的利用率。它的操作模式有两种：字节交叉模式和猝发模式。

在**字节交叉模式**中，通道操作分成较短的段，向准备就绪的外设进行数据段的传输操作。传输的信息可由一个字节的数据、控制信息和状态信息构成，与外设的连接时间是很短的。

如图 8-29 所示，字节多路通道先选择外设 A，为其传输一个字节 $A_1$，再选择外设 B，传输字节 $B_1$，再选择外设 C，传输字节 $C_1$，再依次传输 $A_2$、$B_2$、$C_2$……因此，字节多路通道的功能好比一个多路开关，轮流地接通各外设。例如，数据传输率是 1000B/s，传输一个字节的时间是 1ms，而通道从外设接收或发送一个字节只需要几百纳秒，所以通道在传输两个字节之间有很多空闲时间，字节多路通道正是利用这个空闲时间为其他外设服务。

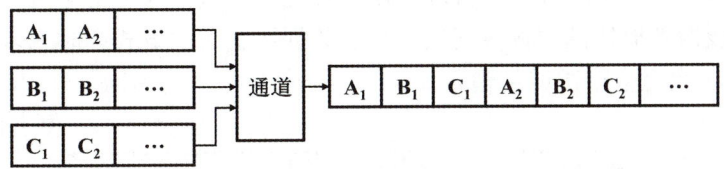

图 8-29　字节多路通道传输方式

如果需要传输的数据量比较大，则通道转换成猝发模式。在**猝发模式**下，通道与外设之间的传输一直维持到外设请求的传输完成为止。外设可以在一个时间片内持续发送多个字节的数据，而无须每发送一个字节都重新请求通道。通道会持续传输数据，直至达到预定的传输字节数或者外设请求停止传输。这种模式的好处在于减少了通道请求和释放的开销，同时提高了数据传输的连续性和效率。

通道使用一种超时机制判断外设的操作时间（逻辑连接时间），并决定采用哪一种方式。如果外设请求的逻辑连接时间大于某个额定的值，通道就转换成猝发模式，否则就以字节交叉模式工作。

### 3. 数组多路通道（Array Multiplexor Channel）

**数组多路通道**又称为成组多路通道，是把字节多路通道和选择通道相结合的一种通道结构，是对选择通道的改进。当某外设进行数据传输时，通道只为该外设服务；当外设在执行寻址等辅助操作时，通道暂时断开与这个外设的连接，挂起外设的通道程序，去为其他外设服务。所以，数组多路通道很像一个多道程序的处理器。

数组多路通道不仅在物理上可连接多个外设，而且在一段时间内能交替执行多个外设的通道程序，以数组（数据块）为单位，在若干高速传输操作之间进行交叉复用。即在逻辑上也可以连接多个外设，这些外设都是高速外设。它具有多路并行操作的能力以及高速的数据传输率。一个总通道下设多个子通道，可以执行多路通道程序，支持类似字节多路通道的子通道分时共享模式，又能以选择通道独占的方式传输数据。

数组多路通道既保留了选择通道高速传输的优点，又充分利用了控制性操作的时间间隔为其他外设服务，使通道的功能得到有效发挥，因此数组多路通道在实际系统中得到较多的应用。特别是对于磁盘和磁带等外设，它们的数据传输本来就是按块进行的。而在传输操作之前又需要寻找记录的位置，在寻找的期间让通道等待是不合理的。数组多路通道可以先向一个外设发出一个寻找的命令，然后在这个外设寻找期间为其他外设服务。外设寻找完成后才真正建立数据连接，并一直维持到数据传输完毕。因此，采用数组多路通道可提高通道的数据传输吞吐率。

字节多路通道和数组多路通道都是多路通道，在一段时间内可以交替执行多个外设的通道程序，使这些外设同时工作。但两者也有区别，首先，数组多路通道允许多个外设同时工作，但只允许一个外设进行传输型操作，其他外设进行控制型操作；字节多路通道不仅允许多路同时操作，而且允许它们同时进行传输型操作。其次，字节多路通道与外设之间的数据传输的基本单位是字节，通道为一个外设传输一个字节之后，又可为另一个外设传输一个字节；而数组多路通道与外设之间的数据传输的基本单位是数据块，通道必须为一个外设传输完一个数据块以后才能为其他外设传输数据块，是以数据块交叉的方式同时为多台高速外设服务的。图 8-30 描述了数组多路通道传输方式。

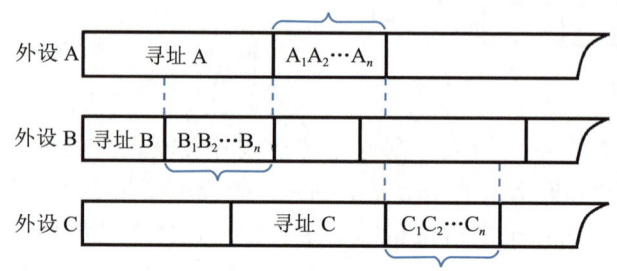

图 8-30　数组多路通道传输方式

三种通道的性能比较如表 8-6 所示。

表 8-6　三种通道的性能比较

| 对比项目 | 选择通道 | 字节多路通道 | 数组多路通道 |
| --- | --- | --- | --- |
| 单次数据传输量 | 不定长，全部数据 | 一个字节 | 定长数据块 |
| 适用范围 | 高优先级的高速外设 | 大量的低速外设 | 大量的高速外设 |
| 工作方式 | 独占通道 | 各设备按字节交叉或超时机制下猝发模式 | 各外设成组交叉 |
| 通道的共享性 | 独占，完成后释放 | 分时共享 | 分时共享 |
| 选择外设的次数 | 仅一次 | 可能多次 | 可能多次 |

若三种通道组织在一起，可配置若干台不同种类和速度的外设，使计算机的 I/O 组织更合理、更完善，管理更方便。如图 8-31 所示是大型机 Intel 8089 IOP 的基本通道组织结构。

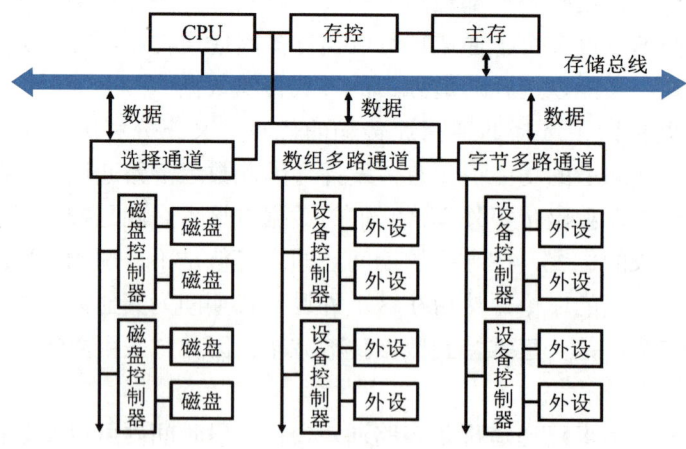

图 8-31　大型机 8089 IOP 的基本通道组织结构

### 8.6.3 通道的工作过程

通道中包括通道控制器、状态寄存器、中断机构、通道地址寄存器、通道指令寄存器等。这里，通道地址寄存器相当于一般 CPU 中的程序计数器（PC）。

通道控制器的功能比较简单，它没有大容量的存储器，通道的指令系统也只有几条与 I/O 操作有关的命令。它要在 CPU 的控制下工作，某些功能还需 CPU 承担，如通道程序的设置、I/O 的异常处理、传输数据的格式转换和校验等。因此，通道不是一个完全独立的处理器。

通道状态字类似于 CPU 内部的程序状态字，用于记录 I/O 操作结束的原因，以及 I/O 操作结束时通道和外设的状态。通道状态字通常存放在主存的固定单元中，由通道状态字反映中断的性质和原因。

通道的工作过程大体经过启动、数据传输和后续处理三个阶段，如图 8-32 所示。

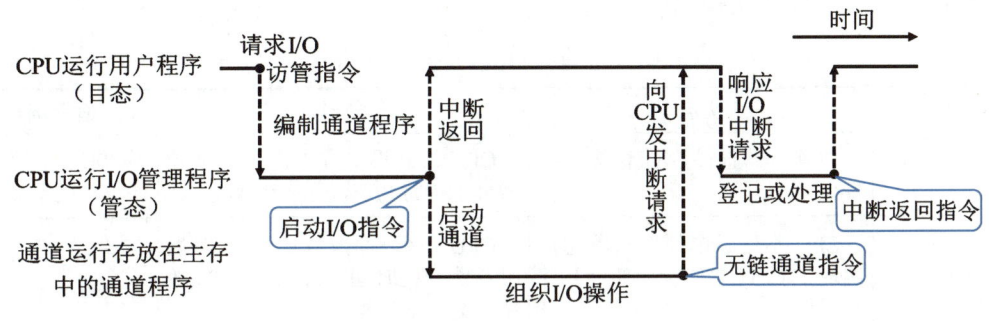

图 8-32 通道的工作过程

#### 1. 启动

CPU 在执行用户程序过程中，当执行到 I/O 指令时，CPU 根据指令中的设备号，定位到操作系统中该设备的管理程序入口，继而开始执行该程序。管理程序的功能是根据输出的参数编制通道程序，并存放在主存的某个区域，同时将该区域的首地址送入约定单元或专用寄存器中，然后执行启动 I/O 指令，向主通道发送"启动 I/O"命令。

#### 2. 数据传输

通道接到"启动 I/O"命令后进行以下工作。

- 从约定的单元或专用寄存器中取出通道程序的首地址，放到通道地址寄存器中，根据通道地址寄存器中的值到主存中取出第一条通道指令并放在通道指令寄存器中。
- 检查通道、子通道的状态是否能用。若不能用，则形成结果特征，回答启动失败，该通道指令无效；若能用，就把第一条通道指令的命令码发送到响应外设，进行启动，等到外设回答并断定启动成功后，建立特征"已启动成功"；否则，建立特征"启动失败"，结束操作。
- 启动成功后，通道将通道程序首地址保存到子通道中，此时通道可以处理其他工作，外设执行通道指令规定的操作。

- 外设依次按自己的工作频率发出使用通道的申请并进行排队。通道响应外设申请，将数据从主存经通道送到外设，或反之。在传输完一个数据单元后，通道修改主存地址和传输的数据数量，直到传输的数据数量为"0"时，结束该条通道指令的执行。
- 每条通道指令结束后，外设发出"通道结束"和"设备结束"信号。通道程序则根据数据链和命令链的标志决定是否继续执行下一条通道指令。

### 3. 后续处理

通道程序的最后一条指令是"无链通道指令"，它的功能是停止通道工作，并向 CPU 发出中断请求。后续处理主要是根据通道状态，分析结束原因并进行必要的处理。在整个通道程序执行结束后，发出"正常结束"中断请求信号，并将通道状态字写入主存专用单元。CPU 响应中断，根据通道状态字分析这次 I/O 操作的执行情况，进行后续处理。

至此，我们完成了对 I/O 控制方式的介绍。下面对不同 I/O 控制方式的特点进行总结，五种 I/O 控制方式的性能比较如表 8-7 所示。

表 8-7 五种 I/O 控制方式的性能比较

| 类型 | 优点 | 缺点 | 适用场合 |
| --- | --- | --- | --- |
| 程序查询方式 | 传输方式简单，控制接口硬件少 | CPU 与外设串行工作，CPU 经常处于等待状态，系统效率低 | CPU 速度不高，外设种类不多 |
| 程序中断方式 | CPU 不处于单纯等待状态，实现了 CPU 与外设（部分）并行工作 | CPU 在保存/恢复断点和现场时花费一些时间，降低了 CPU 效率，会引起数据丢失 | 不宜用于大批量数据的传输 |
| DMA 方式 | 数据传输全由硬件实现，除初始化和后处理外，整个传输过程不必 CPU 干预，效率高 | 对外设的管理和某些控制仍要通过 CPU 完成，一个 DMA 通道需一个 DMA 控制器 | 小、微型机需传输大批量数据的场合 |
| 通道控制方式 | 能同时控制不同速度的外设，兼有程序 I/O 功能，又有 DMA 方式的高速传输数据功能，系统效率高 | 增加了外设和控制的复杂性 | 外设种类和数量都较多的场合 |
| 外围处理机方式 | 由专用计算机或服务器组成，I/O 速度快，并行性高，系统效率最高 | 进一步增加了外设和控制的复杂性 | 复杂的应用场合以及处理大量数据的场合 |

## 思考与讨论

1. 请读者重点理解并思考 8.3～8.5 节所述的三种 I/O 控制方式的工作过程、I/O 时间，以及 CPU 用于 I/O 时间占总 CPU 时间的比值。
2. 为什么单重中断和多重中断的"开中断"时间不同？为什么要设置"关中断"？
3. 调用中断服务程序和调用子程序有何区别？
4. 程序中断方式和 DMA 方式中都有中断请求，但它们的目的不同，试分析这两种方式下，中断请求的具体目的和后续工作内容。

# 习题 8

**一、填空题**

1. 在中断处理过程中，保存和恢复现场之前需要（　　）中断。
2. 一个中断向量对应于一个（　　）。
3. 在单重中断系统中，中断服务程序执行顺序依次为保存现场和断点、（　　）、（　　）、开中断和中断返回。
4. I/O 端口的编址方式有（　　）和（　　）两种。
5. （　　）即 CPU 响应各中断源请求的优先次序。（　　）即 CPU 实际对各中断源请求的处理优先次序。
6. 如果采用屏蔽技术，可通过修改（　　）的方式动态调整处理优先次序。
7. I/O 指令的一般格式包括操作码、（　　）和（　　）。
8. I/O 接口由若干个端口加上控制逻辑组成，也称为（　　）。
9. DMA 控制器与主存交换数据时，通常采用 CPU 暂停访问主存、（　　）、DMA 与 CPU 交替访问这三种方式来解决同时访存的冲突问题。
10. 程序中断方式下的中断请求主要是传输数据，而 DMA 方式下的中断请求是进行（　　）。

**二、判断题**

1. 中断屏蔽和禁止中断一样，都不允许中断源发生中断。（　　）
2. 中断的发生是因为计算机碰到意外事件。（　　）
3. 每个中断源向 CPU 发出中断请求的时间是固定的。（　　）
4. 一个更高优先级的中断请求可以中断另一个中断处理程序的执行。（　　）
5. 屏蔽所有的中断源，即为关中断。（　　）
6. 程序中断方式一般适用于随机出现的服务。（　　）
7. 一旦有中断请求出现，CPU 立即停止当前指令的执行，转而去受理中断请求。（　　）
8. 所有的数据传输方式都必须由 CPU 控制实现。（　　）
9. DMA 方式是主存和外设之间交换数据的方式，也可用于主存与主存之间的数据交换。（　　）
10. DMA 设备的中断级别比其他外设高，否则可能引起数据丢失。（　　）
11. DMA 控制器和 CPU 可以同时使用总线。（　　）
12. CPU 在响应中断后，可以立即响应更高优先级的中断请求（不考虑中断优先级的动态分配）。（　　）
13. 一个通道可以连接多个设备控制器，一个设备控制器可以管理一台或多台外设。（　　）
14. 为了保证中断服务程序执行完毕以后，能正确返回到被中断的断点继续执行程序，必须进行现场保存操作。（　　）

15. 与各中断源的中断级别比较，CPU（或主程序）的级别最高。（    ）

## 三、问答题

1. 试比较同步控制、异步控制和联合控制的区别及适用场合。

2. I/O 有哪些编址方式？各有何特点？

3. 假定某外设向 CPU 传输信息，最高频率为 40kHz，而相应的中断处理程序的执行时间为 40μs，问该外设是否可采用程序中断方式工作？为什么？

4. 外设与主存交换数据时，共有哪几种控制方式？简述它们的特点。

5. 什么是 I/O 接口？与 I/O 端口有何区别？为什么要设置 I/O 接口？

6. 说明中断向量和向量地址的区别及联系。

7. 假设某机采用多重中断系统，请按多重中断处理流程对以下操作进行排序。（1）保存现场；（2）开中断；（3）关中断；（4）中断返回；（5）中断事件处理；（6）恢复现场。

8. 某机有 6 个中断源 L0～L5，中断响应优先级为 L0→L1→L2→L3→L4→L5，试采用改变中断屏蔽字的方式将其中断处理优先级调整为 L4→L3→L1→L5→L0→L2，请以表格形式写出各中断源的新屏蔽字。

| 中断源 | 屏蔽字 | | | | | |
|---|---|---|---|---|---|---|
| | L0 | L1 | L2 | L3 | L4 | L5 |
| L0 | | | | | | |
| L1 | | | | | | |
| L2 | | | | | | |
| L3 | | | | | | |
| L4 | | | | | | |
| L5 | | | | | | |

9. 设某机有 4 个中断源 A、B、C、D，其硬件排队优先次序为 A→B→C→D，现要求将中断处理次序改为 B→C→A→D。

（1）请以表格形式写出各中断源的屏蔽字。

（2）设每个中断服务程序的执行时间均为 20ns，按下图所示的时间轴给出 4 个中断源的请求时刻，并画出 CPU 执行程序的轨迹。

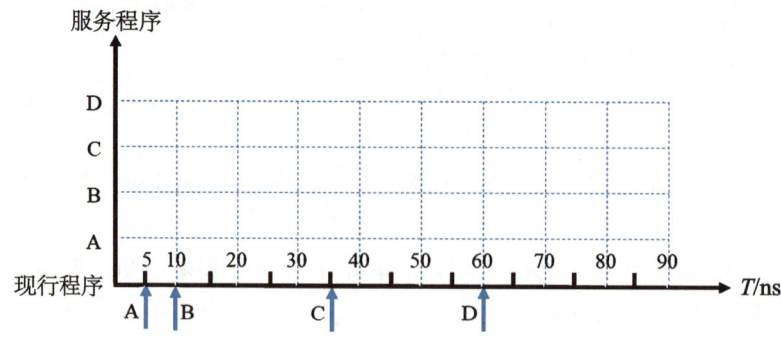

| 中断源 | 屏蔽字 | | | |
|---|---|---|---|---|
| | A | B | C | D |
| A | | | | |
| B | | | | |
| C | | | | |
| D | | | | |

10．程序查询方式和程序中断方式都是通过"程序"传输数据，二者的区别是什么？

11．DMA 方式有何特点？什么样的外设与主存交换数据时采用 DMA 方式，请举例说明。

12．CPU 对 DMA 请求和中断请求的响应时间是否一样？为什么？

# 参考文献

[1] 唐朔飞．计算机组成原理 [M]．3 版．北京：高等教育出版社，2020．

[2] 唐朔飞．计算机组成原理——学习指导与习题解答 [M]．2 版．北京：高等教育出版社，2012．

[3] 杨洁．计算机组成原理 [M]．北京：机械工业出版社，2020．

[4] 纪禄平，罗克露，刘辉，等．计算机组成原理 [M]．5 版．北京：电子工业出版社，2020．

[5] 李东，柏军．大学计算机组成原理教程 [M]．3 版．北京：电子工业出版社，2020．

[6] 王道论坛．2024 年计算机组成原理考研复习指导 [M]．北京：电子工业出版社，2023．

[7] 谭志虎．计算机组成原理（微课版）[M]．北京：人民邮电出版社，2021．

[8] 刘财政．计算机考研：玩转计算机组成原理 [M]．长沙：湖南大学出版社，2022．

[9] 罗福强．计算机组成与体系结构 [M]．北京：人民邮电出版社，2014．